普通高等教育船舶与海洋工程学科"十二五"规划系列教材

船舶动力装置原理与设计

主　编　吕庭豪
副主编　李海艳　吕　瑜

华中科技大学出版社
中国·武汉

内 容 提 要

本书介绍船舶动力装置的组成、工作原理及其特点;并以柴油机动力装置为侧重点,就主柴油机的原理和特性,以及推进装置形式等进行了论述;对传动设备与轴系、管路系统、辅助装置及动力装置总体的设计思想、设计理论和设计方法等做了详细的介绍;对本学科一些新的技术和方法也做了简介。

全书共 8 章,涵盖的内容丰富,在素材选取和体系构造上,既考虑满足轮机工程本科专业的教学需要,又考虑了非轮机工程专业选用的方便。本书亦可供从事船舶研究、设计与生产的工程技术人员和管理人员参考。

图书在版编目(CIP)数据

船舶动力装置原理与设计/吕庭豪主编.—武汉:华中科技大学出版社,2014.5(2024.8重印)
ISBN 978-7-5680-0098-7

Ⅰ.①船… Ⅱ.①吕… Ⅲ.①船舶机械-动力装置-高等学校-教材 Ⅳ.①U664.1

中国版本图书馆 CIP 数据核字(2014)第 100123 号

船舶动力装置原理与设计   吕庭豪   主编

策划编辑:万亚军
责任编辑:刘　勤
封面设计:刘　卉
责任校对:何　欢
责任监印:徐　露

出版发行:华中科技大学出版社(中国·武汉)   电话:(027)81321913
　　　　　武汉市东湖新技术开发区华工科技园　　　邮编:430223
录　　排:华中科技大学惠友文印中心
印　　刷:广东虎彩云印刷有限公司
开　　本:787mm×1092mm　1/16
印　　张:20.5
字　　数:531 千字
版　　次:2024 年 8 月第 1 版第 11 次印刷
定　　价:59.80 元

本书若有印装质量问题,请向出版社营销中心调换
全国免费服务热线:400-6679-118　竭诚为您服务
版权所有　侵权必究

普通高等教育船舶与海洋工程学科"十二五"规划系列教材

序

海洋是孕育生命的"摇篮",也是养育生命的"牧场",人类社会发展的历史进程与海洋息息相关。自古以来,人类在利用海洋获得"鱼盐之利"的同时,也获得了"舟楫之便",仅海上运输一项,就占到了目前国际贸易总运量中的 2/3 以上。而今随着科学技术的发展,海洋油气开发、海洋能源开发、海水综合利用和海洋生物资源开发及保护等拉开了 21 世纪——海洋新世纪的帷幕。传统的船舶工程因海洋开发而焕发青春,越来越明朗地成为 21 世纪一道亮丽的风景线。

船舶与海洋工程学科,是一个有着显著应用背景的学科。大型船舶和海上石油钻井平台,是这个学科工程应用的两个典型标志。它们就如同海上的城市,除了宏大的外观,其上也装备有与陆上相类似的设施,如电站及电网系统、起吊设备、生活起居设施、直升机起降平台等,还装备有独特的设施,如驾控室、动力装置、推进系统、锚泊设备等。因此,该学科与其它相关学科有着密切的联系,如土木工程、动力工程及工程热物理、机械工程、电气工程、控制科学与工程等学科。将现代化的船舶与海洋工程的产品称为集科技大成之作,毫不夸张。

为了满足船舶与海洋工程学科本科生的学习需要,在多年教学、科研工作的基础上,并参考兄弟院校的相关教材及国内外有关资料文献,编写了本系列教材。本系列教材涵盖了船舶与海洋工程专业和轮机工程专业的主要学习课程,包括船舶与海洋工程概论、轮机工程概论、船舶流体力学、船舶设计原理、船舶与海洋工程结构力学、船舶摇摆与操纵、海洋平台设计原理、海洋资源与环境、舰船电力系统及自动装置、船舶动力装置原理与设计、深海机械与电子技术、舰船液压系统等。本系列教材的编写,旨在为船舶与海洋工程学科相关专业的本科生提供系统的学习教材,同时也向从事造船、航运、海洋开发的科技工作者及对船舶与海洋工程知识有兴趣的广大读者提供一套系统介绍船舶与海洋工程知识的参考书。

教材建设是高校教学中的基础性工作,是一项长期的工作,需要不断吸取人才培养模式和教学改革成果,吸取学科和行业的知识、新技术、新成果。本套教材的编写出版只是近年来华中科技大学船舶与海洋工程学院教学改革的初步总结,还需要各位专家、同行提出宝贵意见,以进一步修订、完善,不断提高教材质量。

华中科技大学船舶与海洋工程学科规划教材编写组
2014 年 8 月

前　　言

本书是根据华中科技大学轮机工程专业本科四年培养计划中的"船舶动力装置原理与设计"课程教学大纲的要求和编者多年来积累的教学经验而编写的。

"船舶动力装置原理与设计"是一门综合性、专业性、实践性和应用性都很强的课程，它涉及的知识面相当广泛。在本书的编写过程中，考虑到本课程的特点，在介绍船舶动力装置基本理论和原理的基础上，拓宽了实用内容；着重考虑轮机工程专业本科生的使用，同时兼顾非轮机工程专业本科生的选用要求。因此，在结构体系编排上采用了由浅入深、由泛用到专用的方式，力求让更多的读者受益。本书内容取材遵循与时俱进的理念，在沿袭必需的传统内容的同时，尽量展示船舶动力装置新的研究成果与设计方法，使读者了解现代船舶动力装置的发展趋势。全书内容涵盖内河船舶和海洋船舶动力装置的特点，并以最常用的柴油机动力装置为主线进行论述，引导读者把握本书内容的重点所在。本书内容体系力求完整，亦尽量避免与其他课程内容的重复。

全书共分8章。第1章叙述船舶动力装置的基本概念、形成与发展，常用船舶动力装置的组成原理及特点，介绍了推进装置的配置形式。第2章叙述船用主柴油机的基本原理和特性，介绍了主机选型论证方法。第3章叙述轴系的任务和组成，轴系零部件的选型与设计方法。第4章介绍了传动设备的结构原理与特点，以及选型要求。第5章以柴油机动力装置为例，叙述船舶管路系统的工作原理与设计问题。第6章叙述船、机、桨工况与配合的基本理论，并就典型推进装置形式的工况与配合特性进行了分析和讨论。第7章叙述船舶辅助供能装置，介绍了船舶供电装置和供热装置的作用、组成、设备选型和设计计算方法。第8章叙述船舶动力装置总体设计的思想与观点，总体设计的内容与方法，评价和改善动力装置设计质量等问题，并结合实例介绍了船舶机舱规划与布置的相关内容。

全书语言流畅，图文并茂，通俗易懂。众多的插图不仅起到直观解疑的作用，也使读者不致有内容抽象、枯燥的感觉，便于读者阅读和自学。

本书由吕庭豪任主编，李海艳、吕瑜任副主编。本书资料的收集、内容的筛选、文字的编排和插图的绘制等工作由编者们共同完成。

本书是在华中科技大学船舶与海洋工程学院的领导大力支持下编写的，并承蒙多位同行的帮助，谨在此一并表示深切的谢意。

尽管在成书过程中，编者对内容、体系等做了认真的考虑和权衡，但限于学识与水平，加上现代船舶动力装置的不断发展与创新，书中疏漏和不妥之处在所难免，敬请读者批评指正。

编　者

2014年7月

于华中科技大学

目　录

第 1 章　船舶动力装置引论 (1)
　1.1　动力装置概述 (1)
　1.2　蒸汽轮机动力装置 (4)
　1.3　燃气轮机动力装置 (9)
　1.4　柴油机动力装置 (14)
　1.5　联合动力装置 (15)
　1.6　核动力装置 (18)
　1.7　船舶推进装置的基本形式 (21)

第 2 章　主柴油机原理与选型 (27)
　2.1　柴油机的构造与类型 (27)
　2.2　柴油机的工作原理 (31)
　2.3　柴油机的工作参数 (36)
　2.4　柴油机的特性 (40)
　2.5　柴油机推进装置的选型分析 (48)
　2.6　柴油机推进装置功率传动过程 (55)

第 3 章　船舶轴系设计 (59)
　3.1　概述 (59)
　3.2　轴系布置设计 (62)
　3.3　传动轴结构与设计 (68)
　3.4　尾轴管装置的结构与选型设计 (82)
　3.5　轴系部件的结构与选型 (96)
　3.6　轴系负荷与合理校中计算 (112)

第 4 章　后传动设备原理与选型设计 (128)
　4.1　概述 (128)
　4.2　船用弹性联轴器 (129)
　4.3　船用摩擦离合器 (133)
　4.4　船用液力耦合器 (141)
　4.5　船用齿轮传动设备 (145)
　4.6　可调螺距螺旋桨装置 (154)

第 5 章　船舶管路系统 (161)
　5.1　概述 (161)
　5.2　燃油管系 (161)
　5.3　润滑油管系 (172)
　5.4　冷却水管系 (180)
　5.5　压缩空气管系 (189)

5.6 排气管系 ……………………………………………………………… (196)
5.7 舱底水管系 …………………………………………………………… (200)
5.8 压载水管系 …………………………………………………………… (206)
5.9 消防管系 ……………………………………………………………… (213)
5.10 供水管系 ……………………………………………………………… (222)
5.11 机舱通风管系 ………………………………………………………… (228)
5.12 管系材料的选用与计算 ……………………………………………… (233)

第6章 船机桨工况配合特性分析 …………………………………………… (242)
6.1 船、机、桨工况配合概述 …………………………………………… (242)
6.2 单列式推进系统工况配合特性 ……………………………………… (248)
6.3 非单列式推进系统工况配合特性 …………………………………… (256)
6.4 过渡工况配合特性 …………………………………………………… (262)

第7章 船舶辅助供能装置 …………………………………………………… (266)
7.1 船舶供电装置 ………………………………………………………… (266)
7.2 船舶供热装置 ………………………………………………………… (270)

第8章 船舶动力装置总体设计 ……………………………………………… (276)
8.1 概述 …………………………………………………………………… (276)
8.2 总体设计质量的评价 ………………………………………………… (283)
8.3 提高总体设计质量的途径 …………………………………………… (288)
8.4 机舱规划 ……………………………………………………………… (296)
8.5 机舱布置与实例 ……………………………………………………… (299)

参考文献 ……………………………………………………………………… (319)

第 1 章　船舶动力装置引论

1.1　动力装置概述

1.1.1　船舶动力装置的含义与组成

船舶动力装置是指船舶上所需能量的产生、传递及消耗的全部机械、设备及系统的有机组合体。它用来保证船舶正常航行、作业、停泊以及船员、旅客正常工作和生活,是船舶的一个重要组成部分。船舶,根据其大小、用途、航区的不同,动力装置中机械、设备及系统的规模、数量和复杂程度是不相同的,但其组成基本相同。它可分为以下几个方面的内容。

1. 推进装置

推进装置是指在给定的条件下,保证船舶以一定航速航行所需能量和推进力的设备,它是船舶动力装置中最主要的组成部分,主要包括以下内容。

(1) 主发动机　简称主机,是供给船舶以一定航速航行所需能量的动力机,现代船用主机有蒸汽轮机、燃气轮机和柴油机等。此外,电力推进装置中采用电动机作为主机。

(2) 主锅炉　它是为蒸汽轮机提供蒸汽的设备,包括为它服务的辅助设备和管系等。

(3) 传动设备　它是将主机发出的能量通过传动轴传递给推进器的设备。它同时还可起到离合、减速、变向和减振等作用。它包括减速器、离合器和联轴器等,以及电力推进装置中的专门设备。

(4) 船舶轴系　其作用是将主机发出的能量传递给推进器,同时将推进器发出的推力传递给船体。它包括传动轴、轴承和密封件等。

(5) 推进器　它是将主机发出的能量转换成船舶推力的设备。主要有螺旋桨推进器、明轮推进器、直翼推进器和喷水推进器等。

2. 辅助装置

除供给船舶以一定航速航行所需能量之外,用于产生船上需要的其他各种形式能量的设备称为辅助装置。它有如下几类。

(1) 船舶电站　它的作用是供给全船所需要的电能(电力推进装置所需电能除外)。它由发电机组、配电柜及其他电气设备组成。发电机组主要有柴油发电机组,汽轮发电机组,轴带发电机组等形式。

(2) 辅助锅炉装置　它的作用是产生低压蒸汽,供给全船加热、取暖及其他生活所需的热能。它主要由辅助锅炉或余热锅炉以及为它们服务的管系和设备等组成。

3. 船舶管路系统

它是泛指为专门用途而输送流体(液体或蒸汽气体)的成套设备,用于保证船舶动力装置可靠工作以及船舶航行安全。按其用途分为两大类。

（1）动力管系　主要用来为主机和辅机服务的管系。计有以下几种：燃油管系、润滑油管系、冷却水管系、压缩空气管系、排气管系等。

（2）船舶管系　为保证船舶的航行安全及船员和旅客的正常生活所需要的系统。计有以下几种：舱底水管系、压载水管系、消防管系、蒸汽管系、生活水管系、通风管系等。

此外，现代特种运输船舶设置了许多专用管系，如LNG运输船舶中的LNG管系、石油运输船舶中的货油管系、化学品运输船舶中的液货加热保温管系等均属于船舶专用管系。

4. 船舶甲板机械

它是指为保证船舶航行、停泊及装卸货物所需要的机械设备。它主要有以下几类。

（1）锚泊机械设备　它包括锚机、绞盘等。

（2）操舵机械设备　它包括舵机及操纵机械、执行机构等。

（3）起吊机械设备　它包括起货机、吊艇机及吊杆等设备。

5. 机舱遥控及自动化设备

它是指实现动力装置远距离操纵与集中控制调节、检测和报警的设备。它的控制对象包括主机、辅机和有关机械设备等。

综上所述，船舶动力装置是一个十分复杂的能量综合体。由燃料的化学能转换来的有三种能量形式：推进动力、电能和热能。因此，构成了非常复杂的机械、设备及系统的组合体。其中，推进装置是最重要的部分。推进装置产生的推进动力是衡量船舶活动能力的根本依据，推进装置的技术性能可以代表动力装置的性能，其工作的好坏，又直接影响到船舶的正常航行与安全，故在设计选型和建造中都应特别注意。

由上可知，船舶动力装置研究的内容是极为丰富的，但本书主要讨论柴油机动力装置，并着重研究推进装置的相关问题。

1.1.2　船舶动力装置的形成与发展

历史上（200多年前）用蒸汽机、锅炉、明轮推进器等机器设备代替风帆作动力来推进船舶的一套机械设备与系统，俗称"轮机"。轮机工程一词源于英文 marine engineering，即海上（动力）工程之意。

现代人们把船舶上实现能量转化和分配的全部机械、设备和系统的有机组合体统称为"船舶动力装置"。所谓船舶动力装置，是指保证船舶正常航行、作业、停泊以及船员、旅客正常工作和生活所必需的机械设备及系统的综合体。

1807年，蒸汽机被应用到一艘名为"克莱尔蒙特"（Clermont）号用明轮推进的木质船上，于是开创了用机器设备代替风帆作动力推进船舶的历史。

1896年，世界上第一艘汽轮机船"透平尼亚"（Turbinia）号试航。

1903年，第一艘内燃机船"万达尔"（Bahgal）号问世。

1951年，作为主要动力的燃气轮机船开始建造。

1952年，自由活塞蒸汽机——燃气轮机联合装置开始在"雪利欧斯"（Sirius）级扫雷艇上使用。

1954年，"诺提拉斯"（Nantilus）号核动力潜艇下水。

目前，螺旋桨取代明轮作为主要推进器已广泛应用于各类船舶上。

现代"轮机"的内容已极其丰富:其机械设备的规模、功能、复杂性和自动化程度等方面都是过去无法相比的。它除了提供推进船舶的动力外,同时还产生各种形式的能量,如机械能、电能及热能等,以供给船舶在航行和停泊时船舶辅机和其他生活上的需要。

本学科涵盖的内容如下:

(1) 动力装置;
(2) 热能动力机械;
(3) 振动与噪声;
(4) 自动化与智能工程;
(5) 辅机与系统;
(6) 环境工程;
(7) 电力系统与设备;
(8) 轮机检验、管理和驾驶;
(9) 海洋开发技术等。

其中,动力装置是船舶"活力"的源泉,它是近代船舶必不可少的重要组成部分,并素有船舶"心脏"之称;因此在很多情况下,"动力装置"和"轮机"的含义是相同的,只是使用习惯和场所不同,可能有不完全相同的解释和理解;轮机自动化程度是衡量现代船舶设计与制造水平的重要标志,它是船舶的"灵魂";海洋开发技术是轮机工程面临的新挑战和新机遇,是 21 世纪高新技术的"精髓"。

现代轮机工程所研究的内容大致归纳为如下几点:

(1) 舰船新型动力系统的研制;
(2) 舰船新能源的开发与利用;
(3) 船舶动力系统的优化组合与节能新技术;
(4) 船舶机械与系统的自动化和智能化;
(5) 船舶和海洋工程的环保技术;
(6) 海洋资源开发技术等。

由此可见,轮机工程已为广大的科学技术人员施展才华提供了一片碧水蓝天。

1.1.3 船舶动力装置的分类

船舶动力装置按照其不同特征可分成如表 1-1-1 所示的各种类型。

表 1-1-1 船舶动力装置的类型

分类方法	按使用工质分	按主机型式分	按使用燃料分
类型	蒸汽动力装置	蒸汽轮机动力装置	常规动力装置
	燃气动力装置	燃气轮机动力装置	核动力装置
	蒸汽-燃气联合动力装置	柴油机动力装置	—
	—	联合动力装置	—

主发动机是动力装置中最重要的机械设备,因此,本章将分别介绍几种船用热力发动机及其动力装置的基本原理与特点。

1.2 蒸汽轮机动力装置

1.2.1 基本组成和简单热力循环

1. 组成与原理

船舶蒸汽轮机动力装置是以锅炉产生的蒸汽为工质,以蒸汽轮机作为主机,其输出功率通过减速器,传递到螺旋桨以推进船舶的动力装置。图 1-2-1 所示的是蒸汽轮机动力装置的基本组成。

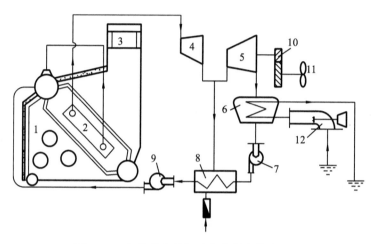

图 1-2-1 船舶蒸汽轮机动力装置的基本组成
1—主锅炉;2—蒸汽过热器;3—空气预热器;4—高压蒸汽轮机;5—低压蒸汽轮机;6—主冷凝器;
7—凝水泵;8—给水预热器;9—给水泵;10—减速齿轮;11—螺旋桨;12—循环水泵

蒸汽轮机动力装置由主锅炉、蒸汽轮机、冷凝器、轴系、管系及其他有关机械设备等组成。在这种装置中,燃料的燃烧是在发动机的外部,即在锅炉中进行的。

如图 1-2-1 所示,蒸汽轮机动力装置的基本工作原理是:燃料在主锅炉 1 中的炉膛内与通过空气预热器 3 进入锅炉中的空气一起燃烧;燃料燃烧放出的热量被水管中的水吸收,并汽化成饱和蒸汽;饱和蒸汽经过蒸汽过热器 2 再吸热成为过热蒸汽;过热蒸汽进入高压蒸汽轮机 4 和低压蒸汽轮机 5 膨胀做功,使蒸汽轮机叶轮旋转,再通过减速齿轮 10 带动螺旋桨 11 工作。做过功的乏汽在主冷凝器 6 中将热量传给冷却水,同时本身凝结成水,然后由凝水泵 7 抽出,并经给水预热器 8 预热再由给水泵 9 打入锅炉 1 的水鼓中。从而形成一个工作循环。冷凝器的冷却水用循环水泵 12 由舷外泵入,吸热后又排至舷外。

2. 简单热力循环过程

蒸汽轮机动力装置的简单热力循环过程可用图 1-2-2 所示的 T-S 来描述:图中:4—5 线表示水在汽锅中,在压力 p_1 下被加热到沸腾温度的过程;5—6 线表示在汽锅中,在压力 p_1 下的汽化过程;6—1 线表示在压力 p_1 下,在蒸汽过热器中的过热过程;1—2

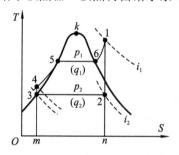

图 1-2-2 简单的蒸汽动力装置的理想循环

线表示蒸汽在蒸汽轮机中的绝热膨胀过程，这个过程要输出功；2—3 线表示在压力 p_2 下，乏汽在冷凝器中的凝结过程；3—4 线表示冷凝水在水泵中的绝热压缩过程，这个过程要消耗功。这种简单的蒸汽动力装置的理想循环称为朗肯循环。

在过程 4—5、5—6 和 6—1 中，热量是在一定的压力 p_1 下加入的，等压下加入的热量可以由过程的始点和终点的焓差来表示。加入的热量 q_1 为

$$q_1 = i_1 - i_4$$

在 T-S 图上，此热量可用加热线下的面积 m—4—5—6—1—n—m 表示。

过程 2—3 是循环的等压放热过程，所放出的热量 q_2 为

$$q_2 = i_2 - i_3$$

在 T-S 图上，此热量可用面积 m—3—2—n—m 来表示。

蒸汽轮机中的膨胀功 W_T（绝热膨胀等熵过程）为

$$W_T = i_1 - i_2$$

循环中水泵所消耗的功 W_p（绝热压缩等熵过程）为

$$W_p = i_4 - i_3$$

循环的有效功 W_0（相当于 1—2—3—4—5—6—1 的面积）为

$$W_0 = W_T - W_p = (i_1 - i_2) - (i_4 - i_3)$$

循环的有效热量 q_0 为

$$q_0 = q_1 - q_2 = (i_1 - i_4) - (i_2 - i_3)$$

所以循环热效率 η_t 为

$$\eta_t = \frac{q_1 - q_2}{q_1} = \frac{(i_1 - i_4) - (i_2 - i_3)}{i_1 - i_4} = \frac{(i_1 - i_2) - (i_4 - i_3)}{i_1 - i_4}$$

由于在较低的初始蒸汽参数的动力装置（3 MPa 以下）中，水泵消耗的功 $i_4 - i_3$ 比 $i_1 - i_{43}$ 小得多，可以略去不计，故循环热效率的近似式为

$$\eta_t = \frac{i_1 - i_2}{i_1 - i_4}$$

从图 1-2-2 可看出，在相同的背压 p_2 下，如果提高蒸汽的初始温度 t_1 和压力 p_1，都能提高循环热效率，这是因为增加了平均进汽温度。但是蒸汽的初始参数的提高，受到材料耐热性，设备的强度及设备的可靠性各方面的限制，不能无限制地提高。特别是船舶由于工作条件的限制，蒸汽的参数一般低于陆用。在相同的蒸汽初始压力 p_1 和初始温度 t_1 下，降低背压 p_2 也能使热能效率提高。因为背压降低了，所以放出的热量减少。但背压不能无限制地降低，它受到冷却水温度和冷凝器尺寸的限制。因此冷凝温度（饱和温度）不能低于或甚至等于冷却水的温度。

上面所介绍的简单理想循环中，由于冷凝器中被冷却水带走了冷凝蒸汽的汽化潜热，热量损失很大，占加入到循环中热量的 60%～70%，所以循环热效率较低。在船舶蒸汽轮机动力装置中可以说是没有完全按照这种循环工作的，而是在这种循环的基础上适当地加以改进以提高热效率。如图 1-2-1 所示，在图中增加了给水预热器，它是利用已在主机做过部分功的蒸汽的汽化潜热来预热给水的，这可使进入冷凝器的蒸汽量减少，而被冷却水带走的热量也就减少了，所以循环热效率得到了提高。这种利用主机的抽汽或辅机的乏汽来加热给水的循环称为再生循环。现代的民用船舶，为了提高动力装置的经济性，给水预热级数达到 4～5 级。

1.2.2 蒸汽轮机结构与工作原理

蒸汽轮机是一种旋转式发动机,蒸汽在蒸汽轮机中的工作过程是连续的,且具有两次能量转换:先是蒸汽的热能转变为汽流的动能,然后是动能转变为转动叶轮的机械能。根据蒸汽轮机的结构和能量转换的方式,蒸汽轮机可分为冲动式蒸汽轮机和反动式蒸汽轮机两种形式。

1. 冲动式蒸汽轮机

图 1-2-3 所示为单级冲动式蒸汽轮机结构与工作原理简图。

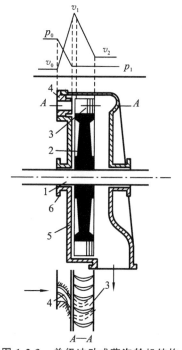

图 1-2-3 单级冲动式蒸汽轮机结构与工作原理简图

1—转轴;2—叶轮;3—叶片;
4—喷管;5—机壳;6—轴承

如图 1-2-3 所示,轴 1 的两端支承在轴承 6 上,可以自由旋转。轴的中央装配一叶轮 2,叶轮的圆周上装设许多弯曲的叶片 3,每两叶片之间就形成了如图 1-2-3 所示的弯曲的流动槽道。叶轮 2 与转轴 1 组合成一体称为转子。喷管 4 安装在机壳 5 上固定不动,此机壳亦称为汽缸。

蒸汽首先在喷管中膨胀,在膨胀过程中蒸汽的压力降低而流速大大提高,如图 1-2-3 所示,压力由 p_0 下降至 p_1,速度由 v_0 增加至 v_1。高速汽流随即进入工作叶片 3 所形成的弯曲形槽道,按照它的形状使蒸汽流拐弯时,就产生了离心力作用在叶片上,从而推动叶轮旋转,从轴上输出机械功。

蒸汽在喷管中,由于横截面大小是逐渐变化的,因此产生了不同程度的膨胀,即压力降低而速度增加。在工作叶片槽道中横截面大小不变,蒸汽流过时并不发生膨胀,同时压力也没有什么变化,而蒸汽以较低的速度 v_2 流出。高速汽流通过工作叶片弯曲的槽道产生离心力作用于蒸汽轮机叶轮而做功。这种仅仅利用喷嘴喷出高速蒸汽流的动能通过离心力作用推动叶轮而做功的蒸汽轮机,就称为冲动式蒸汽轮机。

2. 反动式蒸汽轮机

图 1-2-4 所示为单级反动式蒸汽轮机结构与工作原理简图。

如图所示,反动式蒸汽轮机用叶片 3 组成的环形叶栅代替了喷管,固定在静止不动的机壳 5 上,这些叶片称为导向叶片。当蒸汽自进汽管 1 进入进汽室 2,经固定不动的导向叶片 3 时压力下降,由 p_1 降低到 p';而蒸汽速度大为提高,由 v_0 提高到 v_1。高速蒸汽流随即流入装在转鼓 6 上的工作叶片 4,并沿叶片间槽道转变方向,其产生的离心力作用于工作叶片上,同时由于工作叶片槽道截面不断变化,因此蒸汽在工作叶片中流过时继续膨胀使压力进一步降低到 p_2,由于工作叶轮中汽流相对速度增加,由 w_1 增至 w_2,产生了反作用力,二者合力的作用而使转鼓得到旋转,把动能转变为机械能。

从图 1-2-4 可以看出,转鼓 6 被支承于两端的轴承 7 上,由于安装在转鼓上的工作叶片前后两端有压力差,因此产生了不平衡的轴向推力(向右)。为了平衡轴向推力而设有平衡活塞 8,其右端受新蒸汽压力作用,左空间 10 有连接管 11 与排汽空间相连,作用的压力很低,因此有向左的压差作用力借以平衡转鼓的轴向推力,使止推轴承 9 的负荷大为减轻。

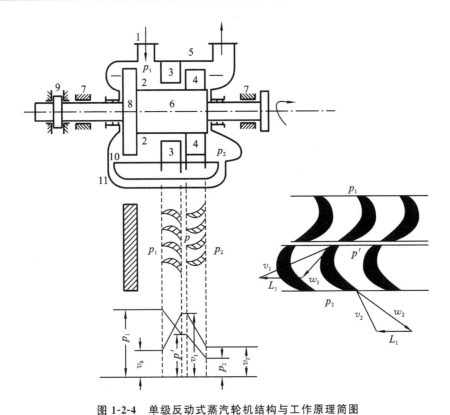

图 1-2-4 单级反动式蒸汽轮机结构与工作原理简图
1—进汽管;2—进汽室;3—导向叶片;4—工作叶片;5—机壳;6—转鼓;7—轴承;
8—平衡活塞;9—止推轴承;10—左空间;11—连接管

以上介绍的一列工作叶片加上它所属的一列喷管或导向叶片构成蒸汽轮机的"一级"。只有一列喷管和一列工作叶片的蒸汽轮机称为单级蒸汽轮机。现代船舶蒸汽轮机动力装置的蒸汽参数较高,受蒸汽轮机结构尺寸和最高转速的限制,单级蒸汽轮机无法充分有效利用具有较高参数的蒸汽的热能。为了提高蒸汽轮机的效率,较大功率的蒸汽轮机采用"多级"式结构。依其工作原理的差异,可分为两种:一种是由一列喷管和多列(2~3列)工作叶片构成的,蒸汽在一列喷管中膨胀而速度增加,产生的动能由多列工作叶片逐一吸收,蒸汽的速度也逐一降低,称为速度分级式蒸汽轮机;另一种是由多列喷管和多列工作叶片构成的,蒸汽依次在多列喷管中发生膨胀,压力依次下降而速度增加,蒸汽流经工作叶片时只发生速度的变化,实现由动能到机械能的转变,称为压力分级式蒸汽轮机。

压力分级式蒸汽轮机的效率可以比速度分级式蒸汽轮机的效率高,因此一般大功率蒸汽轮机总是采用压力分级的。冲动式蒸汽轮机级数随蒸汽参数、功率大小及对经济性要求而定,可在较大范围内变动,一般为14~20级。为了减少蒸汽轮机级数,不使其结构过于复杂,多级蒸汽轮机的第一压力级常常采用双速度级的形式,因速度分级能承受较大的焓降。通常蒸汽轮机采用冲动式的,而燃气轮机采用反动式的。

1.2.3 蒸汽轮机的功率调节方法与特性

当船舶的工况发生变化(如航速改变、航行条件变化、载荷变化等)时,需要用调节主蒸汽轮机的功率来适应这种工况的变化。

调节蒸汽轮机的功率最简单的方法是改变安装在蒸汽轮机主汽管上主进汽阀(或称操纵阀)的开启程度。主进汽阀开启程度的增大或减小,蒸汽流经该阀时,因流动阻力的减小或增大,蒸汽受到节流程度的改变而使压力减小或增大,引起绝热焓降的增大或减小,从而改变了蒸汽轮机的功率输出,这种用节流方法改变进入蒸汽轮机前蒸汽状态的调节称为变质调节。这种调节方法因改变了蒸汽的质量,而使效率大大降低,所以一般只有辅蒸汽轮机采用节流调节,因它操作十分方便,机器构造亦简单。

大多数蒸汽轮机是用喷管调节蒸汽量的,从而也改变蒸汽轮机的功率输出。图 1-2-5 所示为喷管调节简图。图中有四个喷管组,每组包括若干个喷管,第一组直接与主蒸汽管相通,由主进汽阀 1 控制,其他三组由喷管阀 2、3 和 4 来控制。改变完全开启的喷管阀数目,就改变了工作喷管的多少,进汽弧的长短,流通面积的大小,因而改变了流入蒸汽轮机的蒸汽量的多少,从而改变了蒸汽轮机的功率。这种调节方法不改变蒸汽的初始状态,只改变蒸汽量,称为变量调节。而实际应用喷管调节时往往采取既有变量又有变质的混合调节方法。

图 1-2-6 所示为蒸汽轮机的外特性曲线,它表示在变工况情况下蒸汽轮机的转矩 M、功率 P 与转速 n 之间的关系。图中的实线曲线族表示 M-n 关系,虚线曲线族表示 P-n 关系;由图可见,当耗汽量 G 不变时,随着转矩 M 的减小,而转速 n 升高,功率 P 与转速 n 则呈近似的抛物线变化关系。

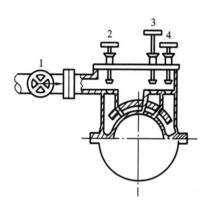

图 1-2-5　喷管调节简图
1—主进汽阀;2,3,4—喷管阀

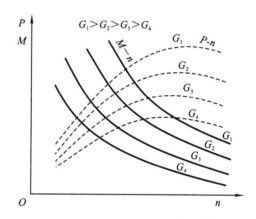

图 1-2-6　蒸汽轮机的外特性曲线图

1.2.4　蒸汽轮机动力装置的特点与应用

蒸汽轮机动力装置具有如下优点。

(1) 由于蒸汽轮机工作过程的连续性有利于采用高速工质和高转速工作轮,因此单机功率远比活塞式发动机的大。现代船用新型蒸汽轮机的单机组功率已达 7.5×10^4 kW 以上,单机组功率还可以进一步提高,只是受到推进器吸收功率和尺寸的限制,以及制造上也有困难,而且目前不需要生产更大功率的船用蒸汽轮机。正因如此,蒸汽轮机本身的单位重量尺寸指标比较优越。

(2) 蒸汽轮机叶轮转速稳定,无周期性扰动力,因此机组振动小,噪声低。

(3) 蒸汽轮机摩擦部件少,工作可靠性大,使用期限可高达 10^5 h 以上。

(4) 可使用劣质燃料油,润滑油消耗率也很低,仅 0.1~0.5 g/(kW·h)(柴油机的润滑油消耗率为 3~10 g/(kW·h))。

但蒸汽轮机动力装置的能量转换过程比较复杂,热效率较低,耗油率较高,总的经济性能较差,额定工况下经济性仅为柴油机装置的 1/1.5～1/2,在部分工况下,甚至只有 1/2.5～1/3,在相同燃料贮备下续航力降低。蒸汽轮机转速高,并且不能直接反转,所以作为船用时,需要配置具有较大减速比的减速齿轮装置和倒车装置。由于锅炉产生蒸汽需要一定的时间,从锅炉生火到主机启动要经历较长的准备时间,启动前准备时间为 30～50 min,紧急情况下,缩短暖机过程后也需要 15～20 min;在舰艇上为保证立即起锚的要求,就以暖机状态停泊,从而增加了停泊时的燃料消耗;另外,从一个工况变换到另一个工况的过渡时间也较柴油机装置的长 2～3 倍,所以机动性也较差。其次,蒸汽轮机动力装置设备多,装置复杂,从而使整个装置的重量和尺度较大。

在大功率船舶动力装置中,蒸汽轮机动力装置占有一定的优势。资料统计表明,功率小于 2×10^4 kW 的船舶,多采用柴油机动力装置,而大于 2×10^4 kW 的多采用蒸汽轮机动力装置,如高速客船、集装箱船、大型油船以及 LNG 运输船多采用蒸汽轮机动力装置。

1.3 燃气轮机动力装置

1.3.1 基本组成和工作原理

燃气轮机是最近几十年发展起来的一种新型发动机。在航空型燃气轮机舰用化改装获得成功后,它以结构轻巧紧凑,单机组功率大,工作可靠,机动性高,改装较方便等优点在水面舰艇动力装置中占有了重要的地位。

1. 主要组成部分

图 1-3-1 所示为燃气轮机动力装置简图。图中驱动压气机的燃气轮机又称为增压涡轮或高压涡轮,动力燃气轮机又称为动力涡轮或低压涡轮。通常把压气机、燃烧室和高压涡轮看做一个整体,称为燃气发生器。

2. 基本工作原理

燃气轮机的基本工作原理与蒸汽轮机的大致相似,只是采用的工质有所不同。蒸汽轮机使用的工质是锅炉中的水加热后产生的蒸汽,蒸汽推动叶轮做功;而燃气轮机则是利用燃料在燃烧室内燃烧所产生的燃气推动叶轮做功。同时燃气轮机是采用反动式的燃气轮机,而蒸汽轮机大多数是冲动式蒸汽轮机。

如图 1-3-1 所示,空气通过进气道进入压气机,经压缩后温度升高到 100～200 ℃,压缩空气供向燃烧室以及燃烧室与机匣之间的环形通道。流向燃烧室的那部分空气(称为一次空气)与通过喷油嘴喷入燃烧室的燃油混合后经点火即进行燃烧,形成温度高达 2 000 ℃ 左右的燃气。如此高温的燃气,必然对燃烧室进行强烈的辐射热交换和对流热交换。如果燃烧室的内壁不进行冷却,那就极易烧坏;同样,如果高温燃气直接流入涡轮中,涡轮的材料也承受不了,所以需要将高温燃气的温度降低。而通过燃烧室与机匣之间的环形通道的空气(称为二次空气)就起到了冷却燃烧室的内壁和与高温燃气掺混降低燃气温度的双重作用。利用掺混的方法,将温度降低到 600～700 ℃ 的燃气进入高压涡轮,在叶轮槽道内膨胀,将其动能转化为机械能,使燃气轮机旋转,驱动压气机工作;随后进入低压涡轮继续将热能转换成机械能,驱使动力燃气轮机旋转做功。低压涡轮通过挠性轴与减速装置相连,并带动螺旋桨工作。做过功的废气经排气道排出。

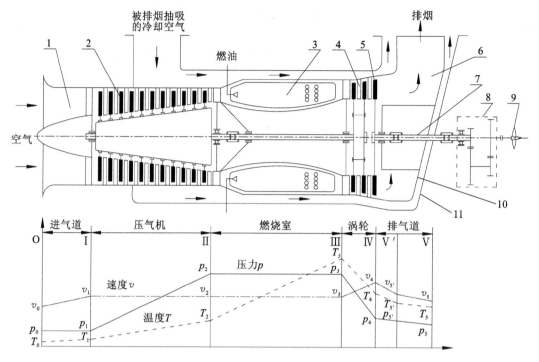

图 1-3-1 燃气轮机动力装置简图

1—进气道;2—轴流式压气机;3—燃烧室;4—驱动压气机的燃气轮机;
5—动力燃气轮机;6—排气道;7—挠性轴;8—减速装置;9—螺旋桨;10—罩壳;11—机匣

图 1-3-1 中还表示出空气—燃气流经燃气轮机时,其流速、压力和温度的变化情况。

1.3.2 简单热力循环过程与特性

燃气轮机装置几乎都采用简单的热力循环形式。

1. 热力循环原理

图 1-3-2 所示为热力循环过程示意图。如图 1-3-2(a)所示,大气压状态的空气被压气机 1 吸入,空气在压气机中从 p_1 压缩到压力 p_2,整个压缩过程如图 1-3-2(b)中 1—2 线段所示。为了从热力学的观点来研究定压燃烧的燃气轮机装置的循环过程,可以把实际过程理想化。假定在压缩过程中与外界无热交换和气体无流动损失,则可把压缩过程视为绝热等熵压缩过程,压力和温度同时升高;在空气经过压气机后,进入燃烧室 2,同时向燃烧室喷入燃油,燃油和一次空气混合并在定压下燃烧,形成高温燃气,图 1-3-2(b)中线段 2—3 可视为等压加热过程;二

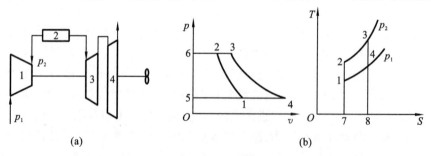

图 1-3-2 燃气轮机装置简单热力循环示意图

次冷却空气(约占总空气量的 65%～75%)经环形通道面渗入高温燃气,使燃气温度降低后再进入燃气轮机 3 和 4。燃气在燃气轮机中膨胀做功,这过程同样假定燃气与外界无热交换,燃气无流动损失及泄漏,图 1-3-2(b)中过程 3—4 可视为绝热等熵膨胀过程;做过功的废气从排气管排入大气,由于燃气还具有一定热量,大气是一个无限的定压空间,可把图 1-3-2(b)中过程 4—1 视为等压放热过程;这就完成了燃气轮机装置理想简单的热力循环。

图 1-3-2(b)中的 p-V 图和 T-S 图都是假定用 1 kg 工质完成上述循环而得到的图形。

2. 循环参数间的关系

理想压气机所消耗的功在 p-V 图上用面积 12 651 来代表,即

$$W_C = 面积\ 12\ 651 = i_2 - i_1$$

在进行绝热等熵膨胀过程中,工质所做功在 p-V 图上可用面积 34 563 来代表,即

$$W_T = 面积\ 34\ 563 = i_3 - i_4$$

装置的循环有用功,即膨胀功和压缩功之差,在 p-V 图上可用封闭过程线所围面积 12 341 来代表,即

$$W_0 = W_T - W_C = 面积\ 12\ 341 = c_p T_3 \left(1 - \frac{T_4}{T_3}\right) - c_p T_1 \left(\frac{T_2}{T_1} - 1\right)$$

在 T-S 图中,定压加热线 2—3 下的面积代表加入热量,亦为加热终点和始点之焓差,并假定燃气定压比热 c_p 不随温度变化而变化,是一个定值,即

$$q_1 = 面积\ 23\ 872 = i_3 - i_2 = c_p(T_3 - T_2)$$

同样,放给冷源的热量 q_2 为

$$q_2 = 面积\ 41\ 784 = i_4 - i_1 = c_p(T_4 - T_1)$$

T-S 图中封闭过程线所围面积代表循环有用功 W_0,即

$$W_0 = q_1 - q_2 = 面积\ 12\ 341$$

现求装置的循环热效率,按定义

$$\eta_t = 1 - \frac{q_2}{q_1} = 1 - \frac{i_4 - i_1}{i_3 - i_2} = 1 - \frac{T_4 - T_1}{T_3 - T_2}$$

由于过程 1—2 和过程 3—4 是绝热过程,可得

$$\frac{T_2}{T_1} = \left(\frac{p_2}{p_1}\right)^{\frac{k-1}{k}} \quad 和 \quad \frac{T_3}{T_4} = \left(\frac{p_3}{p_4}\right)^{\frac{k-1}{k}}$$

假定循环增压比为

$$\pi = \frac{p_2}{p_1}$$

循环温度升高比

$$\lambda = \frac{T_3}{T_1}, \quad m = \frac{k-1}{k}$$

因为 $p_3 = p_2$,$p_4 = p_1$,所以 $\frac{T_3}{T_4} = \frac{T_2}{T_1}$ 并得到

$$\frac{T_3 - T_2}{T_4 - T_1} = \frac{T_2}{T_1} = \pi^m$$

循环热效率最后可写成

$$\eta_t = 1 - \frac{1}{\frac{T_2}{T_1}} = 1 - \frac{1}{\pi^m}$$

经过换算,循环有用功最后可写成

$$W_0 = c_p T_1 [\lambda(1-\pi^{-m})-\pi^m+1]$$

从上面的关系式可得出如下结论。

(1) 理想简单热力循环的效率 η_t,只取决于增压比 π 和气体的绝热指数 k。增压比越大,效率越高,k 越大,效率也增大,但 k 值变化小,所以对 η_t 的影响不大。

(2) 在理想简单热力循环中,当 π 一定时,温度升高比 λ 越大,则有效循环功 W_0 就越大。但理想循环热效率 η_t 却是不变的,因在循环中对工质所加入的热量 q_1 增加,同时工质向冷源放出的热量 q_2 也随着增加。

(3) 当温升比 λ 一定时,有效循环功 W_0 在随增压比 π 变化时,会出现一最大值 $W_{0\max}$,在 $W_{0\max}$ 时的增压比称有效功最佳增压比 $\pi_{W_0\max}$。此值可从循环有用功的表达式对 π 微分取极值,得到

$$\pi_{W_0\max} = \sqrt[2m]{\lambda}$$

(4) 当理想简单热力循环的温度升高比 λ 提高时,不仅其 $W_{0\max}$ 的绝对值有所增加,而其相对应的 $\pi_{W_0\max}$ 也增大。

上面所讨论的是理想情况下的燃气轮机装置的循环,而在实际简单循环中,在压气机和燃气轮机中,工质都存在流动损失、泄漏损失等;在燃烧室中存在燃烧不完全损失等;同样气流在进、排气道和燃烧室中还有气体的流阻损失等。所有这些损失都会影响燃气轮机实际效率和有效功的输出,以至于燃气轮机装置不能对外输出全部有效功。因此,如何降低燃气轮机装置内部损失,提高输出功率,是燃气轮机装置的重要研究课题。

3. 燃气轮机的外特性

燃气轮机作为舰船主机时,通过减速装置和轴系驱动螺旋桨,二者运动应协调一致,即燃气轮机的转速与螺旋桨的转速成比例;同时二者能量应供需平衡,即燃气轮机动力涡轮输出的有效功率与螺旋桨要求的功率相等。当燃气轮机驱动外负荷时,其各种性能参数(如有效功率、有效效率、耗油率、输出扭矩等)与动力涡轮转速之间的变化关系称为外特性,燃气轮机的外特性可用外特性线来描述。利用外特性线可以较直观地了解燃气轮机的变工况性能,也为操纵管理提供了必要的控制和监测数据。

图 1-3-3 所示为一种分轴式燃气轮机的外特性线图。

图 1-3-3 中横坐标表示动力涡轮的输出转速,纵坐标表示其有效功率。图中形似抛物线的实线簇是压气机的等转速线的相对值,即每条实线对应的转速与额定转速的比值为一常数。对于每一条压气机等转速线,随动力涡轮输出转速的增大,输出的有效功率按形似抛物线的趋势变化且有一个最大值。图中形似抛物线的点画线族是增压涡轮进口工质的等温线,是进口工质初温相等的工作点的连线。可看出,在动力涡轮的输出转速不变时,温度越高,对外输出的功率也越大。同一条等温线随动力涡轮输出转速的增大,输出的有效功率也按形似抛物线的趋势变化且有一个最佳值。

图 1-3-3 中还有两条不同的负荷特性线:动力涡轮输出恒转速线和定距桨特性线,前者通常为驱动发电机时的负荷特性线,后者又称为推进特性线。当推进特性线通过设计点,且基本上通过每一条压气机等转速线的最高处和每一条等温线的最佳值点(设计点除外)时,可认为燃气轮机与定距桨之间的配合特性达到了比较理想的状态。

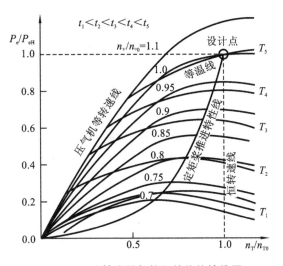

图 1-3-3 分轴式燃气轮机的外特性线图

1.3.3 燃气轮机动力装置的特点与应用

1. 优点

燃气轮机作为船用主机的时间虽不太长,但获得了迅速的发展,尤其是在水面舰船上得到极其广泛的应用。这主要是燃气轮机动力装置较其他装置有许多突出的优点所致。

(1) 燃气轮机对舰船所需的功率指令反应迅速,从冷态启动到发出全功只需 2~3 min,在紧急状态下,还可缩短到 1 min 左右,这为改善舰船的机动性和操纵性创造了优越的条件。

(2) 舰船燃气轮机的单机功率比较大。单机功率已达 29 400~36 750 kW,有比较成熟的机组。因此,燃气轮机的发展已为舰船航速的提高和动力装置的简化提供了有利的条件。

(3) 舰船燃气轮机的重量尺寸非常轻巧。单位功率的机组重量已降低到 0.22~0.27 kg/kW,它几乎是柴油机的 1/10。这一点极其可贵。它既能有效地缩小动力装置的重量尺寸,增加燃油装载量、扩大通信和武器装备的总容量,又能提高生命力和续航力。

(4) 舰船燃气轮机的所有辅助系统和设备均附设于机组本体上,而且配有可靠的自动控制和调节设备。因此,操作简便,容易实现全船自动化和远距离集中操纵等。

(5) 因为燃气轮机是回转机械,又比较轻巧,结构上容易实施合理的减振支承和挠性支承,所以机械噪声源少,机械噪声量小,且不易通过舰体向水下传播,使作战舰船的隐蔽性有所改善。

(6) 舰船燃气轮机的运行可靠性较好,其翻修寿命有的已能达到 10 000 h 以上。由于机组本身的重量尺寸比较小,容易实现快速更换。这样就大大提高了舰船的实际服役率。同时,也大大简化了舰上的维修保养工作,有利于减少在舰人员。

(7) 与蒸汽轮机和柴油机动力装置相比,燃气轮机的润滑油消耗量比较低。目前已达 1~5 g/(kW·h),故润滑油贮存量较少。

(8) 正由于燃气轮机轻巧,又容易实现全自动化监控和远距离集中控制,故一般均将机组置于密闭机罩内,以利隔音、隔热、防化、防核,从而改善了机舱工作条件。

2. 缺点

在舰艇燃气轮机动力装置的发展中,与其他动力装置相比,还有许多急待研究和解决的问题。

(1) 燃气轮机的油耗率与柴油机的相比偏高。以美国比较先进的 LM-2500 机组为例,其额定负荷下的燃油消耗率已达 240 g/(kW·h),接近中、高速柴油机的水平。但在低工况运行时燃油消耗率大为增加,且会引起燃气轮机超温、易喘振和工作不稳定,因此还有待进一步研究改进。

(2) 目前的舰船燃气轮机,几乎均使用低黏度、优质燃料油。这样,其燃料费用大大增加。

(3) 舰船燃气轮机的空气消耗量很大。一般为 16~23 kg/(kW·h)(柴油机约为 5 kg/(kW·h),蒸汽轮机约为 0.5 kg/(kW·h)),因此在舰船上,必须设置非常庞大的进、排气管。这样使动力装置的重量尺寸增大;大的甲板开口也影响舰船有效甲板面积的利用以及舰体结构强度。

(4) 在燃气轮机的气体流路中,气流的紊流度强,涡流源多,因此,燃气轮机工作时会发出频谱很宽的、能量较强的气动噪声。在进、排气管管口附近的噪声可达 115 dB 以上,严重影响舰船指战员的正常工作和健康,影响舰船的隐蔽性,所以必须采取消音措施。

(5) 目前的舰船燃气轮机不能逆转,因此,当舰船需要制动和倒航时,要靠可调螺距螺旋桨或倒车传动齿轮来解决。此外燃气轮机必须借助启动电动机或其他启动机械启动。这些都导致动力装置的复杂化。

综上所述,燃气轮机动力装置虽然目前还存在着一些需要进一步完善的问题,但是,这并不影响它在舰船上的重要作用和应用;相反,它会随着高温耐热合金材料发展,冷却技术的进步和运用,新型可倒机组的研究以及热力循环的不断完善等,更经济、更可靠、更适用于舰船。

1.4 柴油机动力装置

以柴油机为主机的动力装置称为柴油机动力装置。柴油机是以柴油为燃料,且燃料在机器内部(气缸中)燃烧,将化学能转换为热能,并以燃气为工质,再将热能转变为机械能的一种内燃式热力发动机。

柴油机动力装置具有比较优良的性能,在现代船舶中,不论商船、渔船、工程船及军用舰艇上都得到广泛的应用。目前以柴油机作为主机的船舶占 98% 以上,柴油机船总功率占造船总功率的 90% 以上。可见柴油机动力装置占有绝对的统治地位。

柴油机动力装置具有如下的优点。

(1) 较高的经济性 其耗油率(kg/kW·h)比蒸汽、燃气动力装置的低得多,高速(1 000 r/min 以上)柴油机耗油率为 0.16~0.18 kg/(kW·h),中速(300~1 000 r/min)机的为 0.125~0.170 kg/(kW·h);低速(300 r/min 以下)机的为 0.12~0.14 kg/(kW·h),一般蒸汽轮机装置的耗油率为 0.18~0.35 kg/(kW·h),燃气轮机耗油率则更大,为 0.24~0.40 kg/(kW·h)。

这一优点使柴油机的续航力大大提高,换句话说,一定续航力下所需燃油贮备量较少,从而使营运排水量相应增加。

另外,柴油机动力装置在宽广的负荷范围内具有耗油率较低的特点。图 1-4-1 所示为在部分负荷情况下,柴油机推进装置与蒸汽轮机推进装置和燃气轮机推进装置的耗油率变化情况。这一特点使得柴油机动力装置不仅在全速工况(通常为设计工况)时具有很高的经济性,同时在低速工况时也具有较好的经济性。

(2) 机型众多、功率范围宽广 随着航运事业的发展,出现了各种类型的船舶,它们承担的任务各不相同,具有不同的特征,推进装置的形式不同,要求的功率大小也不一样。因此,对主柴油机推进装置的选择也就不尽相同。而柴油机众多的机型和宽广功率范围为各种船舶的机型选择提供了方便,也为推进装置的优化设计创造了条件。

(3) 高速轻型柴油机的单位重量轻,尺寸小 柴油机动力装置中除主机和传动机组外,其他辅助机械和设备较蒸汽动力装置的少,因此在船上的布置较方便、灵活,维修管理也较容易。其单位重量、尺寸指标较小,还为船舶节省了宝贵的排水量和空间,可以增加船舶的净载重量。

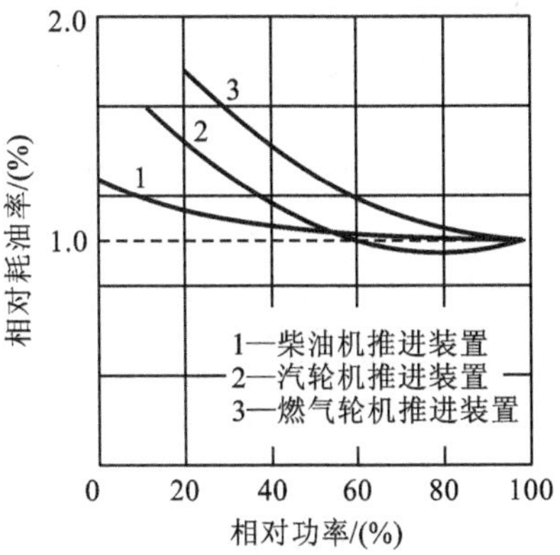

(4) 良好的机动性 柴油机的操作简单,启动方便,

图 1-4-1 部分负荷时的相对耗油率

正倒车迅速,一般正常启动到全负荷只需 10～30 min,紧急时只需 3～10 min。虽然比燃气轮机装置的差些,但它不需要像燃气轮机装置那样有一套复杂的启动和倒车设备。柴油机装置停车只需几秒钟即可。

柴油机装置存在如下缺点。

(1) 由于柴油机的尺寸和重量按功率比例增长快,因此单机组功率受到限制,低速柴油机功率仅达到 4×10^4 kW 左右,中速机功率为 2×10^4 kW 左右,而高速机功率为 8×10^3 kW 或更小,这就限制了它在大功率船上的使用的可能性,大功率舰船希望有 $3\times10^4\sim5\times10^5$ kW,故其无法胜任。

(2) 柴油机是往复式发动机,工作时往复运动的不均匀性和惯性力的作用,使机器运转时的噪声和振动较大,而影响船员的工作和生活,影响舰船的隐蔽性。

(3) 中、高速柴油机的运动部件磨损较厉害,高速强载柴油机的整机寿命仅为 1 000～2 000 h。

(4) 柴油机在低转速时稳定性差,难以在较低的转速下稳定运行,因而影响船舶的低速航行性能。另外,柴油机的过载能力也较差,在超负荷 10% 时,一般仅能运行 1 h。

随着柴油机的耗油率不断降低,单机功率的增大,结构更加紧凑,柴油机动力装置的地位更加突出稳固,依然是船舶最重要的动力装置形式。

1.5 联合动力装置

联合动力装置的构思是 20 世纪初为满足水面舰艇战术性能的要求而提出的。

1.5.1 水面舰艇航行工况特性

近代战斗舰艇的高速性包括舰艇的战略速度和战术速度。前者是指长时间的持续航行速度,通常称为战备巡航速度,一般为 17～22 kn。后者是指短时间的最大航速,通称为最大航速,一般为 30～35 kn。而舰艇运行的特点是要在各种航速范围内航行,但是各种航速范围内航行的时间占整个舰艇服役航行的总时间的比例相差甚大。如表 1-5-1 所示,巡航速度所需功率不超过全功率的 25%,运行时间却占总航行时间的 80%,最大航速所需功率为全功率的 80%～100%,而运行时间仅占总航行时间的 3%。为了满足舰艇在最大航速航行时功率的需要,对于排水量不大(1 000～7 000 t 标准排水量)的水面舰艇来说,为其所配置的动力装置功率(22 000～59 000 kW)非常大,致使动力装置占用了相当大的排水量,使舰艇的主要矛盾——排水量问题更加突出。然而,配置的功率中有 75% 左右在绝大部分航行时间内被"搁置"不用,相应的装置重量和体积就成为舰艇的额外荷重。

表 1-5-1 大、中型水面舰艇航行工况概况

航速/kn	航行工况(占全功率)/(%)	航行时间(总航行时间)/(%)
<20	<25	80
20~28	25~80	17
>28	80~100	3

舰艇的另一主要特点是较大的续航力。大、中型水面战斗舰艇是海军舰艇中的主要支柱,这类舰艇的续航力一般为 4 000~6 000 n mile。要保证这样大的续航力,不得不占用很大的排水量来贮备燃料。而要想显著地减少燃料的贮备量,行之有效的办法是降低舰艇巡航工况时的燃料消耗量。但对于任何形式的单一装置,为了控制装置的重量与尺寸,通常以全速作为设计工况,其结果必然导致巡航工况时的经济性甚差。因为偏离设计工况越远,其经济性越差,所以无法达到降低巡航工况时燃料消耗量的目的。

1.5.2 联合动力装置的组成形式

现代舰艇要求动力装置既要保证在短时间内达到最大航速所需的功率,又能减小装置的重量与尺寸;既要确保续航力,又需减小巡航工况时的燃料消耗量。各种单一形式动力装置都不能完全满足舰艇战术性能的要求。于是,针对水面舰艇战术性能特点,构思出在同一舰艇上采用两种具有不同特点的发动机及装置,组成由双型发动机构成的动力装置,称为联合动力装置。

联合动力装置中的两型发动机充分发挥各自的优点,相互取长补短,因此能很好地满足舰艇的战术技术性能的要求。通常在低速工况航行时由一型发动机单独工作,而在某航速以上直至全速工况范围内航行时由另一型发动机单独工作或者两型发动机共同工作。在低工况下单独工作的发动机组称为巡航机组,在高速工况时单独工作或者与巡航机组联合工作的发动机称为加速机组。巡航机组通常采用耗油率低,使用寿命长,功率不大的发动机,其功率约占总功率的 25%~50%。加速机组采用启动迅速,单机组功率大,单位重量及尺寸小的发动机。这样,舰艇既能在短时间内发出最大功率达到全航速,又能在巡航中减少燃料消耗量,增加续航力,还能减少装置的重量尺寸,机动性得到提高。根据这种思想,在海军舰艇中先后出现了以燃气轮机装置为主导的多种形式联合动力装置。表 1-5-2 列出了它们的组成形式及工作方式。其中,燃气轮机-燃气轮机联合动力装置(亦称全燃联合动力装置)随着燃气轮机的经济性和寿命的大大提高,舰艇巡航功率的增加,是大、中型水面舰艇最理想的动力装置形式。图 1-5-1 所示为全燃联合动力装置示意图。

表 1-5-2 联合动力装置的组成形式及工作方式

序号	构 成	名 称	工 作 方 式	
			巡航	全速
1	蒸汽轮机与燃气轮机	COSAG	蒸汽轮机	蒸汽轮机+燃气轮机
2	柴油机与燃气轮机	CODAG	柴油机	柴油机+燃气轮机
3	柴油机与燃气轮机	CODOG	柴油机	燃气轮机

续表

序号	构成	名称	工作方式	
			巡航	全速
4	巡航燃气轮机与加速燃气轮机	COGAG	巡航燃气轮机	巡航燃气轮机＋加速燃气轮机
5	巡航燃气轮机与加速燃气轮机	COGOG	巡航燃气轮机	加速燃气轮机

注：表中各种形式的英文名字及缩写如下：

1—combined steam turbine and gas turbine(COSAG)；2—combined diesel engine and gas turbine(CODAG)；
3—combined diesel engine or gas turbine(CODOG)；4—combined gas turbine or gas turbine(COGOG)；
5—combined gas turbine and gas turbine(COGAG)。

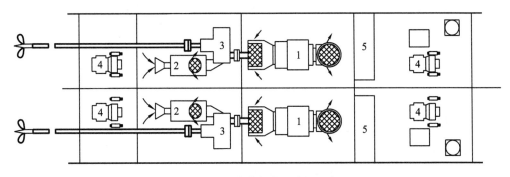

图 1-5-1 全燃联合动力装置示意图

1—燃气轮机(加速)；2—燃气轮机(巡航)；3—齿轮箱；4—柴油发电机；5—日用油柜

1.5.3 联合动力装置的特点与发展趋势

1. 联合动力装置的特点

（1）因为采用了重量很轻的燃气轮机装置来提供很大一部分装置功率，因而联合动力装置的单位重量和绝对重量显著降低。

（2）由于采用了耗油率低的巡航装置，可以增大续航力或减少燃油贮备量。

（3）由于加速机组和巡航机组彼此独立，因此，提高了装置的可靠性，即任何一个机组发生故障不会完全破坏动力装置的工作。

（4）由于采用了燃气轮机装置，因此，提高了舰艇的机动性，使启动迅速，使巡航到全速工况过程加快。

（5）燃汽轮机装置进、排气管道巨大，增加了机舱结构的复杂性及布置上的困难。

（6）由于采用两种不同类型机组，所用燃油不一样，相应燃油管路较复杂；而且两台机组共同使用一台主减速器，导致该减速器较复杂。

2. 联合动力装置的发展趋势

联合动力装置的发展趋势和要研究解决的问题如下。

（1）燃气轮机联合动力装置是一种新型动力装置，与常规动力装置相比具有明显的优越性，已为各国海军所采用和大量建造。

（2）随着燃气轮机的不断发展和日益完善，舰艇联合动力装置的形式也不断变化和日趋完善，护卫舰目前普遍应用CODOG形式装置，驱逐舰则用COGOG形式装置和COGAG形式装置。联合动力装置发展初期所出现过的COSAG形式装置和CODAG形式装置,由于常规部分所占比例大,优越性受到限制,因而已经淘汰,目前已不再建造这类舰艇。

(3) 除了燃气轮机之外,联合动力装置必须具有一整套结构复杂和技术要求很高的推进传动系统,它包括大功率高速齿轮,液力耦合器,各式离合器和同步离合器,弹性和挠性联轴器,以及大功率调距桨等传动设备,这些传动设备的技术水平和在推进传动系统中的配置是否合理,将显著影响联合动力装置的性能。随着联合动力装置的不断发展,推进传动系统也日益简化和完善。

(4) 燃气轮机的进、排气道和自动同步离合器是伴随燃气轮机联合动力装置的出现而带来的特殊装置,在研制这种动力装置时必须加以研究和妥善解决。

3. 联合动力装置的应用

目前,联合动力装置主要应用于各种水面舰艇中,如大型高速炮艇、猎潜艇、护卫舰、驱逐舰和巡洋舰等,已成为各国海军竞相研究和采用的主动力装置形式。

1.6 核动力装置

1.6.1 核反应堆原理

1. 基本原理

一个可裂变物质的原子核(称为靶原子核)受到一个有一定的能量的中子轰击以后发生分裂,在分裂成为两个较轻的初级裂变产物(称为裂变碎片)的同时,放出了巨大的能量和两到三个新中子,这种现象就是原子核裂变(nuclear fission)现象。其过程平均所需时间极短。基于中子引起这种反应后又产生更多的新中子,在一定的条件下,新中子又可能去轰击另一个可裂变的原子核,使之又分裂为两个次级裂变产物,又再放出大量的能量和两到三个新中子;同样条件下,新中子又可能去轰击另外的又一个可裂变的原子核而连续不断地把这种裂变反应持续下去,连续不断地释放出能量。那么,这种以裂变物质本身持续不断的裂变反应(通常称为链式反应)为基础,并可以人为地控制其反应速率的专用装置,就称为反应堆。

2. 典型的核裂变反应

反应堆中一个典型的核裂变反应:铀-235吸收一个中子,分裂成钡和氪,同时放出二个新中子。其反应式为

$$^{235}_{92}U + ^{1}_{0}n \longrightarrow [^{236}_{92}U] \longrightarrow ^{137}_{56}Ba + ^{97}_{36}Kr + 2^{1}_{0}n + E$$

即在一个中子轰击铀-235核(含92个质子和143个中子)后,先变成一个不稳定的复核铀-236,随后立即分裂成两个质量不等的裂变碎片钡-137(含56个质子和81个中子)及氪-97(含36个质子和61个中子),同时产生两个中子并释放出能量E。

一个铀-235原子核每次裂变放出的可用能为200 MeV,而由阿伏伽德罗数可知1摩尔的铀-235全部裂变所释放出的能量为

$$6.023 \times 1\,023 \times 200 \text{ MeV} = 6.023 \times 1\,023 \times 200 \times 1.6 \times 10^{-3} \text{ J}$$
$$= 1.93 \times 1\,013 \text{ J}/3\,600 = 5.36 \times 109 \text{ W} \cdot \text{h}$$
$$= 5.36 \times 106 \text{ kW} \cdot \text{h}$$

式中:假设总裂变时间为10 s,$6.023 \times 1\,023$为原子总数,1 MeV$=1.6 \times 10^{-3}$ J

1摩尔的铀-235重235 g,因此1 g铀-235完全裂变所释放出的能量为

$$\frac{5.36\times 10^6}{235} \text{ kW}\cdot\text{h} = 2.28\times 10^4 \text{ kW}\cdot\text{h} = 0.95 \text{ MW}\cdot\text{d}$$

如果反应堆每天能烧掉 1 g 铀-235 核燃料,那么它所发出的功率就是约 1 MW。

1 kg 铀-235 完全裂变时,释放出来的能量为

$$2.28\times 10^4 \times 1\,000 \text{ W}\cdot\text{h} = 2.28\times 10^7 \text{ kW}\cdot\text{h}$$

与普通的石化燃料发热量相比较,体积仅为一块香皂大小的这样 1 kg 铀-235 核燃料全部分裂所产生的 837×10^8 kJ 的热量,即相当体积极为庞大的 2 800 t 优质煤,或者是 2 100 t 的燃油燃烧所发出的热量。从这里可以清楚地看到,人们之所以热衷于发展核能,正是因为铀燃料含有几百万倍常规燃料的能量。

1.6.2 压水堆核动力装置

1. 核动力装置基本原理

核动力装置是以原子核的裂变反应所产生的巨大热能,通过工质(蒸汽或燃气)推动蒸汽轮机或燃气轮机工作的一种装置。目前,舰船上几乎全部采用压力水型的反应堆(简称压水堆),即以压力水作冷却剂(也称载热剂),蒸汽作为工质的核动力装置。

2. 压水堆核动力装置

压水堆核动力装置的主要组成和简单的工作原理如图 1-6-1 所示。

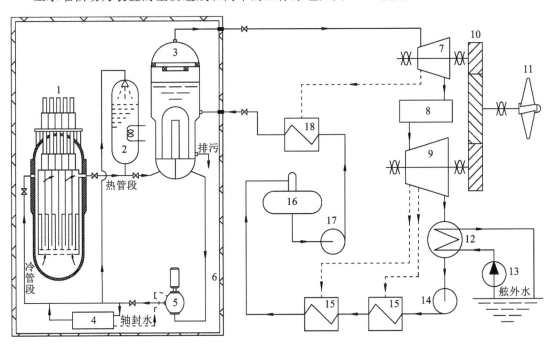

图 1-6-1 压水堆核动力装置的主要组成和工作原理

1—反应堆;2—稳压器;3—蒸汽发生器;4—回路辅助系统;5—冷却剂循环主泵;6—安全壳(堆舱);
7—汽轮机高压缸;8—中间汽水分离器;9—汽轮机低压缸;10—减速器;11—螺旋桨;12—主冷凝器;
13—循环水泵;14—冷凝水泵;15—低压给水加热器;16—除氧器;17—给水泵;18—高压给水加热器

压水堆核动力装置由两个回路构成。在第一回路的反应堆里面有反应堆芯存放着核燃料和控制棒,控制棒可控制核裂变速度及释放出的能量,同时用控制棒启动或停堆。核裂变时释放出的热能被压力水带走,压力水由冷却剂循环主泵供给,压力水经过反应堆被加热后温度升

高,然后经蒸汽发生器将热量传递给第二回路的水,而本身温度下降。压力水放热后进入冷却剂循环泵,被送入反应堆加热,这样形成一个放射性的密闭循环回路。

为了维持反应堆安全可靠地工作,第一回路系统包括一些必需设置的辅助系统。如为了稳定和限制第一回路系统冷却剂压力波动,设有稳压器的压力安全和压力卸放系统。稳压器的底部通过波动管接于反应堆出口的热管段上,冷却剂可以从主回路涌入稳压器,或从稳压器返回主回路中。在堆的入口冷管段上,引出一个能够改变和调节流量的喷雾管接在稳压器顶部喷嘴上,喷雾管喷射主回路中冷管段的冷却剂。系统运行时,如果工作压力超过整定的压力的上限时,压力传感系统自动开启稳压器顶部的雾化喷嘴的压力控制阀,则主回路冷管段的冷却剂在反应堆进、出口的自身压差作用下,喷射到稳压器上部蒸汽空间内,部分蒸汽冷凝的结果,使得回路系统逐渐恢复到其正常压力限工作,从而保障了系统的安全、稳定运行。

第二回路是将蒸汽的热能转换为机械能或电能的装置。第二回路系统主要是由蒸汽发生器二次侧、蒸汽轮机、主冷凝器、冷凝水泵、给水加热器、除氧器、给水泵、循环水泵、中间汽水分离器和相应的阀门、管道组成。

第二回路系统的蒸汽发生器给水,通过蒸汽发生器大量 U 形管的管壁,吸收第一回路高温高压水从反应堆带来的热量,在蒸汽发生器里蒸发形成饱和蒸汽,蒸汽从蒸汽发生器顶部出口通过蒸汽管,流进蒸汽轮机的高压汽缸,推动叶轮做功后流经中间汽水分离器,提高干度后的蒸汽再进入蒸汽轮机低压缸,驱动低压蒸汽轮机做功,做功后的乏汽全部排入位于低压缸下的主冷凝器,乏汽经过循环冷却水的冷却凝结成水,冷凝水由冷凝水泵驱动进入低压加热器加热,再到除氧器加热除氧,而后由给水泵送到高压加热器再加热,提高温度后重新返回蒸汽发生器,作为蒸汽发生器给水,再进行上述循环。蒸汽轮机的功率输出端与减速器相连,再驱动螺旋桨推动舰船。

同样,为了维持蒸汽轮机的正常运行,还设有若干辅助系统,如主蒸汽排放系统、蒸汽轮机抽汽系统、冷凝水及给水系统、润滑油系统、水化学处理系统等。

由上述可知,压水堆核动装置无论是在结构上还是原理上都与蒸汽轮机动力装置有着相似的地方,特别是其第二回路系统的工作原理与蒸汽轮机动力装置的极为相似,而压力水核反应堆也相当于蒸汽轮机动力装置中的蒸汽锅炉。

1.6.3 核动力装置的特点与应用

1. 优点

(1) 核动力装置以消耗极少量的核燃料而释放出巨大的能量,就可以保证船舶以较高的航速航行极远的距离。美国第一艘核潜艇"鹦鹉螺"号可不补充燃料在水下环球一周(水下航速 20 kn,续航力 30 000 n mile),该潜艇从编入舰队历时两年零两个月,总共航行 60 000 多 n mile,未添加燃料。

(2) 核动力装置在限定舱室空间内所能供给的能量,比一切其他形式的动力装置的要大得多,也就是说,它能发出极大的功率,可以设计出 50~100 kn 以上的核动力舰艇,目前只是受到主机制造及螺旋桨所能吸收功率的限制。

(3) 核动力装置的最大特点是不消耗空气而获得热能,这就不需要进排气装置。因而是潜艇极为理想的动力装置,它能大大提高潜艇的战斗力,使潜艇能长期隐蔽在深水中,不易被敌舰所发现。同样,此特点对水面舰艇也有较大意义,因不需要进、排气口,没有烟囱,减少甲板开口,并在核战争中减少从烟囱及通风机中进入放射性杂质的危险性,易于核防御,而且能减少敌人观察器材和热反应器材的发现及避免红外线自导武器攻击的危险性。

2. 缺点

(1) 核动力装置的重量及尺寸较大　由于核燃料裂变反应时释放出大量的放射性物质，对人体有严重的杀伤作用，污染环境，因此必须对核反应堆及第一回路周围设置多层屏蔽系统。同时考虑到意外灾害对核动力船的损坏，应对整个动力装置设置屏蔽系统，以阻止及截留放射性物质逃离反应堆外，不致污染海洋。屏蔽系统重量占整个动力装置的35%以上。

(2) 操纵管理检测系统比较复杂　在防护层内的机械设备必须远距离操纵，而且在核动力船舶上还必须配置独立的其他形式的能源，来供给反应堆启动时的辅助设备和反应堆停止工作后冷却反应堆的设备所需的能量，这就增加了动力装置的复杂性。另外在核动力船舶上还必须设置专门的器械和设备装卸核燃料和排除反应堆中载有放射性之排泄物。

(3) 核动力装置造价昂贵　反应堆活性区的材料都须价格很贵的稀有高级合金，据统计，建造一个潜艇核反应堆比同样排水量潜艇的柴油机电动装置，造价要高10倍。核燃料昂贵，尤其浓缩铀，浓缩度越高价格就越贵。如核动力潜艇反应堆加满一次核燃料(约用两年至两年半)要比一般动力装置潜艇所需的燃料费用高10倍左右。

(4) 核动力装置的热效率较低　由于第一回路的压力水的温度和压力受到反应堆中材料和核燃料的耐高温性能的限制，而不能提得太高(目前压力水的压力已达 14.7~19.6 MPa)，否则会对反应堆的构造和强度设计带来较大困难，其工作可靠性与安全性也会受到影响。因此，第二回路蒸汽参数(压力和温度)受到限制，致使热效率较低。

目前，核动力装置主要应用于潜艇上，此外，在航空母舰、巡洋舰、原子破冰船也有应用的例子，在民用船舶上的应用进展不大。

1.7　船舶推进装置的基本形式

如前所述，主机与传动设备、轴系和推进器以及附属系统，构成推进装置。主机输出功率，通过传动设备及轴系驱动推进器产生推力，同时把推力通过轴系传递给船体，推进船舶运动。推力就是船舶的活动能力，提供推力是动力装置的根本任务。因此，推进装置是动力装置的主体，其技术性能直接代表动力装置的特点。推进装置的特点体现在四个方面：①发动机的类型；②推进器的类型；③发动机能量传给推进器的方式；④发动机所用的燃料。由主机、传动设备和推进器三者不同形式的组合，构成多种多样具有不同特点的推进装置形式，其中基本形式如表1-7-1所示。推进装置，根据主机的功率传动到推进器的方式，可分为直接传动推进装置、间接传动推进装置、电力传动推进装置及特种传动推进装置等形式。

1. 直接传动推进装置

直接传动推进装置是指主机直接通过轴系把功率传给推进器的推进装置(如表1-7-1中1,2)。这种形式在任何工况下，推进器与主机具有相同的转速。对于采用螺旋桨的推进装置来说，由于螺旋桨在较低转速时才有较高的推进效率。因此，直接传动推进装置一般采用转速较低的主机，如大型低速柴油机及部分中速柴油机。

直接传动推进装置是最常见的最基本的传动形式，它的主要优点如下。

(1) 传动效率高　除轴系的传动功率损失外，没有其他功率损失，从而提高了整个推进装置的传动效率。

(2) 经济性较好　在直接传动推进装置中，主机多数是大型低速柴油机，这类主机耗油率很低,并能燃用廉价的重油;部分采用中速柴油机,其耗油率也接近低速柴油机,并且解决了燃用重油的问题。这样就大大改善了推进装置的经济性。

(3) 由于轴系转速低,螺旋桨的效率较高。

(4) 装置简单,工作可靠,寿命长,管理维修方便,噪声较低。

表 1-7-1 推进装置的基本形式

序号	形　式	说　明
1		单机单桨刚性直接传动,定距桨,主机反转
2		单机单桨刚性直接传动,调距桨,主机不反转
3		单机单桨齿轮减速传动,定距桨,双转向齿轮减速箱,主机不反转
4		双机单桨齿轮减速传动,定距桨,主机反转
5		三机单桨齿轮减速传动,调距桨,主机不反转
6		单机双桨齿轮减速传动,定距桨
7		柴油机-燃气轮机单桨齿轮减速联合传动,调距桨,主机不反转
8		燃气轮机-燃气轮机单桨齿轮减速联合传动,调距桨,主机不反转
9		双机单桨电传动,定距桨,主机不反转
10	单桨　双桨　三桨　四桨	

注:1—柴油机;2—定距桨;3—调距桨;4—齿轮减速箱;5—离合器;6—燃气轮机;7—发电机;8—电动机;9—传动装置。

直接传动推进装置的主要缺点如下。

（1）直接传动形式只能采用转速较低的发动机，如低速柴油机等，这类主机重量和尺寸指标都很高，这对排水量较小，而功率较大的船舶是不利的。

（2）由于主机和螺旋桨是直接连接的，主机的工作直接受螺旋桨特性影响，对工况多变的船舶而言，在部分负荷下运转时，推进装置的经济性会有所下降。

（3）主机一般须能直接回行，这样主机的结构多了一套直接回行机构，而使其复杂化。

根据上述特点，直接传动推进装置特别适用于工况变化较少的航程较大的大型货船、客船、军辅船等。所以，在远洋、沿海运输船舶中得到广泛的应用。

2. 间接传动推进装置

主机至推进器之间的功率传递，除需轴系外，还需通过某种传动设备（如齿轮减速器或离合器等）的推进装置称为间接传动推进装置（见表 1-7-1 中 3～9）。在这种推进装置中，主机转速与螺旋桨转速或者稍有差别，或者保持一定的速比。

间接传动推进装置，根据传动设备的不同，可分为以下几种。

（1）只带齿轮减速箱的传动形式。

（2）只带离合器（或联轴器）的传动形式。

（3）传动机组（即将齿轮减速箱和离合器组装在一起形成的传动设备）的推进装置。

根据主机和螺旋桨相互配置的数量，间接传动推进装置又可分为如下几种。

（1）单机单桨减速齿轮传动间接传动推进装置（见表 1-7-1 中 3）。

（2）多机单桨（并车）齿轮传动间接传动推进装置（见表 1-7-1 中 4、5、7、8）。

（3）单机双桨（分车）齿轮传动间接传动推进装置（见表 1-7-1 中 6）。

间接传动推进装置一般用于中、高速发动机作主机的推进装置中。它的主要优点如下。

（1）采用齿轮减速传动，可通过选用合适的减速比，使主机和螺旋桨的转速互不制约，螺旋桨可在最佳转速范围工作，有利于提高推进效率。

（2）采用重量尺寸均较小的中、高速发动机，使整个动力装置的重量尺寸相应地减小，易于在船舶上布置，有利于节省船舶空间和排水量。

（3）对于航速高或大型船舶，可采用多机并车的传动方式，达到大功率输出的要求，也扩大了中、高速发动机的使用范围。

（4）可以提高装置在部分负荷下的经济性。

（5）采用倒顺离合齿轮减速传动后，可选用不可反转柴油机作为主机，并使船舶倒顺车及停车的操纵灵活、迅速，机动性提高，可延长柴油机的使用寿命。

（6）在采用挠性离合器（如液力耦合器、电磁离合器、气胎离合器等）的情况下，可以吸收部分扭转振动和冲击负荷，起到保护主机和轴系的作用。

间接传动推进装置主要缺点是：增加了中间传动设备，降低了传动效率，装置也较复杂；在采用高速柴油机情况下，燃料及润滑油消耗率比低速柴油机的大，加之难以使用重油而使燃料费用增加等。

间接传动推进装置在吃水浅的内河船舶及沿海中、小型船舶上广泛应用。在以大型中速柴油机及蒸汽轮机为主机的沿海、远洋船舶上，也普遍采用间接传动推进装置。对于军用舰艇，由于采用蒸汽轮机、燃气轮机及高、中速柴油机作推进主机，因此也普遍采用间接传动推进装置。

3. 电力传动推进装置

电力传动推进装置是由主机驱动发电机发电,供电给推进电动机,以驱动螺旋桨的一种推进装置(见表 1-7-1 中 9)。在这种推进装置中,主机与螺旋桨之间没有机械联系,主机和螺旋桨的转速可分别独立选取,不管螺旋桨转速负荷如何变化,主机始终作恒速运转。当螺旋桨反转时,只需改变电动机的转向,而主机转向无须改变。主机负荷变化时,对于多机组装置,可以改变发电机组工作台数,使每一台主机都在良好状态下工作。

由此可见,电力传动推进装置有如下优点。

(1) 机组配置和布置比较灵活、方便,可以布置在不宜装货的部位,多台机组增加了装置的生命力。

(2) 改变电动机的电流方向即可实现螺旋桨转向的改变,便于遥控,操纵性好。

(3) 主机不受螺旋桨的转速限制,可采用高速机,并在恒速下工作,主机可工作在最佳状态。

(4) 正、倒车可以有相同的功率和运转性能,并有良好的拖动性能。

(5) 所有的用电设备可共用一套动力装置。

但在电力传动推进装置中增加了推进电动机、发电机及供电装置等,设备十分复杂,重量、尺寸大为增加。功率传递过程中存在二次能量转换,因而效率低(一般效率低于 90%)。大功率低速电动机制造困难,成本高,装置设备的修理和维护技术要求较高,因此较难推广应用。

目前电力传动多用于工程船舶和特种用途的船舶上,如布缆船、灯标船、自行浮吊、挖泥船、渔船、破冰船以及作为常规潜艇推进装置,少数水面舰艇也采用电力传动推进装置。

4. 特种传动推进装置

1) Z 型传动推进装置

图 1-7-1 所示为 Z 型传动推进装置结构原理图。图中主柴油机的功率,经联轴器、离合器、带有万向节的传动轴、上水平轴、上部螺旋锥齿轮、垂直轴、下部螺旋锥齿轮及下水平轴,传递给螺旋桨,从而推动船舶航行。

该传动推进装置可使螺旋桨作回转运动,首先由电动机驱动蜗杆、蜗轮装置,使旋转套筒在支架中回转,同时使螺旋桨垂直轴在 360°范围内作平面旋转运动,用于控制船舶转向。

Z 型传动推进装置的突出特点是,操纵性能好,螺旋桨可绕垂直轴作回转。特别是采用两台主机时,更能显示其优越性。它可以使船舶原地回转、紧急停止、急速转弯、快速进退、横向移动以及微速航行等。该装置所发出的倒车推力较大,其倒车推力约为正车推力的 85%～95%。安装和维修方便,主机、传动系统和 Z 型传动推进装置形成一个独立的联合整体,它们的主要零部件制造、安装、调试都可在车间里进行,因而简化了安装工艺。同时整个装置可与船体并行建造,缩短了船舶建造周期。整个 Z 型传动推进装置(包括螺旋桨)可以从船舶尾部甲板开口处吊装,检修时不必进坞或上船台,可大大缩短修船时间。

该传动推进装置由于具有以上特点,所以最适宜于港内作业船和航行于狭窄航道的小型运输船舶。

2) 舷外挂机与挂桨传动推进装置

对于内河和沿海小型民间运输船舶或工作艇、救生艇等,为了便于装拆、操纵方便及一机多用,且不占或少占机舱,常装设成挂机或挂桨传动的推进装置,图 1-7-2 所示为一种舷外挂机传动的推进装置。它将发动机连同传动轴和螺旋桨直接挂在船的尾部舷外。

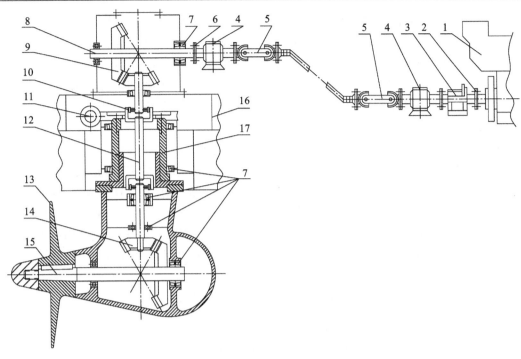

图 1-7-1 Z型传动推进装置结构原理图

1—主柴油机；2—联轴器；3—离合器；4—滑动轴承；5—带有万向节的传动轴；6—弹性联轴器；
7—滚动轴承；8—上水平轴；9—上部螺旋锥齿轮；10—齿式联轴器；11—蜗杆蜗轮装置；
12—垂直轴；13—螺旋桨；14—下部螺旋锥齿轮；15—下水平轴；16—支架；17—旋转套筒

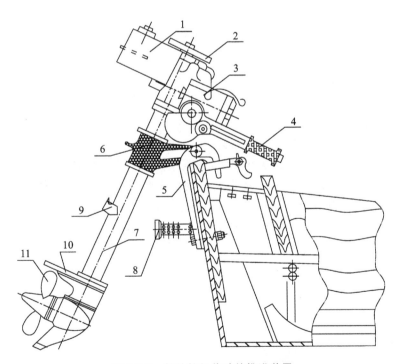

图 1-7-2 舷外挂机传动的推进装置

1—油箱；2—飞轮及启动盘；3—发动机；4—舵柄；5—托架支承；6—托架衬套；
7—尾管；8—承推支承；9—倒车挂钩；10—挡水板；11—螺旋桨

由于发动机、传动轴及螺旋桨等装置挂在舷外,就可省去像 Z 型传动推进装置上的水平传动轴及一对螺旋锥齿轮等。整机和螺旋桨可绕托架衬套的中线回转,并可起到舵的作用。扳起舵柄还能使螺旋桨上翘而露出水面,对桨起到保护作用。必要时,还可将整套挂机装置拆下检修或更换。至于挂桨装置,与挂机装置相似,所不同的是将柴油机放在船内,其动力是靠传动带或链条去驱动挂桨的。后者在民间运输的小型船舶上得到广泛应用。

3) 喷水推进装置

喷水推进装置是一种特殊的推进装置。它是由布置在船内的水泵装置和吸水管、喷射管组成的一种水力反作用式推进器,喷射口的布置有水上、水下和半水下几种形式。

图 1-7-3 所示为装在某水翼船上的喷水推进装置。它结构简单、工作可靠,排除了螺旋桨推进器易遭水中浮物冲击损坏的危险;消除了由于螺旋桨的运动导致船尾部产生的振动和引起的机械噪声;同时传动轴系的长度大为缩短。喷水推进装置可使发动机的转速保持稳定、通过水泵或喷嘴出口面积的变化对船舶航行速度进行调节,并可用改变喷水方向的办法使船舶回转或倒航。

喷水推进装置适用于内河或沿海小型船舶,同时可作为大型顶推船或货船的首部助舵装置。

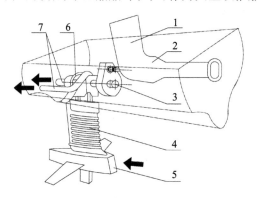

图 1-7-3　喷水推进装置简图

1—排气管;2—燃气轮机;3—齿轮箱;4—导管;5—进水口;6—泵;7—喷嘴

4) 折角传动推进装置

在一些船长较短的高速快艇上,轴线的倾斜角要大大超过常规范围,另外考虑到艇在高速航行时,艇首抬起,轴线与水平面的夹角更大,螺旋桨处于很大的斜流中工作。为改善螺旋桨的工作条件,需要采用如图 1-7-4 所示的折角传动推进装置,即主机输出轴线和桨轴线之间,要求有一定夹角,使螺旋桨始终没于水中;折角传动推进装置又可使主机组能布置在船舱中最合适的位置上,以利船体的稳心调整。

折角传动推进装置主要用于高速快艇、水翼艇等上。

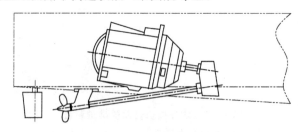

图 1-7-4　折角传动推进装置

第 2 章　主柴油机原理与选型

2.1　柴油机的构造与类型

2.1.1　柴油机的基本构造与常用名词

柴油机是以柴油为燃料,且燃料在机器内部(气缸中)燃烧,将化学能转换为热能,并以燃气为工质,将热能转变为机械能的一种内燃式热力发动机。由于它热效率高,经济性好,使用安全可靠,因此,无论在陆地上或船舶上都获得了广泛的应用。

柴油机根据其工作原理,可分成四冲程柴油机和二冲程柴油机两大类。这两类柴油机在结构上有一定的区别。

1. 四冲程柴油机的主要构件

四冲程柴油机的主要构件如图 2-1-1 所示,主要包括以下部件。

(1) 固定部件　机座 1、主轴承 2、机身 3、气缸套 9、气缸盖 10 等。

(2) 运动部件　曲轴 4、连杆螺栓 5、连杆 6、活塞 7、活塞销 8 等。

(3) 配气机构　排气阀 12、气阀弹簧 13、进气阀 15、摇臂 16、顶杆 19、凸轮轴 21 等。

(4) 燃油系统　喷油器 14、高压油管 17、高压喷油泵 20 等。

(5) 辅助部件　排气管 11、进气管 18 等。

此外,柴油机还带有润滑、冷却、操纵控制、调节等系统。

2. 二冲程柴油机的主要构件

二冲程柴油机的主要构件如图 2-1-2 所示,主要包括如下部件。

(1) 固定部件　机座 1、主轴承 2、机架 3、导板 6、扫气箱 8、气缸盖 15、气缸体 16 等。

(2) 运动部件　曲轴 4、连杆 5、十字头 7、活塞 17、活塞杆 18 等。

(3) 配气机构　排气转阀 12、凸轮轴 20、凸轮轴传动链 21 等。

(4) 燃油系统　喷油器 13、高压燃油管 14、喷油泵 19 等。

(5) 增压系统　空气冷却器 9、单向阀 10、增压器 11 等。

此外,它也带有润滑、冷却、操纵调节等系统。

3. 常用名词术语

柴油机根据其活塞在气缸中所处的位置,通常采用下列名词术语(见图 2-1-3)。

(1) 上止点　活塞在气缸中运动的最上端位置,也就是活塞离曲轴中心线最远的位置,俗称上死点。

(2) 下止点　活塞在气缸中运动的最下端位置,也就是活塞离曲轴中心线最近的位置,俗称下死点。

(3) 冲程(行程)　指活塞从上止点到下止点间的直线距离,常用 S 表示。它等于曲柄半径 R 的两倍($S=2R$)。活塞移动一个冲程相当于柄曲转动 180°。

(4) 缸径　气缸内径,常用 D 表示。

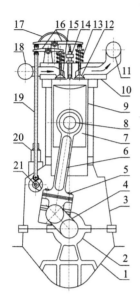

图 2-1-1 四冲程柴油机的主要构件

1—机座；2—主轴承；3—机身；4—曲轴；
5—连杆螺栓；6—连杆；7—活塞；8—活塞销；
9—气缸套；10—气缸盖；11—排气管；12—排气阀；
13—气阀弹簧；14—喷油器；15—进气阀；
16—摇臂；17—高压油管；18—进气管；
19—顶杆；20—高压喷油泵；21—凸轮轴

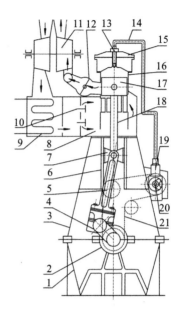

图 2-1-2 二冲程柴油机的主要构件

1—机座；2—主轴承；3—机架；4—曲轴；
5—连杆；6—导板；7—十字头；8—扫气箱；
9—空气冷却器；10—单向阀；11—增压器；
12—排气转阀；13—喷油器；14—高压柴油管；
15—气缸盖；16—气缸体；17—活塞；18—活塞杆；
19—喷油泵；20—凸轮轴；21—凸轮轴传动链

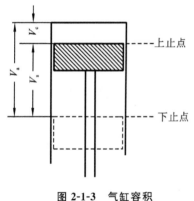

图 2-1-3 气缸容积

(5) 压缩容积　活塞在气缸内位于上止点时，在活塞顶上的全部空间（活塞顶与气缸盖底面之间所包含的空间），称为压缩容积，以 V_c 表示。

(6) 气缸工作容积　活塞在气缸中从上止点移到下止点时所经过的空间，又称为活塞排量，以 V_s 表示（见图 2-1-3）。

$$V_s = \frac{\pi}{4}D^2 S$$

(7) 气缸总容积　活塞在下止点时，活塞顶以上的气缸全部容积称为气缸总容积，以 V_a 表示。

$$V_a = V_s + V_c$$

2.1.2　柴油机的类型

1. 柴油机的分类

柴油机的应用范围极为广泛，形式繁多。可根据其不同特征进行分类。

1) 按工作循环特点分

有四冲程柴油机和二冲程柴油机。二冲程柴油机按其扫气方法又分为横流扫气、回流扫气和直流扫气等形式。

2) 按结构特点分

图 2-1-4 所示为柴油机的结构形式简图。

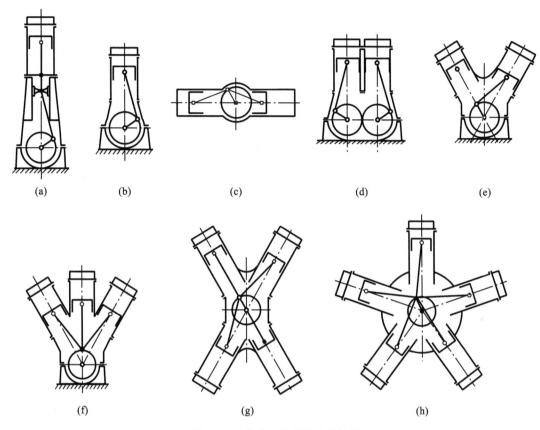

图 2-1-4 柴油机的结构形式简图

(1) 十字头式和筒形活塞式柴油机　十字头式柴油机如图 2-1-4(a)所示,它的特点是活塞通过活塞杆以及十字头与连杆相连接。活塞的导向和侧推力由十字头来承受。

筒形活塞式柴油机如图 2-1-4(b)所示,它的特点是活塞直接与连杆相连,活塞的导向和侧推力由活塞的裙部来承受。

这两种柴油机各有优缺,十字头式柴油机由于活塞不起导向作用,活塞与气缸之间允许有较大的间隙,由于两者之间没有侧压力的作用,因此它们之间的磨损较小,不易擦伤和卡死。但是十字头式柴油机的高度重量都较大,结构也比较复杂,一般大型低速柴油机几乎都采用十字头式。筒形活塞式柴油机中活塞在上下运动时产生的侧推力由其裙部来承受,所以柴油机活塞与缸套的磨损较大。但是,这种柴油机结构简单、紧凑、轻便,适用于高、中速柴油机。

(2) 立式和卧式柴油机　立式柴油机如图 2-1-4(a)、(b)所示,其气缸中心线与地面垂直。大部分船用柴油机属于此类。

卧式柴油机如图 2-1-4(c)所示,其气缸中心线与地平面平行。

(3) 按气缸的排列方式分为以下几种形式。

① 单列式柴油机,如图 2-1-4(a)、(b)所示,是应用最广和最常见的形式。

② "U"形柴油机,如图 2-1-4(d)所示,此即双身柴油机,实际上是两个单列式柴油机共用一个机身底座,并由齿轮传动与轴系相连而形成的。

③ "V"形柴油机,如图 2-1-4(e)所示,两列气缸共用一根曲轴,形成"V"字形。这种柴油机的外形尺寸较紧凑,长度短,高度也较小,宽度稍大。这种柴油机应用也较多。

④ "W"形柴油机,如图 2-1-4(f)所示,气缸分成三列,它与"V"形具有类似的特点,但是更宽一些和短一些。

⑤ "X"形柴油机,如图 2-1-4(g)所示,气缸分成四列,这种柴油机在重量和尺寸上都很小,但是它的活塞连杆机构及固定机件等的构造都比较复杂。

⑥ "星"形柴油机,如图 2-1-4(h)所示,气缸分为五列以上的柴油机通称为"星"形柴油机,虽然重量尺寸都很小,但结构复杂,操纵和维护、修理都比较困难。

3) 按速度分

柴油机的速度可以用活塞平均速度 V_m 和曲轴转速 n 来衡量。如果柴油机的转速为 $n(\text{r/min})$,活塞的冲程为 $S(\text{m})$,则活塞平均速度为

$$V_m = \frac{Sn}{30}$$

转速大于 1 000 r/min 和活塞平均速度大于 9 m/s 的习惯称为高速柴油机。

转速为 300～1 000 r/min 和活塞平均速度大于 6～9 m/s 的习惯称为中速柴油机。

转速小于 300 r/min 和活塞平均速度低于 6 m/s 的习惯称为低速柴油机。

此外,按柴油机进气方式,把自然吸气柴油机称为非增压柴油机;带有增压器增加进气量以提高功率的柴油机称为增压柴油机。

船用柴油机根据其曲轴可否反转,分为可反转柴油机和不可反转柴油机。按船舶动力装置,把布置在机舱右舷的柴油机称为右机,布置在机舱左舷的柴油机称为左机。

2. 船舶柴油机的型号

为了便于柴油机的选型,现将常见的国产柴油机型号介绍如下。

1) 大型低速柴油机

这类柴油机的型号有三个内容,第一部分表示缸数;第二部分是技术特性代号;第三部分表示气缸直径和活塞行程。如 6ESDZ76/160 型柴油机,其型号含义见表 2-1-1。

表 2-1-1　6ESDZ76/160 型柴油机型号含义

型号	第一部分	第二部分				第三部分	
	6	E	S	D	Z	76	160
含义	气缸数	二冲程(无 E 为四冲程)	十字头(无 S 为筒形)	可反转(无 D 为不可直接反转)	增压	气缸直径(cm)	活塞行程(cm)

型号 6ESDZ76/160 表示 6 缸、二冲程、十字头式、可反转、增压式船用柴油机,其缸径为 76 cm,活塞行程为 160 cm。

2) 中、小型柴油机

我国中、小型柴油机已经定型生产的有多种系列,但型号的表示方法尚未一致。这里介绍的是目前正在使用的型号表示法。这类柴油机的型号内容也有三个:第一部分数字表示缸数;第二部分数字表示气缸直径(mm);第三部分字母表示机型特征。在第一部分与第二部分之间带有字母 E 者,表示二冲程;带有字母 V 者,表示 V 形柴油机。第三部分的字母代表的含义见表 2-1-2。

表 2-1-2 中、小型柴油机型号特征字母含义

特性字母	C	Ca	Z	L	D	F	G
含义	船用右机	船用左机	增压	带空气冷却器	发电用机	风冷	基本型

例如：6320ZC 表示 6 缸、四冲程、缸径为 320 mm 的船用增压右机。

2.2 柴油机的工作原理

2.2.1 四冲程柴油机的工作原理

1. 工作循环过程

柴油机的工作循环是通过进气、压缩、工作（燃烧及膨胀）、排气四个过程来实现的。这样四个连续的过程称为柴油机的一个工作循环。四冲程柴油机的一个工作循环是在活塞的四个冲程（即曲轴旋转两周）内完成的。

图 2-2-1 所示为四冲程柴油机工作原理图，其中的四个简图分别表示四冲程柴油机四个冲程活塞等部件的有关动作位置及 $p\text{-}V$ 图。

（1）进气冲程 由于燃烧必须要有空气，故在燃油送入之前，应先进入空气。活塞从上止点下行，进气阀 3 打开，气缸容积不断增大，缸内压力下降，依靠气缸内外的压差，新鲜空气经进气阀被吸入气缸。气阀开启的时刻由曲柄位置点 a 表示，一般进气阀在活塞到达上止点之前就提早打开，它的关闭也一直延迟到下止点之后的点 b。曲柄转角 $\phi_{a\text{-}b}$（图中阴影线所占的角度）表示进气过程，为 $220°\sim250°$。

（2）压缩冲程 要使燃油自行发火燃烧，必须使空气具有足够的温度。将吸入的空气进行压缩，才能使空气达到足够高的温度和压力。当活塞从下止点向上运动到点 b 时，进气阀 3 关闭，开始压缩，一直到上止点。进气冲程吸入的新鲜空气经压缩后，压力增高到 $3\sim6$ MPa（此压力称为压缩终点压力，用 p_c 表示），温度升至 $600\sim700$ ℃，这个温度可保证燃油的发火。高压燃油在压缩过程的后期（即点 c 之前时），通过喷油器 4 喷入气缸，与气缸中的空气混合、加热，并自行发火燃烧。图中压缩过程用曲柄转角 $\phi_{b\text{-}c}$ 表示，为 $140°\sim160°$。

（3）工作（燃烧及膨胀）冲程 在冲程之初，燃油剧烈燃烧，使气缸内的压力和温度急剧升高，压力达 $5\sim8$ MPa（甚至高达 13 MPa 以上），温度为 $1\,400\sim1\,800$ ℃ 或更高些。高温高压的燃气（即工质）膨胀推动活塞下行而做功，活塞的往复运动通过连杆 1 推动曲轴 2 作回转运动。由于气缸容积逐渐增大，压力开始下降，在上止点后 $40°\sim60°$ 的曲柄转角后（点 d）燃烧基本结束。膨胀终了时，燃气压力降至 $0.25\sim0.45$ MPa，温度降到 $600\sim750$ ℃，排气阀则在下止点前（点 e）开启，即在此冲程末期，排气过程已开始。图中工作（燃烧与膨胀）过程用曲柄转角 $\phi_{c\text{-}d\text{-}e}$ 表示。

（4）排气冲程 为使下一循环的新鲜空气再次进入，应先将气缸内的废气排出。在燃烧和膨胀冲程末期，排气阀 5 开启，这时活塞尚在下行，废气靠气缸内外压差，经排气阀排出气缸。当活塞由下止点向上行时，剩余的废气被活塞推出气缸，此时的排气过程是在略高于大气压力（$1.05\sim1.1\times10^5$ Pa）且其压力基本上保持稳定的情况下进行的。排气阀在下止点前（点 e）开启，延迟到上止点后（点 f）关闭，排气过程以 $\phi_{e\text{-}f}$ 表示。

2. 工作循环特点

由上可知，四冲程柴油机的一个工作循环需曲轴回转两周、活塞移动四个冲程才完成。每

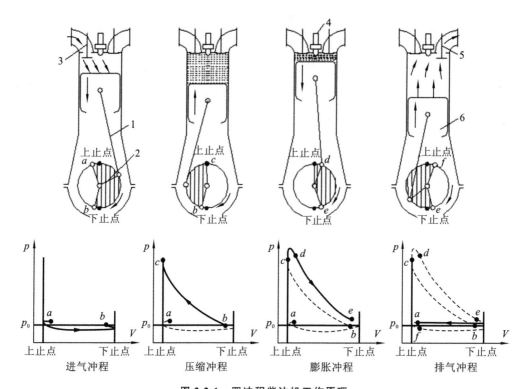

图 2-2-1 四冲程柴油机工作原理

1—连杆；2—曲轴；3—进气阀；4—喷油器；5—排气阀；6—活塞

个工作循环中只有工作冲程（燃烧及膨胀冲程）是做功的，在这个冲程里完成了燃料化学能转变为热能和热能转变为机械能的两次能量转换。其他三个冲程都是为工作冲程服务的辅助冲程，都需要外界供给能量，因此柴油机常做成多缸的，这样，进气、压缩、排气冲程所需的能量可由其他正在工作冲程的气缸供给。如果是单缸柴油机，则可由较大的飞轮供给，即在工作冲程时，柴油机带动飞轮旋转加速，依靠飞轮的旋转惯性，带动柴油机完成其他三个冲程。

2.2.2 二冲程柴油机的工作原理

二冲程柴油机把进气、压缩、燃烧及膨胀、排气过程紧缩在活塞的两个冲程内完成，使曲轴每旋转一周就完成一个工作循环。

1. 基本原理

二冲程柴油机的特点是没有专门的排气冲程和进气冲程，它的排气与进气是在膨胀冲程末及压缩冲程之初进行的，其废气的排出除了一部分自由泄放外，剩余部分则靠压入气缸的新鲜空气来把废气扫出去。为此，必须采用专设的扫气泵，以便增加进入的新鲜空气压力，将剩余废气扫出气缸，这个过程称为"换气过程"又称"扫气过程"。由于采取扫气代替柴油机活塞来完成进、排气过程，因此每一个工作循环减少了两个辅助冲程，能在每两个冲程内得到一个做功冲程，这就大大提高了柴油机做功能力。

2. 扫气方式

按照扫气方式，二冲程柴油机又分为几种形式，常见的有直流扫气和横流扫气等两类，如图 2-2-2 所示。

直流扫气的结构特点是，气缸盖上只有排气阀，在气缸盖上装有排气阀机构，在气缸套

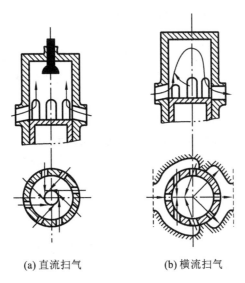

(a) 直流扫气　　　　(b) 横流扫气

图 2-2-2　常见扫气方式

的下部周围均布着一圈扫气口,在活塞下行打开扫气口前,通过排气阀传动机构先把排气阀打开,气缸中的废气经排气阀排出,进行自由排气,使气缸内的压力降低到可以进行扫气的程度。随后,扫气口开启,新鲜空气从扫气箱中经扫气口进入气缸下部进行扫气,并强迫废气由下而上经排气阀排出气缸。这种换气形式的主要缺点是,排气阀机构比较复杂,管理检修较麻烦。

横流扫气的结构特点是气缸盖上没有进、排气阀。进气与排气都依靠气缸下部的扫气口与排气口进行,所以结构较简单,管理方便。

3. 工作循环过程

现在以图 2-2-3 所示的直流扫气二冲程柴油机为例,说明二冲程柴油机工作循环过程。

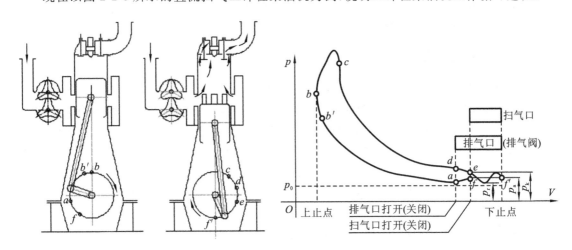

图 2-2-3　二冲程柴油机工作原理

(1) 扫气及压缩冲程　活塞自下止点向上移动时活塞在遮住扫气口之前,扫气空气通过扫气口进入气缸,扫气空气是由柴油机的扫气泵供给的。气缸中残存废气被扫气空气从排气阀中排出。活塞继续上行,先遮住扫气口(曲柄在点 f 的位置),空气停止充入,接着排气阀关闭（曲柄在点 a 的位置），气缸中的空气就开始被压缩，压缩至上止点（点 b）前某一时刻（点 b'）喷入燃油，燃油在高温高压下自行发火燃烧。

（2）燃烧膨胀及排气冲程　活塞在燃气的高压作用下向下运动，由于气缸容积增大，压力开始下降，在上止点后某一时刻（点 c 位置）燃烧结束，直到排气阀打开（点 d 位置），排气阀打开时间比扫气口打开更早，扫气口开启前，压力较高的大量废气便从排气阀排出。气缸内的压力迅速下降到稍高于扫气空气的压力，在扫气口开启（曲柄在点 e 位置）后，扫气空气进入气缸，同时把气缸内的废气从排气阀挤出去，扫气过程持续到下止点（点 f' 位置）后活塞上行将扫气口全部遮住（点 f 位置），排气阀关闭（点 a 位置）为止。活塞继续运动，又开始了下一个循环。

4. 工作循环特点

（1）二冲程柴油机能在每两个冲程内（曲轴每转一转）得到一个做功冲程。这就提高了柴油机的做功能力，对于两台气缸尺寸及转速相同的柴油机，二冲程的功率似乎应比四冲程的大1倍，但实际上由于二冲程柴油机热负荷比四冲程的严重，加上气口损失以及扫气所耗的功率影响等，所以其功率只为四冲程的 1.6～1.8 倍。显然，如果发动机功率相同，则二冲程柴油机的重量较轻。

（2）在构造方面，二冲程柴油机较四冲程的简单一些，特别是横流扫气式二冲程柴油机，它完全省去了气阀及其传动装置，所以二冲程柴油机的维护，保养就简单得多。

（3）由于二冲程柴油机在活塞的两个冲程内就完成一个工作循环，做一次功，因而它的回转要比四冲程柴油机的均匀。

二冲程柴油机虽然有以上优点，但也存在一些缺点，其换气过程远没有四冲程进行得那样完善，气缸内废气的清除和新气的充入都较四冲程困难得多。此外，二冲程柴油机进入气缸的新气在排气口开着的时候，要随同废气一起泄出一部分，这就增加了新气的消耗量，从而损失了柴油机的一部分功率。

通常大型低速柴油机都采用二冲程。小型高速柴油机大多采用四冲程。至于中型、中速柴油机，则采用二冲程和四冲程的都有。

2.2.3　柴油机的增压

1. 增压的概念

所谓"增压"就是将进入气缸前的新鲜空气的压力提高，因此在同样的气缸容积下，可以吸入更多的空气量，这样就可以燃烧更多的燃油从而提高柴油机的输出功率。"增压"的方法可以使柴油机在差不多不增加重量尺寸的条件下使功率增加约 50%，而在高度增压的装置中可增 100%～120%。所以增压技术为现代柴油机普遍采用，它是增大柴油机的输出功率，减轻单位功率重量，降低柴油机油耗的一项有效措施。

2. 增压的方法

目前柴油机所采用的增压方法，主要有机械增压和废气涡轮增压两种。

1）机械增压

在机械增压系统中，增压器是直接由柴油机通过齿轮或链条来带动的。图 2-2-4 所示为一齿轮传动的离心式机械增压系统示意图。离心式增压器实际上就是一种小型离心式压气机，新鲜空气被压气机均匀地吸入，由于叶轮 1 的旋转空气被离心力抛向四周，同时被压缩，空气的压力和流速都增加。空气流入蜗壳 2 时，蜗壳的截面形状的变化，使气流流速下降,压力进一步提高。增压后的空气经气管 3 和进气阀 4 进入柴油机气缸。机械增压的柴油机中,增压压力不宜太高,因为增压压力过高,增压器消耗功率过大反而会降低柴油机的经济性。

2) 废气涡轮增压

柴油机采用废气涡轮增压除了可以减轻单位功率重量外,其经济性亦可大大提高,所以在柴油机上应用最为广泛。图 2-2-5 所示为废气涡轮增压系统示意图。废气涡轮增压器由废气涡轮 1 和同轴安装的离心式压气机 2 所组成。气缸中排出的炽热废气通过打开着的排气转阀 3,经过排气管进入废气涡轮,驱动废气涡轮带动同轴的压气机高速旋转,废气经过涡轮工作后排至外界(或进入废气锅炉)。新鲜空气被增压器吸入并压缩后进入中间空气冷却器 4 进行冷却,以使其温度降低及密度进一步增大。空气冷却后经单向阀 5 流入扫气箱 6。在压缩过程中,活塞上行的抽吸作用,使扫气箱中的压力不断下降,当下降到一定程度后,单向阀自动打开,增压空气随之进入扫气箱中。当活塞下行打开主扫气口 7 时扫气过程开始,增压新鲜空气进入气缸将废气挤走。此后活塞继续下行打开辅助扫气口,更多的增压新鲜空气进入气缸使废气得到较彻底的清扫。

在废气涡轮增压方法中,驱动涡轮的能量完全来自废气中的热能,并不消耗柴油机的有效功率,因此可采用较高的增压压力。这不仅使柴油机的输出功率增大,而且也使燃料消耗率下降,可提高柴油机的经济性;此外,由于涡轮增压器与柴油机之间没有机械联系,增压器转速可很高,每分钟达几千转甚至几万转,因此增压器尺寸很小,重量也很轻。

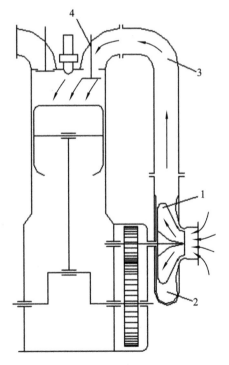

图 2-2-4 离心式机械增压系统示意图
1—叶轮;2—蜗壳;3—气管;4—进气阀

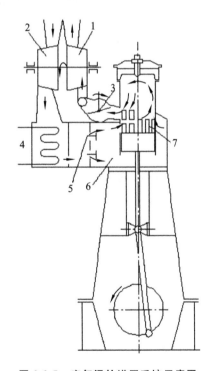

图 2-2-5 废气涡轮增压系统示意图
1—废气涡轮;2—离心式压气机;3—排气转阀;
4—空气冷却器;5—单向阀;6—扫气箱;7—扫气口

2.3 柴油机的工作参数

为了分析比较柴油机的工作性能和质量的好坏，常用一些工作参数把它的全貌综合地反映出来。柴油机的工作参数主要有动力参数（如压力、功率、转矩等）和经济性参数（如耗油率、效率等）。这些参数又根据考查测量的基点的不同而异。通常，把以工质对活塞做功为基础上的参数值称为指示指标，把以曲轴输出端所得功为基础上的参数值称为有效指标。

2.3.1 压缩比（理论压缩比）

从大气吸入的新气经压缩后容积减小，压力增高。为了表明空气被活塞压缩的程度，采用了压缩比 ε 这个参数。所谓压缩比，就是活塞在下止点时气缸容积与活塞在上止点时气缸容积的比值，即

$$\varepsilon = \frac{V_a}{V_c}$$

$$V_a = V_c + V_s$$

式中：V_c 为燃烧室容积，又称为压缩室容积；V_a 为气缸总容积；V_s 为气缸工作容积，又称为活塞排量。柴油机的气缸工作容积越大，它的做功能力也越强。

压缩比大，说明空气被压缩得厉害，压缩后的压力和温度就高，因而它对燃油燃烧的好坏和柴油机所受机械负荷的影响很大。当压缩比开始增加时对循环热效率有好处，但 $\varepsilon > 10 \sim 13$ 时热效率并不见得增加。所以压缩比大小的选择主要保证柴油机能可靠地运动，燃油能正常自燃和燃烧，并随柴油机的形式而异。一般柴油机的压缩比如下。

对于低速柴油机，$\varepsilon = 13 \sim 14$。
对于中速柴油机，$\varepsilon = 14 \sim 15$。
对于高速柴油机，$\varepsilon = 15 \sim 19$。
对于增压柴油机，$\varepsilon = 11 \sim 13$。
对于汽油机，$\varepsilon = 5.5 \sim 7.5$。

2.3.2 指示指标

1. 指示功 W_i 与示功图

如图 2-3-1(a)所示，用 p-V 图表示柴油机一个工作循环内单个气缸中气体压力随活塞位移变化而变化的情形。纵坐标表示气缸内的气体压力 p，横坐标相当于活塞行程的气缸容积 V。气缸内气体的压力和容积是同时变化的，可以用示功仪器测绘出来。图中各过程线与横坐标所围的面积表示各过程所做的正功和负功。各过程所做功的代数和，即为一个工作循环内单个气缸中燃气对活塞所做功的输出数量（图中阴影线所包围的面积），称为指示功 W_i，而把 p-V 图称为示功图。p-V 图可用来研究柴油机气缸内工作过程进行的情况。

2. 平均指示压力 p_i

假定有一个在整个活塞行程内不变的压力作用在活塞上，使活塞在一个行程内所做的功与闭合循环（即阴影线所包围的面积）所做的功相等，如图 2-3-1(b)所示，即 $W_i = p_i \cdot V_s$(N·m)，这个假定不变的压力称为平均指示压力 p_i(MPa)，则 p_i 可表示为

$$p_i = \frac{W_i}{V_s}$$

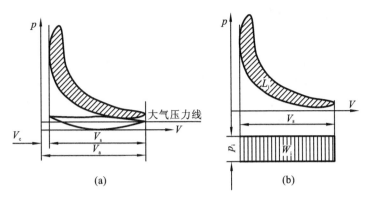

图 2-3-1 柴油机示功图

或
$$p_i = \frac{W_i}{V_s \cdot 10^6} \text{ MPa}$$

式中：V_s 为气缸工作容积，m^3。

平均指示压力 p_i 代表了在实际循环中每单位气缸工作容积所做指示功的大小；平均指示压力越高，标志着柴油机气缸工作容积利用程度越佳。表 2-3-1 列出了目前柴油机平均指示压力值范围。

表 2-3-1 柴油机平均指示压力值范围

	非增压 p_i/MPa	增压 p_i/MPa
四冲程柴油机	0.65~1.1	0.9~2.5
二冲程柴油机	0.55~0.9	0.9~1.8

3. 指示功率 P_i

1）指示功率的表达式

从示功图可知柴油机每个气缸，每个循环所做的指示功率为 W_i，则单缸的功率为

$$P_i = \frac{p_i \cdot V_s \cdot n}{0.03\tau}$$

式中：n 为曲轴每分钟转数；τ 为冲程系数，对于四冲程柴油机 $\tau=4$，对于二冲程柴油机 $\tau=2$；p_i 为平均指示压力，MPa；V_s 为气缸工作容积，m^3。

对于 i 个气缸的整台柴油机来说，指示功率为

$$P_i = \frac{p_i \cdot V_s \cdot n \cdot i}{0.03\tau}$$

2）提高指示功率 P_i 的方法

从上式可以看出，提高指示功率 P_i 的方法如下。

(1) 增大缸径 D 和冲程 S，均可提高柴油机的功率，但带来的负面影响是体积和重量增加，造价增加，维护和修理较麻烦，柴油机的热应力也增大。

(2) 转速 n 的增加固然也可提高柴油机的功率，但受到活塞的平均速度的限制，因为速度越高，零件的磨损增加，运动部件的惯性力以及气缸热应力也增大，这些将影响柴油机的寿命，对于二冲程柴油机，还将影响到换气效果。

(3) 增加气缸数 i 虽然可明显提高柴油机的功率，但缸数增多使结构复杂，制造和维修困难。因此最有效的方法是提高 p_i 值，即采用增压的方法提高柴油机的功率。

4. 指示效率 η_i 和指示耗油率 g_i

1) 指示效率 η_i

柴油机运行时,喷入气缸中的燃油所具有的化学能,并不能完全做有用功。因为在完成一个循环时有许多损失,如由于燃烧不好而引起的不完全燃烧的损失;传给气缸壁气缸盖等受热零件而由冷却水带走的热量损失;由排气所带走的热量损失,以及由于气缸漏气所造成的热量损失等。这些损失的大小,通常用指示效率 η_i 来表示,有

$$\eta_i = \frac{W_i}{Q_u}$$

式中:L_i 为气缸中每循环所做的指示功,J;Q_u 为每循环喷入气缸的燃油所能发出的热量,J。

2) 指示耗油率 g_i

指示耗油率 g_i 代表每一指示千瓦小时所消耗的燃油量,有

$$g_i = \frac{G_T}{P_i}$$

式中:G_T 为每小时所消耗的燃油量,kg。

$$g_i = \frac{3\,600}{\eta_i \cdot H_u}$$

式中:H_u 为每千克燃油的低发热值,kJ/kg。

柴油机在额定工况下的指示效率和指示耗油率的范围见表 2-3-2。

显然,指示耗油率 g_i 越大,在气缸里做出 1 kW·h 的功所消耗的燃油越多。这说明工作循环进行得不好,热损失大,当然这时的指示效率 η_i 也就越低。所以 η_i 和 g_i 是表示工作循环进行得好坏的指标。表 2-3-2 所示为柴油机额定工况下的指示效率和指示耗油率值范围。

表 2-3-2 柴油机额定工况下的指示效率和指示耗油率值范围

	指示效率 η_i	指示耗油效率 g_i/(kg/(kW·h))
四冲程柴油机	0.42～0.50	0.163～0.204
二冲程柴油机	0.35～0.48	0.151～0.224

2.3.3 有效指标

柴油机的指示指标是以工质对活塞作为基础的。但在实际中,柴油机是通过曲轴对外做功的,曲轴上的功才是实际的有效功。以曲轴上所得功为基础的指标称为有效指标,有效指标有以下几种。

1. 机械损失功率 P_{m0}

柴油机的工质对活塞做功推动曲轴旋转时,在进行功率传递过程中存在机械损失功率,机械损失功率 P_{m0} 由以下四部分组成。

(1) 摩擦损失功率 P_{m1} 柴油机各相对运动部件表面因摩擦而消耗的功率(与摩擦面上的正压力、运动速度、加工质量等有关)。

(2) 带动辅助机械所消耗的功率 P_{m2} 如柴油机带有喷油泵、燃油泵、冷却水泵、润滑油泵、分配机构等。

(3) 泵气功率损失 P_{m3} 这种损失只产生在非增压四冲程柴油机中,即进排气过程中所引起的功率损失。

(4) 机械增压器或扫气泵功率损失 P_{m4} 机械增压器或扫气泵(罗茨泵),由曲轴驱动,均需消耗一部分功率。显然废气涡轮增压或不带机械增压器的柴油机,无这种功率损失。

整个机械损失功率为

$$P_{m0} = P_{m1} + P_{m2} + P_{m3} + P_{m4}$$

2. 有效功率 P_e

将气缸内输出的指示功率 P_i 扣除机械损失功率 P_{m0} 以后就是柴油机曲轴向外输出的有效功率 P_e,又称轴功率或制动功率(P_b)。

$$P_e = P_i - P_{m0}$$

柴油机有效功率是在试验台上用水力测功器或电力测功器直接测出的,在船上可用扭力测功器等仪器测出。

3. 机械效率 η_m

柴油机的机械效率就是有效功率与指示功率的比值,即

$$\eta_m = \frac{P_e}{P_i} = 1 - \frac{P_{m0}}{P_i}$$

现代船用柴油机在额定工况下的 η_m 值见表 2-3-3。

4. 平均有效压力 p_e

知道了平均指示压力 p_i 和机械效率 η_m 之后,就可以求出柴油机的平均有效压力,即

$$p_e = p_i \cdot \eta_m$$

p_e 的数值取决于工作循环进行的完善程度和机械损失的大小。p_e 值高,则说明柴油机的强化程度高,气缸内的潜力发挥得充分,所以它是一个极为重要的指标。

现代船用柴油机在额定工况下的 p_e 值见表 2-3-3。

5. 柴油机的有效效率 η_e 和有效耗油率 g_e

在考虑了柴油机的热损失和机械损失之后,所剩下的就是柴油机的输出功。通常用有效效率 η_e 来表示柴油机的总效率,即

$$\eta_e = \eta_i \cdot \eta_m$$

和有效效率 η_e 相对应的是有效耗油率 g_e,它表示柴油机每发出 1 kW·h 的功所消耗的燃油量,即

$$g_e = \frac{3\,600}{\eta_e \cdot H_u} = \frac{G_T}{P_e}$$

式中:G_T 为每小时燃油消耗量,kg。

现代船用柴油机在额定工况下的有效效率 η_e 和有效耗油率 g_e 的范围见表 2-3-3。

表 2-3-3 柴油机额定工况下的有效指标值范围

柴油机类型	机械效率 η_m	平均有效压力 p_e/MPa	有效效率 η_e	有效耗油率 g_e/(kg/(kW·h))
四冲程非增压柴油机	0.75~0.85	0.52~1.0	0.30~0.40	0.231~0.272
四冲程增压柴油机	0.80~0.92	0.75~2.5	0.35~0.42	0.204~0.231
二冲程非增压柴油机	0.73~0.86	0.42~0.65	0.30~0.38	0.245~0.299
二冲程增压柴油机(低速)	0.80~0.95	0.7~1.5	0.35~0.45	0.190~0.217

2.4 柴油机的特性

2.4.1 特性含义

通常柴油机铭牌上和产品说明书上所标明的性能参数,是指在标定工况下的参数。但柴油机运转工况是多种多样的,当运转工况变化时,其性能参数也随之而变。柴油机的主要性能参数(如有效功率、扭矩、转速、平均有效压力、燃油消耗率、最高爆发压力、排气温度、增压压力和空气消耗率等)在一定运转条件下的相互关系或是在不同工况时的变化规律,称为柴油机的特性,主要有速度特性(外特性)、推进特性、负荷特性、万有特性、减额功率输出特性等。通常用曲线的形式来表示它们,这种曲线称为柴油机的特性曲线。

由前述不难得到柴油机的有效功率与平均有效压力和转速之间的关系式为

$$P_e = \frac{p_e \cdot V_s \cdot n \cdot i}{0.03\tau}$$

式中:n 为曲轴每分钟转数,r/min;τ 为冲程系数,对于四冲程柴油机 $\tau=4$,对于二冲程柴油机 $\tau=2$;p_e 为平均有效压力,MPa;V_s 为气缸工作容积,m³;i 为气缸数。

对给定的柴油机而言,其形式、结构及尺寸是已知的,因此,其有效功率是一个随平均有效压力和转速变化而变化的函数,即

$$P_e = f(p_e, n)$$

柴油机的输出扭矩、转速和有效功率之间的关系式为

$$P_e = \frac{1}{9\,546} M_e n$$

或

$$P_e = f(M_e n)$$

式中:M_e 为柴油机输出扭矩,N·m;n 为柴油机转速,r/min。

由上述不难得到柴油机的输出扭矩与平均有效压力之间的关系式为

$$M_e = 9\,546 \frac{P_e}{n} = \frac{9\,546 i}{0.03} \cdot \frac{V_s}{\tau} \cdot p_e = K \cdot p_e$$

式中:$K = \frac{9\,546 \cdot iV_s}{0.03\tau}$,对于给定的柴油机而言是一个常数,所以输出扭矩与平均有效压力成正比。

从上述可知不管实际情况怎样千变万化,在运转中能够变化的参数只有平均有效压力和转速。并由此可得出柴油机的三种运转情况:

(1) 在运转中只变更转速,而平均有效压力不变;
(2) 在运转中只变更平均有效压力,而不变转速;
(3) 在运转中转速和平均有效压力同时改变。

通常,把柴油机在运转中工作参数(M_i, P_e, η_i, η_e, g_i, g_e, M_e 等)仅随转速变化而变化的规律称为柴油机的速度特性(外特性)。而把柴油机在运转中工作参数仅随平均有效压力变化而变化的规律称为柴油机的负荷特性。把船用主柴油机运转中工作参数既随转速又随平均有效压力变化而变化的规律称为推进特性。

柴油机的特性是评定柴油机性能的重要依据。是对柴油机的性能进行检查和鉴定,在不同柴油机之间进行性能对比,以及评价结构设计改进、参数调整和使用维护的效果等的依据。

特性也是正确选用柴油机的依据。由特性曲线可知,柴油机允许运行的功率范围和贮备,研究柴油机与工作机(如螺旋桨)的最佳配合等。此外特性可用来指导柴油机的合理运行。根据特性曲线能合理调整柴油机,使其在常用工况运行时有较好的性能,或监督其运行情况,及时发现问题,进行适当调整。

2.4.2 特性种类

1. 柴油机的外特性

柴油机的外特性是指将柴油机喷油泵的油量调节机构固定在某一位置即喷油量不变时,所测得的主要性能参数随转速变化而变化的规律。如在喷油量不变时,柴油机在各种转速下的最大做功能力随转速变化而变化的规律等。

由柴油机的工作原理可知,如果不改变喷油泵油量调节机构的位置,也就是不改变每循环的喷油量,则在其他参数不变的情况下,柴油机的平均指示压力 p_i 将为常数,同样平均有效压力 p_e 也为常数。如图 2-4-1(a)所示,柴油机的输出转矩随转速变化而变化特性曲线是一条水平直线,柴油机的有效功率随转速变化而变化特性曲线是一条通过坐标原点的斜直线,这是理想情况。但实际上,柴油机的平均有效压力不但与每循环的喷油量有关,而且还与每循环进入气缸的空气量,柴油机的热力状态,工作循环的指示效率,柴油机的机械效率等有关,而这些因素又都与柴油机的转速有关,转速低于或高于一定值会使燃烧不利,指示效率下降,平均有效压力趋于降低。因此实际上的特性线的形态如图 2-4-1(b)所示为微弯的曲线。

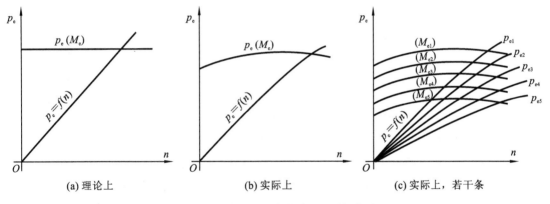

图 2-4-1 柴油机速度特性(外特性)曲线

如果改变喷油泵油量调节机构至另一位置,使每一工作循环的喷油量增多(或减少),则平均有效压力相应升高(或降低),输出转矩特性曲线随之上抬(或下移),有效功率特性线的斜率随之增大(或减小)。图 2-4-1(c)中有好几条曲线,每条曲线对应着喷油泵油量调节机构在某一位置时的有效功率与转速的关系,即构成了若干条不同的外特性曲线。

根据国家标准,按柴油机工作时的强化程度不同,并结合图 2-4-2 介绍柴油机标定功率的分级和外特性的名称如下。

1) 曲线 1 为极限外部特性(极限功率)线

它表示柴油机在各种转速下的最大极限做功能力,也就是柴油机的工作能力只有这么大,柴油机热负荷和机械负荷已达到极限程度。所以,在此曲线上任何一点运行都是不允许的,否则稍有疏忽就会发生事故。通常该曲线由理论计算得出。

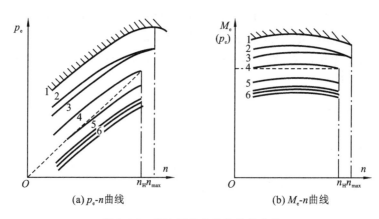

图 2-4-2　柴油机的几种外特性曲线

2) 曲线 2 为冒烟外部特性(15 min 功率)线

它表示这条曲线上的各点为柴油机在对应的转速下运行时排气开始冒烟之点,若再增加喷油量,使平均有效压力提高,就冒烟。所以它是柴油机开始冒烟和不冒烟的分界线,一般有

$$p_{e2} = (0.85 \sim 0.92)p_{e1}$$

柴油机的实际运行还是不允许在这条曲线上进行的,因为它还是超负荷的,柴油机热负荷和机械负荷依然很高。只有在特殊情况下作为汽车的爬坡功率,军用车辆和快艇的追击功率。这时用到这条曲线上的某点,连续运行时间不得超过 15 min,这时最大的有效功率称为 15 min 功率。

3) 曲线 3 为超额功率外部特性(1 h 功率)线

一般作为船用主机的最大功率或超额功率。由于这时柴油机的气缸热负荷也相当高,通常只有在特殊的气候条件或水流环境中,为了克服突增的外界负荷才使用,并规定连续运行时间不得超过 1 h。国产小型船用柴油机将此时的喷油量作为最大喷油量,并将油泵齿条限制在这个位置上,不允许超过它。所以这一特性又称为油泵保险特性。

4) 曲线 4 为额定功率(又称标定功率)外部特性(12 h 功率)线

为使柴油机能在较长时间内连续工作,而不出故障,就必须将喷油量控制在油泵保险特性的喷油量以下。它是由生产厂在试验台上把柴油机开到额定转速 n_H 后,专门调节喷油量,经过长时间的连续运行试验(不少于 12 h),才确定下来的,将此时测得的功率称为额定功率 P_{eH}(国外称此功率为 M.C.R)。额定功率 P_{eH} 通常作为柴油机的技术参数标明在名牌或产品说明书上,故又称为标定功率 P_{eb},尽管两者采用了不同的下标,但它们的含义是相同的,其他技术参数亦然。称此时的喷油量为额定(标定)喷油量。当保持额定喷油量不变而改变转速,测得在不同转速下的 $p_e(M_e)$ 或 P_e 的变化规律,即为额定功率外部特性。我国船舶规范规定,超额功率为额定功率的 110%,而超额转速(最高转速)n_{max} 为额定转速 n_H 的 103%。

当柴油机作为间歇使用的船舶(如轮渡)主机时,额定功率点可作为机、桨的设计配合点。此挡功率也可称最大持续功率。

5) 曲线 5 为持续功率(又称常用功率)外部特性线

在船舶航行时考虑到海洋气候的变化,为保证长期安全航行,尚须留有适当的功率贮备。这是在实际使用时,保持额定转速不变,喷油量适当减小,输出比额定功率要小一些的功率,与经济功率或持续服务功率相近。保持喷油量不变而改变转速,所测得在不同转速下的 $p_e(M_e)$

或 P_e 的变化规律,即为持续功率外部特性。有的船用低速柴油机将该喷油量作为最大喷油量,并在油泵齿条上加以限制,将持续功率和转速等参数在名牌或产品说明书上标明。由于柴油机在持续功率点可长时间运行,燃油消耗和维修方面都比较经济,因此它可作为一般船舶机、桨的设计配合点。一般持续功率是标定功率的 85%～92%。国外有一种持续服务功率(C.S.R),为额定功率的 85%～90%。

6) 曲线 6 为部分功率外部特性线

这是指喷油量固定在小于额定功率(如 90%、75%、50% 等)喷油量时得到的各个外部特性。它由许多条变化形态与曲线 5 相似的线簇 6 组成,船舶在实际运行中常在这类曲线上工作。但应当指出,若偏离设计工作点过大,按部分特性运行的主机,其耗油率较高。在喷油量减少到一定的程度,即柴油机的负荷很低时,其工作会很不稳定,甚至不能正常工作,通常把能使柴油机稳定工作的最小喷油量所对应的外部特性线称为最低负荷限制线。

7) 等转矩限制外部特性线(图 2-4-2 中的虚线)

柴油机只要保证在额定功率外部特性线以下运行,气缸就不会超负荷。但船舶在海上航行时,主机的工况常常变化,有时曲轴的机械负荷会超过额定值,因而造成曲轴或传动轴系的损伤。轴系的机械负荷取决于它所承受的扭应力,若不考虑曲轴扭转振动所引起的附加应力,则扭应力取决于它所承受的扭矩。传动轴轴径的确定通常以柴油机额定转矩作为设计依据。所以只要限制作用在轴系上的转矩 M_e 不超过额定转矩 M_{eH},轴系就不会超负荷。

若设 $M_e = M_{eH} = $ 常数,则功率随转速的变化关系为

$$P_e = \frac{M_{eH} \cdot n}{9546} = C \cdot n$$

式中:$C = \frac{M_{eH}}{9546} = $ 常数。

由上式可看出,这是一条通过坐标原点和额定工况点的直线,即图 2-4-2 中的虚线,并称为等转矩限制外部特性线。船舶主机在其全部转速范围内,最好都在等转矩限制外部特性曲线以下工作,这样既可保证气缸热负荷在允许范围内,又可保证轴系所承受的扭应力不会超出许用值。

2. 柴油机的推进特性

当柴油机用做船舶主机驱动螺旋桨工作时,二者之间总要保持能量平衡和运动协调一至的关系。在稳定运转的情况下,主机的转速等于螺旋桨的转速或成比例关系;主机发出的功率应等于螺旋桨吸收的功率,确切地说,螺旋桨吸收的功率应为主机发出的功率减去传动轴系的机械损失功率。通常螺旋桨需要的功率与转速的三次方成比例,即 $P_e = Kn^3$,这就是螺旋桨的工作特性。

图 2-4-3 所示的曲线 1、2 和 3 分别为柴油机的额定功率外特性曲线、部分功率外特性曲线和超额功率外特性曲线,曲线 4 则为螺旋桨的工作特性线。主机驱动螺旋桨工作时,必须按螺旋桨的这一特性来变化。所以,把 $P_e = K \cdot n^3$ 的变化关系亦称为柴油机的推进特性。不难看出,柴油机要按照螺旋桨的工作特性曲线工作,就需要同时变化其转速和喷油量来实现。

如图 2-4-3 所示,主机额定功率外部特性曲线 1 与螺旋桨特性线相交于 A 点,假设 A 点对应的转速 $n_A = n_{eH}$,则主机输出的功率 $P_{eA} = P_{eH}$,机桨配合工作于 A 点。当船舶需要较低航速航行时,则主机减少喷油量,使转速下降至 n_B,则主机输出的功率 $P_{eB} < P_{eH}$,机桨配合工作于 B 点,主机的工作点移至某一部分功率外部特性曲线 2 上。但事实上要使船舶以很低的航速

航行,将受到柴油机最低负荷特性曲线的限制和最低稳定转速的限制。

如果将机桨配合工作点向上移至 C 点,则船舶可获得较高的航速。但需注意提高船舶航速将受到柴油机超额功率外部特性的限制和最高转速的限制。

图 2-4-3 所示曲线 5 为当柴油机按照推进特性曲线工作时,其有效耗油率 g_e 随转速 n 的变化而变化的规律。不难看出,柴油机的转速越低,g_e 越高;当转速接近额定转速 n_H 时,g_e 值较低。

由于柴油机带桨工作后,其输出功率与转速的三次方成比例,故可根据柴油机的额定功率和额定转速计算出各种转速下的功率值,其相对的百分数值如表 2-4-1 所示。

表 2-4-1 柴油机各种转速下的功率相对百分数值

$n(n_H\%)$	36.8	58.5	70.4	79.4	86.6	92.8	96.5	100	103
$P_e/P_{eH}/(\%)$	5	20	35	50	65	80	90	100	110

一般船用柴油机的最低稳定转速约为额定转速的 30%。

推进特性的实际意义是,第一可根据柴油机的工作能力合理地设计、选用螺旋桨;第二可确定使用中功率与转速的配合点;第三可确定推(拖)船舶在各种工况下的负荷;第四可用以确定船舶的经济航速。

3. 柴油机的负荷特性

如果在图 2-4-1(c)中,在某一个转速 n 处画一根垂线,就可看出,在这个转速下,柴油机的功率可以从最小时的空转(即空车输出转矩 $M_e=0$)功率,变更到柴油机所能发出的最大功率。这时柴油机的功率改变是改变每循环的喷油量,即改变 p_e 来达到的。由于转速不变,所以 P_e 和 p_e 的关系将是一根直线。这种在转速不变的情况下,得到各种不同功率的特性曲线,称为柴油机的负荷特性。图 2-4-4 所示为典型的柴油机的负荷特性曲线,图中示出了各种性能参数随负荷(即平均有效压力 p_e)变化而变化的规律(曲线 a 为过量空气系数)。

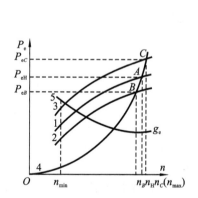

图 2-4-3 柴油机的推进特性曲线

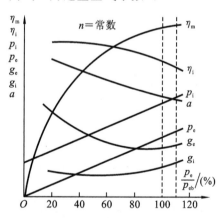

图 2-4-4 柴油机的负荷特性曲线

当柴油机用来带动直流发电机,而要求电压不变,或者用来带动交流发电机,要求周波数不变时,柴油机转速都要保持不变。所以带动发电机的柴油机,其转速有严格要求。要装设精密的调速器,这时发电机所吸收的功率依电力网(外界电路)的总电阻而定,当外界电路的负荷减小(即电流减小)时,发电机转子所受的扭矩也小。这样在同一转速 n 下,柴油机每一循环所做的功可小些,p_e 可小些,亦即燃油可喷得少一些。

负荷特性的实际意义为:其一,确定非增压柴油机的标定工况;其二,负荷特性易测定,常在柴油机调试、改变设计时用做检验调试效果,所以又称为调整特性;其三,测出不同转速的负荷特性,用于制取万有特性等,负荷特性可与速度特性综合出其他任何一种实用工况的特性。

4. 柴油机的万有特性

上述特性曲线只能表达两个参数之间的关系,如负荷特性只表示 $g_e = f(p_e)$ 或 $G_e = f(p_e)$,而速度特性只表示 $M_e = f(n)$,$P_e = f(n)$ 等。这样,每种特性都不能全面地表示柴油机的性能。而万有特性(又称为多参数特性)就能表示三个或三个以上参数之间的关系。万有特性一般是在以转速 n 为横坐标、以平均有效压力 p_e 为纵坐标的坐标平面上,作出若干条等耗油率曲线、等排温曲线、等功率曲线或等烟度曲线等。由这些曲线构成的曲线族称为万有特性曲线。它可表示各种转速、各种负荷下的耗油率、排温、功率或烟度等性能。

现以等耗油率曲线的绘制为例,说明万有特性曲线的形成过程。在柴油机的转速范围内,在同一转速下用若干个不同的喷油量做实验,记录下对应的功率等参数的测量结果,并计算出相应的耗油率 g_e 值。改变柴油机的转速做同样的实验。在以转速为横坐标,以平均有效压力为纵坐标的坐标平面上,将耗油率相等的点连接起来,即形成如图 2-4-5 所示的环型等耗油率曲线。用同样的方法可绘制出其他参数的等值曲线。

从万有特性曲线图上很容易找到柴油机最经济的运行区域,即最内层等耗油率曲线围成的区域,曲线越向外,经济性越差。对船用主柴油机来说,希望如图 2-4-5 所示那样,其推进特性曲线的常用区段应尽可能处于低耗油率曲线区域内。

有了万有特性图,只要知道两个参数,就可从图上查得其他有关参数。

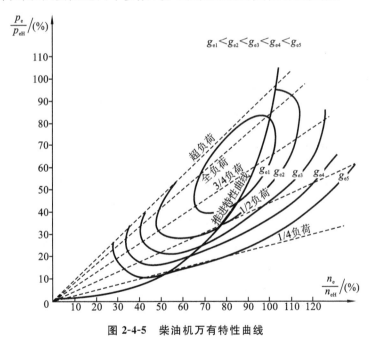

图 2-4-5 柴油机万有特性曲线

5. 柴油机减额功率输出特性

根据柴油机工作原理,提高柴油机的热效率,即降低耗油率的方法之一是提高气缸内最高燃烧压力 p_{max} 与平均有效压力 p_e 的比值。p_{max}/p_e 越大,柴油机指示热效率 η_i 越高,耗油率就可降低。而 p_{max} 是柴油机结构强度的设计依据,在设计时已确定,提高 p_{max} 会受到柴油机机械负荷的限制,因此只有通过降低平均有效压力 p_e 来实现。

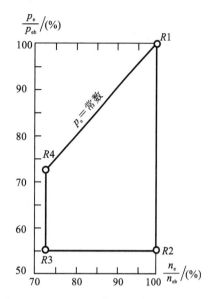

图 2-4-6 RTA 系列柴油机减额功率输出区

所谓减额功率输出,是把最高燃烧压力维持在标定功率(M.C.R)时的最高燃烧压力,降低标定功率时的平均有效压力(即使功率下降,转速相应下降或不变),使二者比值增大,来实现比标定功率低的耗油率。在不改变柴油机缸径及行程的前提下,改变匹配的增压器通道截面积、改变气缸压缩容量(用改变活塞杆下部垫片厚度的方法),并用一种可变定时的喷油泵,使其在某一负荷范围内保持其最大燃烧压力不变,以形成一个低耗油率的功率及转速的输出范围。这个范围就是同一缸径和行程的柴油机的减额功率输出区,也称为设计配置区(layoutarea)。图 2-4-6 所示为 RTA 系列柴油机减额功率输出区。由图 2-4-6 可见,其功率输出范围为 $55\% \sim 100\% P_{MCR}$(P_{MCR} 为标定输出功率),转速输出范围为 $72\% \sim 100\% n_{eb}$(n_{eb} 为标定功率输出点的标定转速)。

一般将减额功率输出区的最大输出点作为新的标定额定输出点(NMCR),将减额功率输出区以内除最大输出点以外的任何输出点称为减额功率输出点(DMCR)。在这个减额功率输出区内,耗油率都很低,因此螺旋桨的设计及运转点均应设法匹配在这个区域内。由于这个区域范围广,所以,必能选到一点与螺旋桨实现最佳匹配。这就能够实现理想的"机配船"或"机配桨",从而改变了过去"船配机"或"桨配机"的不合理设计方法。

减额功率输出与俗称的减速航行不一样,后者是以 $85\% \sim 90\%$ 的标定功率作为主机的常用负荷,而以 $50\% \sim 75\%$ 标定功率的低负荷连续运转,实现减速航行,减少燃油消耗量。而以降低航速来减少燃油消耗量,往往会导致耗油率的增加。

2.4.3 船用柴油机允许的使用范围

船舶在航行中工况是多变的,要求柴油机输出的功率、转矩及转速在很大的范围内变化。考虑到柴油机工作可靠性及使用寿命,必须对柴油机的运行负荷、连续工作的时间与转速等参数加以限制。船用主柴油机是在以多种限制条件为边界的区域内工作的,这些限制条件所具有的特性称为限制特性,这个区域称为船用柴油机允许的使用范围。船用柴油机允许使用范围通常由下列限制特性曲线构成:最大负荷限制特性曲线;最低负荷限制特性曲线;最高转速限制特性曲线;最低转速限制特性曲线。

1. 最大负荷限制特性曲线

柴油机允许使用的最大负荷限制是以柴油机能够达到的"极限功率"为基础,再根据对柴油机的安全可靠性和寿命的要求在一定的安全系数下确定的。它构成了柴油机的允许使用范围上限。

非增压情况下,每台柴油机都存在一个极限转矩,它与柴油机的转速基本无关。在 P-n 坐标平面上,它为一根水平直线。而极限功率外特性线是通过坐标原点的一根斜直线,如图 2-4-7 所示。图中直线 AB 即为无增压柴油机的极限功率外特性线或极限功率线。可以设想,柴油机在这种状态下工作时,燃油中有相当的部分不能完全燃烧,必然会导致燃烧室及排气系统中积炭迅速增多,余燃严重引起燃烧室组件温度的迅速提高,排气严重的冒黑烟。

对于机械增压或废气涡轮增压但增压度较低的柴油机,其极限功率线与非增压机的大体相同。当增压度较高时,如图 2-4-8 所示,柴油机的极限功率线 2-3-4-5-6 受限制的因素比非增压或低增压柴油机的要复杂得多。主要受到增压器喘振或烟度、极限排气温度、极限爆发压力、增压器极限转速等因素的限制。这些限制均可通过控制相应转速下的喷油量来实现。

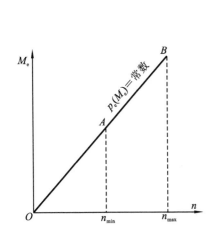

图 2-4-7 非增压柴油机极限外特性曲线

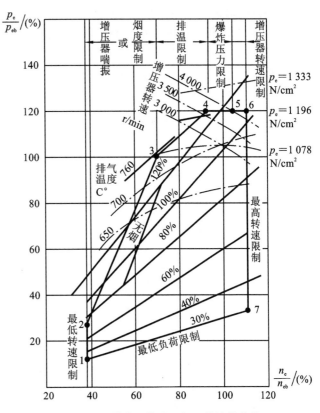

图 2-4-8 某增压柴油机极限外特性曲线

测量极限功率是制造厂或研究部门为了对产品进行试验和鉴定进行的。在试验时,采用了许多必要的安全措施以防止发生人身和机械事故,实际使用时绝对不允许达到这种极限。

2. 最低负荷限制特性曲线

它是柴油机允许使用范围的下限。若柴油机的负荷过低,相应的供油量必然会很小,各缸的供油不均匀度随之会增大,甚至有的缸会间断地不发火;此外整机的温度较低,缸内的温度也偏低,燃烧恶化,积炭增加;没有燃烧的燃油比例增大,它们通过缸壁流入润滑油中,既加速了缸壁和活塞裙部的磨损,又稀释了润滑油,恶化了柴油机的润滑条件。同时燃气中的二氧化硫和三氧化硫成分与水汽在温度偏低的缸内凝结成亚硫酸和硫酸并残留在机件表面和缝隙中,加速了机件的锈蚀。因此,一般对柴油机的最低负荷也要作出限制,通常为标定负荷的10%~25%,并要求尽可能避免长时间在低负荷下运转。

3. 最高转速限制特性曲线

它构成了柴油机允许使用范围的右限。过高的转速,会使传递动力的组件的惯性力急剧增大,导致振动加剧,甚至飞车。由于飞车而引起的连杆螺栓断裂甚至导致整机报废的事故时有发生。因此,一般柴油机说明书都对标定转速和短时间工作的最高转速做出明确规定,许多柴油机还设有超速安全装置。作为船用主机的柴油机的最高允许转速一般为$103\%n_{eb}$。

4. 最低转速限制特性曲线

它构成了柴油机允许使用范围的左限。任何一台柴油机均有最低稳定转速的限制,这一限制的大体原因如下。

(1) 调速器与柴油机的配合 随着曲轴转速的降低,调速器与柴油机在配合中可能出现较大的波动,最终导致柴油机不能稳定运行,或因不均匀度过大而不能正常工作。

(2) 热力循环的正常进行 曲轴转速过低时,各缸供油的不均匀度加剧;供油压力下降、导致柴油机雾化不良、混合质量较差;缸内温度偏低,柴油不能完全燃烧,且各缸燃烧情况差别很大,使转速波动加剧;缸壁温度偏低会加速燃气对燃烧室组件特别是缸套的锈蚀。

某些二冲程柴油机在转速较低时,增压器获得的能量减少,以至于不能保证扫气压力大于缸内的废气压力而影响换气过程的正常进行。

(3) 建立油膜的需要 在轴与轴承及活塞与缸套等有相对运动的机件之间建立保护油膜,相对运动速度是个决定因素。曲轴转速过低,就不能保证建立连续的油膜。通常,最低稳定转速$n_{\min}=(30\%\sim50\%)n_{eb}$。

柴油机的使用范围由以上四条限制特性曲线所限定,实际运行中,其工作点一般不超出此范围。

2.5 柴油机推进装置的选型分析

2.5.1 推进装置选型原则

柴油机推进装置除了传动方式的选择外,还涉及轴系的数目(如单轴、双轴、多轴等),推进器的形式(如螺旋桨、喷水推进、平旋推进等),是采用定距桨还是采用调距桨等问题。针对诸多问题交汇在一起,错综复杂的情况,大致按以下基本原则来考虑。

1. 按船舶用途、种类与要求

沿海或远洋货轮、油船等其航行工况比较稳定,主机多采用大型低速柴油机,采用单机单桨直接传动方式,螺旋桨使用定距桨,在设计工况下推进效率较高。客船的重要技术指标是快速性,即要求的航速较高,吃水相对较浅,同时考虑到安全性,机动性与操纵性的要求,因此,推进装置多采用双机(多机)双桨(多桨)的形式。如果主机采用中速机或高速机,则采用间接传动以降低螺旋桨转速。渡船、拖船、渔船等船舶由于工况变换频繁,机动性要求高,而且机舱尺寸有限,故主机多采用中、高速柴油机,多机多桨,并配备具有减速、倒顺、离合器功能的推进装置。有的为解决多工况问题,也可以采用可调螺距螺旋桨推进装置,以适应工况变化的要求。港口的作业船对操纵性要求高,可采用中、高速柴油机与双机(多机)双桨(多桨)推进装置或Z型传动全回转推进装置。对于特殊的工程船如挖泥船、破冰船等可采用液力传动或者电力传动的推进装置等。

2. 按主机总功率的大小

按主机总功率的大小,应考虑主机类型与数目,轴系与桨的数目。大型低速柴油机单机功率大、耗油率低、耐用可靠,但重量、尺寸大,适宜于大型沿海和远洋运输船舶选用,并可较大幅度降低运输成本和提高运输量,一般采用单机单桨直接传动。主机总功率若要求过大,则可采用双机单桨(单轴),双机双桨(双轴)或多机多桨(多轴)等形式。此时主机大多是采用中、高速柴油机,其重量轻、尺寸小,便于机舱布置。

3. 按船舶航区的吃水深度

单机单桨直接传动的损失小,推进效率较高,但须选用可逆转的低速柴油机,吃水相对较深。采用双桨(多桨)可减小螺旋桨的直径,其舵的转向效果好,能提高机动性,可减小船舶的吃水深度。有时根据特殊需要可采用并车或分车装置等以适应船舶航区的吃水深度。

4. 按推进装置的经济性

在选择不同的推进装置时,应考虑其初投资、运输费用的大小和初投资回收年限,即要认真考虑经济性与综合效益等问题。直接传动的传动损失小,效率高。间接传动可降低螺旋桨的转速,提高推进效率,但要增加传动设备,初投资较高。近年来,中速机单机功率不断增大,又成功解决了烧重油的问题,耗油率有很大降低,可靠性和使用寿命大为改善。此外,其重量轻、尺寸小,有利于机舱布置。大型低速柴油机目前世界上趋于用 B&W-MAN 与 SULZER 两种,被认为是热效率高、燃料费用又低的高效节能机。有的大型船舶,为了进一步节约能源,出现了超低速螺旋桨船舶,在轴系间采用大型减速齿轮箱或大速比减速齿轮箱,进一步降低螺旋桨的转速,获取桨的高效率,从而进一步提高经济性。再如电力传动,其操纵灵活,机动性好,效果与调距桨相似,但初投资费用比调距桨的大,推进效率较低。

综上所述,在考虑推进装置形式时,要抓住主要矛盾,从全局的经济性出发,权衡利弊,优化方案,以取得最佳的设计结果。

2.5.2 主柴油机的选型原则

主机的选型是根据设计任务书中的技术要求以及船体设计所提供的资料来进行的。主机及传动设备的选型均与螺旋桨的设计密切相关。往往通过船、机、桨匹配计算和分析,在确定螺旋桨技术参数的同时,得出为满足船舶设计任务书中的航速要求而需要的最小主机功率与最佳转速。然后,在众多的现有的机型中选取最合适的主机型号,包括传动设备的选取。

如何选得最合适的主柴油机,需考虑的问题除了功率、转速以外,还有重量和尺寸、油耗、造价、可靠性、使用寿命、振动、热效率与油耗率等问题,具体分析如下。

1. 功率与转速

根据国家船舶标准化技术委员会专业标准的规定,船舶柴油机功率名称除超负荷功率(习惯称超额定功率)、标定功率(习惯称额定功率)、经济功率(习惯称持续功率)等以外,还有燃油限止功率、倒车功率等。

在选取主机功率时,必须了解其标定功率的含义,功率大小必须满足船舶设计航速的要求,并适当考虑其工作时的功率贮备。要根据船舶种类、用途、航区考虑主机的结构形式、类型、增压度的大小、维修的间隔期等问题。

另外,还有一些柴油机是以非船用柴油机的规定条件下进行标定的。故在选取这类柴油机作为船用主机时,必须考虑其使用条件,其技术参数应进行持久效率、温度及湿度系数修正等。

选择主机转速时,应特别注意,主机转速较低,即螺旋桨的转速也低,可提高船舶的推进效率。对于低速柴油机,在大多数情况下采用直接传动,主机的转速即为螺旋桨转速。对于中、高速柴油机,可配置减速齿轮箱,以使螺旋桨获得理想的转速,同时,既要符合最低燃油消耗的要求,又要符合最小初投资的要求。降速可减少燃油的消耗,但主机和轴系的尺度、重量增大,初投资也相应增加。对于一艘吃水、主尺度、航速给定的船舶,最佳螺旋桨的转速可由"投资费和燃油费总和最小"的原则来决定。当选取中、高速柴油机作为主机时,应与传动设备的选择一起考虑。

2. 重量与尺寸

主机的重量对船舶的载重量有一定的影响。船舶的载重量＝船舶的排水量－空船重量。而空船重量＝钢船体重量＋木作舾装重量＋机电设备重量。如主机重量大，则船舶的载重量减小，对经济性不利。同时主机的尺寸对船舶货舱容积有很大的影响。货舱的长度＝船长－机舱长度－船首、尾尖舱的长度。主机尺寸大、长度长，势必增加机舱长度，即减小了货舱长度。在功率相近的主机中一般重量与尺寸不尽相同。高速柴油机重量、尺寸比中速柴油机的小得多。中速柴油机与低速柴油机的重量、尺寸相比，中速柴油机的高度仅为低速柴油机的40％左右，单位体积的功率为低速柴油机的3～4倍，单位功率的重量仅为低速柴油机30％～40％，加上传动设备的重量等，总重量一般为低速柴油机装置的60％～75％。综上所述，高速柴油机的重量、尺寸最小；中速柴油机的其次；低速柴油机的重量、尺寸最大。所以对于内河船、高速船，可选用高速柴油机；对于长江或沿海的小型船舶、运木船、客（车）渡船、滚装船等特种船舶，可选用中速柴油机；对于沿海与远洋的大型船舶，应选用低速柴油机作为主机。

3. 燃油与润滑油

船用燃料的品种繁多。国内有轻柴油、重柴油、燃料油与中间燃料油等。国外有船用轻柴油、船用柴油、中间燃料油与船用燃料油等。这些燃料的性能差异很大，价格相当悬殊。在选取主机时，必定要考虑主机对使用燃料的要求。燃料的品质不同，燃料费用不一样，所产生经济效果也就不相同。有的主机为使用价格低廉的燃料以降低营运成本，但必须配备相应的处理设备，这样又使初投资增加，管理维修费用增加，而抵消一部分经济效益。同时还要考虑润滑油的配套使用与价格；使用劣质燃油，硫分很高、灰分含量多、燃烧不完全，易引起腐蚀与磨损；使用、管理不当又会引起事故，影响营运与经济性等问题。在选取润滑油时必须考虑高碱度、加添加剂等，这样将使润滑油价格提高。总之，要综合考虑，即要进行燃料及润滑油费用的技术、经济分析，以全面权衡处理。

4. 主机的造价、寿命及维修

船舶动力装置造价是船舶造价中一个较大的项目，一般情况下占船舶总造价的20％～40％。主机选定后，其他的一些辅助设备也随之决定，所以它对机电设备的造价起决定性作用。因此，在选型时要统一考虑，它将有助于降低船舶的总造价，可使船舶初置费用减少，营运经济性提高。柴油机造价通常以出厂价格和单位功率造价来衡量。希望选取的柴油机出厂价低和单位功率造价小些。一般低速柴油机的造价最高，高速柴油机的造价最低。必须按当时实际价格为依据进行比较。近年来，我国引进生产了不少外国的先进柴油机，性能指标基本上达到国际水平，故在国外机与引进机之间，应优先选择引进机。在厂家选择中，在条件许可的情况下就近配套选取，可减少运输费用并有利于维修。

主要使用寿命及维修不仅对船舶营运经济性有相当影响，而且与轮机员的管理工作有着直接联系。

一般低速柴油机的使用寿命比中速柴油机的长，低速柴油机的维修工作量也比中速柴油机的少。为了提高柴油机的使用寿命和减少维修量，应选择寿命长、维修工作量少的主机。所选主机的结构要简单、缸数少；运动部件的磨损期长，使检修间隔期延长，以便节省修理费用；配备较多的专用维修工具，使之装拆方便，缩短维修工期，可弥补维修间隔期短的缺点。如中速柴油机期维修间隔期比低速柴油机的短，但如果工具得心应手，使用方便，可缩短维修所需的时间。因此，很多船东选择中速柴油机作为主机的原因是看到了其中的可取之处。

5. 振动与噪声

柴油机是一种往复式发动机,振动与噪声比较明显。以柴油机作为动力的船舶,主辅机是船上最强的噪声源,它们实质上决定了柴油船的噪声级。一般来说,中、高速柴油机比低速柴油机、直流扫气比回流扫气的柴油机、强化程度高(如增压压力与最大燃烧压力高等)的柴油机和平衡差的柴油机的振动与噪声大。

噪声大不仅影响船员的工作效率,而且影响船员的身体健康。柴油机的平衡性能不好,装船后引起轴系的扭转振动、横向振动和纵向振动,其中扭转振动具有很大的危险性与破坏性。因轴系的扭转振动而导致断轴断桨,迫使船舶停航,造成重大经济损失的事故时有发生。轴系的振动还会造成船舶结构的损害和破坏,带来安全隐患。

因此应选择平衡性能好的柴油机作为主机,以及进行有关的计算和实船测量,采用相应的减振降噪措施,以降低振动与噪声的强度,确保轴系的工作安全可靠。通常中、高速柴油机的选型与减振设备的选型一并进行。

6. 柴油机的热效率与耗油率

柴油机的热效率和耗油率是评定柴油机工作完善程度的重要指标,对船舶营运的经济性与柴油机使用寿命都有重大影响。柴油机的热效率高,表明柴油燃烧较彻底,热能转换为机械能较完善,气缸结碳较少。柴油机的耗油率低,可降低燃料费用,同时可提高船舶的续航率或增加载货量,有利于改善营运经济性。因此,选取热效率高、耗油率低的柴油机,是选型工作的重要环节。此外,还应考虑在其推进特性曲线的常用区段内的耗油率比较平坦,使柴油机在使用的范围内总体耗油率较低,即热效率较高,这一点对工况变化范围大的船舶十分重要。

2.5.3 推进装置选型的经济分析

营运的经济性分析不仅要考虑营运费用(营运费中,燃油费占主要部分,而燃油费决定于燃油消耗量、燃油价格及年航行天数、使用年限等),而且务必计及推进装置的初投资(推进装置由主机、减速传动设备、轴系、螺旋桨等组成)。因此,经济分析的评价通常是以初投资和经济偿还来计算的。

在推进装置选型时,一般根据船舶设计要求的航速,按等航速线拟定几个方案,以其中某一个方案为基准,计算出各方案的相对经济指标,最后,进行比较得出结论。

1. 工程经济分析中的计算方法

现代工程经济分析的计算方法,原则上可分为静态计算方法和动态计算方法等两种。这两种计算方法的主要区别是,后者考虑了投资资金的时间因素,即考虑资金的增值,而前者不考虑投资资金的时间因素,所以不能反映投资的真正的效果。对于贷款造船,使用单位既要付息,又要还本,所以,在经济效果分析时,必须采用动态计算方法。用动态方法计算投资的增值时,一般采用复利公式计算。

(1) 一次性完成投资(或一次性完成贷款),若干年后的本息总额。

现设投资或贷款资金为 P,年利率为 i,n 年后按复利计算资金增值为 F,即

$$F = P(1+i)^n = PC_A$$

式中:C_A 为复利本息因素,$C_A = (1+i)^n$。

如需求将来增值金额 F 的现值 P,则有

$$P = F(1+i)^{-n}$$

(2) 投资或贷款一次完成,分期等额还款。

设投资或贷款为 P,在今后的 n 年内,每年等额还本息数 A,年利率为 i,则 A 与 P 的关系为

$$P = \frac{A[(1+i)^n - 1]}{i(1+i)^n} = AS_{PW}$$

式中: A 为每年还本息数,称年度金额或年偿还款额; S_{PW} 为分期现值因数,

$$S_{PW} = \frac{(1+i)^n - 1}{i(1+i)^n}$$

也可写成

$$A = P/S_{PW} = PC_R$$

式中: C_R 为资金回收因素,

$$C_R = \frac{i(1+i)^n}{(1+i)^n - 1}$$

2. 经济性分析的评价指标

一个系统的经济性常用投资回收年限的长短和系统的净现值大小来衡量。

1) 投资回收年限 n

所谓投资回收年限是指用投资项目后所产生的净现金收入来偿还(即还本付息)原投资所需的时间长度。这一指标反映了资金的回收速度。

对于利用银行贷款的项目,经济指标亦用贷款偿还年限。它的含义是以项目的净收益抵偿全部投资(付息还本)所需要经过多少年才能收回投资金额或偿还所借贷款的时间。投资回收年限越短,则说明每年净收益越大,经济效果越好。

设每年该项目净收益为 A,全部的投资费为 P,则可得

$$\frac{P}{A} = \frac{1}{i} - \frac{1}{i(1+i)^n}$$

$$\frac{1}{i(1+i)^n} = \frac{1}{i} - \frac{P}{A} = \frac{A - Pi}{Ai}$$

$$(1+i)^n = \frac{A}{A - Pi}$$

对上式两边取对数,并加以整理得

$$n = \frac{\lg\left(\frac{A}{A - Pi}\right)}{\lg(1+i)} = -\frac{\lg\left(1 - \frac{Pi}{A}\right)}{\lg(1+i)} \leqslant [n]$$

式中: $[n]$ 为贷款年限,a;其他符号同前。

当 $Pi/A < 1$,即每年的净收益 A 大于全部投资 P 与年利率 i 的乘积时,即可求出投资回收年限;反之, $Pi/A > 1$ 时,则说明全部投资是无法回收的。

当进行推进装置方案比较时,有时无法估算整个净收益,只能依靠每年节约燃料所得的收益逐年付息还本,因此, A 表示某一推进装置与基准装置相比较的燃料油费用的差值,即与基准装置相比较的年节油费用, P 表示该装置与基准相比较的初投资费用的差值(此法可用于单项的节能或贷款偿还年限的计算)。这种情况下,当利率高、油价低时,初投资大小是选型的决定因素;当油价高、利率低时,节油收益是选型的决定因素。

2) 净现值 N_{PV}

净现值的含义是投资装置在整个营运期内各年度的收入与支出都化为现值,把收入的现值减去支出的现值便得净现值,即

$$N_{PV} = (B-Y)S_{PW} - P = AS_{PW} - P$$

式中:B 为年运费的收入,元;Y 为年营运费用,不计其折旧,元;其他符号含义同前。

计算中已计及资金的时间价值,考虑了资金的限定利率。从上式看出,$N_{PV}>0$,为正值,表示所考虑的方案可获得预期的效果;如 $N_{PV}<0$,为负,则方案达不到预期的效果。N_{PV} 值最大的方案即是最佳方案。在计算 S_{PW} 时,其中 i 取投资利润率,是金钱的时间价值在企业利润上的反映。在经济分析中,确定投资利润率是十分重要而又相当困难的问题,要考虑偿还资金和获利。在没有基准的情况下,可取成与银行利率相同,这样计算的净现值具有现实意义和可比性。

在方案比较时,一般情况下上述两种评价指标都要进行计算,才能较全面地进行判别各个方案的经济性的优劣。

对营运收入不能预估或无营运收入的船只,如供应船、交通艇等服务性船舶和军用船舶,可用平均年度营运成本 A_{AC} 作为衡量设计优劣的指标,A_{AC} 值最小的为最佳方案。

营运成本包括燃油料消耗费用和其他费用,装置的造价也是营运成本的一部分。在计算 A_{AC} 值时,装置的造价用分期付款办法,即乘上投资回收因素 C_R 分摊到各年度。

$$A_{AC} = C_R \times 造价 + 年度营运费用 + T(1+i)^{-m}C_R$$

式中:T 为在 m 年支出的特殊额外费用。

3. 经济分析案例

建造某总载重为 35 000 t 的散货船,要求服务航速为 13.78 kn;主机采用低速长行程柴油机;螺旋桨允许最低转速为 110 r/min;船体的阻力曲线为已知。

1) 机型初选

本案例按等航速要求拟定几个机型初选方案。

根据设计任务书对航速的要求和螺旋桨允许最低转速及其他的已知条件,应用船舶原理的知识,以航速不变为前提,在螺旋桨允许最低转速上、下设定若干个螺旋桨转速,进行机、桨初步匹配设计计算,得到螺旋桨的相关技术参数和各转速对应的主机功率,此即为常用功率(C.S.R.)。将各点连接起来即为主机常用功率(C.S.R.)时的等航速线,计及海上裕度和主机功率储备的要求,计算等航速下的标定功率(M.C.R.)。本案例实取 10% D.M.C.R. 作为功率储备,并绘制出相应的等航速线。

两等航速线如图 2-5-1 所示。

绘出初选主机标定功率及减额功率(经济功率)输出区,以便对不同的柴油机进行比较。所选减额输出区应与 C.S.R. 时的等航速线相截,以降低主机燃油消耗率。满足本案例要求的初选机型有 5 种,如图 2-5-1 所示。

2) 经济性计算

经济性计算的目的是求各备选方案投资回收年限的长短和系统净现值的大小,作为分析评价指标。

本案例经济计算列于表 2-5-1 中。关于计算的几点说明如下。

(1) 受尾部线型及吃水限制,螺旋桨允许最低转速为 110 r/min。

(2) 同类型的主机价格以标定功率(最大持续功率)计价。

(3) 主机常用功率为选定的主机减额功率的 90%。

(4) 主机燃油消耗量按常用功率工况计算,并按各柴油机公司提供的相关资料和曲线来确定主机的耗油率。

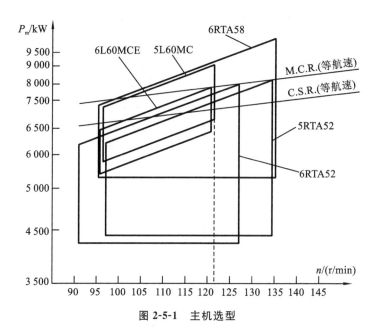

图 2-5-1 主机选型

(5) 年航行天数按 180 d 计。

(6) 主机燃用 1 500 sR_{ed}1 号(37.8 ℃)重质燃油,单价为 202 元/t;辅机燃用 30 号重柴油,单价 215 元/t。

(7) 柴油发电机组的日耗油量是假定发电机效率为 90% 时按电站负荷计算所得的,本例只计航行工况的耗油量。

(8) 主机的初投资中,考虑 5 缸机平衡性差,需增设平衡器,增加投资 30 万元。

(9) 轴系的初投资中,考虑到 5 缸机在短轴系中的扭振特性较差,需将轴径加粗以避开扭转振动禁区,使初投资增加约 25%。

(10) 船龄为 25a,贷款利率按 6.04% 计算投资利润率。

3) 经济性分析与结论

由表 2-5-1 计算结果可知,6L60MCE、5L60MC 和 6RTA58 三种机型虽然较 6RTA52 机型节油,但对油价为 202 元/t 的年节油费在 25a 船龄内尚不足以抵偿增加的初投资;而 5RTA58 机型的燃油费及初投资均高于 6RTA52 机型的,故增加的初投资永远不能收回。从净现值计算结果可知,6RTA52 型的净现值最大(基准为非负),依次为 5L60MC 机,6L60MCE 机,5RTA58 机和 6RTA58 机。故该船选用以 6RTA52 机型作为主机的推进装置较经济。此结果也说明了当利率高、油价低时,初投资大小是选型的决定因素。

表 2-5-1 35000DWT 散货船推进装置选型的经济分析计算

序号	项目	单位	机型				
			6RTA52	6L60MCE	5RTA58	5L60MC	6RTA58
1	主机额定功率×转速	kW×r/min	7 740×122	7 920×111	7 950×127	8 250×111	9 540×127
2	主机减额功率	kW×r/min	7 740×112	7 524×110	7 750×124	7 524×110	7 524×110
3	主机常用功率	kW	6 966	6 772	6 977	6 772	5 772
4	主机 MCR 时耗油率	g/(kW·h)	174	167	175	174	175

续表

序号	项　目	单　位	机　型				
			6RTA52	6L60MCE	5RTA58	5L60MC	6RTA58
5	主机 DMCR 时耗油率	g/(kW·h)	174	165.6	175	171	171.4
6	主机 CSR 时耗油率	g/(kW·h)	171.2	164.27	173	169.3	169.85
7	主机燃油日耗量(CSR 时)	t/d	28.622	26.699	28.968	27.516	27.605
8	主机年燃油耗量	t/d	5 151.96	4 805.82	5 214.24	4 952.88	4 968.9
9	主机年燃油费	元/a	1 040 695.9	970 775.64	1 053 276.5	1 000 481.8	1 003 717.8
10	电站负荷	kW	336	336	336	336	390
11	柴油发电机组容量	kW×台数	388×3	388×2	388×3	388×3	440×2 312×1
12	柴油发电机组型号		B6250ZCD×3	B6250ZCD×3	B6250ZCD×3	B6250ZCD×3	7L20/27×2 5L20/27×1
13	柴油发电机组耗油率	g/(kW·h)	216	216	216	216	209
14	柴油发电机日耗油量	t/d	1.94	1.94	1.94	1.94	2.17
15	柴油发电机年耗油量	t/a	349.2	349.2	349.2	349.2	390.6
16	柴油发电机年耗油费	元/a	75.078	75.078	75.078	75.078	83.979
17	主、辅机年耗油费	元/a	1 115 773.9	1 045 853.6	1 128 354.5	1 075 559.8	1 087 696.8
18	*年节油费	元/a	基准	−69 920.3	+12 580.6	−40 214.1	−28 077.1
19	主机初投资	元	4 284 000	5 803 600	4 814 400	5 334 600	5 140 800
20	柴油发电机组的初投资	元	688 500	688 500	688 500	688 500	1 000 620
21	轴系的初投资	元	173 812	187 100	215 683	227 631	192 500
22	螺旋桨的初投资	元	313 650	332 467	310 800	332 500	344 500
23	机舱辅机的初投资	元	1 080 000	1 102 700	1 102 700	1 130 000	1 253 000
24	装置的总投资	元	6 539 962	8 114 367	7 132 083	7 713 231	7 931 420
25	*投资差	元	基准	+1 574 405	+59 212	+1 173 269	+1 391 458
26*	相对回收年限	a	基准	25 年内不能回收	永远不能回收	25 年内不能回收	25 年内不能回收
27	*净现值	元	基准	−683 969.98	−752 338.94	−661 142.44	−1 033 896.13

注:"*"号表示以 RTA52 为基准的相对值。

2.6　柴油机推进装置功率传动过程

由船舶原理可知,要使螺旋桨转动而产生推力,就需要提供转动力矩以克服螺旋桨的阻力矩。转动力矩是主机提供的,因此,螺旋桨与主机之间存在着能量平衡和运动协调问题。这里只讨论能量平衡,即功率传动问题。而功率传动过程中,因存在各种损失,所以,传到螺旋桨上的功率比主机发出的功率要小。下面以柴油机推进装置的功率传动过程为例,说明各种功率的相互关系。

图 2-6-1 所示为柴油机推进装置(间接传动)功率传动过程简图。

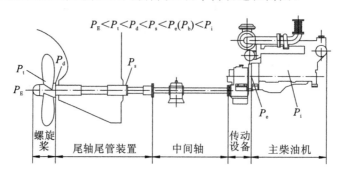

图 2-6-1　柴油机推进装置功率传动过程

1. 指示功率

图 2-6-1 所示的 P_i 为柴油机的指示功率,用 IHP 表示。由柴油机原理可知,P_i 可表示为

$$P_i = G_i H_u \eta_i / 3\,600$$

式中:G_i 为主机每小时燃料消耗量,kg/h;H_u 为燃油低发热量,$H_u \approx 1\,000$ kJ/kg;η_i 为柴油机的指示效率。

2. 制动功率(又称有效功率)

柴油机是通过曲轴来输出功率的,它的实用功率就是在曲轴输出端测得的实际输出的有效功率。当柴油机作为主机驱动螺旋桨工作时,螺旋桨成为柴油机的负荷,这个负荷有使主机制动的趋势,因此由曲轴输出端测得的功率称制动功率,即图 2-6-1 中的 P_b,用 BHP 表示,也称为主机输出的有效功率 P_e(以 MHP 表示)。

制动功率或主机有效功率与指示功率的关系为

$$P_b(P_e) = P_i \cdot \eta_m$$

式中:η_m 为柴油机的机械效率。

3. 轴功率

图 2-6-1 中的 P_s 为轴功率,以 SHP 表示。轴功率的大小与测量的部位有关,必须加以说明。如果测量的部位是曲轴输出端,则此处测得的轴功率等于制动功率。图 2-6-1 所示的 P_s 为艉轴艉管前端的轴功率,它与 P_b 的关系为

$$P_s = P_b \cdot \eta_j \cdot \eta_{st} \cdot \eta_{sz}^n$$

式中:η_j 为齿轮减速装置机械效率;η_{st} 为推力轴承效率;η_{sz} 为中间轴承效率;n 为中间轴承数量。

4. 收到功率

图 2-6-1 中的 P_d 为船后桨收到功率,以 DHP 表示。在艉轴尾端与螺旋桨连接处得的功率称为船后桨收到功率,它是螺旋桨从主机获得的实际功率。船后桨收到功率与 P_s 的关系为

$$P_d = P_s \eta_{sw} = P_b \eta_j \eta_{st} \eta_{sz}^n \eta_{sw} = P_b \eta_s \eta_j = P_b \eta_c$$

式中:η_{sw} 为艉轴管装置的效率;η_s 为轴系效率,$\eta_s = \eta_{st} \eta_{sz}^n \eta_{sw}$;$\eta_c$ 为轴系和传动设备总的机械效率,称为轴系传动效率,$\eta_c = \eta_j \eta_s = P_p/P_b$,$\eta_c$ 反映了轴系传动中总的能量消耗程度。

5. 桨的推功率

图 2-6-1 中的 P_t 为桨的推功率,以 THP 表示。P_t 是指螺旋桨发出的使船舶以某一航速航

行的功率。它与 P_d 的关系可表示为

$$P_t = P_d \eta'_p = P_d \eta_p \eta_x$$

式中：η'_p 为船后螺旋桨效率；η_p 为螺旋桨敞水效率；η_x 为相对旋转效率，$\eta_x = \eta'_p / \eta_p$，通常取 $\eta_x = 1$。P_t 反映的是螺旋桨得到水的推力和进速，也就是螺旋桨对水的推功率。

6. 船舶有效功率

图 2-6-1 中的 P_E 为船舶的有效功率，又称为拖曳功率和阻功率，以 EHP 表示。P_E 是指船体用于克服航行阻力所需的功率，即水对船体的作用功率。它与 P_t 的关系为

$$P_E = P_t \eta_h = P_t (1-t)/(1-\omega)$$

式中：η_h 为船身效率，$\eta_h = (1-t)/(1-\omega)$；$t$ 为推力减额分数；ω 为伴流分数。

η_h 表征了船体和螺旋桨之间的流体动力的相互作用。船体线型设计得较好可使 $\eta_h > 1$。

综上所述，可得

$$P_E = P_b \eta_j \eta_{st} \eta_{sz}^n \eta_{sw} \eta_p \eta_x \eta_h = P_b \eta_c \eta_t = P_b C_t$$

式中：η_t 为推进效率，$\eta_t = \eta_p \eta_x \eta_h$；$C_t$ 为推进系数，$C_t = \eta_c \cdot \eta_t$。

上式表明，主柴油机输出功率 P_b 通过传递与转换，最后推动船舶前进的功率只有有效功率 EHP。

推进系数 C_t 是一个综合性指标，表示整个推进系统及船舶的全面性能，其值随船体线型、轴系布置、传动方式、螺旋桨效能及船型而定，一般为 0.26～0.32。可见目前船舶对于热能的利用还不完善。要提高热能的利用，就应改善柴油机的热力循环，改进机械制造工艺，提高传动效率及改进船体线型，充分利用废气热能以及谋求船机桨的最佳配合等。

表 2-6-1 列出了各种效率的数值范围，可供参考。

表 2-6-1　各种效率数值范围

名　称	代　号	数　值　范　围	
推力轴承效率	η_{st}	0.97～0.98	
中间轴承效率	η_{sz}	0.97～0.99	
艉轴管装置效率	η_{sw}	0.95～0.975	
减速装置效率	η_j	齿轮减速箱（单级）	0.985～0.99
		齿轮减速箱（双级）	0.97～0.98
液力耦合器效率		0.96～0.98	
电磁离合器效率		0.97～0.99	
轴系效率	η_s	机舱在船中部时	0.965～0.975
		机舱在船尾部时	0.97～0.985
轴系传动效率	η_c	直接传动	在 0.96 左右
		间接传动	在 0.93 左右
电力传动效率		交流电时	0.88～0.93
		直流电时	0.86～0.90

除了上述的功率关系外，主机还有倒车功率要求。所谓倒车功率是指船舶倒航时的最大功率。

一般商船虽无特定的倒航速度的要求，但在进出港时，在通过狭小航道时以及要求船舶作

紧急倒航时,均需使用倒车功率,因此它对船舶的营运性能还是非常重要的。

对于军舰来说,则要求有优良的机动性及一定的最大倒航速度,故应该保证有足够的倒车功率。

倒车功率的大小与船舶种类、艉部形状及主机性能有很大关系。通常对发动机制造厂要求的是台架试车时的倒车功率,其大小为额定功率的 75%～85%,相应的转速为额定转速的 91%～95%。实船试航时倒车功率一般用不到那么大,通常为额定功率的 60%～70%,相应的转速约为额定转速的 84%～89%。

在军用舰艇中,除以上几种功率外,尚有所谓巡航功率,也称为经济功率。它是舰艇经常使用的功率。其大小按舰艇级别、任务等为额定功率 40%～80%,相应的转速为额定转速的 74%～93%。

第 3 章　船舶轴系设计

3.1　概　　述

3.1.1　轴系的含义、任务与组成

1. 轴承的含义与任务

在推进装置中,从主机(或机组)的输出法兰至推进器之间的一整套设备称为轴系。

轴系的基本任务是,连接主机(机组)与推进器,将主机发出的功率传递给推进器,同时又将推进器所产生的推力传给船体,以推动船舶运动。

2. 轴系的组成

图 3-1-1 所示为船舶轴系基本组成单元图。通常船舶轴系由以下几部分组成。

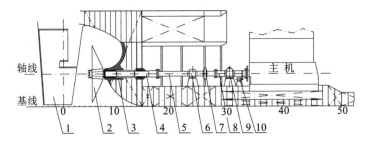

图 3-1-1　船舶轴系基本组成单元图

1—舵;2—螺旋桨;3—尾轴管装置;4—尾轴;5—中间轴;6—中间轴承;
7—隔舱填料函;8—推力轴;9—推力轴承;10—测速发电机

(1) 用来传递主机功率和螺旋桨推力的传动轴　如中间轴、推力轴、尾轴及螺旋桨轴等。

(2) 支承传动轴的轴承　如中间轴承、推力轴承及尾轴管内的尾管轴承等。

(3) 轴系附体　如用于连接传动轴的联轴器;安装于联轴器外缘上的制动器;用于防漏的隔舱密封装置、尾管密封;还有给中间轴承、推力轴承、尾管轴承润滑与冷却的管路等。

上述轴系组成内容会因船而异。如在主机内或传动设备内装有推力轴承时,轴系中就不另设推力轴和推力轴承;当轴系比较短时,也有不设中间轴的情况;轴系伸出船体外较短时,螺旋桨直接装在尾轴上,此时的尾轴也称为螺旋桨轴。

3.1.2　轴系设计基本要求

轴系的工作条件比较恶劣,一般位于水线以下,而且有一部分伸出船壳外,长期浸泡在水中。轴系运转时的负荷和应力十分复杂,如螺旋桨旋转时产生的扭应力;推进中的正、倒车产

生的拉、压应力等;轴系自重产生的弯曲应力;轴系安装误差、船体变形、轴系振动以及螺旋桨的水动力等所产生的附加应力等。上述负荷和应力往往是周期性变化的,某些时候变得十分突出,如船舶紧急停车、频繁倒车或急转弯,或者在大风大浪中受到剧烈的纵摇或横摇,螺旋桨有时冒出水面引起轴系转速急剧变化,都会使传动轴所受负荷增大,导致轴承温度升高,磨损加快,甚至引起传动轴断裂损坏。

因此,轴系设计时除满足布置上的要求外,尚需满足以下要求。

(1) 有足够的强度和刚度,工作可靠并有较长的使用寿命。

(2) 有利于制造和安装,在满足工作需要的基础上,力求简化,使制造与安装方便并便于日常的维护保养。

(3) 传动损失小,合理选择轴承种类、数目及润滑方法。

(4) 对船体变形的适应性好,力求避免在正常的航行状态下因船体变形引起轴承超负荷。

(5) 保证在规定的运行转速范围内不发生扭转、横向和耦合共振。

(6) 避免海水对尾轴的腐蚀,尾管装置具有良好的密封性能。

(7) 尽可能减小轴的长度和减轻轴的重量。

3.1.3 轴系零部件的材料

轴系是传递主机功率与螺旋桨推力的重要部件,在运转中,由于受力情况比较复杂,因此要求轴系材料具有足够的强度,高的冲击韧度和疲劳强度,以及良好的耐磨性,同时要符合船舶规范的要求等。表 3-1-1 所示为轴系主要零部件使用材料,供轴系设计选材参考。表 3-1-2 所示为船用螺旋桨常用材料与分级。

表 3-1-1 轴系主要零部件使用材料

部件	零件名称	材料牌号	备注
推力轴与轴承	推力轴直径 <100 mm 100～300 mm >300 mm	40,45 35,40,45 30,35,40	—
	推力轴轴瓦	HT200,HT250,ZG200-400,ZG230-450	—
	推力轴承合金	ZChSnSb11-6,ZChSnSb8-4	
	推力块	15,20,ZG200-400,ZG230-450,QT40-17	—
	推力轴承座壳体	HT150,HT200,ZG200-400,ZG230-450	大型壳体可用钢板焊接
	推力轴承座地脚螺栓	35,40	—

续表

部　件	零件名称		材料牌号	备　注
中间轴与轴承	中间轴直径 ＜100 mm 100～300 mm ＞300 mm		40,45 30,40,45 30,35,40	—
	轴系可拆联轴器		35,40,45	—
	轴系用键		35,40,45	—
	中间轴轴承壳体		HT200，HT250，HT150，ZG200-400，ZG230-450	
	中间轴轴承合金		ZChSnSb11-6,ZChSnSb8-4	—
	中间轴轴瓦		HT200,HT250,ZG200-400,ZG230-450	
	轴系轴承垫片(块)		铸铁,钢,硬木	硬木用于小功率船舶上
	轴系轴承地脚螺栓		30,40	—
	固定可拆联轴器大螺母		30,35	—
尾轴尾管装置	尾轴		同中间轴材料	
	尾轴管		20,ZG230-450,QT42-10,HT250	—
	尾管内外衬套		ZG200-400，ZG230-450，HT200，HT250，ZQSn10-2	小型船舶 ZHMn58-2
	合金轴承		ZChSnSb11-6,ZChSnSb8-4	—
	非金属轴承		铁梨木,层压板,橡胶,MC,WA80H	
	尾轴保护套	海船	ZQSn10-2	非工作面包覆层:玻璃钢、橡胶等(水润滑的尾轴)
		内河船	ZQSn5-5-5	
	密封装置	金属环	ZHMn58-2,ZQSn10-2,ZQSn5-5-5,耐磨耐油橡皮	—
		橡皮筒式	ZG230-450,ZQSn10-2,ZQSn5-5-5	
		耐磨合金	ZChSnSb11-6,ZChSnSb8-4	—
		橡皮筒	耐油橡胶(丁腈橡胶)	
		弹簧橡胶环密封		
		橡皮环	丁腈橡胶,氟橡胶	
		压圈	ZG230-450,ZG270-500	—
		弹簧	60ci2,50G	
		防磨衬套	不锈钢,钢质镀铬,铜	

表 3-1-2　船用螺旋桨常用材料与分级

材料牌号	实验项目	力学性能(不小于)		适用级别
		$\sigma_b/(N/mm^2)$	$\delta/(\%)$	
不锈钢 ZG1Cr18Ni9	化学分析、拉力、冲击、冷弯试验	441	25	Ⅰ(A)
锰铁黄铜 ZHMn55-3-1	化学分析、拉力、硬度试验	470	20	Ⅰ、Ⅱ、Ⅲ(A,B,C)
铝锰铁黄铜 ZHAl67-5-2-5		610	12	Ⅰ、Ⅱ(A、B)
高锰铝青铜 ZQAl12-8-3-2		650	20	Ⅰ(A)
高锰铝青铜 ZQAl14-8-3-2		740	15	Ⅰ(A)
铸钢 ZG200-400 ZG230-450	化学分析、拉力、冲击、冷弯试验	400 450	25 22	Ⅱ、Ⅲ(B,C)
灰铸铁 HT200 HT250	硬度、抗弯试验	200 250		Ⅲ(C)

螺旋桨级别及其应用

级别	制造精度	正常用途	推荐使用范围
Ⅰ(A)级	较高精度	要求高的船舶	船速＞18 kn 的海船及其他有特殊要求的船舶
Ⅱ(B)级	中等精度	大部分商船	船速在 10～18 kn 的海船及船速＞20 kn 的内河船舶
Ⅲ(C)级	较大公差	没有特色的船舶	不属于Ⅰ级和Ⅱ级的一般船舶

3.2　轴系布置设计

船舶轴系设计一般是从轴系布置开始的。船舶轴系布置设计与船舶总体设计是密切相关的。在轴系布置设计之前,要充分了解船舶总体布置、线型(特别是机舱至尾部的线型)、肋距、结构等方面的有关设计图样;了解机舱和螺旋桨所在的位置和数量。然后,初定主机的位置,认真考虑轴系类型、传动方式及其结构等问题。在此基础上,可确定轴线的数目、位置和长度,并可初步选定轴承位置、间距,绘制出布置草图。待选用或设计轴系部件、进行轴系强度计算和振动验算后,再对布置草图进行修改,形成正式的轴系布置图等。

3.2.1　轴线的布置

1. 轴线的数目

从主机至螺旋桨间的轴系,往往是由好几段位于同一直线的传动轴互相连接起来的。各传动轴所在的同一中心线称为轴线。轴线数目通常取决于船舶类型、航行性能、生命力、主机形式及特性、装置的综合经济效益及其工作可靠性等。一般民用船舶的轴线不超过 3 根;大型远洋货船往往用 1 根;要求航速高、操纵性好、工作可靠,或吃水较浅的船舶如客船、港作船、集装箱船等常采用 2 根;为提高上水冲滩能力的船舶也有用 3 根的。军用船舶为提高航速、生命力及良好的机动性,一般采用 2 或 3 根,个别的达 4 根。

2. 轴线的长度与布置

轴线的长度与位置取决于两个端点。前端点为主机（机组）的输出法兰中心；后端点为螺旋桨的桨毂中心。

主机（机组）的布置方法将在机舱布置的有关章节中介绍。

螺旋桨的布置与定位一般由船体设计决定，其原则是保证螺旋桨可靠有效地工作。单桨船螺旋桨的布置与定位如图 3-2-1 所示。

(1) 螺旋桨应浸入水中有一定的深度，单桨船 $e=(0.25\sim0.30)D$；双桨船 $e=(0.4\sim0.5)D$；隧道船例外。其中 e 为水线至桨上叶梢距离，D 为螺旋桨的直径。

(2) 螺旋桨边缘一般不超过船中部轮廓之外。

(3) 螺旋桨的叶梢与船体间的最小间隙保持在表 3-2-1 所示的范围之内。

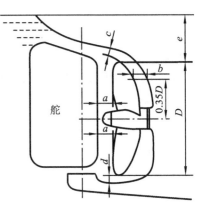

图 3-2-1 单桨船螺旋桨的布置与定位

(4) 螺旋桨叶尖朝下时其最低点不应低于基线。

表 3-2-1 螺旋桨与船体间隙

参　数	计算公式	参　数	计算公式
螺旋桨边缘与舵的距离 a	$0.12D$	螺旋桨边缘与船壳的距离 c	$0.14D$
螺旋桨边缘与尾柱的距离 b	$0.2D$	螺旋桨边缘与龙骨的距离 d	$0.04D$

连接两中心的长度即为轴线长度。轴线长度确定后，再根据船舶的实际情况、船厂的加工能力、船舶尾部结构和轴承间距等，将轴线分成若干段，形成若干轴段及其长度。

一般单轴系的轴线，布置在船舶纵中剖面上，即机舱首尾中心线上；双轴系的轴线，则对称布置于船舶纵中剖面两侧；三轴系的轴线，则其中一根布置在船舶纵中剖面上，另两根对称布置于船舶纵中剖面的两侧。

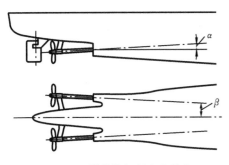

图 3-2-2 轴线的倾斜角和偏角

理想的轴线位置是与船体龙骨线（基线）平行的。而如图 3-2-2 所示在多轴线时，为了保证螺旋桨的浸水深度，在主机的高度又不能降低的情况下，不得不使轴线向尾部倾斜一个角度，即轴线与基线形成夹角 α；在急流航道航行的船舶，为了冲滩的需要，在轴系设计时，根据用户的要求也有将轴线与基线形成夹角 α 的情况；有时因螺旋桨在尾部布置和主机在机舱布置的需要，轴线与船舶纵中剖面还要形成了一偏角 β。但是，为了使有效推力不至于损失过大，一般将 α 限制在 $0°\sim5°$ 之间，将 β 限制在 $0°\sim3°$ 之间。但对于小艇或高速快艇等，由于吃水与线型的关系，倾角 α 可达 $12°\sim16°$。

3.2.2 中间轴承的布置

对机舱布置在船中部的大型船舶，其轴系长度可达几十米，有的甚至长达上百米。如此长的轴系要由若干中间轴连接而成，每根中间轴由 1～2 道中间轴承支承。对于某些小型船舶，当中间轴很短时可不设中间轴承。轴承底座则靠螺栓与船体相连接。若轴承位置与间距不当,会使轴承负荷不均匀,特别是当船体变形时会使轴承负荷增大数倍,至使轴承发热和加速磨损。故轴承位置与间距是否合理将直接影响轴系运转的可靠性。

1. 中间轴承的间距和数量

轴承间距的大小及其数目,对轴的弯曲变形、柔性和应力均有很大的影响。间距适当增加,可减少支承点,使轴系柔性增加,工作更为可靠,受变形牵制小,而且额外的负荷反而减小。

轴承的间距可按以下经验公式估算。

(1) 轴径 $400 \leqslant d \leqslant 650$ mm 的轴承间距 可按以下推得的公式估算。如图 3-2-3 所示,设轴系有 3 根等直径中间轴连在一起,每根轴各由一个中间轴承支承,各轴承的间距与各轴的长度相等为 l,各个中间轴承受的净重为 $\frac{\pi d_z^2}{4}\gamma l$;一般中间轴承的长度为 $(0.7 \sim 0.8)d_z$,设最大许用比压 $[p] \leqslant 0.59$ MPa,则可推得

$$\frac{\pi d_z^2}{4}\gamma l \leqslant 0.8 d_z^2 [p]$$

式中:d_z 为中间轴直径,cm;l 为两轴承间距,cm;γ 为轴的重度,取 $\gamma = 0.076\,9$ N/cm³。

由上式可求得中间轴承比压作为决定轴承间距的表达式,有

$$l/d_z \leqslant \frac{778.5}{d_z}$$

即

$$l \leqslant 778.5$$

(2) 对于一般轴径的轴承间距 可参考以下公式估算

① 俄罗斯尼古拉也夫推荐的公式为

$$l \leqslant 125\sqrt{d_z}$$

式中:d_z 为中间轴轴径,cm。

② 德国劳氏船级社推荐公式为

$$l \leqslant 142\sqrt{d_z}$$

式中:d_z 为中间轴轴径,cm。

(3) 轴承的最小间距 在实际船舶中,一般均存在着船体变形和轴承位置的安装误差,这会使轴承内引起附加负荷,轴承间距越小,附加负荷越大,故应对其有所限制。如图 3-2-3 所示,当中央轴承升高一个单位所推得的轴承负荷影响数为

$$a_j = \frac{840EI}{5l^3} \text{ N/mm}$$

式中:E 为轴的弹性模数,MPa;I 为轴截面惯性矩,m⁴;l 为相邻两轴承的间距,m。

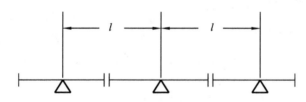

图 3-2-3 中间轴承的间距

现设最大安装误差为 0.25 mm,附加负荷的比压 $[p] \leqslant 0.34$ MPa,并将此数据代入上面的轴承负荷影数的表达式,就可推得最小轴承间距:

$$l_{\min} \geqslant 24.9 \sqrt[3]{d_z^2}$$

在轴系布置时,应力求使两轴承的间距 $l > l_{\min}$,但轴承间距也不宜过大。间距过大,易产生轴系回转振动与横向振动,因为其振动的固有频率随间距的增大而降低,容易造成在轴系的转速范围内出现共振临界转速。轴承间距太大,相应的轴线的挠度也会增加,将造成轴承负荷不均匀。中间轴长度一般不超过 9 m,如果间距太大,中间轴就过长,则船厂加工及实船安装都较困难。

2. 中间轴承的位置

轴承间距决定以后,在确定轴承位置时,应注意尽量不使两轴段连接法兰位置处于两轴承位置中部,不然容易使相应轴段产生过大的挠度,造成法兰对中安装困难。中间轴承 2 应安装在靠近法兰处,并尽可能使轴承中心到连接法兰一端的距离等于中间轴 1 全长的 0.2,如图 3-2-4 所示。

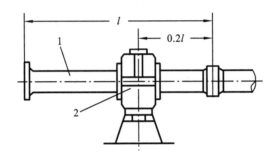

图 3-2-4 中间轴承与轴的相对位置
1—中间轴;2—中间轴承

3.2.3 尾管轴承的布置

1. 尾管轴承间距和数量

螺旋桨的重量较大,使轴系的回旋振动和横向振动的临界转速会有所降低,加之桨在运行时的悬臂动负荷的影响,尾管轴承的负荷严重。故尾轴承的间距不宜增加太大。通过大量计算和实船调查统计,轴承间距 l 和尾轴基本直径 d_j 的比值大致推荐如下。

当 $d_j = 400 \sim 650$ mm 时,$l/d_j \geqslant 12$

当 $d_j = 230 \sim 400$ mm 时,$l/d_j \approx 14 \sim 25$

当 $d_j = 80 \sim 230$ mm 时,$l/d_j \approx 16 \sim 40$

对于尾机型的油船或货船,由于受到轴向位置限制,l 有时候只有 $8 \sim 9 d_j$,甚至更小。

对于双轴系的船,其桨轴(尾轴)往往较长,这给轴系运转带来不良影响,为此常采取以下措施。

(1) 将尾部船体板凸出,装置尾管支架来支承螺旋桨的重量。

(2) 在尾部增加一道人字架支持。

(3) 如果螺旋桨轴太长,可将其分为两段,并可在适当位置增加支承托架。

一般双轴系的尾轴承的间距比单轴系的大,必要时可用三个尾轴承支承一根螺旋桨轴。

2. 尾管轴承支点位置

对于尾轴承或靠近螺旋桨的最后一道轴承,由于受到较重的螺旋桨的悬臂力矩,其受力情况是不均匀的,常是倾斜的,不能假设支承点为轴承的中点。如铁梨木轴承,规范上推荐这道轴承长度应不小于所要求的螺旋桨轴直径的 4 倍,即 $\geqslant 4d_j$。现以万吨级船舶为例,尾轴(桨轴)直径 d_j 在 500 mm 以上,因此,最后一道轴承长达 2 m 以上。而螺旋桨重 10~20 t,像这样重的悬臂作用在如此长的轴承上,尾轴不可能全部均匀地与它接触而不倾斜,故后侧局部负荷较严重,支承点位置应后移,如图 3-2-5 所示。

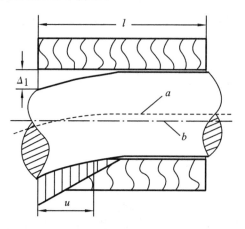

图 3-2-5　尾轴与尾管后轴承的接触和磨损

Δ_1—使用几年后的间隙;a—尾轴轴线;b—尾管轴承中心线

如果木质或橡皮轴承长度为 l,那么其支点到轴承后端的距离 u 常假定为

$$u = \left(\frac{1}{4} \sim \frac{1}{3}\right)l$$

或者,取 $u=(0.5\sim 0.8)d_j$。

对于白合金轴承,通常采用

$$u = 0.5d_j$$

式中:d_j 为尾轴基本直径。

由于尾轴与轴承在不断地摩擦,因此距离 u 在安装初期和运转一段时间后是不同的,以上两公式是磨合稳定以后的数据。对于尾管前轴承或其他轴承,u 可取 $0.5d_j$ 计算。螺旋桨的悬臂重量的作用,将使尾管后轴承单边吃力,使尾管后轴承局部区域造成极大的局部比压,加快轴承的磨损,甚至使尾管前轴承不受向下的负荷。为改善此状况,可采用轴系最佳校中,也有使尾轴管中线与船体基线倾斜一定角度的做法,即所谓"斜镗尾轴管",使轴承处于较佳受力状态。

3.2.4　轴系布置应注意的问题

在进行轴系布置时,应尽量使轴系各轴承的负荷比较均匀,并使其比压在允许的范围内,这样可延长轴承的使用寿命。但是,在设计计算时,往往会发生如下情况。

1. 负荷过重

负荷过重即负荷超过轴承所允许的比压值。此时不可以任意加长轴承的长度来降低比压,因为造成负荷过重的原因是轴承间距太大,轴承的位置不合适等。应重新设置轴承间距与位置,再进行校核计算和调整。如果加长轴承长度,则约束增加,附加应力增加,反而不利,必须慎重考虑。

2. 负荷很小或为零

轴承负荷很小或为零,表示此轴承基本上不起作用,可取消。实际上很可能是由于船体变形或其他原因造成,这一道轴承可能承受正值与负值的交变负荷;当负荷为零,轴承间隙又较大时,轴瓦将脱离下轴承座,使轴承负荷计算与实际不符合,也使横向振动频率的计算结果与实际运行情况有很大的差别,应尽力避免这种情况出现。

3. 轴承的负荷是负值

轴承负荷为负值是指反作用力是向下的情况,这种情况应该避免。轴承负荷产生负值的原因,可能是相临近的轴承负荷过重,也可能是轴承间距太小,设计者应增大轴承间距或取消一道轴承,重新合理安排,以改变受力情况。

总之,轴承负荷过大或过小都是不合理的,通常,轴承负荷至少要求不得小于两旁跨距轴重量之和的 20%。

此外,在轴系布置时要充分了解船舶总体、线型、肋距、结构等方面的有关设计图;认真考虑轴系装卸运输路线、顺序、起重设备与工具;高度重视调距桨轴系中的伺服机构的布置与辅助设备的安排;认真设计双轴线较长轴系的布置方案;制订合理工艺流程。应力求周全,避免差错。

3.2.5 轴系布置的实例介绍

图 3-2-6 所示为某远洋货船轴系布置图。该船的推进形式为单机单桨尾部机舱形式,轴系相对较短。主机采用低速大功率柴油机,这种柴油机本身带有推力轴承(在曲轴与飞轮之间),故在轴系中未设置推力轴和推力轴承。轴系中心线与船体基线平行,柴油机通过传动轴与螺旋桨连接。轴系由 1 根尾轴(也称螺旋桨轴)和 1 根中间轴组成,中间轴与尾轴和中间轴与柴油机均采用整锻法兰或联轴器相互连接,故尾轴从机舱内抽出。中间轴由 1 个中间轴承支承。在尾轴伸出船壳的地方装有尾管装置,尾管的前端安装在舱壁上,尾管的后端安装在尾柱上。尾管内设置后尾管轴承,并借助中间轴承一起支承尾轴;尾管两端设置密封装置,用于防止海水通过尾管进入船内,同时防止尾管内的润滑油向外泄漏。尾轴通过尾端的锥体与螺旋桨直接连接。轴系还设置了接地装置。

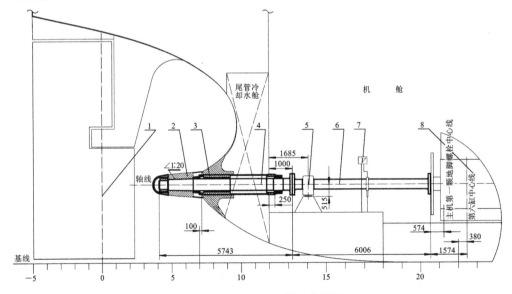

图 3-2-6 某远洋货船轴系布置图

1—舵;2—螺旋桨;3—尾轴管装置;4—尾轴;5—中间轴承;6—中间轴;7—接地装置;8—主柴油机

图 3-2-7 所示为某客滚船主机和轴系布置图。该船为双尾鳍型船,其推进形式采用双机双桨中后机舱形式,轴系相对较长。主机采用中速柴油机,并与齿轮减速箱组成主推进机组。齿轮减速箱带有推力轴承,故在轴系中未设置推力轴和推力轴承。轴系中心线与船体基线平行,主推进机组通过传动轴与螺旋桨连接。轴系由 1 根尾轴(也称螺旋桨轴)和 2 根中间轴组成,中间轴与中间轴和中间轴与齿轮减速箱均采用整锻法兰或联轴器相互连接,尾轴通过可拆联轴器与中间轴连接,故尾轴从船尾抽出。每根中间轴由 1 个中间轴承支承。尾管装置装设在尾鳍区域。尾管内设置前、中、后尾管轴承用于支承尾轴,尾管两端设置密封装置,用于防止海水通过尾管进入船内,同时防止尾管内的润滑油向外泄漏。尾轴后端装有可调螺距螺旋桨。此外,齿轮减速箱通过其功率分支轴驱动发电机发电。

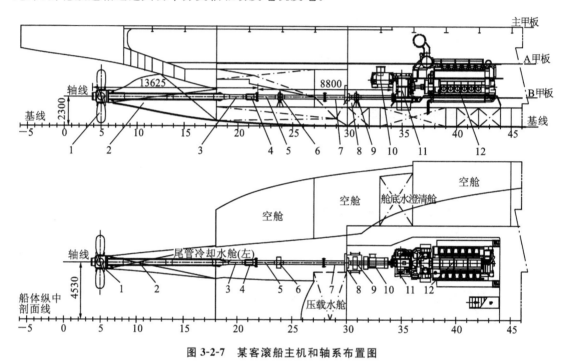

图 3-2-7 某客滚船主机和轴系布置图

1—可调螺距螺旋桨;2—尾轴管装置;3—尾轴;4—可拆联轴器;5—中间轴Ⅰ;6—中间轴承Ⅰ;
7—中间轴Ⅱ;8—隔舱填料函;9—中间轴承Ⅱ;10—轴带发电机;11—齿轮减速箱;12—主柴油机

3.3 传动轴结构与设计

3.3.1 传动轴的结构

传动轴主要包括螺旋桨轴、尾轴、中间轴和推力轴等轴段,其轴段的数目和配置主要取决于船型、动力装置类型和机舱的位置。

1. 螺旋桨轴和尾轴

末端装有螺旋桨的轴称为螺旋桨轴;通过尾管穿出船体的轴称为尾轴。一般船舶的尾轴即为螺旋桨轴,只有当轴系伸出船外部分过长而将其分成两个轴段时,此时轴系才有螺旋桨轴和尾轴之分。尾轴前端与船体内的中间轴(或推力轴或推进机组的输出端)相连接。图 3-3-1 所示为螺旋桨轴(尾轴)的基本结构。

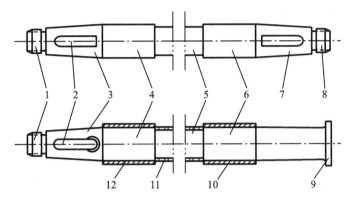

图 3-3-1 螺旋桨轴(尾轴)的基本结构

1—尾螺纹;2—键槽;3—尾锥体;3—后轴颈;5—轴干;6—前轴颈;7—前锥体;
8—前螺纹;9—前连接法兰;10—轴套;11—轴包覆层;12—轴套

轴直接与轴承接触之处称为轴颈,轴颈通常加装防磨轴套。轴颈之间的中间较细的部分称为轴干。螺旋桨轴的尾部制成锥形,供安装螺旋桨用,其尾端螺纹供安装锁紧螺母之用。螺旋桨轴前端有时制成锥形,供安装可拆联轴器之用;也有采用整体式法兰形式的。后者在安装时需要由船内往外装,故在船内应有一定的空间,供螺旋桨轴吊装用。

1) 尾部主要结构尺寸

螺旋桨轴尾部传递和承受以下负荷:尾部锥形部分用来承受正车推力;倒车推力由锁紧螺母来承受;主机的转矩则靠其键槽中的键或者液压安装螺旋桨过盈配合锥面的摩擦力传给螺旋桨。尾端的结构尺寸如图 3-3-2 所示。进行结构设计时,可按以下经验数据选取尺寸。

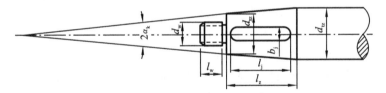

图 3-3-2 螺旋桨轴尾端的结构尺寸

(1) 锥形部分

① 锥度 α_k:$\alpha_k = (d_{tz} - d_{xz})/l_z$,$\alpha_k$ 值可取 1∶10,1∶12,1∶15 或 1∶20。我国用 1∶15 最多。

② 锥长 l_z:$l_z = (1.6 \sim 3.3) d_{tz}$

③ 小端直径:$d_{xz} = d_{tz} - \alpha_k l_z$

④ 大端直径 d_{tz}:常取尾轴直径 d_j 或略小于 d_j。

(2) 螺纹部分

① 螺纹直径 d_w:$d_w = (0.75 \sim 0.90) d_{tz}$

② 螺纹长度 l_w:$l_w = d_w$

(3) 键

① 键长 l_j:$l_j = (0.90 \sim 0.98) l_z$

② 键宽 b_j:双键,$b_j = (0.17 \sim 0.19) d_{tz}$

单键,$b_j = (0.2 \sim 0.3) d_{tz}$

③ 键高 h_j：$h_j = (0.5 \sim 0.6)b_j$

在设置双键时,两者应开成相距120°或180°。

尾端锥体的键槽是引起局部应力集中的原因之一,最危险部分在锥体大端附近,大多数的疲劳裂纹是从键槽的锐角上开始的。为了减小局部应力,键槽的棱角应改成圆角,键槽底也应有 $r=1 \sim 3$ mm 圆角,首端应制成雪橇形,当轴颈大于 500 mm 时应制成匙式雪橇形,如图 3-3-3 所示。

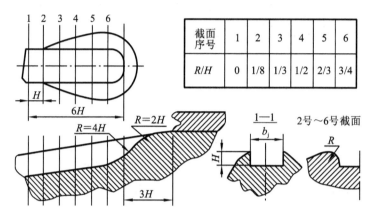

图 3-3-3 桨轴尾锥体上键槽的形状和尺寸

2) 轴干与轴颈

轴干一般为圆柱形,直径大小按《钢质海船入级与建造规范》或《内河钢船建造规范》(简称为《海规》或《河规》)中有关公式计算求得,考虑到标准化的要求,一般取不小于计算值的整数。轴颈比轴干的直径大 5~30 mm,以便安装及更换轴套时留有光车的裕量,轴颈的长度一般略大于其轴承长度。为了便于安装,轴的前、后轴颈直径大小一般相差 2~10 mm。对于一些水润滑的尾管轴承,为防止海水的腐蚀,在轴颈处镶有青铜套,如图 3-3-1 所示。有的小型船舶,为节省材料,轴颈与轴干的直径制成一样,仅公差不同而已(轴颈直径略大些)。为了避免应力集中,在轴颈与轴干的过渡处可制成锥形或采用较大的圆弧过渡。为了减轻重量,有时将尾轴做成中空的,其内径与外径之比即中孔系数 m,取 $m=0.5 \sim 0.75$;对于尾部的锥形部分,为了保证其强度,中空系数取 $m=0.3 \sim 0.35$;空心轴的内腔涂铅丹,端部用塞子堵住。

3) 与桨的连接方法

图 3-3-4 所示为螺旋桨轴与桨的三种连接方法。

(1) 机械连接 如图 3-3-4(a)所示。由于桨的工作条件复杂,桨轴的锥体与桨毂锥孔必须通过研磨配合,应有 75% 以上的面积均匀接触,且每 25 mm×25 mm 的面积上不少于 2~4 个接触油粉斑。键与键槽的两侧亦须均匀接触,应在 80% 周长上插不进 0.05 mm 的塞尺,键底与轴槽底不得悬空,接触面积要在 30%~40% 以内,可用打击听声法检查。

(2) 液压套合变形连接 这种连接方法如图 3-3-4(b)所示。其做法是将桨套在轴上,用油泵将油通过高压油管打入桨轴与桨毂配合面,利用弹性变形胀开桨毂;同时,用液压千斤顶将桨顶入并前移至规定位置,然后放去高压油使桨毂恢复弹性变形,从而使桨紧配在尾轴上,此后旋紧尾部锁紧螺母即可。拆卸桨时按相反方向进行。

(3) 环氧树脂黏结 此连接方法目前在中、小型船舶上用得较多,其原理如图 3-3-4(c)所示。环氧树脂黏结剂在现场按配方配制,配合面按图中推荐数据车制,表面粗糙度要求不高,

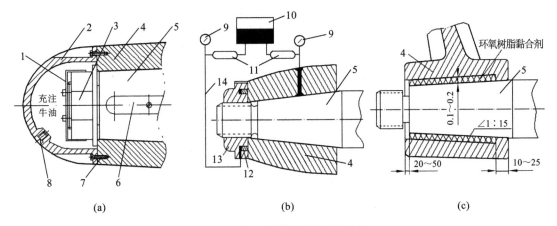

图 3-3-4 螺旋桨轴与桨的连接方法

1—尾螺母止动块;2—导流帽(罩);3—尾螺母;4—螺旋桨;5—螺旋桨轴;6—键;
7—螺栓;8—螺塞;9—压力表;10—油箱;11—油泵;12—千斤顶;13—螺母;14—高压油管

不需要刮配,黏结方便,但拆卸时较费事。

4) 桨和轴的保护与防腐措施

(1) 桨的保护与防腐措施　为了防止海水(江水)沿螺旋桨前、后端的锥孔与尾锥体配合的缝隙间渗入,导致其配合面锈蚀,影响桨锥体面处的强度,并导致拆卸螺旋桨的困难,常采用以下防腐措施。

① 在螺旋桨的尾端装设导流帽,并在与螺旋桨轴连接的腔室中充满油脂,如图 3-3-4(a)所示。导流帽上一般开放气孔,以便油脂能充满。

② 螺旋桨首端的密封常采用图 3-3-5 所示的两种形式。目前无论是水润滑还是油润滑尾管装置,均采用橡胶制品作为桨的首端密封。图 3-3-5(a)所示为油润滑尾管装置螺旋桨前端的密封,密封件为 O 形橡胶密封圈(也可采用橡胶板)。为使橡胶密封件不至于被挤压至轴毂的键槽中而影响密封效果,一般加一垫板(由铜材、铸铁或钢板制成),其外径略高于键槽高度。图 3-3-5(b)所示为水润滑尾管装置所采用的螺旋桨首端密封结构。

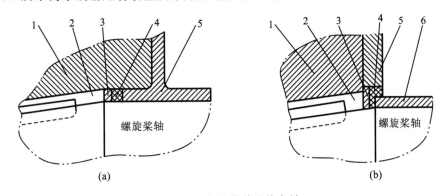

图 3-3-5 螺旋桨首端的密封

1—螺旋桨;2—键槽;3—垫板;4—密封圈;5—端板;6—衬套

(2) 轴的保护与防腐措施　轴的保护与防腐措施有"阴极保护法"和海水隔离的"覆盖保护法"等。

① 采用水润滑轴承的海船尾轴轴颈常采用轴套来防止轴颈的擦伤和腐蚀。轴套是一种

金属圆筒,装在轴颈上。轴套一般制成整体式,当轴套过长时,由于制造困难,可采用分段结构,对其接缝允许电焊填补,焊条材料应与轴套材料基本相同。对非焊接的接缝采用搭接,其缝可用焊锡填补,搭口应车成燕尾槽形,也可采用机械滚压法滚压接平,其缝处必须保持水密。

轴套的厚度应能满足使用期的磨损,一般可按表 3-3-1 中的公式进行计算。

表 3-3-1 轴套的厚度

分 类	新制最小厚度 δ_z	非工作轴颈部位厚度 δ_0	光车修理时厚度 δ_1	极限厚度 δ_j
计算式	$\geqslant 0.03 d_j + 7.5$	$\geqslant 0.75 \delta$	$\geqslant 0.02 d_j + 5$	$\geqslant 0.015 d_j + 3.5$

注:① 表中: d_j 为尾轴直径,mm;
② 填料函部分的轴套极限厚度可比表中适当放小要求。

轴套一般采用热套法装配于轴上,轴套与轴颈上应留适当的过盈量,过盈取得过大,会在轴套和轴颈上产生过高的压紧预应力,引起轴套裂缝;过盈量过小,则轴套在工作时会发生转动。具体可根据轴颈直径,可按表 3-3-2 选取过盈量。

表 3-3-2 轴颈的过盈量

轴颈直径/mm	<120	120~180	180~260	260~360	360~500	360~500
过盈百分比/(%)	0.12~0.13	0.11~0.12	0.10~0.11	0.09~0.10	0.08~0.09	0.07~0.08
过盈量/mm	0.10~0.14	0.14~0.20	0.20~0.26	0.26~0.32	0.32~0.40	0.40~0.50

由于过盈,轴套装配于轴颈后其应力的分布是不均匀的,在其两端部应力会显著地增大,严重影响到轴的强度。因此,需要在轴套两端部开卸荷槽,以减少该处应力集中现象。如图 3-3-6 所示。

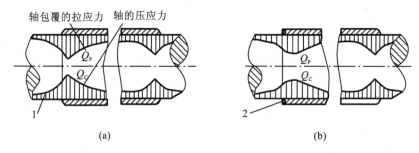

图 3-3-6 轴套开卸荷槽前后轴上应力分布图
1—尾部锥体;2—卸荷槽

② 对于浸没在水中的轴干通常采用玻璃钢(或橡胶)包覆的方法来保护。玻璃钢包覆层与轴套的连接如图 3-3-7 所示。为了使玻璃钢包覆层黏结牢固,一般需将轴套外面车成锯齿形。

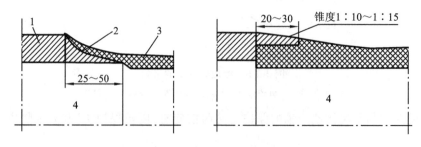

图 3-3-7 轴套与包覆层的连接
1—轴套;2—倒锯齿形;3—玻璃钢包覆层;4—尾轴

③ 由于螺旋桨与轴套一般都是用青铜材料制成的,而尾轴用碳钢材料制成,这二者在海水中形成一对电极,存有一定的电位差,会使尾轴遭到强烈的电化腐蚀作用。为了防止腐蚀损坏,一般采用"阴极保护法"。它是把锌块焊或用螺栓固紧在被保护的尾轴上,以腐蚀锌块来保护尾轴。

④ 在轴表面上涂防腐油漆、镀金属等方法也可起到防机械损伤,保护轴的作用。

5) 螺旋桨轴结构实例

图 3-3-8 所示为某远洋货船不带包覆层的螺旋桨轴结构实例。该螺旋桨轴与桨采用液压套合变形连接的方法连接。

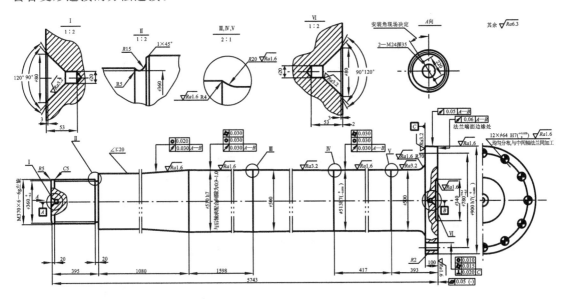

图 3-3-8 某远洋货船的螺旋桨轴结构

2. 推力轴和中间轴

1) 推力轴

在船舶轴系中,除用滚动式推力轴承的推力轴外,一般推力轴的结构如图 3-3-9 所示。

其上设有专门的推力环,在推力环的两侧设有轴颈,有的为了防漏,在轴颈上还装有甩油环。推力轴两端的连接方式,有固定法兰式与可拆联轴器式两种。选用何种形式取决于船舶结构位置、轴系的布置和安装等。

推力轴的轴颈放置在推力轴承的径向支承中,其推力环与推力轴承中的推力块相配合,并共同承受和传递桨的推力。

推力轴的轴颈直径略大于其轴干直径,轴的长度在保证拆装需要的前提下应尽量缩短,以增加其刚度,提高可靠性。图 3-3-10 所示为某海船推力轴结构。

2) 中间轴

中间轴用于连接尾轴与推力轴或连接尾轴与主推进机组,有时在柴油机的飞轮输出端设置一根中间短轴及轴承,用于分担重量,调整曲轴的拐挡差,使之满足规范的要求。中间轴的连接法兰常被用来安装制动刹轴器、轴带发动机及转速发讯装置等附件。

中间轴的主要结构形式如图 3-3-11 所示。其两端的连接方式有固定法兰式与可拆联轴器式两种。

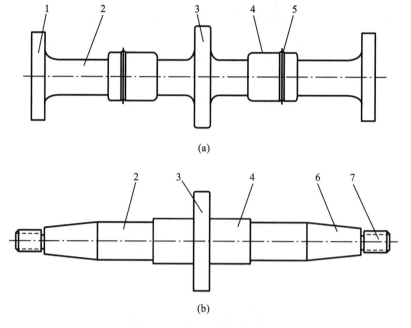

图 3-3-9 推力轴的结构形式

1—连接法兰；2—轴干；3—推力环；4—轴颈；5—甩油环；6—锥体；7—螺纹部

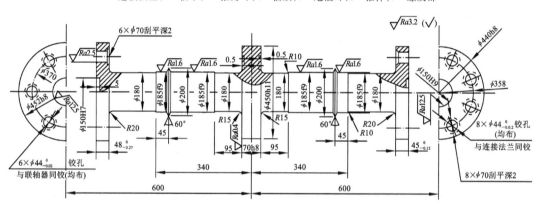

图 3-3-10 某海船推力轴结构

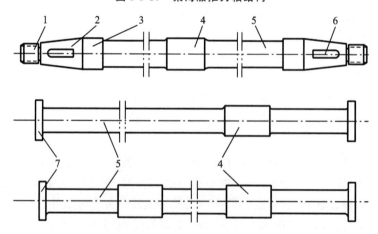

图 3-3-11 中间轴的主要结构形式

1—螺纹部分；2—锥体；3—加粗部分；4—轴颈；5—轴干；6—键槽；7—法兰

(1) 带固定法兰的中间轴 目前,大、中型船舶较多采用这种中间轴,它具有重量轻、尺寸小、安装方便等优点,但需要有锻制整锻法兰的锻压设备;也可采用焊接结构,如图 3-3-12 所示。

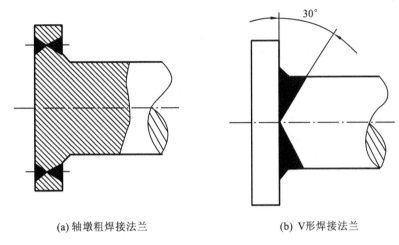

(a) 轴墩粗焊接法兰　　　　　　　(b) V形焊接法兰

图 3-3-12　轴的焊接法兰

(2) 两端为锥体的中间轴 一般用于小型船舶或采用滚动式中间轴承的船舶,轴锥体用于装可拆联轴器。由于联轴器可拆,其重量加重、尺寸也加大。中间轴承位置以及当中间轴穿过隔壁舱时,须在隔舱添料函的部位设置轴颈。一般轴颈的直径比轴干大 5~20 mm。轴颈与轴干的过渡处须采用斜锥或圆弧过渡,以避免应力集中。其连接法兰一般布置在靠近支承位置,但又要考虑便于拆装和调整。

轴端锥体的锥度可在 1∶10 到 1∶15 的范围内选择。

3.3.2　传动轴的计算

1. 传动轴基本直径的计算

目前我国民用船舶传动轴基本直径一般是按我国的相应船舶规范进行计算,然后进行强度校核的。

1) 按海规计算

轴的直径 d 应不小于按下式计算的值:

$$d = 100C \sqrt[3]{\frac{P_{eb}}{n_{eb}} \left(\frac{608}{\sigma_b + 176.5} \right)} \text{ mm}$$

式中:P_{eb} 为轴传递的最大持续功率,kW;n_{eb} 为轴传递 P_{eb} 时的转速,r/min;σ_b 为轴材料的最小抗拉强度,对于螺旋桨轴和尾轴,若 $\sigma_b > 600$ N/mm²,则取 600 N/mm²;C 为适用系数。

适用系数 C 的选用方法如下。

(1) 对于中间轴的基本直径,$C=1.0$。

(2) 对于推力轴在推力环处向外等于 1 个推力轴直径长度的部分,$C=1.1$,其余部分可按圆锥减小到中间轴直径进行选取。

(3) 对于 C 取 1.22 或 1.26 的螺旋桨轴,其轴颈长度不小于螺旋桨前端到相邻轴承前端长度时,对于螺旋桨轴此长度以前的螺旋桨轴或尾轴管到尾尖舱舱壁部分的直径,$C=1.15$。

(4) 对于油润滑且具有认可型油封装置的,或装有连续轴套的油压无键套合或法兰连接的螺旋桨轴，$C=1.22$。

(5) 对于油润滑且具有认可型油封装置的，或装有连续轴套的有键螺旋桨轴，$C=1.26$。

尾尖舱舱壁前的螺旋桨轴或尾轴直径可以向前逐渐减小到中间轴直径。

2) 按河规计算

江船、河船及内河的一些小型船舶均可按河规计算传动轴的直径。

中间轴、推力轴、螺旋桨轴(或尾轴)的直径应不小于按下式计算的值：

$$d = 98K \sqrt[3]{\frac{P_{eb}}{n_{eb}}\left(\frac{570}{\sigma_b + 157}\right)} \text{ mm}$$

式中：P_{eb}为轴传递的标定功率，kW；n_{eb}为轴传递P_{eb}时的转速，r/min；K为系数，按表3-3-3或表3-3-4选取；σ_b为轴材料的抗拉强度，对于螺旋桨轴，若$\sigma_b > 600 \text{ N/mm}^2$时，取 600 N/mm^2。

表 3-3-3 中间轴、推力轴的 K 值

与法兰为整体的轴	与法兰联轴器为红套配合或推入配合或冷配合的轴	开有键槽的轴 ① ④	有径向孔的轴 ② ④	有纵向槽的轴 ③ ④	在推力环的两侧轴承处 ④
1.0	1.0	1.1	1.12	1.2	1.1

注：① 在键底部横截面处的圆角半径不得小于$0.0125d$；
② 孔径应不大于$0.3d$；
③ 纵向槽的长度应不大于$1.4d$，宽度应不大于$0.2d$；
④ 距键槽端、横孔边缘$0.2d$长度以及距纵向槽道端$0.3d$长度以后的轴及推力轴在距推力环长度等于推力轴直径以外的轴径可以逐渐减小到以$K=1$算得的直径。

表 3-3-4 螺旋桨轴的 K 值

	适 用 范 围		K
1	从桨毂前面到相邻轴承前缘的螺旋桨轴段	无键螺旋桨的轴	1.22
		有键螺旋桨的轴	1.26
2	除1外，向前到尾轴管前填料函前端之间的螺旋桨轴段		1.15
3	尾轴管前填料函前端至联轴器的轴段		1.15①

注：①轴直径可逐渐减小到按公式计算的中间轴直径。

3) 轴直径的修正

(1) 如果轴的中孔直径d_0大于$0.4d$，则需按下式修正：

$$d_c = d \sqrt[3]{\frac{1}{1-\left(\frac{d_0}{d}\right)^4}}$$

式中：d_c为修正后轴的直径，mm；d为按相关规范的公式计算所得的基本轴径，mm。

(2) 对于海船有键槽的直轴，至少在键槽及从键槽两端延伸到轴直径的20%长度范围内，其直径应增加10%。键槽横截面底部的过渡圆角半径应不小于规定的轴直径的1.25%。

(3) 对于海船有径向孔的轴，至少在孔及从孔两边缘延伸到轴直径的20%长度范围内，轴直径应增加10%。孔径应不大于规定的轴直径的30%。

(4) 对于海船有纵向槽的轴，至少在槽及从槽两边延伸到轴直径的30%的长度范围内，轴直径应增大20%。槽的长度和宽度应分别不大于规定的轴直径的1.4倍和0.2倍。

(5) 对于仅在港口内航行的船舶轴系的直径,可较上述相应减少 3%。

此外,轴上的槽或孔的边缘应磨光滑;轴径从大到小的过渡处应以锥度或大圆角过渡;螺旋桨轴锥部部分与圆柱部分的相连处不应有凸肩或圆角。

2. 传动轴的强度校核计算

由于实船轴系的受力十分复杂,目前国内外主要是按船舶建造规范给定的经验公式先计算传动轴的直径,然后,对计算确定的轴径进行校核。下面介绍一种近似的强度校核计算方法。这种方法要先计算出传动轴静负荷条件下的合成应力,再引入实际经验所确定的安全系数来考虑动负荷的作用。用这种方法验算强度,虽然与实际情况不尽相符,但经不断总结,能使计算结果较合理地解决可靠性和经济性的问题。目前国内仍广泛采用这种校核方法。

1) 中间轴的强度计算

将轴看成是一根自由放置在两支点上的简支梁,其所受的外力有主机的转矩 M_m、螺旋桨的推力 T、作为集中载荷的法兰重量 G_0 和由自重引起的均布载荷 q 等,且不考虑相邻跨距的影响。取其跨距的最大一段,如图 3-3-13 所示,其中 a、b 为法兰离支点的距离。

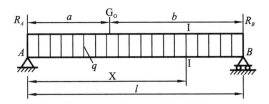

图 3-3-13 中间轴强度计算示意图

螺旋桨的推力可按下式估算:

$$T = 1\,945.2 \frac{P_{\max}}{V_s} \eta_0$$

式中:T 为螺旋桨的最大推力,N;$P_{\max}$ 为传递的最大功率,kW;V_s 为船舶的航速,kn;η_0 为螺旋桨的效率,对于推(拖)船,$\eta_0=0.3\sim0.6$,对于商船,$\eta_0=0.6\sim0.78$,对于快艇与小船,$\eta_0=0.45\sim0.70$。

(1) 计算由主机转矩引起的切应力。

切应力为

$$\tau = \frac{M_m}{W_{wz}}$$

式中:M_m 为主机最大功率时的扭矩,N·cm;W_{wz} 为中间轴抗扭截面模数,cm³。

$$M_m = 9\,550 \frac{P_{\max}}{n_{\max}} i \eta_g$$

式中:$P_{\max}$ 为主机最大功率,kW;$n_{\max}$ 为主机最大功率时的转速,r/min;i 为减速箱的传动比;η_g 为减速箱的传动效率。

$$W_{wz} = \frac{\pi d_z^3}{16}(1-m^4)$$

式中:d_z 为中间轴直径,cm;m 为中孔系数,$m=\dfrac{d_0}{d_z}$,对于实心轴,$m=0$;d_0 为中孔直径,cm。

(2) 计算由中间轴本身重量所产生的弯曲应力。

弯曲应力为

$$\sigma_w = \frac{M_w}{W'_{wz}}$$

式中:M_w 为轴本身及法兰重量所产生的最大弯矩,N·cm;W'_{wz} 为中间轴抗弯截面模数,cm³。

$$W'_{wz} = \frac{\pi d_z^3}{32}(1-m^4)$$

式中:d_z 为中间轴直径,cm;m 为中孔系数,实心轴 $m=0$。

最大弯曲力矩是列出 M_w 一般方程后,取其对跨距 x 的一阶导数,并令其为零而求得的。如图 3-3-13 所示,任意断面(I-I)的平衡条件为

$$\left.\begin{array}{l} M_{wI} = R_A x - \dfrac{qx^2}{2} \quad (0 < x < a) \\[2mm] M_{wII} = R_A x - \dfrac{qx^2}{2} - G_0(x-a) \quad (0 < x < l) \end{array}\right\}$$

从而求得承受最大弯矩的轴段断面横坐标分别为

$$\left.\begin{array}{l} x_I = x_m = \dfrac{R_A}{q} \\[2mm] x_{II} = x_m = \dfrac{R_A - G_0}{q} \end{array}\right\}$$

代入原平衡条件方程,得最大弯矩 M_{wI} 或 M_{wII} 分别为

$$\left.\begin{array}{l} M_{wI} = \dfrac{R_A^2}{2q} \\[2mm] M_{wII} = \dfrac{(R_A - G_0)^2}{2q} + G_0 a \end{array}\right\}$$

也可以由后面介绍的力矩分配法计算取得。

支点的反作用力 R_A 和 R_B 由下式求得:

$$\left.\begin{array}{l} R_A = \dfrac{ql}{2} + G_0 \dfrac{b}{l} \\[2mm] R_B = \dfrac{ql}{2} + G_0 \dfrac{a}{l} \end{array}\right\}$$

将 R_A(或 R_B)代入最大弯矩表达式,即可求得 M_w,进而求得 σ_w。

式中:q 为轴自身重量产生的均布载荷,N/cm。

(3) 计算由螺旋桨推力产生的压应力。

压应力为

$$\sigma_y = \frac{T}{F_z}$$

式中:F_z 为中间轴截面积,cm²。

(4) 计算由安装误差引起的弯曲应力。

弯曲应力为

按经验选取,$\sigma_{w1} = 1\,471.5 \sim 2\,943$ N/cm²。

(5) 计算合成应力。

根据强度理论计算合成应力为

$$\sigma_H = \sqrt{(\sigma_y + \sigma_w + \sigma_{w1})^2 + 3\tau^2}$$

2) 螺旋桨轴的强度计算

螺旋桨轴因受螺旋桨悬臂动负荷的作用,且又与海水接触,故受力复杂。因此,桨轴的工

作条件恶劣,往往是轴系的薄弱环节。

对桨轴的强度计算,首先要确定桨轴的危险截面。对于一般船舶,桨轴的危险断面在 $E—E$ 截面(见图 3-3-14)。但对于小型船舶或小型舰艇,有时桨轴两轴承间距较大,而桨又较轻,桨轴的最大弯曲应力值就可能不在 $E—E$ 截面,而在两轴承间的某个截面 $K—K$ 上。因此,必须同时计算 $E—E$ 和 $K—K$ 截面的弯矩,通过比较确定其危险截面。

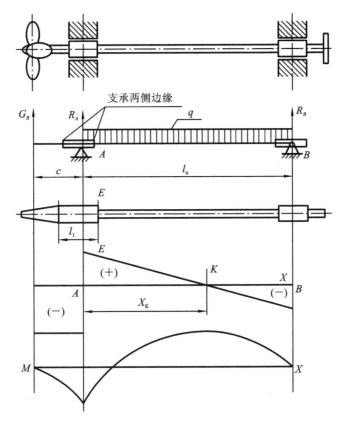

图 3-3-14 螺旋桨轴强度计算示意图

(1) 计算桨与桨轴自重产生的弯曲应力。

① 计算 $E—E$ 截面的弯矩。

弯矩为

$$M_{E-E} = -G_B\left(c + \frac{l_1}{2}\right) + R_A \frac{l_1}{2} - \frac{q\left(\frac{l_1}{2} + c\right)^2}{2}$$

式中:G_B 为桨及附件的重力,N;q 为轴自身重量产生的均布载荷,N/cm。

② 计算 $K—K$ 截面的弯矩。

弯矩为

$$M_{K-K} = -G_B(c + x) + R_A x - \frac{qx^2}{2}$$

式中:x 为危险截面 $K—K$ 至支点 A 的距离。

x 值的求法如下。

$$\frac{\mathrm{d}M_{K-K}}{\mathrm{d}x} = 0$$

$$x = \frac{1}{q}(R_A - G_B)$$

则最大弯矩为

$$M_{K-K} = -cG_B + \frac{1}{2q}(R_A - G_B)$$

③ 将求得的反作用力 R_A、R_B 代入 $E-E$ 与 $K-K$ 截面的弯矩计算式,比较 $E-E$ 与 $K-K$ 截面的弯曲应力,确定其危险截面。

④ 求桨及轴自重引起的弯曲应力。

弯曲应力分别为

$$\sigma_{wE} = \frac{M_{E-E}}{W'_{wj}}$$

$$\sigma_{wK} = \frac{M_{K-K}}{W'_{wj}}$$

式中:W'_{wj} 为轴的抗弯截面模数,cm^3。

$$W'_{wj} = \frac{\pi d_j^2}{32}(1-m^4)$$

式中:d_j 为桨轴直径,cm;m 为中孔系数,$m = \frac{d_0}{d_j}$,对于实心轴,$m=0$;d_0 为中孔直径,cm。

(2) 计算由螺旋桨推力产生的拉、压应力。

压应力为

$$\sigma_y = \frac{T}{F_j}$$

式中:T 为桨的推力,N;F_j 为桨轴危险截面的截面积,cm^2。

(3) 由主机扭矩引起的切应力。

切应力为

$$\tau = \frac{M_m}{W_{wj}}$$

式中:M_m 为主机最大功率时的扭矩,N·cm;W_{wj} 为螺旋桨轴抗扭截面模数,cm^3。

$$W_{wj} = \frac{\pi d_j^3}{16}(1-m^4)$$

式中:d_j 为桨轴直径,cm;m 为中孔系数,同前。

(4) 计算合成应力。

合成应力为

$$\sigma_H = \sqrt{(\sigma_y + \sigma_w)^2 + 3\tau^2}$$

此外,螺旋桨轴的合成应力也可用下式近似计算:

$$\sigma_H = \xi\sqrt{\sigma_y^2 + 3\tau^2}$$

式中:ξ 为弯曲应力影响系数,一般 $\xi = 1.02 \sim 1.06$。

3) 传动轴的安全系数

传动轴的静强度校核计算结果应符合下式要求:

$$K = \frac{\sigma_s}{\sigma_H} \geqslant [K]$$

式中:K 为安全系数;σ_s 为材料屈服强度,N/cm^2;σ_H 为传动轴静强度计算的合成应力,N/cm^2;

$[K]$为许用安全系数,可按表 3-3-5 选取。

表 3-3-5 许用安全系数 $[K]$

推进方式	轴的类别	一般船舶	军用船舶
刚性直接传动	中间轴 螺旋桨轴	2.5～5.4 2.8～5.8	3.5 4.5
液力耦合器,电磁离合器 或电传动	中间轴 螺旋桨轴	1.7～2.5 2.0～2.8	2.0 2.2

许用安全系数一般由经验来确定,选择时应考虑以下原则。

(1) 轴的负荷情况 尾轴工作条件较中间轴的为差,如受力复杂及与海水接触等,安全系数应取大些;对刚性传动轴系,由于承受的是发动机交变扭矩负荷,材料易发生疲劳,故其安全系数也应取得比柔性传动轴的大些。

(2) 材料性质及加工、装配质量 如选用合金钢材料,对各变化与突变敏感,应力集中系数较高;若制造、装配不易达到要求,安全系数应取大值。

(3) 军用船舶轴系的工作条件比商船的有利,一般计算轴径时,是按最大负荷作计算依据的,实际上在轻负荷下航行较多,故为了减轻轴的重量采用较高的许用应力和较低的安全系数。

4) 转矩作用下的轴扭转角度的校核计算

在主机转动作用下,传动轴所发生的扭转弹性变形为

$$\phi = \frac{M_{\max}}{I_p G} \frac{180}{\pi} \times 10^2$$

式中:$M_{\max}$ 为轴所受的最大扭矩,N·cm;G 为剪切弹性模数,N/cm²,对于钢,$G = 7.938 \times 10^6$ N/cm²;I_p 为截面惯性矩,cm⁴。

$$I_p = \frac{\pi d^4}{32}(1 - m^4)$$

式中:d 为传动轴的最小直径,cm;m 为中孔系数,同前。

要求 $\phi \leqslant [\phi]$

许用最大扭矩转角 $[\phi]$:对于大型舰船,为 $0.45(°)/m$;对于一般小艇,为 $2.5(°)/m$。

3. 传动轴材料选择的基本原则

船舶轴系的中间轴、推力轴、尾轴与螺旋桨轴等都为重要的部件。民用船舶广泛采用优质碳素钢锻制传动轴。其中普遍选用 35 钢;舰艇及少数快速客船为减轻轴系重量,采用合金钢制造传动轴。但合金钢价格高,对各种形式的凹槽、表面伤痕、轴径突变等处比较敏感,应力集中系数高,要求精密的机械加工,因此,非必要时尽量避免采用。

小型海船当轴系用水润滑时,为了避免海水的腐蚀,常采用不锈钢轴。当用热轧圆钢制造轴时,其直径应不超过 200 mm。

传动轴材料的化学成分、抗拉能力、耐冲击能力、低倍组织检查和高倍金相分析必须符合海规与河规的要求。

表 3-1-1 所示的内容可供选择传动轴材料时参考。

3.4 尾轴管装置的结构与选型设计

3.4.1 概述

尾轴管装置的作用是支承尾轴或螺旋桨轴,并使其能可靠地伸出船外,不使舷外水大量漏入船内,亦不使尾轴管中的润滑油外泄。为了承担上述任务,尾轴管装置一般由尾管、尾轴承、密封装置及润滑与冷却系统等部分组成。

尾轴管装置通常按其润滑方式的不同分为油润滑和水润滑两种形式。

图 3-4-1 所示为油润滑的尾轴管装置。

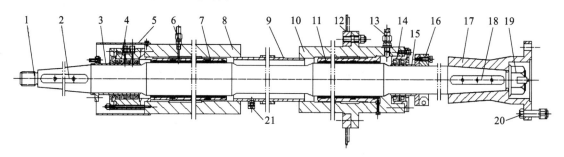

图 3-4-1 油润滑的尾轴管装置

1—螺旋桨轴;2—螺旋桨键;3、15—防磨衬套;4—后密封装置;5—防护罩;6—进油管;
7—后尾轴承;8—后尾管;9—中尾管;10—前尾管;11—前尾轴承;12—舱壁;13—出油管;
14—前密封装置;16—锁紧环;17—可拆联轴器;18—键;19—螺母;20—连接螺栓;21—放油塞

这种形式因用润滑油来润滑与冷却,其前后都用金属轴承来支承尾轴。为防止润滑油外泄与海水渗入,在尾轴管的前后均设置密封装置。

图 3-4-2 所示为水润滑的尾轴管装置。

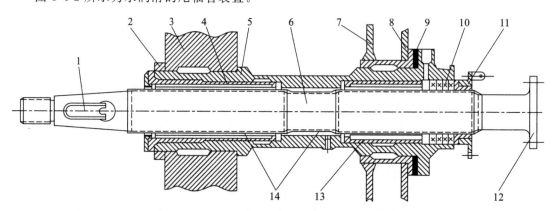

图 3-4-2 水润滑的尾轴管装置

1—螺旋桨键;2—锁紧螺母;3—尾柱;4—后尾轴承;5—尾管;6—螺旋桨轴;7—轴承支座;8—隔舱壁;
9—垫板;10—密封填料;11—压盖;12—联轴器;13—前尾轴承;14—轴包覆

这种形式因用水作润滑与冷却剂,故其前后常用非金属轴承支承尾轴。海水靠水压由尾端自然进入尾管内,对尾管和轴承进行润滑与冷却。为防止海水沿尾轴管漏入船内,在尾轴管的前端设置密封装置。为了防止海水对尾轴的腐蚀,在与尾轴承接触的轴颈上镶有铜套或用其他材料包覆,在裸露于海水中的轴段上也需进行包覆,如包扎涂有环氧树脂的玻璃纤维布等。

由于尾轴管装置位于水线以下,故其使用可靠与否及寿命长短将影响到船舶的营运及效益,所以对其各组成部分的结构、材料必须提出严格要求。

3.4.2 尾管的结构形式与基本尺寸

1. 尾管的结构形式

尾管是重要的支承部件,内部装有尾轴承、尾轴、密封装置等构件。尾管的结构形式主要有连接式和整体式两种。

图 3-4-1 所示的尾管即为连接式尾管。连接式尾管一般用于双轴系船舶,它借助法兰或螺纹法兰,后端固定于船尾部加强结构(或人字形架壳)上,前端固定于水密隔舱壁(或加强肋)上;小型船舶也有采用焊接固定的。尾管既作为润滑油循环的通道,又起到保护尾轴(螺旋桨轴)的作用。

图 3-4-2 所示的尾管即为整体式尾管。整体式尾管一般用于单轴系船舶,它布置在纵中剖面上,从船里往船后进行安装,使它穿过隔舱壁及尾柱。尾管前端设有法兰,固定于水密隔舱壁的焊接座板上,法兰与座板间装有铅质垫片。末段车有外螺纹,用螺母将其固紧在尾柱上,其长度按船体总布置决定。

2. 尾管的材料与厚度

1) 尾管的材料

(1) 整体式尾管材料　一般用铸钢,铸铁或球墨铸铁,连接式尾管则多采用钢管或无缝钢管制造。

(2) 铸铁尾管　铸铁的铸造性能好,收缩性小,尾管加工简便,生产成本低。其缺点是重量尺寸较大,塑性低,抗冲击能力差等。

(3) 铸钢尾管　铸钢强度大,故尾管厚度较薄,重量较轻,是尾管的常用材料。但是铸钢冷凝时其收缩性大,易产生缩孔和裂纹,其铸件应尽可能保持壁厚均匀,过渡圆弧避免局部积聚大量金属。

小型船舶的尾管一般采用多段钢管连接而成。

2) 尾管的厚度

(1) 整体式尾管主要尺寸如图 3-4-3 所示。

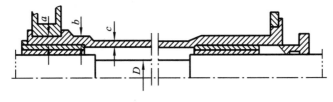

图 3-4-3　整体式尾管的主要尺寸

① 铸铁尾管。

轴颈 $D < 210$ mm 时,

$$c = (D/12) + 12.7$$

轴颈 $D > 210$ mm 时,

$$c = (D/20) + 20.0$$
$$a = (1.5 \sim 1.8)c$$
$$b = (1.2 \sim 1.5)c$$

② 球墨铸铁尾管的壁厚为铸铁的 $0.7 \sim 0.8$ 倍。

③ 钢质尾管的衬套装配处最小壁厚按表 3-4-1 选取。

表 3-4-1　尾管的壁厚　　　　　　　　　　　　单位:mm

轴颈 D	<80	80~120	120~150	150~180	180~260	260~360	360~500	500~700
装衬套处壁厚	10	12	14	16	18	20	22	24

（2）连接式尾管　一般采用无缝钢管制造,其壁厚为 $10 \sim 25$ mm,对于小型船舶,其壁厚一般可采用 $5 \sim 10$ mm。通常按船壳板厚度选取。

3.4.3　尾管轴承

尾管轴承设在尾管或人字形架壳中。各道轴承,特别是后尾管轴承,因承受桨在水中回转时的不均匀悬臂负荷,以及轴系在运转中产生振动的影响等,其工作条件十分恶劣。由于船舶在航行时很难对尾管轴承进行检查,只有在船舶进坞时才能检修,所以,为了不因其故障而影响船舶营运,故要求尾管轴承具有可靠和坚固的结构。

尾管轴承因润滑剂的不同,其轴承的材料也不一样。油润滑的轴承与转轴接触处的材料常采用白合金、青铜或铸铁。水润滑的轴承采用铁梨木、橡胶、桦木层压板、增强材料、MC 尼龙及夹布塑料等制成。

目前,我国船舶油润滑的尾管轴承以用白合金轴承的最多,小型船舶常采用青铜做轴承。由于铁梨木需要进口而且价格昂贵,所以采用桦木胶合板(层压板)和橡胶来制造水润滑轴承。

据介绍,英国雷尔科(Roilko)公司生产一种 WA.80H 强化塑料轴承,具有较高的抗压力、抗疲劳及抗微振性,其耐磨性比白合金轴承的还要好,而且既适用于油润滑又适用于水润滑。

下面介绍常用的几种尾管轴承。

1）白合金尾管轴承

（1）基本结构　图 3-4-4 所示为白合金尾管轴承的基本结构。

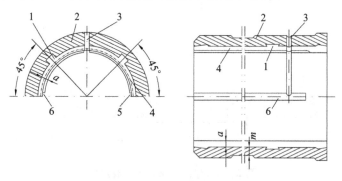

图 3-4-4　白合金尾管轴承的结构
1—燕尾槽；2—轴承衬套；3—油孔；4—白合金；5—半圆形油槽；6—轴向油槽

在轴承衬套的纵向和横向上开有纵向和横向的燕尾槽,用来保证浇铸的白合金与衬套紧密结合,防止因轴系旋转时的剪切摩擦力使白合金脱落。浇好白合金并经机加工后,沿轴线方向开有上、左、右三条油槽,槽宽 10～35 mm,深 3～5 mm;在轴承的上半圆开有半圆形油槽,并与轴向油槽相通;在衬套不受压力的一边开有润滑油注油孔,并与半圆形油槽连通,这样就形成润滑油注入的通道。

(2) 衬套的材料　衬套常用青铜或黄铜,也可用钢或铸铁制成。但应注意,白合金对铸铁的附着力较差,必须仔细处理浇铸白合金的衬套表面。有时在浇铸白合金前,先在衬套的内表面电镀一层锡,这有助于白合金的顺利浇铸。

白合金按成分的不同分为两大类:即以锡为主体的锡基合金(其中锡的质量分数约为 83%)和以铅为主体的铅基合金(其中锡的质量分数约为 16%)。前者的性能优越,而后者的价格较低。这两种白合金轴承的化学成分和力学性能参见表 3-4-2。

表 3-4-2　白合金轴承的化学成分和力学性能

合金种类	化学成分的质量分数/(%)				轴承负荷/(N/cm²)		pv 值 /(N·m/(cm²·s))
	锑	铜	锡	铅	静负荷	冲击负荷	
锡基合金	10～12	5.5～6.5	其余	—	<980	<980	当 $v>5$ m/s 时 $pv=500×9.8$
铅基合金	15～17	1.5～2.0	15～17	其余	<980		当 $v>1.5$ m/s 时 $pv=150×9.8$

白合金轴承耐磨性很好,不伤轴颈;抗压强度相当高。同时,其散热很快,极少发生因摩擦发热而烧轴的事故。白合金轴承的缺点是制造、修理复杂,而且价格昂贵。

白合金轴承使用寿命的平均值为 2～3a,但也有使用 6～7a 而不损坏的,锡基合金的使用寿命相对较长。

(3) 白合金尾轴承的安装　白合金尾轴承衬套的外圆在安装时应与尾管紧密配合;前衬套的前端做成凸肩,使其与尾管紧密配合并用止动螺钉与尾管紧固;后衬套的后端往往具有法兰,用螺柱紧固于尾管上,以防止衬套可能随轴转动而引起发热烧毁的不良后果。

白合金尾轴承的安装间隙 Δ,其计算公式为

$$\Delta = 0.001d + 0.50$$

式中:d 为轴颈直径,mm。

极限间隙为

$$\Delta_j = 4\Delta$$

白合金轴承的铜衬厚度,按经验公式计算。

对于海船,铜衬厚度为

$$t = 0.03d + 7.5$$

式中:d 为尾轴或桨轴在轴承处的直径,mm;

在轴承处之间的轴套厚度可适当减小,但不得小于 $0.75t$。

内河船舶铜衬厚度为

$$\delta = d/32 + 6$$

式中:d 为桨轴的直径,mm;

非轴承处的铜衬厚度可适当减小,但不得小于 0.75δ。

白合金的厚度 δ_a,在 $d \leqslant 100$ mm 时,可参考下列经验公式计算:

$$(0.02d + 2) < \delta_a < (0.03d + 3)$$

当 $d>100$ mm 时,白合金的结构尺寸可参见相关手册。

(4) 白合金轴承与青铜轴承的长度。

海船白合金轴承的长度,应不小于所要求的螺旋桨轴直径的 2 倍。

内河船白合金轴承的长度,应不小于所要求的螺旋桨轴直径的 2 倍。

青铜轴承的长度,应不小于所要求的螺旋桨轴直径的 4 倍。

对于油脂润滑的轴承,其长度应不小于所要求的螺旋桨轴直径的 4 倍。

2) 橡胶尾管轴承

(1) 结构形式　橡胶尾管轴承的结构有条状式和整体式两种。

图 3-4-5 所示为条状式橡胶轴承。对于条状式的橡胶轴承,橡胶在压制前先加入金属芯条,然后将橡胶在压模上采用硫化方法制成橡胶衬条。埋头螺钉从金属衬套的外面旋入橡胶衬条中的金属芯条上,将橡胶衬条固定在金属衬套的内圆面上,并要求金属芯条、金属衬套及埋头螺钉之间的材料不应有显著的电位差。为了防止橡胶衬条沿金属衬套内圆面作周向转动,还装有用来定位的止动条。橡胶衬条磨损后,可以进行局部更换。

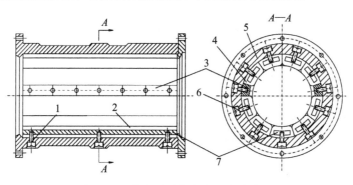

图 3-4-5　有金属衬条的条式橡胶轴承

1、6—螺钉;2、4—橡胶衬条;3—止动条;5—衬套;7—金属芯条

整体式橡胶轴承是将橡胶通过模具直接硫化在衬套之内制成的,衬套采用青铜制造,内河船的衬套可采用铸铁或钢管制造。橡胶的工作表面有凸形和凹形两种形状。图 3-4-6 所示为整体式凸形橡胶轴承。在整体式橡胶轴承中,与轴外圆接触处开有呈纵向均匀布置的流水槽,以便橡胶散热及冲走流沙。橡胶轴承磨损后,可旋转 180°固定再使用。

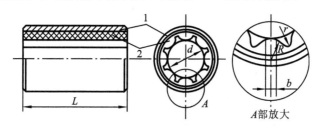

图 3-4-6　整体式橡胶轴承

1—衬套;2—橡胶

(2) 橡胶尾管轴承的优、缺点　简介绍下。

其优点如下。

① 具有一定的弹性,可吸振,对安装误差及冲击的敏感性小,工作平稳,对船员、旅客的工作与生活环境均有好处。

② 结构简化,无须后密封,摩擦功的损失小,对水域无污染,运转费用低,管理方便。

③ 对水中泥沙有一定的适应能力;轴系回转过程中硬质砂粒被压入橡胶,可避免沙粒对轴的磨损;沙粒最终被水冲入橡胶轴承的纵向槽内被水流带走。

④ 由于橡胶有弹性,其接触面积较大,负荷分布合理。

其缺点如下。

① 制造比较麻烦,硫化工艺要求高,需要加工精确的模具,尤其整体式的,需要较大的模具及硫化设备。

② 橡胶轴承中含有硫分,对轴有一定的腐蚀性,这就要求轴与橡胶的接触表面上用不锈钢或其他防腐材料进行包覆;另外,船舶在长期停泊时要定期转动尾轴。

③ 橡胶的传热性差,温度超过 65~70 ℃ 时易老化失效,须采取必要的冷却与散热措施。

随着工艺水平的不断提高,上述一些缺点可采取措施加以克服或弥补,故近年来橡胶轴承在我国民船上的应用日益增加。

(3) 橡胶尾管轴承的主要技术参数及尺寸。

① 许用比压 p。图 3-4-7 所示为橡胶轴承比压 p 的计算示意图。

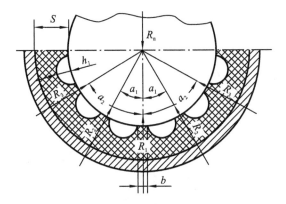

图 3-4-7 橡胶轴承比压强计算示意图

p 是设计轴承的一项重要指标,可按下式进行计算:

$$p = \frac{R_1}{bL}$$

式中:R_1 为底部橡胶的支反力,N;b 为底部橡胶接触宽度,cm;L 为橡胶轴承长度,cm。

对图 3-4-7 所示 12 条槽道的结构进行受力分析,可得

$$R_n = R_1 + 2R_2\cos\alpha_1 + 2R_3\cos\alpha_2 = R_1 + 2R_1\cos^2\alpha_1 + 2R_1\cos^2\alpha_2$$

因此
$$R_1 = \frac{R_n}{1 + 2\cos^2\alpha_1 + 2\cos^2\alpha_2}$$

式中:R_n 为轴的总负荷,N。

对于 8 槽道的结构进行受力分析,可得

$$R_1 = \frac{R_n}{1 + 2\cos^2\alpha}$$

由此可见,R_1 的计算式与橡胶的槽道数有关,我国一般采用 8 或 12 条槽道,故只介绍这两种情况的计算方法。

p 值与轴的转速有关,转速越低,p 值越小,一般推荐 p 值在 (0.2~0.49) MPa 的范围内选取,材料好的可选上限。

② 轴承的长度 L。

通常主要根据比压、安装难易及轴径大小来决定长度 L。现各国尚无统一标准,如前苏联取 $L=(2.75\sim3.5)d$(d 为桨轴直径);德国取 $L=2.5d$;英国取 $L=4d$;日本取 $L=(2\sim4)d$。我国的海规和河规均规定,水润滑轴承其长度不应小于所要求的桨轴直径的 4 倍。

③ 橡胶层厚度为

$$S = \frac{0.25d}{100} + K$$

式中:d 为尾轴或桨轴的直径,mm;K 为修正值,按表 3-4-3 选取。

表 3-4-3 修正值 K 的选取 单位:mm

d	100~400	400~700	700~2 000
K	11.5	13	14

④ 槽道数及其深度。槽道数与轴径有关,轴径越大,为改善散热,槽道数应越多,一般最少 8 条。槽深 h_1 同橡胶层厚度有关,薄层橡胶 $h_1\approx 0.5S$;厚层橡胶 $h_1\approx(0.4-0.5)S$。

⑤ 冷却润滑水量 Q。

轴径为 30~140 mm 时,冷却水量 $Q\leqslant 1.5$ t/h;

轴径为 140~350 mm 时,冷却水量 $Q=5.5d^2\times 10^{-3}$ t/h;

轴径>350 mm 时,冷却水量 $Q=(6-7)d^2\times 10^{-3}$ t/h。

式中:d 为轴径,cm。

⑥ 安装间隙。参考表 3-4-4 选取。

表 3-4-4 安装间隙 单位:mm

轴径(d)	安装间隙	轴径(d)	安装间隙	轴径(d)	安装间隙	轴径(d)	安装间隙
100	0.3	140	0.5	225	0.8	300	1.0
110	0.3	150	0.5	250	1.0	400	1.2
120	0.4	175	0.6	275	1.0	500	1.5
130	0.4	200	0.8				

也可参考下列公式计算。

条式橡胶尾轴承安装间隙为

$$\Delta = 0.002d + 0.50$$

整体式橡胶尾轴承安装间隙为

$$\Delta = 0.002d + 0.20$$

式中:d 为尾轴直径,mm。

橡胶轴承老化或脱壳严重时,应进行更换。

3) 铁梨木尾管轴承

铁梨木是海洋船舶常用的一种尾轴承材料,它适用于水润滑。铁梨木木质组织细密坚硬,重量大,具有抗腐蚀性,顺纤维方向的抗压强度达 7 250 N/cm²。它浸于水中能分泌出一种黏液,可作为润滑剂;它和青铜摩擦时,摩擦因数为 0.003~0.007,几乎不伤青铜轴套;耐磨性好,运转可靠。但当干燥时容易裂开和弯曲,在水中工作时会被泡涨,故加工安装前要浸泡,在端部留有一定的轴向间隙。

图 3-4-8 所示为铁梨木尾管轴承的基本结构。先将铁梨木加工成板条状,一般板条厚度为 12~25 mm,宽度为 60~80 mm,然后将板条呈桶形排列在尾管衬套中。为防止板条在衬套内转动,镶以两条青铜止动条,其厚度为铁梨板条厚度的 60%,止动条用埋头螺钉装在青铜衬套上。板条与板条之间开有 V 形水槽,作为润滑冷却水的通道。为合理利用木材,一般在轴承的下半部负荷较大的区域,采用纤维与轴承表面垂直的铁梨木板条(即竖纹板条),而在轴承的上半部负荷较小的区域,采用纤维与轴心平行的铁梨木板条(即纵纹板条)。

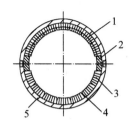

图 3-4-8 铁梨木尾管轴承
1—纵纹板条;2—止动条;
3—竖纹板条;4—流水槽;
5—尾管衬套

铁梨木轴承的长度,按海规规定,应不小于所要求桨轴直径的 4 倍。在尾轴较短时,可不设前轴承,而在尾轴的法兰端设一道中间轴承。

润滑和冷却良好的铁梨木轴承,其轴承比压力可达 0.3 MPa。

4) 桦木层压板尾管轴承

鉴于铁梨木需依赖进口,价格昂贵,因而我国船舶采用桦木层压板代替铁梨木作为尾轴承材料,实践证明此法是可行的。

桦木层压板是将桦木旋切成薄片,经浸渍酚醛树脂后制成板坯,再在高温下压制成如图 3-4-9 所示具有一定规格的板材而制成的,它可作为代替铁梨木的材料。桦木层压板尾管轴承的结构与铁梨木尾管轴承的十分相似。

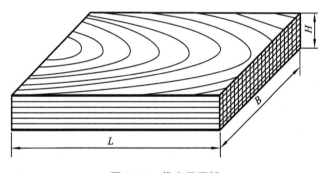

图 3-4-9 桦木层压板

桦木层压板材质坚实,强度较高、耐磨、耐水、耐腐蚀、电气绝缘性能好,是一种较好的轴承材料。

与桦木层压板尾轴承接触的轴颈应包覆耐磨、耐蚀的轴套,材料采用锡青铜或锰黄铜。铸件不允许有裂纹、集中渣孔等足以影响强度与紧密性的缺陷,存在小缺陷时允许修补后使用。

铸铜尾轴承衬套的厚度为

$$h = 0.018d + 4.5$$

式中:d 为尾轴或桨轴直径,mm。

铁梨木及桦木层压板轴承的安装间隙如表 3-4-5 所示。

表 3-4-5　木质尾轴承的安装技术条件　　　　　　　　　　　　　单位：mm

轴颈(d)	安装标准		更换标准	
	安装间隙	板条新制最小厚度	极限间隙	板条极限厚度
<100	0.90～1.00		3.50	
100～120	1.00～1.10		4.00	
120～150	1.10～1.20	11.00	4.50	6.00
150～180	1.20～1.30	12.00	5.00	6.50
180～220	1.30～1.40	12.00	5.50	7.00
220～260	1.40～1.50	13.00	6.00	7.50
260～310	1.50～1.65	14.00	6.60	8.00
310～360	1.65～1.80	15.00	7.30	9.00
360～440	1.80～2.00	16.00	8.00	10.00
440～500	2.00～2.20	18.00	8.70	11.50
500～600	2.20～2.40	20.00	9.50	13.00
600～700	2.40～2.60	22.00	10.50	

铁梨木及桦木层压板尾轴承的安装间隙为

$$\Delta = 0.003d + (0.50 \sim 0.75)$$

极限间隙为

$$\Delta_j = 4\Delta$$

式中：d 为轴承处的轴颈直径或铜包覆外径，mm。

桦木层压板轴承安装间隙可取上式的较小值。

尾轴承极限间隙，一般以距尾端 100 mm 处（即轴承总长的 1/15 左右）垂直方向的数值作为更换依据（即以测量间隙的最大数值为标准）。

中机型尾轴架处尾轴承的极限间隙，可按表 3-4-5 规定值放大 20%；尾机型的尾轴承，其极限间隙应取表 3-4-5 规定值的 75%。

对于正常修理的船舶，尾轴承镗削时，轴线应提高，其值可为安装间隙的 50%～75%。

桦木层压板与铁梨木轴承相比，其优点是，取材方便，工艺简单，水涨性比铁梨木的小，不会干裂，价格便宜，主要性能与铁梨木轴承接近；其缺点是，硬度高，材质较脆，切削性差，磨损量大，产生的摩擦热较大，在混浊水区铜套磨损量大，为了延长寿命可采用开式强制水润滑冷却，其耐磨性及安装的简易性不如橡胶轴承。

3.4.4　尾轴管密封装置

为了防止舷外水沿尾轴管浸入船内及尾管内润滑油外漏，尾轴管必须设置密封装置。尾轴管密封分为首部密封与尾部密封两种。

对于油润滑的尾轴管，其首部密封装置的作用主要是封油，防止润滑油漏到船内；而尾部密封装置则担负着封水和封油的双重任务。对于水润滑尾管，则只设首部密封装置，防止舷外水沿尾轴管浸入船内。

密封装置由密封元件及其夹持定位部件等所组成。

船舶尾轴管密封的元件工作条件十分恶劣。在工作时，除受到剧烈的磨损及高温摩擦的作用外，密封元件还随尾轴在安装间隙或极限间隙的范围内剧烈地径向跳动；同时受到推力轴承的轴向间隙和正、倒车时轴的轴向窜动的影响；此外，还受海水的腐蚀，泥沙水的磨刷，压力差的作用，螺旋桨的悬臂不均匀负荷的作用等。尾轴管密封装置处于水线以下工作，不便拆装维修，一旦发生故障，会迫使船舶停航上坞检修，影响航运和生产。特别是尾部密封装置，一旦发生漏泄，润滑油无法回收，造成浪费，同时还污染水域，影响环境。故在设计选型时，要求尾轴管密封装置使用可靠，选材容易，制造与维修方便等。

下面介绍常用的由不同密封元件构成的密封装置。

1. 填料函式水密封装置

图 3-4-10 所示为填料函式水密封装置，密封元件为填料，图 3-4-10 所示为用于首部时的结构形式。填料装在尾管中，压盖的压紧力使其与转轴紧密接触，以达到封水的目的。这种装置一般均设进水管，以便引入具有压力的冷却水对轴承进行润滑、冷却与冲走泥沙。配水环的作用是保证引入水流能均匀地沿着整个尾管的圆周进行分配，防止短路及涡流的形成。填料常用渗油的麻索或石棉制品制成。对于海船，压盖、配水环采用青铜或黄铜制成。

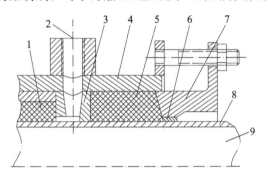

图 3-4-10 填料函式水密封装置
1—橡胶轴承；2—接冷却水；3—配水环；4—尾管；
5—填料；6—压盖衬套；7—压盖；8—轴套；9—尾轴

航行时，压盖不能上得过紧，以免加剧轴或衬套的磨损，须适当松开些，让舷外水呈水滴状缓慢渗出。

这种密封装置具有结构简单，工作可靠，修换方便等优点。其缺点是摩擦功耗较大，易使轴或轴套磨损。

2. 骨架式橡胶油封装置

图 3-4-11 所示为骨架式橡胶油封装置。

图 3-4-11(a) 所示为用于首部时的结构形式，密封元件为 J 形骨架式橡胶油封，置于密封环座之中，靠剖分式压盖及定位螺栓将其夹紧定位，依靠其唇口部与转轴的接触进行阻油密封。当耐磨衬套表面受油封磨损起槽过深时，可松开夹紧环，沿轴向移动耐磨衬套位置，使之完好地与油封接触，延长寿命。备用油封可用来更换失效的油封。

图 3-4-11(b) 所示为用于尾部时的结构形式。它的油封道数比首部的多，一般用 3~4 道，其中两道向外翻用来阻水，两道向内翻用来阻油。尾部设一道翻边橡皮用于阻水和挡沙等。

该装置的优点是结构简单，有一定的密封效果，油封可购置标准件，修换方便。其缺点是对螺旋桨轴偏心运动或下沉的跟随性与适应性差，使用寿命不长。

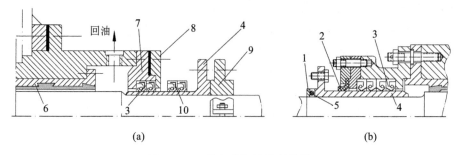

图 3-4-11 骨架式橡胶油封装置

1—垫板;2—翻边橡皮;3—J形骨架橡胶油封;4—防磨衬套;5—O形密封圈;
6—前尾轴承;7—密封环座;8—剖分式压盖;9—夹紧环;10—备用油封

目前我国中、小型船舶上广泛应用这种密封装置,设计选型时可参考我国的有关标准。

3. 辛泼莱克司密封装置

图3-4-12所示为辛泼莱克司改进型密封装置。

图3-4-12(a)所示为辛泼莱克司尾部密封装置,密封元件为橡胶密封圈。其密封原理是靠弹簧固紧橡胶密封圈唇口,旋转时密封油腔中油压因油楔等形成动压润滑与轴表面接触阻油。注油螺孔可由油管充入润滑油,在此油腔底部还开设一个放油孔,必要时腔室的润滑油可进行自然循环或定期强制循环,以保证其具有良好的工作状态。防磨衬套借螺栓固定于桨毂的前端面上。该装置的主要特点是密封元件腰部较长,元件的弹性与跟随性较好,加之唇口接触宽度小(为0.5~1 mm,甚至更小),唇部与弹簧的径向力适当,密封元件由中间托环与后压盖和后壳体支承,防止其压翻边或过渡变形,故其密封效果良好,使用寿命长,且拆装、管理均较方便,目前在世界中、大型船舶上得到广泛应用。

这种密封装置在工作时橡胶唇口与轴套接触处所产生的摩擦热,易使橡胶老化变质,所以设置冷却油腔用于散热,同时要求采用耐热性较好的材料。橡胶密封圈的技术参数(如径向力、过盈量、弹簧的箍紧力等),对密封元件的性能有较大的影响,故应予重视。

图3-4-12(b)所示为辛泼莱克司首部密封装置。

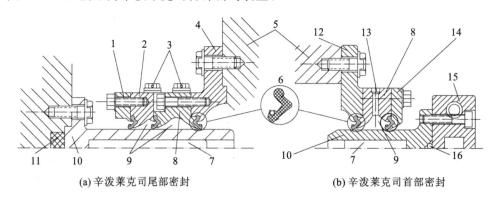

(a) 辛泼莱克司尾部密封   (b) 辛泼莱克司首部密封

图 3-4-12 辛泼莱克司改进型密封装置

1—后压盖;2—托环;3—螺塞;4—后壳体;5—尾管;6—密封圈;7—冷却油腔;8—中间托环;9—密封油腔;
10—防磨衬套;11—密封圈;12—前壳体;13—注油螺孔;14—前压盖;15—锁紧环;16—O形密封圈

4. 油圈式密封装置

图3-4-13所示为油圈式尾部密封装置。它是一种较古老的密封装置,密封元件为油圈和

油令板。如图 3-4-13 所示的密封装置由三道油圈和三道油令板组成,油圈紧套在轴的防腐衬套上,随轴转动,油令板固定在尾管上。油圈与油令板的轴向和径向间隙很小,形成的 Z 形迷宫式油路,具有节流减压的作用,起到防止和减少油漏泄的作用。尾部装设的翻边橡皮紧贴在防腐衬套的外圈上,用于阻水和挡沙等。

这种装置历史较长,结构简单、重量轻。但时间一长,密封性能变差,易漏水、漏油。近年逐渐被淘汰。

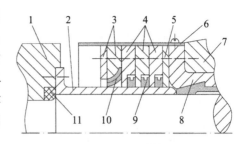

图 3-4-13 油圈式尾部密封装置

1—螺旋桨;2—防腐衬套;3—压板;4—油令板;
5—垫板;6—防护罩;7—尾管;8—尾管后轴承;
9—油圈;10—橡皮;11—密封圈

5. 端面密封装置

图 3-4-14(a)所示为一种用于尾部时的橡皮筒式端面密封装置,其原理是依靠静摩擦盘和动摩擦盘两端面的紧密接触来阻止油外漏。静摩擦盘只允许轴向移动,它对动摩擦盘的压紧力是靠橡皮筒的压缩弹力来保证的。而压缩弹力的大小是靠调整橡皮筒的压缩量来达到的。在动、静端面磨损后,不用停航进厂修理,只要把尾轴与中间轴法兰间垫片抽去几片,使尾轴向前移,即可增加橡皮筒的压缩量。这种装置结构比较复杂,制造安装工艺要求高,近年来应用渐少。

图 3-4-14(b)所示为瑞典生产的一种端面密封装置,它是利用弹簧对密封盘与浮动摩擦盘之间的接触面产生的压力达到密封效果的。由于这种密封在其摩擦盘与支承座(摩擦盘壳)之间装有 O 形密封圈垫,故能使其摩擦面在接触时有一定的弹性及应变能力。这种密封受气温及背压的影响较小,且摩擦面的接触压力可随意进行调节,其适应性较广。它可用做首部或尾部密封,还可供深海密封应用。

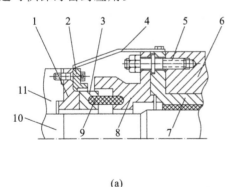 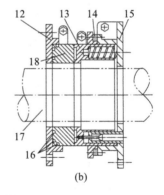

(a)   (b)

图 3-4-14 端面密封装置

1—动摩擦盘;2—压板;3—静摩擦盘;4—防护罩;5—连接螺栓;6—尾管;7—尾管轴承;
8—橡皮筒座;9—橡皮筒;10—尾轴;11—螺旋桨;12—摩擦盘壳;13—密封圈;14—填料;
15—密封盘壳;16—O 形橡胶密封圈;17—尾轴;18—浮动摩擦盘

3.4.5 尾轴管装置的润滑和冷却

尾轴管装置中的轴与轴承、密封元件与轴套、密封元件的动、静摩擦副等之间必须供给足量的润滑冷却剂,进行润滑与冷却,以保证其工作的可靠性及延长使用寿命;否则将形成干摩擦,引起过热,导致故障发生,如轴被咬死等,影响船舶的航行。尾轴管装置中的润滑冷却剂主要是润滑油或水。

1. 润滑油的供给方式

1) 连续循环供油方式

图 3-4-15 所示为连续循环供油方式示意图。润滑油靠自身重力自重力油柜经进油管进入后尾轴承，再经尾管流至前尾轴承，再经回油管回到重力油柜，可见润滑油在该系统中作连续自然循环。油泵的作用是在安装和营运时向尾轴管装置泵油，一旦回油管有回油，即可终止泵油。泵油可为螺杆式手摇泵，或活塞式手摇泵，一些中型船舶用 1 台电动油泵与之并联使用。回油管除作回油外，还可以作透气之用。

连续循环供油方式为多数中、小型船舶采用，其重力油柜的位置高于水线 500～1 000 mm。而对于大型船舶，当其满载与轻载水线差大于 5 m 时，应设置两只油柜，并要求重力油柜高于满载水线 3～4 m。

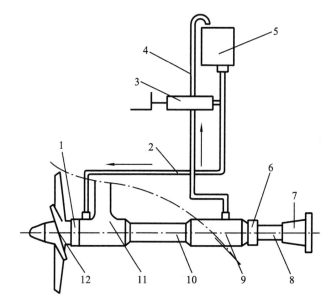

图 3-4-15　连续循环供油方式示意图

1—尾部密封装置；2—进油管；3—油泵；4—回油管；5—重力油柜；6—首部密封装置；
7—联轴器；8—尾轴；9—前尾轴承；10—尾管；11—后尾轴承；12—螺旋桨

2) 间歇循环供油方式

图 3-4-16 所示为某船尾轴管装置的供油系统图。

该船的前、后尾轴承的润滑采用间歇循环供油方式。如图 3-4-16 所示，重力油柜中的润滑油经轴承进油管流进尾管及前、后尾轴承等处，并经轴承回油管流入循环油柜，可见润滑油不是直接回到重力油柜中的。在系统中的润滑油消耗后，靠重力油柜补油。当重力油柜的油面低至警戒线时，即启动循环油泵(二者之一)，将油自循环油柜抽出，经过过滤器注入重力油柜中，这时系统实行的是间歇循环供油方式；当重力油柜中的油达到一定液面高度时，循环油泵自动停止，间歇循环终止。本系统的两台循环油泵可以轮换工作，抽出的润滑油均要通过过滤器进行滤清，故润滑油质量得到改善。近年来国内、外轴径较大的船舶常采用这种供油方式。

从图 3-4-16 中还可看出，该船采用了独立的尾管密封润滑冷却系统。前、后密封装置各设密封油柜，采用连续循环供油方式。鉴于水位较密封油柜的油位低，为了减少密封油腔的

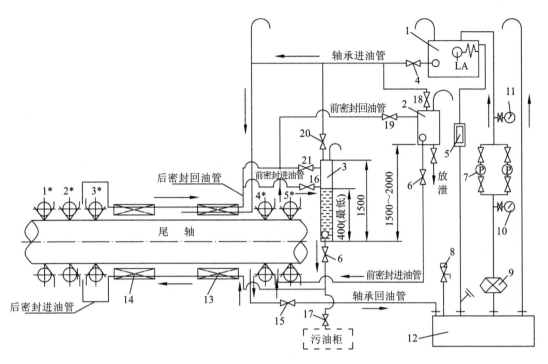

图 3-4-16 某船尾轴管装置的供油系统图

1—重力油柜；2—前密封油柜；3—后密封油柜；4、6—截止阀；5—视流器；7—循环油泵；
8—测深自闭旋塞；9—过滤器；10—真空表及旋塞；11—压力表及旋塞；12—循环油柜；
13—前尾轴承；14—后尾轴承；15、16、17、18、19、20、21—截止阀

油与舷外水之间的压力差，以减少润滑油的外漏，后密封油柜的位置放得较低。重力油柜靠重力可向两个密封油柜补油。系统的优点是：当从密封油柜的液位计上发现润滑油消耗至最低液位线时，可以补油；还可以从润滑油的消耗率及消耗量对密封元件的工作情况进行判断，以便及时采取相应的措施；同时，因这种独立系统的密封油柜放得较低，可以减少密封元件上所受的静压，使其工作状况有所改善；系统中设置污油柜，可对后密封油腔进行换油；在后密封失效时，关闭和开启相应的阀便可减少甚至杜绝油漏至水中，或通过它们排出浸入的舷外水。目前国内、外不少中、大型船舶均设有这种独立的尾管密封润滑冷却系统。

3) 封闭式供油方式

所谓封闭式是先通过注油孔向尾管或油腔注入适量的润滑油，然后将注油孔封闭的供油方式。当尾轴运转时，被上述油腔所密封的润滑油可以对轴承和各密封件进行润滑。在使用过程中要随时检查，并根据润滑油的泄漏情况及时补充和定期更换。这种润滑方式在小型船舶上采用较广。

2. 水的供给方式

1) 水润滑尾轴承的供水方式

水润滑尾轴承可以利用自由流入的舷外水或加装管系送来的压力水进行润滑和冷却。

这类轴承的摩擦因数均随其摩擦副接触温度的增高而显著增加。运行时摩擦温度太高，易使其发生故障或损坏，故必须对摩擦副进行冷却和散热，限制其高温（一般使冷却介质的温度不超过 50 ℃）。为了改善尾轴承与尾轴之间的散热条件，在这类轴承的内圆面开纵向冷却水槽，以便能有效的润滑和带走摩擦热；起航时由于轴的转速较低，冷却水量往往供应不足，易

烧轴承,应先供入压力水,增强冷却效果;首端的尾轴承冷却条件不如尾端,易形成死水与淤积泥沙,所以要在其前面装冷却水管,启航时供压力水,以便进行冷却,冲走泥沙与杂物。

2) 尾管冷却水的供水方式

尾轴与尾轴承及密封装置在运转中所产生的摩擦热,一部分通过润滑冷却剂带走,而另一部分则需通过尾管散发,因此必须对尾管进行冷却,如不及时加以冷却,势必影响润滑油的黏度,加剧摩擦副的磨损。对于后端的尾轴承及密封装置,因是沉浸在水里,故其冷却条件较好,一般不需另加冷却。而对于首端的尾轴承及密封装置,因冷却条件较差,一些大、中型船舶往往要考虑冷却措施。图 3-4-17 所示为设置尾管冷却水套的一种冷却方法,水套中的水最好采用清水。图 3-4-17 中的膨胀水箱除可向水套补水外,还给水套中的水受热膨胀留有余地,此外还起透气作用。当水套中的水消耗以后,可开启阀门进行补水;也可使阀门常开,而靠膨胀水箱中设置的液位器自动补水,以保证尾管首端的散热与冷却。

另外,如图 3-2-6 和图 3-2-7 所示那样,在尾部设置专门的尾管冷却水舱,这也是目前一些大、中型船舶解决尾管散热与冷却问题所采取的措施。

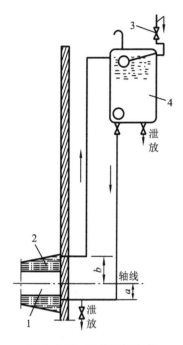

图 3-4-17 尾管冷却水套
1—尾管;2—外包水套;
3—截止阀;4—膨胀水箱

3.5 轴系部件的结构与选型

3.5.1 中间轴承

1. 中间轴承的作用与类型

中间轴承的主要作用如下。
(1) 作为轴系的支承点,减小轴系挠度。
(2) 承受中间轴本身的重量。
(3) 承受轴系变形或运动而产生的径向负荷。
中间轴承的类型有滑动式和滚动式两种。

2. 滑动式中间轴承的结构与技术参数

滑动式中间轴承按其润滑方式分为单油环式、双油环式及油盘式三种形式。

1) 油环式中间轴承的结构

图 3-5-1 所示为一种常见的单油环式中间轴承结构。

为了便于检测和装卸中间轴,这种轴承通常采用剖分式结构,即分为上面的轴承盖和下面的轴承座两部分,并用螺钉将轴承盖固定在轴承座上。轴承盖上设有盖板,可掀开盖板加油或观察轴承的运行情况。中间轴放在轴承座的轴瓦上,油环套在轴颈上,其直径比轴颈要大,当轴旋转时它依靠摩擦力随轴一起转动,但角速度比轴的要小。环的下部浸入底部油池中,转动时将润滑油带到轴颈的上部,再由刮油器将油刮下,使润滑油沿轴向均匀分布在轴表面,对轴颈与轴瓦表面进行润滑与冷却,部分热油从轴瓦两端泄出,流回到油池中。在轴瓦两侧的轴上

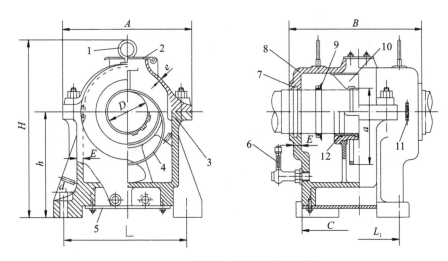

图 3-5-1　单油环式中间轴承结构

1—吊环；2—盖板；3—轴承座；4—油环；5—水隔层盖；6—油标尺；7—填料密封；
8—轴承盖；9—甩油盘；10—刮油片；11—定位销；12—轴瓦

装有甩油盘，依靠回转时的离心力将油甩入油池，同时起到防止润滑油漏到轴承座外的作用。大、中型中间轴承的油池底部设有冷却水盘管，水以热交换的方式带走热量冷却润滑油。轴承座两端装有填料密封，通过油池油标尺的放油塞可放出脏油。

当轴承长度较长时，为改善其润滑质量，一般采用双油环式中间轴承，其结构和原理与上述单油环式中间轴承的相似。

船舶在低速航行或进出港工况变化频繁时，因轴系转速变化，油环供油效果变差，特别是当转速低于 50~60 r/min 时情况更糟，润滑的可靠性难以保证。所以，油环式中间轴承仅适用于轴系转速较高的中、小型船舶，转速高可保证供油，润滑效果较好。

2）油盘式中间轴承的结构

图 3-5-2 所示为油盘式中间轴承结构。

这种轴承在轴瓦的后侧装有为轴承提供润滑油用的油盘，油盘固定在轴上。运行时，油盘随轴一起回转，将油池中的油带到轴承上部，再由刮油器将油刮下，使润滑油沿轴向均匀分布在轴颈上，这种轴承在轴低速运行时润滑效果也较好。该轴承根据使用的需要可带上轴瓦，也有不带上轴瓦的。油盘装在轴瓦的后侧，但开口向前，这样有利于从油池中携带油，同时防止将润滑油抛向轴承尾部填料处而泄漏。轴承底部的油池也设有冷却水盘管，可引入舷外水，供冷却润滑油用。

固定油盘式滑动中间轴承一般只适用于轴的最大线速度在 8 m/s 左右的轴系，不适用于高转速的轴系。

3）滑动式中间轴承的技术参数

在轴系设计时，滑动式中间轴承一般不进行专门计算，其轴承的尺寸和构造可按母型选取。轴承的工作长度 L_0 可根据轴颈直径 d 决定，即

$$L_0 = (0.8 \sim 1.2)d$$

一般 $L_0/d=1$ 如果轴承单位承载能力比较高，L_0/d 可取 0.7~0.8。轴瓦厚度一般为 2~3 mm。

轴瓦与轴颈之间的间隙为

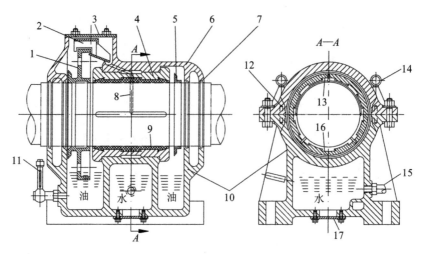

图 3-5-2 油盘式中间轴承

1—油盘；2—刮油器；3—盖板；4、13—上轴瓦；5—甩油盘；6—轴承盖；7—填料密封；8—油道；
9、16—下轴瓦；10—轴承座；11—油标尺；12—定位销；14—吊环；15—冷却水口；17—盖板

$$\Delta = 0.001d + 0.10$$

极限间隙为

$$\Delta_j = 2.5\Delta$$

润滑油的润滑性能的校核是从以下几项指标来进行的。

(1) 承载能力。

一般用比压强 $[p]$ 来限定。为了不使润滑油在工作时被挤出而引起摩擦耦件的过度磨损，轴承单位面积的比压强 $[p]$ 应满足

$$[p] = \frac{Q_2}{dl} \leqslant 58.8 \text{ N/cm}^2$$

式中：Q_2 为轴承的负荷，N；d 为轴颈的直径，cm；l 为轴承的工作长度，cm。

(2) 最小油膜厚度。

中间轴与轴承的最小油膜厚度应满足

$$h_{\min} \geqslant K(f_1 + f_2)$$

式中：f_1、f_2 分别为轴颈和轴瓦加工的表面粗糙度，按机修手册有关规定选取；K 为考虑表面几何形状不准确和零件变形的安全系数，一般取 $K \geqslant 2$。

(3) 轴承工作时的最高温度。

对于轴转速较高的轴承，除限制其比压外，还必须限制轴承的温度不超过许用值，具体校验办法参考机修手册有关规定。中间滑动轴承润滑油的油温不应超过 55~60 ℃；油环式滑动轴承限制使用线速度为 3 m/s；油盘式滑动轴承限制使用线速度为 8 m/s。

3. 滚动式中间轴承

滚动式中间轴承一般用于小轴径的轴系。为了拆装方便，通常采用带有紧定套的双列向心球面滚子轴承。

4. 滑动轴承与滚动轴承的特点比较

(1) 滑动轴承的优点：结构简单，工作较可靠；承受的负荷较大，抗振抗冲击性好；安装修理方便；制造成本低。

其缺点:摩擦因数大;必须有一定的间隙才能正常工作,转速和载荷变化过大时难于形成较佳的承载油膜;润滑与维护保养麻烦。

(2) 滚动轴承的优点:摩擦损失小,无须冷却,润滑油消耗少;轴承有自动调整能力;修理时便于更换,并可直接在市场购置。

其缺点:工作噪声大;轴承为非剖分式,为能安装,中间轴至少一端要采用可拆联轴器;承载能力小;安装工艺要求高。

在选择中间轴承时,要根据轴的粗细、负荷的大小、船舶的结构与要求,按其特点进行选择。

3.5.2 滑动式推力轴承

推力轴承在轴系中的的主要作用是:承受螺旋桨产生的轴向推力,并传递给船体;承受推力轴本身的重量;作为支承点,承受轴系变形或运动而产生的径向负荷。

轴系中的推力轴承是船舶动力装置中不可缺少的重要组成部分。但不是所有的轴系都要专门设置推力轴承。如以大型低速柴油机作为主机时,其主机自带推力轴承;带有减速箱的推进装置,减速箱通常设有能承受螺旋桨推力的推力轴承。对于这类轴系,一般不需再设推力轴承。

推力轴承有滑动式和滚动式两种类型。滑动式推力轴承广泛用于各种船舶上,只有一些小型船舶才使用滚动式推力轴承,故此处只介绍滑动式推力轴承。

1. 滑动式推力轴承的结构

图 3-5-3 所示为一种最常用的滑动式推力轴承的结构。它为上、下剖分式结构,并以上、下壳(即轴承座)作为基础,将推力轴承的所有构件涵盖在内面。正中间为带推力环的推力轴,推力环两侧的圆环面积上各安置一组独立的扇形推力块。每个推力块在其与推力环的接触面上都浇有白合金,背面设有硬化的顶头,偏心地支承在支承垫上。支承垫的背面设有调整板,用于调整推力块与推力环之间的间隙。推力轴则由前、后呈剖分式结构的上、下轴瓦定位支

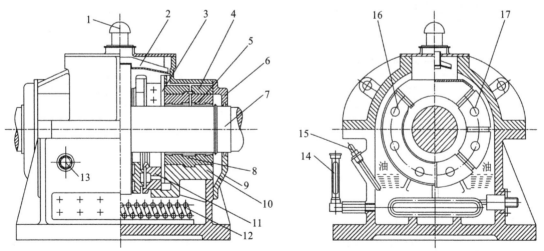

图 3-5-3 滑动式推力轴承

1—通气罩;2—刮油器;3—调整板;4—上壳;5—上轴瓦;6—上挡油盖;7—推力轴;8—下轴瓦;9—下挡油盖;
10—下壳;11—支承垫;12—冷却水管;13—螺塞;14—油位表;15—油温表;16—压盖;17—推力块

承。上壳外安装有透气罩,内有刮油器,可将推力环带起的油刮下输送到有关的润滑部位,多余的润滑油流回下壳的油池。下壳的底部为油池,油池内设置独立的冷水管,可引入舷外水,冷却润滑油。下壳设置透明的油位表和温度表,可供观察油位和油温。在推力轴承两端部则设有挡油盖,并在其中填入毛毡环,防止润滑油外漏。

2. 油楔形成原理

如图 3-5-4 所示,当轴系工作时,推力环沿箭头方向运动,润滑油被推力环引导到推力块上。同时受螺旋桨推力的作用,推力环压在推力块上,因推力块与支承垫的接触中心偏离其几何中心,摩擦面间的油膜合力 T 与支承垫的反作用力 R 形成一对力偶,在这个力偶的作用下,推力块产生倾斜。随着推力块的倾斜,油膜合力中心点向支承点移动,当 T 与 R 重合时,推力块便保持一定的倾斜度位置,推力环与推力块之间便形成了油层(即油楔),从而得到液体动力润滑,防止了推力环与推力块的直接接触,使推力轴承的承载能力大大增加。

从油楔形成的原理可知,随着推力的变化,推力块会随之自动调整倾斜度而形成相应的油楔,因此,把这种轴承又称为动块式(或"米契尔"式)推力轴承。

3. 主要参数的选择

(1) 推力块的数目 一般取 $z=6\sim12$ 个。

(2) 有效面积系数 是指推力块有效面积与理论环形面积的比值(见图 3-5-5),即

$$m = \frac{z\theta}{2\pi}$$

一般取 $m=0.5\sim0.9$(对于自然润滑的轴承,取下限,强制循环的取上限)。

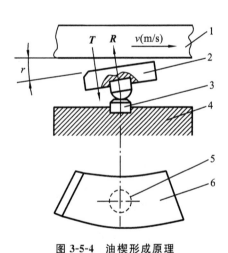

图 3-5-4 油楔形成原理
1—推力环;2—推力块;3—销座;
4—支承垫;5—销座;6—推力块

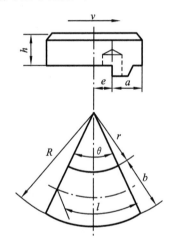

图 3-5-5 推力块的有关尺寸

(3) 推力块的尺寸比 推力块的内、外半径的比 r/R,一般取 $0.5\sim0.7$。其长宽比 l/b:对于一般摆动式推力块,可取 $1.0\sim1.25$,l 为推力块平均半径处圆弧长;b 为推力环宽度。

(4) 偏心距 e。目前世界各国对 e 的大小选择是不一样的,一般 e 值在 $0.051\sim0.101$ 的范围内选取。我国所编制的推力轴承标准取 $e=0.081$。

我国船用推力轴承的结构已基本定型,其外形尺寸及技术数据,可据我国的 CB 标准选定,参见表 3-5-1。

表 3-5-1 推力轴承的尺寸参数

型号	轴颈直径 D_z /mm	最大使用推力 T_{max} /N	最大使用推力时的转速 n /(r/min)	推力块承压面积 F /cm²	推力块与推力环之间的总间隙 Δ/mm	推力块数目 z	推力环直径 D /mm
TZ140	140	60 000	300～600	390	0.4～0.6	6	340
TZ160	160	90 000	200～600	600	0.4～0.6	6	410
TZ180	180	120 000	200～600	660	0.5～0.7	6	430
TZ200	200	160 000	180～500	750	0.5～0.7	6	470
TZ220	220	200 000	180～500	1 005	0.5～0.7	6	520
TZ280	280	300 000	120～350	1 530	0.65～0.8	6	640
TQ250	250	400 000	250～550	1 665	0.80	8	600
TQ280	280	500 000	250～550	2 000	0.90	8	670
TQ300	300	600 000	200～520	2 340	0.90	8	710

注：TZ—自然润滑的滑动推力轴承；
　　TQ—强制循环润滑的平衡滑动推力轴承。

4. 尺寸的校验

在主要结构尺寸参数选定后，一般尚须校验推力块和推力环接触时的单位面积的压力 p_m（比压）和推力环的应用应力 σ。

p_m 可按下式校验：

$$p_m = \frac{T}{F_1}$$

式中：T 为螺旋桨的总推力，N；F_1 为推力块总面积，cm²。

p_m 的计算结果应符合以下数据范围：

对于自然润滑的推力轴承，$p_m = 150～200$ N/cm²；

对于强制润滑的推力轴承，$p_m = 200～350$ N/cm²。

推力环的尺寸是否选择正确，可按下式进行效验，即使其最大应力 σ 不超过应力许用值 $[\sigma]$。

$$\sigma = \left(\frac{R}{B}\right)^2 \alpha p_m \leqslant [\sigma]$$

$$[\sigma] = 0.2\sigma_s$$

式中：$[\sigma]$ 为许用应力，N/cm²；σ_s 为材料的屈服强度，N/cm²；α 为系数，如图 3-5-6 所示。

5. 轴承设计基本步骤

需要重新设计推力轴承时，一般可按以下基本步骤简单计算。

先根据经验数据确定推力块的数量 z 与 R、r 的关系。

若取 $l = b$，则 $l = R - r$

推力块的平均半径 $r_m = \dfrac{R+r}{2}$

令 l' 为两推力块的距离，则周长为

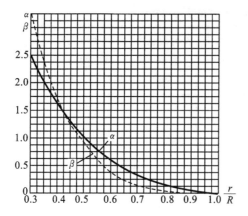
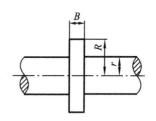

图 3-5-6 系数 α、β

$$z(l+l') = 2\pi r_m$$

因此
$$z(l+l') = 2\pi \frac{R+r}{2}$$

即
$$z = \pi \frac{R+r}{l+l'}$$

又根据经验数据,取有效面积系数 $m = 0.85$,则得
$$zl = m \times 2\pi r_m = 0.85z(l+l')$$

故 $l' = 0.15l$,将 l' 值代入上式得
$$z = \frac{\pi(R+r)}{l+0.15l} = \frac{R+r}{1.15(R-r)} \cdot \pi$$

根据以上推导出的 z 和 R、r 之间的关系式,即可进行轴承的计算。计算步骤如下。

1) 计算推力 T

取螺旋桨推力计算结果或按下式求得
$$T = 1\,945.2 \frac{P_{eb}}{V_s} \cdot \eta_0$$

式中:η_0 为螺旋桨的效率;P_{eb} 为主机的标定功率,kW;V_s 为船舶的航速,kn。

2) 计算推力块总面积 F_1
$$F_1 = \frac{T}{[p_m]}$$

式中:$[p_m]$ 为许用比压,一般 $[p_m] \leqslant 250 \text{ N/cm}^2$。

3) 计算推力环圆环面积 F_2
$$F_2 = \frac{F_1}{0.85}$$

4) 计算推力块的内半径 r
$$r = 1.05 r_0$$

式中:r_0 为轴颈的半径,cm。

5) 计算推力块的外半径 R
$$R = \sqrt{\frac{F_2 + \pi r^2}{\pi}}$$
$$F_2 = \pi(R^2 - r^2)$$

6) 计算推力块的数目 z

$$z = \frac{R+r}{1.15(R-r)}\pi$$

计算所得的 z 值如为非整数,则将其修正成整数 z'。

7) 计算 R'

修正后的 z' 值,欲保持 r 不变,则 R 应变成 R',有

$$R' = r\frac{1.15z'+\pi}{1.15z'-\pi}$$

8) 推力块总面积 F_1 变成 F'_1

$$F'_1 = 0.85\pi(R^2 - r^2)$$

此时实际承受的比压为

$$p_m = \frac{T}{F'_1}$$

9) 计算推力环平均直径处的圆周速度 v

$$v = \pi\left(\frac{d_T + d_2}{120}\right)n$$

式中:d_T 为推力环的直径,m;d_2 为轴颈直径,m;n 为轴的转速,r/min。

10) 计算推力环厚度 B

$$B = (0.133 \sim 0.145)d_T$$

11) 计算两端支承轴承的长度 L

$$L = d_z$$

12) 计算推力轴承的外形长度 L_0

$$L_0 = 2(R + L)$$

13) 计算推力轴承的高度 H

对于压力润滑: $\qquad H = 2.5R$

对于单独润滑: $\qquad H = 4R$

14) 计算推力轴承的宽度 B_0

$$B_0 = (2.5 \sim 3.0)R$$

一般除进行上述计算外,还应校核轴承的油膜厚度 $h_{\min}$。应符合

$$h_{\min} \geqslant y + 0.001$$

式中:y 为推力环最大挠度,cm。

$$y = \beta\frac{p_m \cdot R^4}{E \cdot B^3}$$

式中:β 为系数(查图 3-5-6);E 为材料弹性模数,N/cm²;B 为推力环厚数,cm。

$$h_{\min} = K\sqrt{\frac{F_0 \cdot n \cdot \mu}{\rho \cdot c \cdot \Delta t}}$$

式中:K 为系数,按图 3-5-7 选取;F_0 为一个推力块的面积,cm²;n 为轴的转速,r/min;μ 为润滑油黏度,Pa·s;ρ 为润滑油密度,kg/cm³;c 为润滑油比热容,J/(kg·℃);Δt 为润滑油的温升,℃。

6. 润滑方法与间隙

推力轴承的润滑方式一般有两种:一种是压力润滑,即采用单独的润滑油泵或主机润滑油

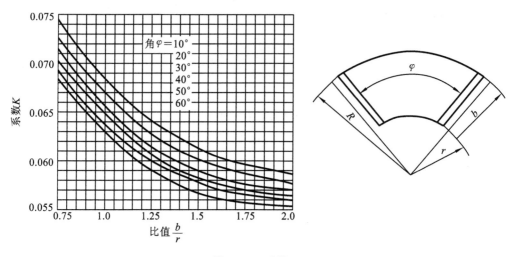

图 3-5-7 系数 K

泵将润滑油打入推力轴承,工作后受热的润滑油再被抽出送至冷却器,再至循环油柜;另一种是自然润滑,润滑油不进行压力循环,而靠润滑油的飞溅和油雾进行润滑,通过蛇形管用舷外水进行冷却。

推力轴与推力轴承两端轴瓦的径向间隙及推力环与推力块的间隙见表 3-5-2。

表 3-5-2 推力轴承的间隙 单位:mm

轴颈 d	推力轴与推力轴承径向间隙		推力环与推力块轴向总间隙		推力块白合金极限厚度
	安装间隙	极限间隙	安装间隙	极限间隙	
	标 准 值				
<100	0.10~0.15	0.40	0.10~0.20	0.4	1.02
100~120	0.13~0.18	0.45	0.15~0.25	0.45	1.40
120~150	0.15~0.20	0.50	0.20~0.30	0.52	1.60
150~180	0.18~0.23	0.55	0.25~0.35	0.60	1.80
180~220	0.20~0.25	0.60	0.30~0.40	0.70	2.00
220~260	0.22~0.30	0.65	0.35~0.45	0.80	2.20
260~310	0.25~0.33	0.70	0.40~0.55	0.90	2.40
310~360	0.32~0.40	0.8	0.45~0.60	1.00	2.60
360~440	0.36~0.45	0.9	0.50~0.70	1.15	2.80
440~500	0.40~0.50	1.00	0.55~0.75	1.30	3.00
500~600	0.45~0.55	1.10	0.60~0.80	1.45	3.00
600~700	0.50~0.60	1.20	0.70~0.90	1.60	3.00

3.5.3 刚性联轴器及连接螺栓

所谓刚性联轴器,是指不通过其他中间弹性元件,而可直接将轴系中的两根传动轴连接在一起的联轴器。

常用的刚性联轴器有整锻法兰式、可拆法兰式、夹壳式及液压控制变形连接式等。

1. 整锻法兰式联轴器

这种联轴器将法兰和轴锻(或焊接)成一个整体,是轴系中常用的一种联轴器。其结构特点已在 3.3 节的中间轴部分叙述。图 3-5-8 所示为这种联轴器的结构,图 3-5-8(a)所示为圆柱螺栓连接的形式;图 3-5-8(b)所示为采用锥形螺栓连接的形式,更便于联轴器的拆装。整锻法兰式联轴器已标准化,设计时可参阅专门的标准。

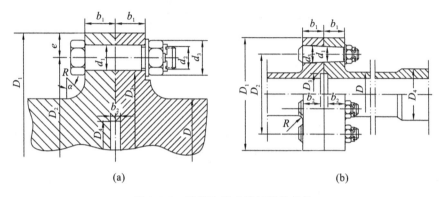

图 3-5-8 整锻法兰式联轴器的结构

联轴器螺栓的数目通常为 6~12 个,螺栓直径可按船舶规范规定的公式进行计算和校验。为了对这种联轴器各部分尺寸间的关系有所了解,现列出一些经验数据供参考:

$$D_1 = (1.75 \sim 1.9)D$$
$$D_2 = (1.35 \sim 1.5)D$$
$$D_4 = (0.8 \sim 0.9)D$$
$$R \geqslant 0.125D$$
$$b_1 = (0.8 \sim 0.85)d_1 = 0.2D$$

式中:符号含义如图 3-5-8 所示。

2. 可拆式法兰联轴器

图 3-5-9 所示为可拆式法兰联轴器的结构,它与轴段是分开的,因此,其外形尺寸一般大于整锻式法兰联轴器的尺寸。

轴系中采用可拆式法兰联轴器较普遍,如尾轴(桨轴)要求由船后抽出时,就必须采用它。这种联轴器的内孔为一圆锥面,安装时必须与轴段端部的锥面紧密配合,并用螺母锁紧,配合锥面承受螺旋桨的前进推力,锁紧螺母则承受倒车拉力,主机转矩则由键及配合锥面来传递。

可拆式法兰联轴器主要尺寸关系如下:

$$L = (2.2 \sim 2.9)d$$
$$A = (2.2 \sim 3)d$$
$$C \approx 2d$$
$$B \approx 1.15d$$

$$H \approx 0.5d$$

式中:符号含义如图 3-5-9 所示。

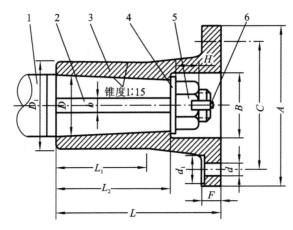

图 3-5-9 可拆式法兰联轴器的结构
1—桨轴;2—键;3—联轴器;4—垫片;5—锁紧螺母;6—止动块与止动螺钉

3. 夹壳式联轴器

图 3-5-10 所示为夹壳式联轴器的结构。它是由上、下两半的夹壳将相邻的两轴段"Ⅰ"和"Ⅱ"的轴端夹紧,并将二者连接起来,借摩擦力传递转矩的。

夹壳的内孔与两轴端的外径配合,上、下夹壳间留有一定的间隙,以便通过螺栓能夹紧在轴上;键的功用是防止轴与夹壳间的转动;卡环则用来防止两轴段沿轴向松动。

夹壳式联轴器的横截面尺寸比整锻法兰式联轴器的小,拆装时不必将轴转动方向,所以,适于安装在不易进入的狭窄地方或舷外轴段的连接。但由于它比整锻法兰式联轴器的要重 1.5~2 倍,一般较少采用。

夹壳式联轴器的强度计算,一般只验算键的挤压应力和螺栓应力,设计时可参考有关手册。

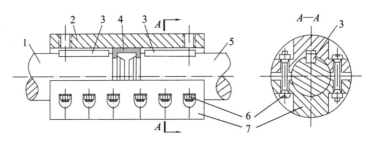

图 3-5-10 夹壳式联轴器的结构
1—轴段Ⅰ;2—上夹壳;3—键;4—卡环;5—轴段Ⅱ;6—连接螺栓;7—下夹壳

4. 液压联轴器

图 3-5-11 所示为液压联轴器的结构,它主要由外套和衬筒组成。外套上开有进油孔,内表面开有环形油槽。外套与衬筒以锥面相配合,衬筒内圆表面与轴颈为动配合。

它与夹壳式联轴器都是利用摩擦力来传递转矩和推力的;不同之处是,夹壳式联轴器利用螺栓的收紧力而产生摩擦力,而液压联轴器利用液压力使连接件发生弹性形变之后的恢复力产生摩擦力。使用液压联轴器时,连接摩擦面要精确加工,轴径应相等。

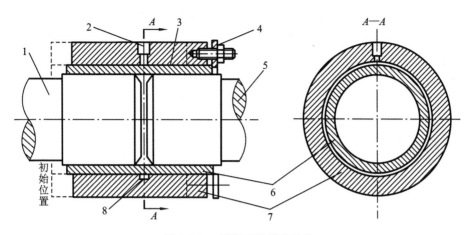

图 3-5-11 液压联轴器的结构
1—轴段Ⅰ;2—油管接头;3—圆锥面;4—安装工具;5—轴段Ⅱ;6—衬筒;7—外套;8—环形油槽

液压联轴器装拆基本步骤如下:如图 3-5-11 所示的虚线为外套在安装的初始状态时的位置,这时除了重量外,外套与衬筒、衬筒与轴颈之间,没有其他作用力存在。安装时把高压油管与外套接上,并用专用工具将外套沿锥面向右拉动,使内外锥面相互紧贴在一起,然后打入高压油。高压油首先充满环形油槽,并借油的压力挤进锥面间隙,在整个锥面上形成一层油膜。油膜压力向外将外套涨大,并向内将衬筒压小,使它紧箍在轴颈上,锥面间产生间隙,这样便可利用专用工具将外套沿锥面向右拉动,而保持衬筒不动,使内外锥面重新接触。如此继续增加油的压力,使外套内径不断涨大,并借工具将它继续拉向右方,同时衬筒压在轴颈上的力也不断增大。直至外套右移至实线位置为止,放掉高压油。原来不断涨大作弹性形变的外套因油压消失而复原,紧箍在衬筒上,衬筒紧压在轴颈上,产生正压力并引起摩擦力。

所需传递的转矩与推力均靠摩擦力传递,其传递路径是轴段Ⅰ、衬筒、外套、衬筒至轴段Ⅱ。

拆卸时将高压油管接在外套上,向外套泵入高压油。当油压升至一定的数值时,外套涨大并与衬筒脱离,同时由于锥面的关系,油的压力有一个轴向分力作用在外套上,该分力会使外套向左自行滑出。在拆卸时应注意安全,避免外套突然退出伤人。

对液压联轴器外套的材料强度要求高,一般采用高强度钢(如轴承钢)等锻制。衬筒的任务是传递正压力,衬筒的厚度也很薄,以利于受压时作径向变形,一般采用普通碳钢制成。

拆卸时所需油压常在 120 MPa 左右,有时还可以更高些。

液压联轴器与轴结合,径向不用键,轴的强度提高;不需要连接螺栓,连接牢固可靠,结构简单,径向尺寸小,制造和安装工作简便,但需要专门的工具装拆。目前在大、中型船舶上得到广泛的使用。

液压联轴器的设计计算步骤:先决定其所承受的最大转矩;其次是在满足材料强度要求下选定其有关尺寸,并计算出所考虑的轴、衬筒及外套的变形量;然后再计算出它们间为保证可靠工作(不致松脱)所需要的过盈量。下面仅介绍其能承载的转矩和过盈量的计算方法。

1) 承载转矩 M_{max} 的计算

$$M_{max} = \frac{1}{2}\pi d^2 l p_1 f \geqslant K M_{eb}$$

式中:d 为与衬筒接触处的轴径,mm;l 为衬筒和轴接触处的压紧长度,mm;f 为摩擦因数,可

取 $0.14\sim 0.15$；p_1 为轴和衬筒之间的压力，N/cm^2，p_1 可取 $107.8\ N/cm^2$；M_{eb} 为主机标定传递转矩，$N\cdot mm$；K 为安全系数，可取 $2\sim 3$。

在主轴承受轴向力时，安全系数可取上限。

2) 轴向推入量 S（或过盈量 δ）的计算

按海规规定，对于套筒式联轴器，应具有传递 2.7 倍平均转矩的能力，且其最大过盈的当量应力应不超过套筒材料屈服强度的 70%。

对于不属于上述所指的一般液压套合联轴器，则实际选用的轴向推入量 S（或过盈量 δ）应满足下列要求：

$$S_1 \leqslant S \leqslant S_2$$
$$\delta_1 \leqslant \delta \leqslant \delta_2$$
$$S_1 = \frac{\delta_1}{\alpha_K} = \frac{1}{\alpha_K}\left[\frac{1\ 672 P_{eb}}{F n_{eb}}(C_1+C_2)+0.03\right]$$
$$S_2 = \frac{\delta_2}{\alpha_K} = \frac{1}{\alpha_K} 0.034\times 10^{-4}\sigma_s \cdot d_1(C_1+C_2)\frac{K_{d2}^2-1}{\sqrt{3K_{d2}^4+1}}$$

式中：S_1 为最小轴向推入量，mm；S_2 为最大轴向推入量，mm；δ_1 为最小过盈量，mm；δ_2 为最大过盈量，mm；α_K 为套合轴的锥度；P_{eb} 为轴传递的标定功率，kW；n_{eb} 为传递 P_{eb} 时轴的轴速，r/min；F 为套合面的理论接触面积，mm^2。

$$C_1 = \frac{1+K_{d1}^2}{1-K_{d1}^2} - \mu_1$$
$$C_2 = \frac{K_{d2}^2+1}{K_{d2}^2-1} + \mu_2$$
$$K_{d1} = \frac{d_0^2}{d_1^2}$$
$$K_{d2} = \frac{d_2}{d_1}$$
$$\mu_1 = \mu_2 = 0.3$$

式中：d_0 为轴中孔直径，mm；d_1 为套合接触长度范围内轴的平均直径，mm；d_2 为套合接触长度范围内联轴器平均外径，mm；σ_s 为联轴器材料的屈服强度，N/mm^2。

5. 连接螺栓

联轴器螺栓除了起连接作用外，还起到传递主机的转矩和承受倒车时螺旋桨拉力的作用。螺栓传递转矩的方式有二：一是通过它将两法兰夹紧，利用法兰上面的摩擦作用来传递转矩；二是使螺栓与螺栓孔间作紧配合，依靠螺栓承受剪切作用来传递转矩。

在轴系设计时，必须对它进行强度校验。但是，由于螺栓受力较复杂，除了上述负荷外，还受到装配应力、振动力和弯曲变形等方面的影响，目前一般都按船舶规范的有关公式进行计算。

1) 按海规计算

在联轴器接合面处的紧配螺栓直径 d_f 应不小于按下式计算的值：

$$d_f = 15.92\sqrt{\frac{P_{eb}\times 10^6}{n_{eb}\cdot z\cdot D\cdot \sigma_b}}\ mm$$

式中：P_{eb} 为轴传递的标定功率，kW；n_{eb} 为轴传递 P_{eb} 时的转速，r/min；z 为螺栓数目，个；D 为节圆直径，mm；σ_b 为螺栓材料的最小抗拉强度，N/mm^2。

如采用普通螺栓连接,则螺栓的螺纹根部直径 d_n 应不小于按下式计算的值:

$$d_n = 25\sqrt{\frac{P_{eb} \times 10^6}{n_{eb} \cdot z \cdot D \cdot \sigma_b}} \text{ mm}$$

式中:符号含义同上式。

普通螺栓的预紧力及安装工艺应经中国船级社(CCS)同意。

螺旋桨与桨轴的连接螺栓应为紧配螺栓,其直径至少比 d_n 的计算值大 5%。

对于仅航行在港口的船舶,其连接螺栓的直径可以减小 4%。

对于连接曲轴各段及曲轴与推力轴的联轴器紧配螺栓,其直径至少比 d_f 计算值增大 5%。

2) 按 1991 年河规计算

联轴器法兰连接螺栓应有紧配螺栓,其直径 d_f 应不小于按下式计算的值:

$$d_f = 0.65\sqrt{\frac{d^3(\sigma_b + 157)}{z \cdot D \cdot \sigma_{bb}}} \text{ mm}$$

式中:d 为确定的轴的直径,mm;z 为紧配螺栓数目,不少于总数的 50%;D 为节圆直径,mm;σ_b 为轴材料的抗拉强度,N/mm²;σ_{bb} 为螺栓材料的抗拉强度,N/mm²。

对于曲轴与推力轴的联轴器法兰,其紧配螺栓按上公式计算 d_f 值增加 5%。

紧配螺栓起剪切传扭作用;非紧配螺栓主要起连接作用,同时,产生摩擦传扭作用。

3.5.4 隔舱填料函

1. 作用

当轴系通过船体隔舱壁时,须在舱壁上开孔,这样就破坏其水密性能。对于要求水密的舱壁须在开孔处装设隔舱填料函,以保证水密,防止海水进入水密舱室。

2. 对隔舱填料函的要求

(1) 不论轴系是否转动,应能承受一定的水压而不至于泄漏。

(2) 拆装方便,并能在隔舱壁一边调整其松紧。

(3) 力求外形尺寸小,结构简单,重量轻。

(4) 当轴旋转工作时,摩擦因数小,温度一般不超过 55~60 ℃。

3. 结构形式

隔舱填料函的结构形式有整体式和可分式两种。

图 3-5-12 所示为整体式填料函的结构。它是将填料本体及压盖分别制成整体,其内孔孔径比轴的外径大数毫米。本体中装塞防漏填料,填料常用浸油或涂油的棉麻紧密编织而成,形

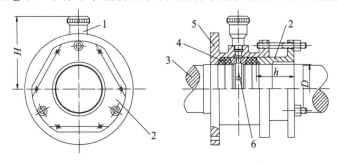

图 3-5-12 整体式隔舱填料函的结构

1—油杯;2—填料函压盖;3—轴;4—填料;5—填料函本体;6—分油环

状有方形和圆形。填料的密封性是靠压盖的压紧度来调整的,既要考虑水密性,又要使轴旋转时填料函温度上升不至于太高。

这种填料函在拆装传动轴时,只需先将轴上可拆联轴器拆下,就可使传动轴从填料函的内孔中抽出或装入,而无须拆卸填料函。它主要适用于小型船舶。

图 3-5-13 所示为可分式隔舱填料函的结构。其特点是将填料函本体和压盖等均剖分成两半块,安装时用螺栓连接为一体,在其拆装或修换时无须拆卸传动轴,故被广泛地应用。它又有以下两种形式。

(1) 填料函孔与轴同心布置,一般用于中、小型船舶。

(2) 填料函本体外形为椭圆形,其填料函孔对本体偏心布置,舱壁上的孔沿高低方向开得较大,故便于在船内装拆及运送轴系。这种结构的填料函多应用于大、中型船舶。

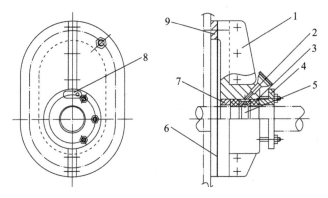

图 3-5-13 可分式隔舱填料函的结构
1—填料函本体;2—油杯;3—填料;4—填料压盖;5—分油环;
6—垫片;7—填料座衬;8—连接板;9—座板

3.5.5 轴系制动器

1. 作用与要求

轴系制动器用来制止轴系有可能产生旋转运动的趋势,使传动轴保持静止状态。

轴系中设置制动器是必要的。当船舶停泊或航行,不工作螺旋桨受到水流的冲击而具有产生旋转运动的趋势时;在航行船舶需修理主机时;多桨推进装置,需停止部分主机或作被拖带船时,为避免增加不必要的磨损;对于某些采用牙嵌离合器的小型船舶的推进装置,在离合器结合时等,都必须将转轴制动。

选用制动器要求其安全可靠,不会自动松开;刹轴时不使轴受较大的弯曲应力;结构简单,操作方便;重量轻,外形尺寸小等。

2. 结构形式

常用的制动器有带式、抱箍式和气胎式三种,前两种多用于小型船舶。制动器一般采用传动轴的联轴器法兰的外圆面作制动盘。

1) 抱箍式制动器

图 3-5-14 所示为抱箍式制动器的结构。

它主要由可绕耳环转动的两块制动块所组成,在与轴相接触的制动块摩擦部位上装有一层石棉或石棉与橡胶压成的耐磨材料。

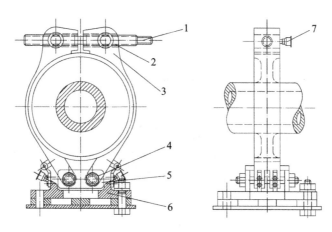

图 3-5-14 抱箍式制动器的结构
1—拉杆；2—拉杆螺母；3—制动块；4—耳环；5—撑架；6—底座；7—油杯

由于它在刹轴时使轴产生的弯曲应力比带式制动器的为小，故在小型船舶上用得较多。这种制动器可按以下方法校验。

为能使传动轴刹得住，其刹车力矩 M_s 应比轴的标定力矩大 20%～50%，以防打滑。

刹车盘上的刹车力为

$$T_s = 2M_s \cdot \frac{100}{D_s}$$

式中：M_s 为制动力矩，N·m；D_s 为轴（或法兰）的外圆直径，cm。

制动箍在刹轴盘上的正压力为

$$N_s = \frac{T_s}{f}$$

式中：f 为摩擦因数。

对于钢带与箍，$f=0.15\sim0.18$；

对于石棉带与钢刹轴盘，$f=0.32\sim0.35$；

对于橡胶石棉带与钢刹轴盘，$f=0.4\sim0.44$。

作用在每一个摩擦副上的正压力为 $N_s/2$。

故制动带表面平均单位压力为

$$p = N_s/(2b_s \cdot l) = N_s \times 180/(b_s\pi \cdot D_s \cdot \alpha)$$

式中：b_s 为刹轴箍或刹轴带宽度，cm；l 为接触弧的长度，cm；α 为箍接触的包角（一般 α 取 120°）。

计算刹轴器（制动器）时，给出 b_s，D_s 或采用联轴器法兰外圆周面作刹轴盘时，取其法兰的外径和宽度作依据。选定摩擦因数 f 值，并给出包角 α 的值后，便可算出 p 值。

$$p \leqslant [p]$$

式中：$[p]$ 为许用压力值，N/cm²。

对于带式制动器，许用压力值 $[p]=50\sim100$ N/cm²；

对于抱箍式制动器，许用压力值 $[p]=400\sim600$ N/cm²。

2) 气胎式制动器

图 3-5-15 所示为气胎式制动器的结构。

气胎式制动器的壳体通过底座固定在机舱底部专门的机座上，刹车飞轮则通过安装孔借

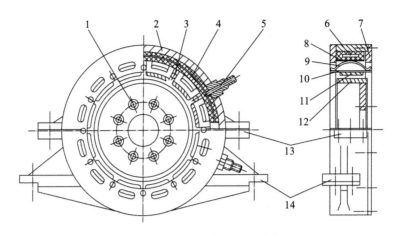

图 3-5-15 气胎式制动器的结构

1—刹车飞轮安装孔;2—壳体;3—撑柱;4—气胎;5—进气管接头;6—气胎;7—端盖;8—中间垫板;
9—弹簧板;10—刹车压板;11—刹车带;12—刹车飞轮;13—上、下体连接凸缘;14—底座

助螺栓将其固定在某一选定的联轴器上,并使孔的数目及位置与联轴器法兰上孔的一致,且孔径略大,以便安装。当传动轴回转时,刹车飞轮随法兰一起转动,而壳体及端盖却不动。在壳体内孔的圆周面上安装有橡胶制成的气胎和进气管接头,并安装有弹簧板及刹车带。需要刹住传动轴时,只要自进气管接头接入压缩空气(一般其气压取$(8\sim10)\times10^5$ Pa),即可使气胎膨胀,并通过压缩弹簧板,刹车带就能紧抱住刹车飞轮而使轴制动。弹簧板的功用是气胎放气松箍时,使刹车带能够复位,并使刹车飞轮的外圆面与刹车带之间能留有一定的间隙。

对于中、大型船舶,由于船上有气源,加之刹轴的制动力矩要求较大,往往采用这种制动器。

刹车带对刹车飞轮外圆产生的正压力为

$$N_s = 2\pi R \cdot B \cdot C(p_1 - p_2) \cdot 10^4$$

式中:R 为刹车飞轮半径,cm;B 为刹车带宽,cm;C 为有效接触系数,(约为0.9);p_1 为蓄气瓶空气压力,可取$(8\sim10)\times10^5$ Pa;p_2 为刹车带与刹车飞轮的外圆面接触时所需要的气压,一般可取$(0.3\sim0.7)\times10^5$ Pa。

刹车带与刹车飞轮的外圆面接触时的摩擦力矩 M_m 应为

$$M_m = N_s \cdot f \cdot R \geqslant M_s$$

从上面两式即可得到刹车带的基本尺寸或对它进行校验。

3.6 轴系负荷与合理校中计算

3.6.1 概述

船舶轴系的负荷计算,通常将轴线当做一条直线,来计算轴系的弯矩和轴承支反力。但实际上由于船体变形和安装误差等的影响,轴承的垂直位置发生了变化,或轴线不是一条直线,轴承支反力与理论计算值不同了,甚至出现超负荷的情况。因此,对于一些大型船舶,还要计算各轴承的影响数,即计算各轴承由于某一轴承变位(变位0.1 mm)而引起的支反力的变化。影响数小表示轴承变位对其他轴承影响不大,轴承间距布置可认为是满意的,这也表示对安装校中工艺的要求可以降低。反之,影响数大,表示轴承变位对其他轴承较为敏感,轴承布置应予以修改,因为这样布置即使安装工艺有严格的要求,也可能使轴承容易出现事故。

通过影响数的说明,可以发现,轴系安装时,不必一定要安装于同一直线上,可有意调整各轴承在垂直方向上的高低位置,使轴承负荷重者降低,轻者升高,这种处理过程称为合理曲线校中设计计算。它可使各轴承的负荷趋于均匀合理、寿命正长、工作安全可靠。

轴系的负荷与校中设计计算的方法有几种,如三弯矩法、有限单元法、力矩分配法等。力矩分配法属于位移法类型的一种渐进法,其计算采用逐步近似的步骤,其计算结果的精确度随计算次数的增加而提高。这种方法较简便,易于掌握与应用,故本节以力矩分配法作为基础,介绍轴系强度和校中计算的原理与过程。

3.6.2 基本原理

1. 受力分析

船舶轴系可看成是一段受均布负荷的连续梁。现假设某连续梁受负荷 G 作用后,其变形如图 3-6-1(a)的虚线所示。

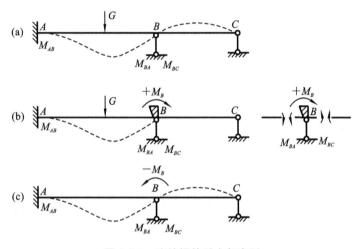

图 3-6-1 连续梁的受力与变形

首先设想在节点 B 加一个阻止其转动的约束(附加刚臂),以使节点 B 不能转动,于是得到一个由单跨超静定梁组成的基本结构(见图 3-6-1(b))。然后把负荷作用到基本结构上,这时在基本结构中的各杆杆端就产生了固端弯矩。图 3-6-1(b)所示的 BC 跨因无负荷作用,故 $M_{BC}=0$。实际上在基本结构的节点 B 处,各杆的固端弯矩一般也常是不能互相平衡的,这就必然在附加刚臂上产生约束反力矩 M_B,其值可由节点 B 的弯矩平衡条件来求得,即

$$M_B = M_{BA} + M_{BC}$$

约束反力矩 M_B 称为节点上的不平衡力矩,它等于汇交于该节点的两杆端固端弯矩之代数和,以顺时针方向为正。

在连续梁的节点 B,本来没有转动的约束刚臂,也没有约束力矩 M_B 作用。因此,图 3-6-1(b)所示的杆端弯矩并不是结构受力的实际状态,必须对此加以修正才行。为此,不妨放松节点 B 处的约束,梁即回复到原来的状态(见图 3-6-1(a)),这一过程相当于在节点 B 上加了一个外力矩,其值等于约束力矩 M_B,但方向与约束力矩相反(即 $-M_B$),这个外力矩将产生如图 3-6-1(c)所示的变形。力矩分配法的中心内容就是研究在连续梁各节点处的不平衡力矩如何求得,

相应的外力矩－M是如何分配和传递的,它们对邻近各档支承的影响结果又怎样。下面逐一来分析这些问题。

2. 计算模型的建立

轴系的实际受力是比较复杂的,这里从静力学的角度讨论静态校中的步骤。为了求得各支承处的弯矩与支反力,须把轴系的受力(指各部分重量)及结构(指其截面)情况进行简化,确定计算的数学模型。

1) 轴承支点

在计算轴承负荷时,必须决定轴承的支点位置,对于中间轴承,常取其中点,对于后尾轴承,其支点取法可参考 3.2 节轴系布置设计的介绍。

2) 螺旋桨的重量

可直接从设计图样上或用类比法获得桨的重量;在无第一手资料时,也可选择直径相同、几何参数相似、用材相同的桨的重量,用经验公式算得;组合式桨的重量比整体式的大 20%。通常计算时把整个螺旋桨的重量作集中负荷处理,一般尚应扣除螺旋桨在水中浮力的影响。

3) 轴段的重量与截面的处理

船舶轴系在各轴段连接处有法兰,尾轴、推力轴与中间轴连接处都有过渡段,而且过渡段都不在轴承处。因此,整个轴系实际上是一个变截面的连续梁。

在工程应用中,通常将各轴段中的法兰、轴套、过渡段等的重量进行平均分摊,并将其作为均布负荷处理。轴段的重量也常这样确定:通过计算先求得实心光轴的均布负荷 q,再将其乘以修正系数 ϕ,结果作为带有法兰或轴套等的轴段均布负荷。根据大量统计数据所得到的螺旋桨轴、中间轴、推力轴的修正系数 ϕ 列于图 3-6-2、图 3-6-3、图 3-6-4 中。

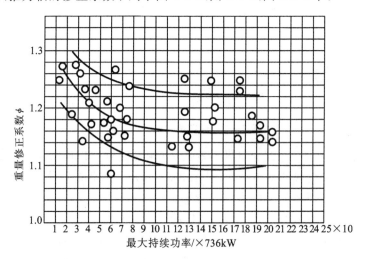

图 3-6-2 螺旋桨轴重量修正系数

图中的上限和下限为两条点画线,一般取其中间值(图中实线所示)。这样,各轴段的均布负荷

$$q = \phi q_0$$

式中:q_0 为不考虑法兰等重量的负荷,即实心刚轴负荷,N/m;ϕ 为修正系数;q 为轴段均布负荷,N/m。

在轴段截面的简化方面,由于螺旋桨重量、轴承支点等都是近似的,加之桨的水动力不均

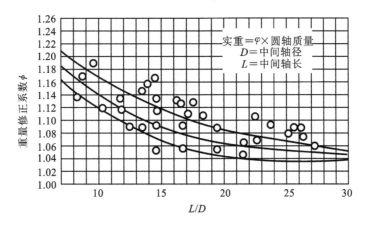

图 3-6-3　中间轴重量修正系数

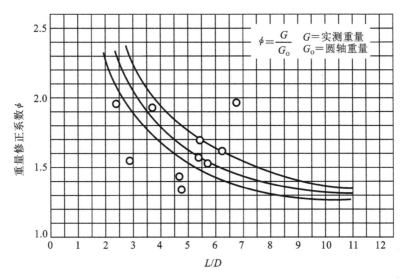

图 3-6-4　推力轴重量修正系数

所产生的偏心力等也没有考虑进去,所以没有必要将轴系作为变截面梁来处理。通常这样计算的结果,其误差在工程允许的范围之内。

对于图 3-6-5 所示的情况,其面积惯性矩和轴段负荷可作如下转化处理。

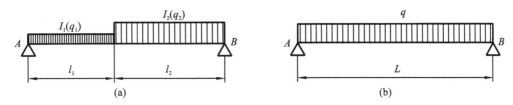

图 3-6-5　轴段惯性矩和载荷的转化

一般把两支承间的分段等截面转化为平均等截面来计算。这里所说的等截面是指同一跨内截面不变,不同跨距允许有不同的截面。轴段 AB 是由两个不同的等截面轴段组成的,惯性矩 I_1、I_2 所对应的轴段长度分别为 l_1、l_2,则其平均惯性矩 I 为

$$I = \frac{l_1 I_1 + l_2 I_2}{L}$$

$$L = l_1 + l_2$$

如有两个以上截面时,则可推得

$$I = \frac{\sum l_i I_i}{L}$$

在某跨距承受不同的负荷的轴段,可按上述方法同样处理。设分段 AB 由不同的均布负荷组成,均布负荷为 q_1、q_2 所对应的轴段长度分别为 l_1、l_2,则平均负荷 q 为

$$q = \frac{l_1 q_1 + l_2 q_2}{L}$$

有两种以上的均布负荷时,可推得

$$q = \frac{\sum l_i q_i}{L}$$

这样就可把各跨内不等截面的轴段,转化为每两支承之间只有一个均布负荷的连续梁来处理。当各分段直径和负荷的差异不是太大时,采用上述近似处理,一般能满足要求。对于传动轴上的较大的联轴器(法兰)、飞轮,可以根据其实际结构尺寸算出其重量,并将它们视为集中负荷,使其作用于轴线上相应的位置来处理。

4) 负荷的限制条件

在轴系计算中,所谓轴系的负荷实际上是指轴承的支反力,它既不能太高,也不宜出现负值,并要求任何轴承的上端不受力,下端不至于出现脱空的现象,轴承的最大允许负荷 $[R_{max}]$ 应不超过由下式确定的数值:

$$[R_{max}] \leqslant [p]dl$$

式中:d 为轴承衬长度内的轴外径,mm;l 为轴承衬长度 mm;$[p]$ 为轴承衬材料的许用比压,MPa。

在一般情况下,$[p]$ 应不超过下列数值:

对于白合金尾管轴承, $[p] \leqslant 0.49$ MPa;
对于铁梨木尾管轴承, $[p] \leqslant 0.294$ MPa;
对于中间轴承, $[p] \leqslant 0.588$ MPa;
对于推力轴承, $[p] \leqslant 2.744$ MPa;
对于减速器大齿轮轴系, $[p] \leqslant 0.98$ MPa。

所谓轴承的负荷过重就是指轴承的最大负荷超过了许用比压 $[p]$,如发生这种情况,设计者可通过重新布置轴系或减小轴系跨距来解决,不能单纯加大轴承长度来降低其比压。

5) 固端弯矩的计算公式

现将用力矩分配法计算轴系时常用的的固端弯矩计算公式列于表 3-6-1 中,供轴系计算时参考。

表 3-6-1 常用的固端弯矩计算公式

简 图	固端弯矩
	$M_{AB} = Pl/8$ $M_{BA} = -Pl/8$

续表

简　　图	固端弯矩
(梁AB，A固定，B固定，集中力P，距A为a，距B为b)	$M_{AB} = Pab^2/l^2$ $M_{BA} = Pa^2b/l^2$
(梁AB，A固定，B简支，集中力P距A为距离使得到B端距离b，均布荷载q)	$M_B = -Pb - ql^2/2$
(梁AB两端固定，均布荷载q，跨度l)	$M_{AB} = ql^2/12$ $M_{BA} = -ql^2/12$
(梁AB两端固定，分段均布荷载q_1在长度a段，q_2在长度b段)	$M_{AB} = \dfrac{q_1}{12}\left(\dfrac{a}{l}\right)^2(3a^2-8al+6l^2) + \dfrac{q_2}{12}\dfrac{b^3}{l^2}(4l-3b)$ $M_{BA} = -\dfrac{q_1}{12}\dfrac{a^3}{l^2}(4l-3a) - \dfrac{q_2}{12}\dfrac{1}{l^2}[l^4-a^3(4l-3a)]$
(梁AB两端固定，均布荷载q_1在a段，q_2在b段，集中力P距B为c)	$M_{AB} = \dfrac{q_1}{12}\left(\dfrac{a}{l}\right)^2(3a^2-8al+6l^2) + \dfrac{q_2}{12}\dfrac{b^2}{l^2}(4l-3b) + P\times(l-c)\times\left(\dfrac{c}{l}\right)^2$ $M_{BA} = -\dfrac{q_1}{12}\dfrac{a^3}{l^2}(4l-3a) - \dfrac{q_2}{12}\dfrac{1}{l^2}[l^4-a^3(4l-3a)] - P\times c\left(-\dfrac{l-c}{l}\right)^2$

6) 传递系数

图 3-6-6 所示为一端简支、一端固定的梁；简支端就是前面所说的放松节点，现在要求由弯矩 M_A 引起的弯矩 M_B。

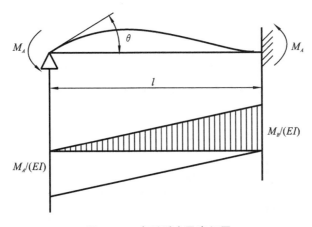

图 3-6-6　变形受力及弯矩图

因为 A 端的挠度等于零，根据材料力学的"弯矩面积法"第二定理，可由力矩图得

$$\left(\frac{l}{2}\frac{M_B}{EI}\right)\left(\frac{2}{3}l\right) - \left(\frac{l}{2}\frac{M_A}{EI}\right)\left(\frac{1}{3}l\right) = 0$$

式中：l 为跨距；E 为弹性模数；I 为截面惯性矩。

设整个跨距中 E 和 I 为常数，即轴系材料相同且等截面，则上式便化成

$$M_B = 0.5 M_A$$

通常把 $M_B/M_A = C$ 称为传递系数。

在等截面固定端梁中，这个传递系数总等于 0.5，这就是说，一端的弯矩变化对另一端的影响是 0.5。这点对变截面梁不成立。传递系数因远端的结构形式不同而异，如远端铰支，则 $C=0$。

7) 单位刚度和分配系数

轴系的支承（节点）处常存在着不平衡弯矩，此不平衡弯矩对节点的两侧如何分配与其两侧梁本身的单位刚度有关。对于图 3-6-1 所示 AB 杆，当其 A 端旋转单位角度 $\theta=1$ 时，在 A 端所施加的弯矩，称为 AB 杆在 A 端的转动刚度或单位刚度，并用 k 表示。而转角 θ 与其施加的弯矩 M_A 的关系可用材料力学"力矩面积法"第一定理求得

$$\theta = \frac{1}{2}\left(\frac{M_A}{EI}\right)(l) - \frac{1}{2}\left(\frac{M_B}{EI}\right)(L)$$

将 $M_B = 0.5 M_A$ 代入上式，得

$$\theta = \frac{1}{4}\left(\frac{M_A l}{EI}\right)$$

令

$$k = \frac{4EI}{l}$$

则可得

$$M_A = k\theta$$

从 k 的表达式可知。杆件 EI 越大（或轴段的轴径越大），跨距 l 越小，则单位刚度也就越大，故单位刚度 k 可表示杆端抵抗转动的能力。如施加端只发生转角，不发生线位移，满足此条件，即可得

对于远端固定 $k = 4\dfrac{EI}{l}$

对于远端简支 $k = 3\dfrac{EI}{l}$

对于远端自由 $k = 0$

有了单位刚度，就可以求出分配系数。在图 3-6-7 中，假定有一个力矩 M 作用在连续梁的节点 B 上，其远端 A、C 均为固定支承，因为该梁是刚性连接的，所以 B 点的转角 $\theta_1 = \theta_2$，按式 $M_A = k\theta$ 可得

$$M = M_{BA} + M_{BC} = k_{BA}\theta + k_{BC}\theta = (k_{BA} + k_{BC})\theta = \theta\sum k$$

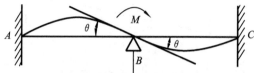

图 3-6-7 梁的变形

从上式可得

$$M_{BA} = \frac{k_{BA}}{\sum k}M \\ M_{BC} = \frac{k_{BC}}{\sum k}M$$

式中:k_{BA}、k_{BC} 分别为左,右两支梁的单位刚度;M_{BA}、M_{BC} 分别为左,右两支梁分配到的力矩;$\frac{k_{BA}}{\sum k}$、$\frac{k_{BC}}{\sum k}$ 称为分配系数,并分别以 μ_{BA}、μ_{BC} 来表示。

在一般情况下,轴都是由钢材制成的,所以 E 是一个常数,但在轴系中有弹性联轴器时就要作相应的调整。例如,连接橡胶弹性联轴器时,应除以 E_s/E_r(即钢材和橡胶弹性模数之比)。E_s 一般在 20.4×10^4 MPa 左右,但 E_r 由于配方成分不同,硬度不同,变化很大,因而,其比例 E_s/E_r 可由几十到几万。E_r 可从橡胶制造厂获得。

8) 力矩正负方向的规定

对节点或支座而言,力矩方向为顺时针时力矩为正;对杆端而言,力矩方向为逆时针时力矩为正,如图 3-6-8 所示。

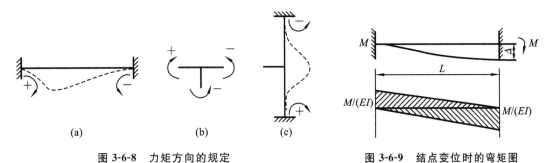

图 3-6-8 力矩方向的规定   图 3-6-9 结点变位时的弯矩图

9) 轴承变位影响数的计算

前面均假设节点在同一水平上。下面来考虑节点变位引起的弯矩。

图 3-6-9 所示的杆件两个端点都没有转动,而一端有变位 Δ。假设杆件为等截面梁(即 I 不变),根据材料力学,从力矩图可得

$$\Delta = \left(\frac{M}{EI}\frac{l}{2}\right)\frac{2}{3}l - \left(\frac{M}{EI}\frac{l}{2}\right)\frac{l}{3} = \frac{Ml^2}{6EI}$$

$$\Delta = \frac{Ml^2}{6EI} = \frac{Ml}{6k} = \frac{Ml}{6Ek}$$

或

$$M = \frac{6k}{l}\Delta = \frac{6Ek_{xy}}{l}\Delta$$

式中:K 为单位刚度;k_{xy} 为相对刚度 I/L。

如果已知 E、I、L,那么由于 Δ 而引起的固定弯矩就可求得,其正负符号如图 3-6-10 所示。

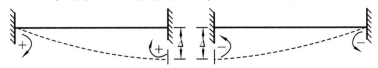

图 3-6-10 结点变位时弯矩的方向

3.6.3 轴系负荷计算

这里的轴系负荷计算是指轴系的弯矩和轴承支反力的计算。以下用一实例来介绍力矩分配法计算轴系负荷的步骤。

1. 已知条件

某船主机型号:6ESDZ76/160。
类型:二冲程、直列、回流扫气、废气涡轮增压船用低速柴油机。
气缸直径:760 mm。
活塞行程:1 600 mm。
缸数:6 缸。
持续功率:6 617.65 kW。
持续转速:115 r/min。
主机飞轮重:1.45×10^4 N。
推力轴轴径 d_T:570 mm。
中间轴轴径 d_z:440 mm。
螺旋桨轴轴径 d_p:518 mm。
螺旋桨直径:5 490 mm。
螺旋桨重:13×10^4 N。
轴材的重度 γ:7.8×10^4 N/m。

2. 轴系负荷计算

1) 轴段负荷计算

(1) 螺旋桨轴单位长度重量。
按图 3-6-2 查得重量系数 $\phi = 1.172$,得桨轴的 q 为

$$q = \phi \frac{\pi d^2}{4} \gamma = 1.172 \times \frac{3.14 \times 0.518^2}{4} \times 7.8 \times 10^4 \text{ N/m} = 1.93 \times 10^4 \text{ N/m}$$

(2) 中间轴单位长度重量。
按图 3-6-3 查得重量系数 $\phi = 1.11$,得中间轴的 q 为

$$q = 1.11 \times \frac{\pi \times 0.44^2}{4} \times 7.8 \times 10^4 \text{ N/m} = 1.32 \times 10^4 \text{ N/m}$$

(3) 推力轴按图样计算得

$$q = 3.17 \times 10^4 \text{ N/m}$$

图 3-6-11 所示为该船的轴系简图,以上计算结果也标记在图中。

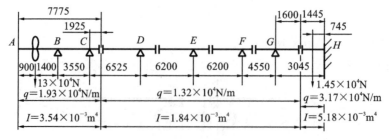

图 3-6-11 某船轴系简图

第3章 船舶轴系设计

2) 轴段惯性矩

(1) 螺旋桨轴的轴段惯性矩为

$$I = \frac{\pi}{64}d_P^4 = 3.54 \times 10^{-3} \text{ m}^4$$

(2) 中间轴的轴段惯性矩为

$$I = \frac{\pi}{64}d_Z^4 = 1.84 \times 10^{-3} \text{ m}^4$$

(3) 推力轴的轴段惯性矩为

$$I = \frac{\pi}{64}d_T^4 = 5.18 \times 10^{-3} \text{ m}^4$$

3) 轴段相对刚度 k 计算

在计算轴段相对刚度时,忽略铜套的影响,取弹性模数 E 均相等。

相对刚度分别为

$$k_{CB} = \frac{I}{l} = \frac{3.54 \times 10^{-3}}{3.55} = 0.998 \times 10^{-3}$$

因 B 点为简支,所以

$$\frac{3}{4}k_{CB} = 0.749 \times 10^{-3}$$

$$k_{CD} = \frac{3.54 \times 1.925 + 1.84 \times (6.525 - 1.925)}{6.525} \times \frac{10^{-3}}{6.525} = 0.358 \times 10^{-3}$$

$$k_{DE} = k_{EF} = \frac{1.84 \times 10^{-3}}{0.2} = 0.297 \times 10^{-3}$$

$$k_{FG} = \frac{1.84 \times 10^{-3}}{4.55} = 0.405 \times 10^{-3}$$

$$k_{GH} = \frac{1.84 \times 1.6 + 5.18 \times 1.445}{3.045} \times \frac{10^{-3}}{3.045} = 1.125 \times 10^{-3}$$

4) 各节点的分配系数

$$\mu_{BC} = 1 \quad (\text{因结点 } B \text{ 属简支})$$

$$\mu_{CB} = \frac{3/4k_{CB}}{3/4k_{CB} + k_{CD}} = \frac{0.749}{0.749 + 0.358} = 0.676$$

$$\mu_{CD} = \frac{k_{CD}}{k_{CD} + 3/4k_{CD}} = \frac{0.358}{0.358 + 0.749} = 0.324$$

$$\mu_{DC} = \frac{k_{DC}}{k_{CD} + k_{DE}} = \frac{0.358}{0.358 + 0.297} = 0.546$$

$$\mu_{DE} = \frac{k_{DE}}{k_{DC} + k_{DE}} = \frac{0.297}{0.297 + 0.358} = 0.454$$

其余各节点的分配系数为

$$\mu_{ED} = 0.5; \quad \mu_{EF} = 0.5; \quad \mu_{FE} = 0.423$$

$$\mu_{FG} = 0.577; \quad \mu_{GF} = 0.265; \quad \mu_{GH} = 0.735$$

$$\mu_{HG} = 0 \quad (\text{因节点 } H \text{ 属固定})$$

将算得各节点的分配系数填入表 3-6-2 第二行相应的方格中。

5) 各跨距端点的固定弯矩

根据表 3-6-1 中的计算公式求得

$$M_{BC} = -M_{CB} = \frac{ql^2}{12} = \frac{1.93 \times 3.55^2}{12} \times 10^4 \text{ N} \cdot \text{m} = 2.03 \times 10^4 \text{ N} \cdot \text{m}$$

$$M_{CD} = \frac{q_1}{12}\left(\frac{a}{l}\right)^2 (3a^2 - 8al + 6l^2) + \frac{q_2}{12} \cdot \frac{b^3}{l^2}(4l - 3b)$$

$$= \frac{1.93 \times 10^4}{12}\left(\frac{1.925}{6.525}\right)^2 (3 \times a^2 - 8 \times 1.925 \times 6.525 + 6 \times l^2)$$

$$+ \frac{1.32 \times 10^4}{12} \times \frac{4.6^3}{l^2}(4 \times 6.525 - 3 \times 4.6)$$

$$= 5.4 \times 10^4 \text{ N} \cdot \text{m}$$

$$M_{CD} = \frac{q_1}{12}\left(\frac{a}{l}\right)^2 (3a^2 - 8al + 6l^2) + \frac{q_2}{12} \cdot \frac{b^3}{l^2}(4l - 3b)$$

$$= \frac{1.93 \times 10^4}{12}\left(\frac{1.925}{6.525}\right)^2 (3 \times a^2 - 8 \times 1.925 \times 6.525 + 6 \times l^2)$$

$$+ \frac{1.32 \times 10^4}{12} \times \frac{4.6^3}{l^2}(4 \times 6.525 - 3 \times 4.6)$$

$$= 5.4 \times 10^4 \text{ N} \cdot \text{m}$$

$$M_{DC} = -\frac{q_1}{12} \cdot \frac{a^3}{l^2} \cdot (4l - 3a) - \frac{q_2}{12} \cdot \frac{1}{l^2}[l^4 - a^3(4l - 3a)]$$

$$= \left\{\frac{1.93}{12} \times \frac{1.925^3}{6.525^2}(4 \times 6.525 - 3 \times 1.925)\right.$$

$$\left. - \frac{1.32}{12} \times \frac{1}{6.525^2}[6.525^4 - 1.925^3 \times (4 \times 6.525 - 3 \times 1.925)]\right\} \times 10^4 \text{ N} \cdot \text{m}$$

$$= -4.85 \times 10^4 \text{ N} \cdot \text{m}$$

在轴系中，接近螺旋桨的第一道轴承 B 是一个简支点，但这是一个悬臂简支点。其后面的轴及螺旋桨作为悬臂负荷对 B 点取矩，方向为逆时针取为负。其值为

$$M_{BA} = \left\{-13 \times 1.4 + \left[-\frac{1}{2} \times 1.93 \times (0.9 + 1.4)^2\right]\right\} \times 10^4 \text{ N} \cdot \text{m} = -23.3 \times 10^4 \text{ N} \cdot \text{m}$$

其余各跨距端点的固定弯矩计算过程不再罗列，将算得的各跨距端点的固定弯矩值填入表 3-6-6 第三行相应的方格中。

6) 计算各节点的不平衡弯矩，并变号得到平衡所需的外弯矩。

　　如：节点 C 平衡所需的外弯矩值为 $-(-2.03+5.4) \times 10^4$ N·m $= -3.37 \times 10^4$ N·m；

　　　　节点 D 平衡所需的外弯矩值为 $-(-4.85+4.23) \times 10^4$ N·m $= 0.62 \times 10^4$ N·m。

其余节点平衡所需的外弯矩值的计算方法相同，不再罗列。

7) 把各节点所需的外弯矩按分配系数进行分配

　　如：节点 C 处　　左侧为 $-3.37 \times 0.676 \times 10^4$ N·m $= -2.28 \times 10^4$ N·m，

　　　　　　　　　　右侧为 $-3.37 \times 0.324 \times 10^4$ N·m $= -1.09 \times 10^4$ N·m；

　　　　节点 D 处　　左侧为 $0.62 \times 0.546 \times 10^4$ N·m $= 0.339 \times 10^4$ N·m，

　　　　　　　　　　右侧为 $0.62 \times 0.454 \times 10^4$ N·m $= 0.281 \times 10^4$ N·m。

由于 H 点的分配系数为 0，所以分配弯矩恒为 0；由于 B 点的分配系数为 1，所以其分配得的弯矩总是等于外弯矩。其余节点外弯矩分配计算方法相同，不再罗列。将算得的各节点两侧的分配弯矩值填入表 3-6-2 第四行相应的方格中。

8) 不平衡弯矩传递过程

将各节点分配弯矩按 0.5 额度进行传递。

如：C 点左侧的弯矩传递到 B 点的弯矩为 $-2.28 \times 0.5 \times 10^4 \text{ N} \cdot \text{m} = -1.14 \times 10^4 \text{ N} \cdot \text{m}$；

C 点右侧的弯矩传递到 D 点的弯矩为 $-1.09 \times 0.5 \times 10^4 \text{ N} \cdot \text{m} = -0.55 \times 10^4 \text{ N} \cdot \text{m}$。

其余节点分配弯矩的传递过程相同，不再罗列。将各节点传递的弯矩值按箭头方向填入表 3-6-2 第五行相应的方格中。根据每个节点处被传递来的弯矩再次计算不平衡弯矩，并重新进行分配和传递。经过 6～7 次分配与传递以后，便可得到全部平衡。这里所说的全部平衡实际上是相对的。在工程应用中，分配力矩到 1% 左右就可以认为满意，不必再传递了。

本实例中各节点不平衡弯矩分配与传递过程如表 3-6-2 所示，表中仅列出前三次分配与传递过程。

表 3-6-2　不平衡弯矩分配与传递过程

节　　点	B		C		D		E		F		G		H
分配系数		1.0	0.676	0.324	0.546	0.454	0.5	0.5	0.423	0.557	0.265	0.735	0.0
固定弯矩 $/(\times 10^4 \text{ N} \cdot \text{m})$	−23.3	2.03	−2.03	5.4	−4.85	4.23	−4.23	4.23	−4.23	2.28	−2.28	1.61	−2.56
一次分配		21.27	−2.28	−1.09	0.339	0.281	0.0	0.0	0.825	1.125	0.178	0.492	0.0
传　　递		−1.14	10.63	0.169	−0.55	0.0	0.141	0.413	0.0	0.089	0.563	0.0	0.246
二次分配		1.14	−7.3	−3.499	0.30	0.25	−0.277	−0.277	−0.038	−0.051	−0.149	−0.414	0.0
传　　递		−3.65	0.57	0.15	−1.75	−0.138	0.125	−0.019	−0.139	−0.074	−0.025	0.0	−0.207
三次分配		3.65	−0.487	−0.233	1.031	0.857	−0.053	−0.053	0.090	0.123	0.007	0.018	0.0
传　　递		−0.244	1.83	0.515	−0.117	−0.027	0.429	0.045	−0.027	0.004	0.062	0.0	0.009
⋮													
弯矩总和	−23.3	23.3	−1.47	1.47	−5.44	5.44	−4.08	4.08	−3.59	3.59	−1.61	1.61	−2.55

9) 求各节点弯矩

在各节点完全平衡后，将各节点每边的弯矩相加，其代数和即为最后结果，如表 3-6-2 最后一行所示。

10) 求各节点的支反力

各节点的弯矩求得后，用材料力学的分离体法计算各节点的支反力。因为某一节点的支反力由其两侧跨距施加的力组成。节点支反力的计算过程如下。

(1) 计算节点 C 处的支反力 R_C。

① 求左侧跨距施加的力 R_{C1}。

取 $$\sum M_B = 0$$

则 $$\frac{1}{2}(1.93 \times 3.55) \times 3.55 + 1.47 = 3.55 R_{C1} + 23.3$$

故 $$R_{C1} = -2.725 \times 10^4 \text{ N}$$

② 求右侧跨距施加的力 R_{C2}。

取
$$\sum M_D = 0$$

则
$$(1.93 \times 1.925) \times \left(6.525 - \frac{1}{2} \times 1.925\right) +$$
$$\frac{1}{2} \times 1.32 \times (6.525 - 1.925) \times (6.525 - 1.925) + 1.47$$
$$= 6.525 R_{C2} + 5.44$$

故
$$R_{C2} = 4.698 \times 10^4 \text{ N}$$

因此节点 C 处的支反力为
$$R_C = R_{C1} + R_{C2} = (-2.725 + 4.698) \times 10^4 \text{ N} = 1.97 \times 10^4 \text{ N}$$

(2) 其余节点支反力计算过程相似,不再罗列。计算结果如下。
$$R_B = 27 \times 10^4 \text{ N}; \quad R_C = 1.97 \times 10^4 \text{ N}; \quad R_D = 9.39 \times 10^4 \text{ N}$$
$$R_E = 8.04 \times 10^4 \text{ N}; \quad R_F = 4.01 \times 10^4 \text{ N}; \quad R_G = 5.26 \times 10^4 \text{ N}$$
$$R_H = 5.46 \times 10^4 \text{ N}$$

11) 校核

载荷总重量(力)为
$$G = (13 + 1.45 + 1.93 \times 7.775 + 1.32 \times 23.15 + 3.17 \times 1.445) \times 10^4 \text{ N}$$
$$= 64.58 \times 10^4 \text{ N}$$

总的支反力
$$R = R_B + R_C + R_D + R_E + R_F + R_G + R_H$$
$$= (27 \times 10^4 + 1.97 \times 10^4 + 9.39 \times 10^4 + 8.04 \times 10^4 + 7.46 \times 10^4$$
$$+ 5.26 \times 10^4 + 5.46 \times 10^4) \text{ N}$$
$$= 64.58 \times 10^4 \text{ N}$$

经校核表明,负荷重量与支反力相等,故可认为计算结果符合要求。

12) 轴承比压计算

对于 B 点,
$$p_B = \frac{27 \times 10^4}{240 \times 57.1} \text{ N/cm}^2 = 1.96 \times 10 \text{ N/cm}^2$$

对于 C 点,
$$p_C = \frac{1.97 \times 10^4}{120 \times 57.4} \text{ N/cm}^2 = 0.286 \times 10 \text{ N/cm}^2$$

对于 D 点,
$$p_D = \frac{9.39 \times 10^4}{45 \times 54} \text{ N/cm}^2 = 3.86 \times 10 \text{ N/cm}^2$$

对于 E 点,
$$p_E = \frac{8.06 \times 10^4}{45 \times 54} \text{ N/cm}^2 = 3.32 \times 10 \text{ N/cm}^2$$

对于 F 点,
$$p_F = \frac{7.46 \times 10^4}{45 \times 54} \text{ N/cm}^2 = 3.07 \times 10 \text{ N/cm}^2$$

对于 G 点,
$$p_G = \frac{5.26 \times 10^4}{45 \times 54} \text{ N/cm}^2 = 2.17 \times 10 \text{ N/cm}^2$$

H 点的负荷尚应包括推力轴前半部分重量,故得
$$G_H = [5.46 + 3.17(2.3 - 1.445)] \times 10^4 \text{ N} = 8.17 \times 10^4 \text{ N}$$
$$p_H = \frac{8.17 \times 10^4}{2 \times 57 \times 24} \text{ N/cm}^2 = 2.99 \times 10 \text{ N/cm}^2$$

3. 力矩分配的简捷算法

在表 3-6-2 中,实际上并不需要对每一个节点都一起分配、传递。可以有选择地将异号的

弯矩传递到另一端,这样能使不平衡弯矩的数值降低。例如,在表3-6-3中,F点的不平衡弯矩先不分配,而是先将G点分配的弯矩0.18×10^4 N·m 传递到F点左侧,于是F点的不平衡弯矩数值降低到1.86×10^4 N·m,这样就比前面的过程简单,而最后结果与前面一样。

表 3-6-3 不平衡弯矩传递分配表(力矩单位为$\times10^4$ N·m)

B		C		D		E		F		G		H
	1.0	0.676	0.324	0.546	0.454	0.5	0.5	0.423	0.557	0.265	0.735	0.0
−23.3	2.03	−2.03	5.4	−4.85	4.23	−4.23	4.23	−4.23	2.28	−2.28	1.61	−2.56
	21.27→	10.63							0.09←	0.18	0.49→	0.25
			−9.46	−4.54→	−2.27		0.39←	0.79	1.07→	0.54		
					−0.10→	−0.20	−0.19→	−0.10	−0.07←	−0.14	−0.40→	−0.20
			0.82←	1.63	1.36→	0.68	0.04←	0.07	0.10→	0.05		
		−0.55	−0.27→	−0.13	−0.18	−0.36	−0.36	−0.18			−0.01	−0.04→ −0.02
			0.08←	0.17	0.14→	0.07	0.04→	0.08	0.10→	0.05		
		−0.05	−0.03→	−0.01	−0.03	−0.05	−0.06	−0.03			0.01	−0.04→ −0.02
			0.01←	0.02	0.02→	0.01			0.01	0.02→	−0.01	
			−0.01				−0.01				−0.01	
−23.3	23.3	−1.47	1.47	−5.44	5.44	−4.08	4.08	−3.59	3.59	−1.61	1.61	−2.55

上述过程也说明了,在力矩分配法中,各点的分配、传递顺序是无关紧要的,甚至可以将某一节点的不平衡弯矩留到最后分配。也不会影响计算结果,但是不可遗漏,可以选择最有利的路径进行分配和传递工作。

另外,在本例中接近螺旋桨的第一道轴承即节点B是一个简支点。从表3-6-2可看出,在简支点的情况下,简支点的另一端即节点C的不平衡弯矩值-2.28×10^4 N·m 通过第一轮传递、分配的循环后,其值变成0.57×10^4 N·m,它们的代数和为-1.71×10^4 N·m,即原来的不平衡弯矩M成了$0.75M$。由于分配到的弯矩与刚度成正比例,因此,可将杆件BC原来的刚度K当做$0.75k_{BC}$来处理,而使简支端不参与分配、传递工作。为此,应重新计算杆件BC的刚度和节点C的分配系数,并根据新的分配系数序列,可在简支端不参与分配、传递的情况下,进行不平衡弯矩的分配、传递工作,而不会影响结果。

3.6.4 轴系校中计算

下面仍以力矩分配法为基础,讨论上实例轴系校中计算的步骤。校中计算的目的是调整轴承的负荷,使各轴承的负荷趋于均匀合理。并通过计算轴承的影响数,来评价轴承布置的情况,作为合理布置的依据。

从上述计算结果可知,轴承负荷最高的为D点,轴承负荷最低的为C点。可采用使支承点D的位置降低或支承点C的位置升高的方法来调整。现采用使支承点D的位置降低的办法。计算步骤如下。

1. 轴承最高负荷的调整

使D点下降0.5 mm(即$\Delta=0.5\times10^{-3}$ m),并求出各支承点所引起的不平衡弯矩为

$$M = \frac{6EI}{l^2}\Delta$$

式中：E 为材料的弹性模数，取 21×10^6 N/cm²；

取
$$I_{CD} = I_{CE} = 1.84 \times 10^{-3} \text{ m}^4$$
$$l_{CD} = 6.525 \text{ m}$$
$$l_{DE} = 6.2 \text{ m}$$

可得
$$M_{CD} = M_{DC} = \frac{6 \times 21 \times 10^{10} \times 1.84 \times 10^{-3}}{6.525^2} \times 0.5 \times 10^{-3} \text{ N} \cdot \text{m}$$
$$= 2.72 \times 10^4 \text{ N} \cdot \text{m}$$
$$M_{ED} = M_{DE} = -\frac{6 \times 21 \times 10^{10} \times 1.84 \times 10^{-3}}{6.2} \times 0.5 \times 10^{-3} \text{ N} \cdot \text{m}$$
$$= -3.01 \times 10^4 \text{ N} \cdot \text{m}$$

对各点所引起的不平衡弯矩 $\times 10^4$ N·m 的计算过程和结果如表 3-6-4 所示。

表 3-6-4　变位后不平衡弯矩传递分配表（力矩单位：$\times 10^4$ N·m）

	B		C		D		E		F		G		H
	1.0	0.676	0.324	0.546	0.454	0.5	0.5	0.423	0.557	0.265	0.735	0.0
	0.0	0.0	2.72	2.72	−3.01	−3.01	0.0	0.0	0.0	0.0	0.0	0.0
			0.08 ←	0.16	0.13 →	0.07						
		−1.89	−0.91 →	−0.45	0.73 ←	1.47	1.47 →	0.73				
			−0.08 ←	−0.15	−0.13 →	−0.06	−0.16 ←	−0.31	−0.42 →	−0.21		
		0.05	0.03 →	0.01	0.05	0.10	0.11 →	0.05	0.03 ←	0.06	0.15 →	0.08
			0.02 ←	−0.03	−0.03 →	−0.01	−0.02	−0.03	−0.05 ←	−0.02		
		0.01	0.01		0.01 ←	0.02	0.01			0.01	0.01	
					−0.01							
	0.0	−1.83	1.83	2.25	−2.25	−1.42	1.42	0.44	−0.44	−0.16	0.16	0.08
原始状态	23.3	−1.47	1.47	−5.44	5.44	−4.08	4.08	−3.59	3.59	−1.61	1.61	−2.55
D↓0.5 后	23.3	−3.30	3.30	−3.19	3.19	−5.50	5.50	−3.15	3.15	−1.77	1.77	−2.47

按上表求各点的支反力和比压，经计算后所得的结果如表 3-6-5 所示。

表 3-6-5　支反力和比压计算结果

轴承支点	B	C	D	E	F	G	H
支反力/$\times 10^4$ N	26.48	3.1	8.17	8.93	7.02	5.48	8.09
比压/MPa	0.193	0.045	0.336	0.369	0.29	0.226	0.290

表 3-6-5 计算结果表明：将支点 D 降低 0.5 mm 后，使得支点 D 的比压降至 0.336 MPa，而支点 E 比压升至 0.369 MPa，约比原最大比压降低 4.4%。据此，如果再将支承点 E 降低 0.2 mm，E 点支反力将降为 8.42×10^4 N，比压降至 0.348 MPa。

2. 轴承影响数的计算

逐一地调整每一个轴承的高度，例如，升高或降低 0.1 mm 或 0.01 mm，分别求出它对各轴承支反力的影响程度,即为轴承负荷的影响数(N/mm),并用它对其轴承的布置情况进行评价,作为合理布置的依据。例如,某一轴系,对其轴承 B、C、D、E 逐一升高 0.1 mm,通过力矩分配法计算求出各节点的支反力,并列于表 3-6-6 中。

表 3-6-6　各轴承支反力的变化

轴承号	各轴承抬高 0.1 mm 时支反力的变化(N)			
	B	C	D	E
B	7	−18	20	−9
C	−18	63	−107	62
D	20	−107	390	−303
E	−9	62	−303	250

表中示出:轴承 B 升高 0.1 mm 时对轴承 C 和 D 的影响分别为 −18 N 和 20 N;而轴承 C 和 D 分别各抬高 0.1 mm 对 B 轴承的影响分别是 −18 N 和 20 N,这样的结果符合力学基本原理,即某道轴承 x 抬高 Δ 对另一道轴承 y 的影响数等于 y 轴承抬高 Δ 对 x 轴承的影响数。此结果还表明,表中的数据只要给出对角线的一半就够了,因另一半对称。由于整个计算的精度不高,加之四舍五入,对角线两侧数据可能会有出入,此时可取平均值来进行调整,使其对称。但注意使纵横两个方向数值的代数和为零。

从表 3-6-6 还可以看出,轴承 D 的负荷影响数较大,当轴线垂直变位 0.1 mm 时,对该点所产生的影响数很大,必要时可适当加大 DE 间的跨距给以改善,如果该负荷造成轴承比压超过许用比压时,可参照表中的特点,通过降低轴承 B 或 D 的垂直位置或升高 C 的位置给以改善,但在调整时,需顾及其他轴承的比压,使比压不超过许用比压,而且各轴承的比压较均匀,确保轴系营运时安全可靠。

第 4 章　后传动设备原理与选型设计

4.1　概　　述

4.1.1　含义与种类

在船舶主推进装置中，从发动机到螺旋桨之间除了传动轴系之外，有的还配备各种传动设备，这些传动设备各自具有不同的传动功能，但总称为后传动设备，它们的有机组合体，称为传动机组。这些设备不仅能组成大功率的多机组（如双机、三机、四机等）推进装置，同时还能完成其他多种功能。后传动设备主要有：齿轮变速器、离合器、弹性联轴器及挠性联轴器等。此外还包括可调螺距螺旋桨，它是推进装置传动系统中较常用的一种设备。它们尚有润滑系统、冷却系统、自身的传动和操控机构及相应的有关附件。它们在轮机中是一个独立的，有着重要作用的组成部分，并由专业工厂制造。

4.1.2　主要功能

推进装置中的后传动设备的配置与船舶的用途及性能特点有关。要根据船舶的需要来选择后传动设备的功能和组合形式。通常，后传动设备具有如下主要功能。

1. 减速及变速传动

一般除了大型货船、油船常采用低速柴油机直接驱动螺旋桨外，不少船舶都采用中、高速柴油机。由船舶原理可知，转速高，将使螺旋桨的推进效率大大降低。为了获得螺旋桨的高效率，降低能源消耗率，主机采用中、高速柴油机时通常要配备齿轮减速器来降低主机的转速，以提高螺旋桨的效率。现在，甚至有些采用低速机的船舶，为了进一步降低能耗，在螺旋桨直径能增大的前提下，也采用齿轮减速器来降低转速。

对于多工况船舶，如渔船、作业船等，为了充分利用装置功率，提高推进装置经济性以节省燃料，而采用双速螺旋桨推进方式，要求配备多速比的齿轮减速器，实现变速传动。测量船、考察船等特种船舶，配备多速比的齿轮减速器，满足微速航行的要求。

2. 并车、分车及功率分支传动

渡船、客船和中、小型船舶都要求具有足够大的推进效率，而机舱的容积尺寸和机械设备的重量指标又受到限制，因此选用多台尺寸、重量较小的中、高速柴油机，采用并车传动方式，将多台发动机的功率并到一根桨轴上，组成大功率推进装置。常用的有双机并车形式，水面舰艇多采用三机或四机并车形式。

有的船舶，由于其吃水较浅，螺旋桨的直径无法增大，为了充分利用主机的功率，采用分车传动方式，即用一台发动机驱动两个螺旋桨，不仅使其功率得到充分利用，而且两个螺旋桨可互为备用，提高了船舶的生命率，或实现一机两桨而作为相互备用等。

另外，功率分支传动可用于驱动发电机或其他的辅助机械设备，达到节能的目的。

3. 离合与倒顺

离合与倒顺是推进装置的主要操作模式。而利用离合器能使主机和螺旋桨之间的功率传递随时脱离和接合,这对提高推进装置的机动性是十分必要的;利用离合器可使主机无载启动;在没有微速装置的场合下,可利用离合器滑摩或采用时离时合的操作方式,达到船舶微速航行的目的。

将离合器与其他的传动设备有机组合,可实现离合与倒顺功能。它在多机并车时可实现部分主机工作,提高低速航行时装置的经济性;各台主机之间可实现相互切换工作,有利于延长主机的使用寿命。为了简化柴油机的结构和延长使用寿命,部分中速柴油机和高速柴油机,通常都设计成非反转式的。采用这类发动机作为主机时,就要求配置能担负倒顺任务的传动机组,以便在主机不变转向的情况下,螺旋桨能反转,实现船舶倒航。它还可以大大改善船舶的操纵性能。

4. 抗振动与抗冲击

船舶推进装置是一个弹性系统,在系统的两端分别是主机与螺旋桨,在主机突然启动或桨受水流冲击的情况下,会有不均匀的干扰力矩输入,整个弹性系统很容易产生振动与冲击。这些振动和冲击都是不希望的,其对大功率齿轮传动设备就更为敏感,甚至会引起齿间敲击,造成事故,因此,要考虑系统抗振动与抗冲击的性能。通常在发动机和齿轮传动设备间装配弹性元件和挠性元件(如高弹性联轴器、扳簧联轴器、挠性簧片联轴器等);也有些大功率传动机组,在输出端装有弹性元件。可见,弹性联轴器像离合器一样,也是推进装置中必不可少的重要设备。

5. 对布置的调节作用

后传动设备可以满足主推进装置在船舶中的合理布置。通过传动设备的有机组合,可满足左、右转向不同的要求;双轴线、多轴线的轴线布置的距离和轴线高低的调整;轴线的 α、β 角的布置合理性;主机中心线的轴线位置高低的合理组合等。总之,后传动设备的使用,会使主推进装置的布置更方便,有利于船舶重心的调整,起到改善船舶的机动性与操纵性的作用。

4.2 船用弹性联轴器

4.2.1 弹性联轴器的作用与种类

1. 弹性联轴器的作用

目前,在大多数以中速柴油机为主机的推进装置中,在柴油机和齿轮减速箱之间均安装了弹性联轴器。其作用如下。

(1) 弹性联轴器具有良好的弹性和阻尼特性,可调整轴系扭振的自振频率,减弱振动传递,降低扭振的振幅,能使柴油机在使用转速范围内不出现危险的共振。它可起到回避和消除轴系扭振的作用。

(2) 可以缓解由于船体变形及安装误差对柴油机和齿轮减速箱产生的不良影响,降低轴承的附加负荷。

(3) 可允许轴线有微小倾角和位移,补偿安装中的误差,使轴线校中容易,并可起到保护齿轮装置的作用。

因此,弹性联轴器有助于中速柴油机推进装置安全、可靠地运行,已成为装置中必不可少的传动设备之一。

2. 弹性联轴器的种类

弹性联轴器的种类很多,归纳起来可分为两大类:橡胶弹性联轴器和金属弹性联轴器。它们各有不同的特点,在推进装置中都有应用。

1) 橡胶弹性联轴器

橡胶弹性联轴器中以高弹性橡胶联轴器应用最广。

图 4-2-1 所示为伏尔肯高弹性橡胶联轴器。其技术参数如下:

传递的标定转矩	$90 \sim 10^6$ N·m;
单位转矩的重量	$0.008\ 3 \sim 0.047$ kg/(N·m);
转速	$\geqslant 700$ r/min;
许用轴向位移	$1.5 \sim 8$ mm;
许用径向位移	$4 \sim 40$ mm;
橡胶环工作期限	$40 \sim 50 \times 10^3$ h。

图 4-2-2 所示为两种高弹性整圈橡胶联轴器的结构,图(a)所示为径向单圈式,图(b)所示为径向双圈式,这种橡胶联轴器还有多种结构形式。我国无锡船用减振器厂生产的 XL 系列高弹性整圈橡胶联轴器属于这种类型,其主要技术参数如下:

传递能力　　　$0.072 \sim 9.3$ kW/(r/min);

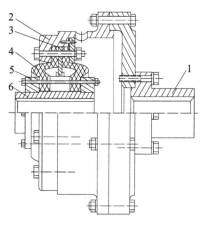

图 4-2-1　伏尔肯高弹性橡胶联轴器

1—主动端;2—外壳;3—限位块;
4—橡胶环;5—压紧环;6—从动端

传递的标定转矩	$0.7 \sim 90$ kN·m;
瞬时最大转矩	$1.75 \sim 225$ kN·m;
最大允许转速	$1\ 000 \sim 4\ 000$ r/min;
标定转矩时的扭转角	$10°$;
最大转矩时的扭转角	$25°$;
静态扭转刚度	$0.4 \sim 51.57 \times 10^6$ N·cm/rad;
允许轴向位移	$0.7 \sim 6.2$ mm;
允许径向位移	$1.2 \sim 3.5$ mm;
允许角度偏差	$3.2°$。

高弹性橡胶联轴器不仅有结构简单、重量轻、尺寸小、造价低、加工成形方便等特点,而且具有较大柔度、良好的减振防冲击性能,加之使用功率范围大,不仅可在中、小功率装置中应用,也能在几千到几万千瓦的中速柴油机装置中应用,是当前被广泛应用的弹性联轴器之一。

2) 金属弹性联轴器

图 4-2-3 所示为盖斯林格高阻尼金属簧片式联轴器,它属于金属高弹性联轴器的一种结构形式。其技术参数如下:

传递的标定转矩	$2 \sim 1\ 080$ kN·m;
阻尼系数	$0.4 \sim 0.9$;
单位转矩重量	$0.005 \sim 0.042\ 5$ kg/(N·m);
外径的最大圆周速度	150 m/s;
许用轴向位移	$\pm(1.5 \sim 5.0)$ mm;

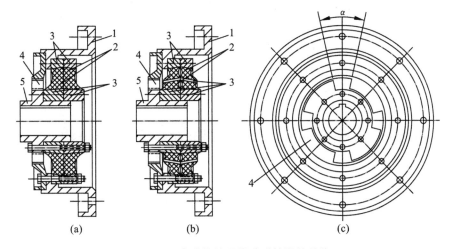

图 4-2-2 高弹性整圈橡胶联轴器的结构
1—输入法兰；2—整圈橡胶弹性环；3—钢圈；4—限位装置；5—输出法兰

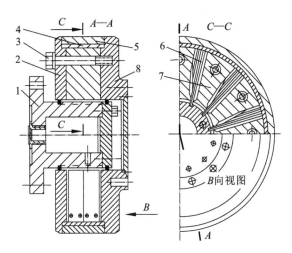

图 4-2-3 盖斯林格高阻尼金属簧片式联轴器
1—花键轴；2—侧板；3—中间块压紧螺栓；4—锥形环；
5—外套圈；6—弹簧片；7—限位块；8—带法兰侧板

许用径向位移　5 mm；

最大许用扭转角　0.045 4～0.161 rad。

这种联轴器的特点是：减振性能稳定，阻尼大，挠性好，安全可靠，尺寸小，重量轻，不老化，磨损小，不怕油，不怕热，耐久性好，使用寿命长等。它与高弹性橡胶联轴器一样，成为柴油机推进装置中使用较多、性能良好的弹性联轴器之一。

其缺点是结构复杂，加工制造麻烦，造价比橡胶联轴器的高，柔性、径向和角度允许偏差不如橡胶联轴器的大。

4.2.2 弹性联轴器的选型

弹性联轴器的选型主要从两个方面来考虑：一是基本特征参数，包括结构形式，重量与尺寸，使用寿命和造价等；二是技术性能参数，包括传扭能力，允许的最大圆周速度，弹性和阻尼性能，许用轴向和径向位移以及最大许用扭转角等。下面仅讨论几个主要参数的选取问题。

1. 传扭能力

像其他设备选型一样，主要根据柴油机的标定功率 P_{mH} 及在标定功率时的转速 n_H 及其标定扭矩 M_H 来选用。应使其标定扭矩等于或大于柴油机的标定扭矩 M_H，并通过扭振计算，校核瞬时作用在弹性联轴器上的最大扭矩是否在其许用范围内。

2. 弹性

弹性是表征联轴器减振性能的重要参数。弹性以扭转刚度（或柔度）表示。扭转刚度 k_c 是单位扭转角所需的转矩，即

$$k_c = M_a / \alpha$$

式中：M_a 为弹性联轴器的转矩，N·m；α 为弹性联轴器扭转的角度，rad。

刚度的倒数即为柔度 e。

刚度分静刚度和动刚度两种。静刚度是指在平均转矩作用下产生扭转变形时的刚度，对于给定的联轴器，它是常数。动刚度是指在交变转矩作用下的刚度。由于阻尼作用，动刚度比静刚度大。动刚度与静刚度之比称为动静刚度比。橡胶联轴器的动刚度与振动频率、振幅、橡胶配方和硬度等有关，以硬度影响最大。其动静刚度比与硬度的关系可查阅相关手册。

金属簧片联轴器的动静刚度比可表示为

$$d_k = 1 + 0.37 \omega / \omega_0 \quad (0 \leqslant \omega \leqslant \omega_0)$$

$$d_k = 1.1 + 0.27 \omega / \omega_0 \quad (\omega > \omega_0)$$

式中：ω 为干扰圆频率，rad/s；ω_0 为自振圆频率，rad/s。

3. 阻尼

阻尼也是表征联轴器减振性能的重要参数。阻尼的作用是吸收振动的能量，使振动衰减，降低振动应力。常用以下参数描述阻尼作用。

1）阻尼系数 C

令阻尼力矩（与振动方向相反的抵抗力矩）为 M_C，速度为 v，则

$$M_C = -C \cdot v$$

式中：C 为一常数，称为阻尼系数，这种阻尼称为线性阻尼。

实际系统的阻尼都不是这样简单，有些只是近似线性，有些则完全不是线性的。在振动分析中，除特殊情况外，一般都把阻尼力矩假定为与速度成正比，从而使数字演算简化。

2）阻尼度 φ

由于弹性元件在扭转变形中存在内摩擦，因此它在加载过程中吸收的能量大于卸载过程所释放的能量。这二者之差称为弹性元件在一次扭转循环中消耗的能量，或称阻尼能 W_d，它与吸收能 W_e 的比值称为阻尼度 φ，即

$$\varphi = \frac{W_d}{W_e}$$

3）阻尼值 X

阻尼扭矩幅值 M_d 与弹性扭矩幅值 M_e 之比称为阻尼值 X，即

$$X = \frac{M_d}{M_e}$$

阻尼系数 C、阻尼度 φ 和阻尼值 X 的关系为

$$X = C\omega \frac{1}{k_c} = \frac{\varphi}{2\pi}$$

对于橡胶联轴器，$X=0.07\sim 0.25$

$\varphi=0.44\sim 1.55$

对于高阻尼簧片联轴器，$X=0.20+0.5\omega/\omega_0$　（$0<\omega<\omega_0$）

$X=0.70+0.80$　（$\omega>\omega_0$）

在联轴器传递的总振动扭矩 M 中，仅仅只是弹性部分，也就是由弹性元件传递的部分 M_{e1} 才是重要的。M_{e1} 是联轴器的弹性力矩，其计算式为

$$M_{e1} = \frac{M}{d_k \sqrt{1+x^2}}$$

式中：d_k 为动静刚度比。

计算时，M_{e1} 必须在规定范围内。在产品说明书中可以查到有关的规定数据。

4.3 船用摩擦离合器

4.3.1 摩擦离合器的功能与类型特点

1. 功能

摩擦离合器是船舶推进装置的重要设备之一，它利用摩擦面之间的机械摩擦力将转矩由主动轴传到从动轴。

摩擦离合器与其他离合器一样有三种工作状态，即接合状态、脱离状态和半接合滑摩状态，利用其工作状态，可实现下列不同的功能。

(1) 在主、从动轴之间，完成功率传递的接合或脱离。

(2) 在离合器脱开时，主、从动部分分开，可实现主机空载启动；同时，提高了主动部分的自振频率，可避免轴系因启动转速低、自振频率低，易发生共振的危险。

(3) 离合器与齿轮轮系互相配合，可完成正、倒车的操作，提高了船舶的机动性。

(4) 离合器在并车机组中，与齿轮轮系互相配合，可实现机组切换和并车、分车的功能。

(5) 利用离合器可使主机怠速空转，并可实现各种机动操作。

(6) 对离合器进行半接合滑摩操作，可实现船舶微速航行。

(7) 当传递的转矩超过离合器的允许值时，离合器会打滑，在采取一定的设计措施后，可作为安全离合器使用。

2. 类型与特点

表 4-3-1 所示为摩擦离合器的分类情况。

表 4-3-1　摩擦离合器的分类

分类方法	类型		
按工作面工作状态	干式、半干式和湿式		
按接合力产生方式	机械式、液压式、气动式和电磁式		
按工作面的形状	平面	圆锥面	圆柱面
按工作面的数量	单面、多面	单圆锥面、双圆锥面	单圆柱面、双圆柱面

图 4-3-1 所示为各种工作面形状的摩擦离合器示意图。

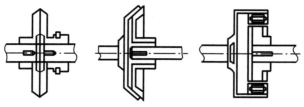

(a) 工作面为平面　(b) 工作面为圆锥面　(c) 工作面为圆柱面

图 4-3-1　各种工作面形状的摩擦离合器示意图

摩擦离合器的主要特点如下。

(1) 在接合后的稳定工作中,主、从动轴之间无相对滑动,因此传动效率高。

(2) 接、脱时间短,可在 0.3~0.7 s 内完成动作,能满足传动机组动态特性要求。

(3) 设备简单、结构紧凑、重量轻。

(4) 在工作过程中,消耗的能量小,甚至可不消耗能量。

4.3.2　摩擦离合器的结构与技术参数

1. 多片式摩擦离合器

1) 典型结构与原理

图 4-3-2 所示为典型的多片式摩擦离合器结构图。它的工作面为平面,接合力为油压力。

离合器的外壳和主动轴连为一个整体,为离合器的输入端。主动摩擦片组通过花键和离合器外壳相连。摩擦片可以沿轴向移动,同时随外壳一起旋转。从动摩擦片组也通过花键与空心从动轴相连。空心从动轴通过滚动轴承套在输入轴上,两轴可相对自由转动而互不相关。

当接合油缸进油,而脱离油缸泄油时,在油压力的作用下,活塞向右移动,逐一将主动摩擦片和从动摩擦片压紧而产生摩擦力,这样就可将主动轴输入端的转矩传递到从动轴输出端,完成转矩的传递过程。反之,当脱离油缸进油,而接合油缸泄油时,在油压力的作用下,活塞向左移动,主动摩擦片与从动摩擦片分开而摩擦力消失,则转矩传递过程终止。

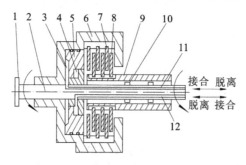

图 4-3-2　多片式摩擦离合器结构图

1—主动轴法兰;2—主动轴;3—接合油缸;4—脱离油缸;5—活塞;6—离合器外壳;
7—主动摩擦片组;8—从动摩擦片组;9—空心从动轴;10—滚动轴承;11、12—油孔

2) 转矩传递能力计算

如图 4-3-3 所示,摩擦片的外半径为 r_{max},内半径为 r_{min}。假设接合力 T 均匀地作用在摩

擦片整个环形面积上,则单位面积上的法向负荷即比压 p 计算如下。

因为 $T = pF = p \cdot \pi(r_{max}^2 - r_{min}^2)$

所以 $p = \dfrac{T}{F} = \dfrac{T}{\pi(r_{max}^2 - r_{min}^2)}$

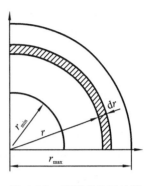

图 4-3-3 摩擦片比压计算

现任取半径 r 处的环带,其环带周长为 $2\pi r$,宽度为 dr,在该微分环带上正压力引起的摩擦力矩为

$$dM_T = 2\pi r dr p f r$$

式中:p 为摩擦面的比压,N/cm^2;f 为摩擦因数;r_{max}、r_{min} 分别为摩擦工作面的外径和内径,cm。

在整个摩擦工作面上的摩擦力矩为

$$M_T = \int_{r_{min}}^{r_{max}} dM_T = \int_{r_{min}}^{r_{max}} 2\pi r p f r dr = 2\pi f p \int_{r_{min}}^{r_{max}} r^2 dr$$

$$M_T = \dfrac{2}{3} \pi f p (r_{max}^3 - r_{min}^3)$$

当离合器中有 z 个工作面时,摩擦力矩为

$$M_T = \dfrac{2}{3} z \pi f p (r_{max}^3 - r_{min}^3)$$

令 m 为主动摩擦片数,n 为从动摩擦片数,则

$$z = m + n - 1$$

若令 $c = \dfrac{r_{min}}{r_{max}}$,称为摩擦片尺寸系数,则

$$M_T = \dfrac{2}{3} z \pi f p r_{max}^3 (1 - c^3)$$

将前面 p 的表达式代入上式经整理后,可得

$$M_T = \dfrac{2}{3} \left(\dfrac{r_{max}^3 - r_{min}^3}{r_{max}^2 - r_{min}^2} \right) z f T$$

若令 $R_T = \dfrac{2}{3} \left(\dfrac{r_{max}^3 - r_{min}^3}{r_{max}^2 - r_{min}^2} \right)$ 为摩擦半径,则摩擦力矩计算式为

$$M_T = z f T R_T$$

3) 主要参数的关系

当离合器主动轴上的转矩为标定转矩 M_{eb} 时,使离合器摩擦力矩为

$$M_T = K_{MT} \cdot M_{eb}$$

式中:K_{MT} 为转矩贮备系数或传扭余度系数。

$$M_T = K_{MT} \cdot M_{eb} = \dfrac{2}{3} z \pi f p r_{max}^3 (1 - c^3)$$

$$r_{max} = 0.78 \sqrt[3]{\dfrac{K_{MT} M_{eb}}{\pi p f (1 - c^3)}}$$

由上式可见,摩擦面的尺寸主要取决于 f、p、K_{MJ}、z、c 以及传递的标定转矩 M_{eb},而各参数间又相互影响。在上述诸参数中,摩擦因数 f 和比压值 p 主要取决于材料的摩擦性质和强度。下面讨论 K_{MJ}、c、z、S 四个参数。

(1) 传扭余度系数 K_{MJ}。离合器要确保推进装置正常运转,必须考虑传扭余度系数。因

为主机输出转矩不均匀,并且当发生过载时要保证摩擦片不打滑而离合器仍能可靠地传递转矩。另外,摩擦表面经过磨合,或介质性质、温度发生变化等因素,会使摩擦因数 f 下降,造成打滑。从这两方面考虑,K_{MJ} 值取得越大越安全,越不会产生打滑现象。但 K_{MJ} 值取得过大,会使离合器尺寸过大,当离合器离合时动作过猛,冲击大,对传动系统不利。当发生意外时,如发生严重超负荷或螺旋桨被卡住等,就不能对主机和传动设备起有效的保护作用。因此,必须根据不同情况、不同要求,在某一合理的范围内选取 K_{MJ} 值。通常对于多缸高速柴油机,K_{MJ} 值在 1.5～2.5 范围内选取,少数取 2.8。柴油机气缸数少时,K_{MJ} 值应取大值,反之应取小值。对于燃气轮机,转速高、运转平稳,K_{MJ} 值可取 1.5。

(2) 摩擦片尺寸系数 c。其值大小直接影响摩擦片面积有效利用的程度以及离合器能否正常、可靠地工作。c 值大,意味着摩擦片工作环带狭窄,有效摩擦半径增大,以及沿摩擦片宽度方向上的滑摩线速度差小,故磨损与发热均匀,摩擦片不会因为内、外圈温差太大而引起翘曲。但 c 值大也存在一定问题,如有效工作面积减小,单位面积的比压值 p 和热负荷相应升高,以及摩擦片太狭窄,使得刚度下降,容易变形等。c 值过小,情况相反。因此,c 值要有一定的范围,一般取 $c=0.65～0.8$。

(3) 摩擦面数 z。摩擦面数取多些,可使传递转矩能力成比例提高,或在相同的传递转矩能力下减小离合器的尺寸。但是摩擦片数太多将使离合器不易脱排,使得操纵失灵,引起事故。此外,z 值大还会增加离合器的轴向尺寸,液压推动活塞的行程相应增大。一般限制 $z_{max}=8$,设计时应尽量取 $z \leqslant z_{max}$。在实际设计中,当 $z>8$ 时,一般要采取措施解决带排问题。

为了避免片数过多,而又要传递较大的转矩,出现了双向作用的液压缸结构,虽然每组摩擦片 $z<8$,而总工作面数却提高一倍,从而可传递较大的转矩。

(4) 液压活塞行程 S。摩擦片数确定之后,即可计算活塞行程 S,有

$$S = z \cdot \Delta$$

式中:Δ 为相邻工作面间的间隙,mm。

一般取 0.4～0.8 mm,活塞直径大者,取大值。

2. 圆锥摩擦离合器

1) 典型结构与原理

图 4-3-4 所示为双橡胶高弹性环锥形摩擦离合器的结构。它的工作面为圆锥面,接合力为气压力。它是将锥形摩擦离合器与橡胶弹性联轴器相融合的一种离合器,这种离合器已标准化。

当压缩空气经进气管进入气缸时,在气体压力的作用下,活塞和气缸体同时向左、右作轴向移动,首先克服橡胶弹性环的弹力,继而使内、外锥体之间的间隙消除,并使内锥体的外锥面紧紧地压在外锥体的内锥面上而产生摩擦力,这样就可将主动轴输入端的转矩传递到从动轴输出端,完成转矩的传递过程。当气缸内的压缩空气被释放时,在橡胶弹性环的弹性恢复力作用下,内、外锥体分开而摩擦力消失,则转矩传递过程终止。

2) 转矩传递能力计算

图 4-3-5 所示为锥形摩擦离合器单个内锥体受力简图。通过对图 4-3-5 中的受力分析,可得圆周摩擦力矩 M_T 的表达式为

$$M_T = T_{fa} \cdot r_p = f \cdot N \cdot r_p$$

式中:T_{fa} 为圆周摩擦力,N;r_p 为内锥体几何平均半径,cm;f 为摩擦因数;N 为锥面的法向正压力,N。

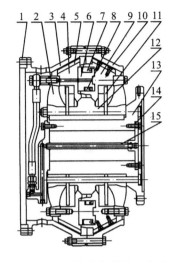

图 4-3-4 双橡胶高弹性环锥形
摩擦离合器的结构

1—调整垫圈；2—橡胶弹性环；3—左外锥体；
4—左内锥体；5—摩擦片；6—活塞；
7—外密封圈；8—内密封圈；9—右内锥体；
10—右外锥体；11—限位块；12—支承块；
13—传动轴；14—轴端进气装置；15—进气管

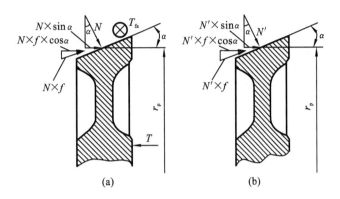

图 4-3-5 内锥体受力简图
(a)锥体接合时受力简图；(b)锥体脱开时受力简图

而船上实际使用的摩擦离合器多数为如图 4-3-4 所示的双锥体，它不仅可提高传扭能力，而且可使作用于锥体上的轴向力在离合器内部得到平衡，使设计简化。不难得到其转矩传递能力表达式为

$$M_T = 2 \cdot T_{fa} \cdot r_p = 2 \cdot f \cdot N \cdot r_p$$

3) 主要参数的关系

离合器在接合力 T 作用下，压紧内、外锥面，在锥面间产生的法向正压力为 N，由 N 引起的圆周摩擦力 T_{fa} 和摩擦力矩 M_T，将主动轴转矩传给从动轴。设锥面宽度为 b，锥体大端和小端半径分别为 r_{max}、r_{min}，锥角为 α。

(1) 锥体几何平均半径的计算式为

$$r_p = \frac{r_{max} + r_{min}}{2}$$

当离合器主动轴直径为 d_z 时，一般 r_p 取 $(3\sim5)d_z$。对高弹性摩擦离合器，还须考虑弹性元件和气缸在离合器内结构布置所需的尺寸。

(2) 计算摩擦力矩 M_T 与接合力 T。由力系平衡条件可得

因为 $$N \cdot \sin\alpha + N \cdot f \cdot \cos\alpha - T = 0$$

所以 $$N = \frac{T}{\sin\alpha + f\cos\alpha}$$

$$M_T = \left(\frac{1}{\sin\alpha + f\cos\alpha}\right) T f r_p$$

由上式可知，圆锥面与平面摩擦离合器相比，在尺寸相同的情况下，传递转矩能力要高出 $\frac{1}{\sin\alpha + f\cos\alpha}$ 倍。在直径和传递转矩相同的情况下，圆锥离合器所需的轴向接合力约为单片摩

擦离合器的 1/3,而且可保证摩擦面能分离脱开。

同理可得
$$T = \frac{M_T(\sin\alpha + f \cdot \cos\alpha)}{f r_p}$$

$$T = \frac{K_M M_{eb}(\sin\alpha + f \cdot \cos\alpha)}{f r_p}$$

(3) 计算锥角 α。锥角 α 越小,产生同样摩擦力矩所需的接合力越小。但是,设计中若锥角 α 取得太小,摩擦锥面接合后可能发生自锁,当接合力消失后,在内、外圆锥接触面之间仍有残余正压力 N'(见图 4-3-5),这是由于接合时内、外锥孔面弹性变形而产生的恢复力。N' 的作用,使外锥体受有自动脱出趋势的轴向力,即 N' 的轴向分量 $N'\sin\alpha$,而当锥体有脱出趋势时又受到阻止其脱开的摩擦力 $N'f\cos\alpha$ 的作用。当脱出力大于摩擦阻力时,即 $N'\sin\alpha > N'f\cos\alpha$,就可以避免自锁,其不自锁条件为

$$\frac{\sin\alpha}{\cos\alpha} > f$$

即
$$f < \tan\alpha$$

对于不同摩擦材料,干摩擦还是湿摩擦,它们的摩擦因数各异,一般对于湿式锥体,α 取 $5°\sim15°$;对于干式锥体,α 取 $15°\sim25°$。

(4) 计算锥体工作宽度 b。

锥面工作宽度 b 由摩擦面许用比压决定。其面积为
$$F = \pi \cdot d_p \cdot b$$

摩擦面法向力为
$$N = T/(\sin\alpha + f\cos\alpha)$$

摩擦面比压为
$$p_f = \frac{N}{F} = \frac{T}{\pi \cdot b \cdot d_p \cdot (\sin\alpha + f \cdot \cos\alpha)}$$

于是可得锥面工作宽度
$$b \geq \frac{T}{\pi \cdot d_p \cdot p_f(\sin\alpha + f \cdot \cos\alpha)}$$

3. 气胎摩擦离合器

1) 结构特点与原理

图 4-3-6 所示为一种单气胎摩擦离合器结构图。它的气胎与外鼓轮结合在一起,故为内收式气胎离合器,其工作面是圆柱面,接合力为气压力,这种离合器已标准化。

当压缩空气通过进气管进入气胎时,气体压力首先克服橡胶质气胎的弹力使气胎膨胀,内径缩小,继而使内、外鼓轮之间的间隙消除,并使气胎上的摩擦块紧紧地压在内鼓轮的外圆柱面上而产生摩擦力,这样就可将主动轴输入端的转矩传递到从动轴输出端,完成转矩的传递过程。当气胎内的压缩空气被释放时,在橡胶质气胎的弹性恢复力和其离心力的作用下,气胎收缩,使内、外鼓轮分开而摩擦力消失,则转矩传递过程终止。

2) 转矩传递能力计算

气胎离合器的设计计算是按传递转矩能力选用适当的离合器型号的过程。气胎离合器传递的转矩为

$$M_{T_{max}} = N \cdot f \cdot r$$

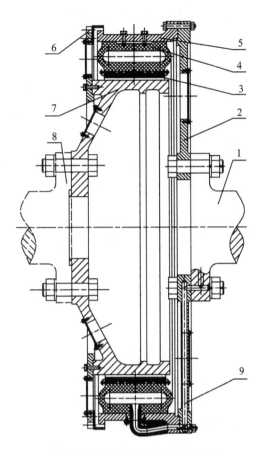

图 4-3-6 气胎摩擦离合器结构图
1—主动轴；2—连接圆盘；3—摩擦块；4—气胎；
5—外鼓轮；6—盘车齿轮；7—内鼓轮；8—从动轴；9—进气管

$$N = T \pm F \text{（注：气胎装在外鼓轮上时，式中 } F \text{ 前的符号取负，否则为正。）}$$

$$T = 2\pi r b (p_2 - p_1)$$

$$F = \frac{mv^2}{r_a} = \frac{m}{r_a} \left(\frac{2\pi r_a n}{60}\right)^2$$

式中：f 为摩擦因数；r 为摩擦轮半径，cm；N 为摩擦块作用在摩擦轮上的径向正压力，N；b 为摩擦面工作宽度，cm；F 为气胎弹性部分的质量在旋转时所产生的离心力，N；m 为气胎弹性部分的质量，kg；v 为气胎弹性部分截面重心的线速度，cm/s；r_a 为气胎弹性部分截面重心的半径，cm；n 为气胎的转速，r/min；T 为静止状态摩擦面的结合力，N；p_1 为摩擦块和摩擦轮开始接触时所需要的空气压力，一般为 0.029~0.069 MPa；p_2 为气胎充气压力，MPa。

3）特点

由于这种离合器采用橡胶轮胎结构，在减振隔音方面有明显优点，对轴系的扭振、横振和纵振都有缓解作用，同时还能隔绝主机的机械噪声等，其性能仅次于高弹性橡胶联轴器的性能。并且操纵方便、接合缓和、脱离迅速、空转性能好，便于遥控，且摩擦面磨耗后可自动补偿。其摩擦块与内鼓轮毂之间有 4~5 mm 的间隙，以保证完全脱开，无"带排"现象。配置两套这种离合器可实现倒、顺车方案。

这种气胎离合器的缺点是，正常工作温度范围较小，一般为 -30~50 ℃，低温易变脆，高温易老化。内收式气胎在其离合器高速旋转时所产生的离心力使结合力降低,因而影响传扭能力;对于气胎装在内鼓轮外圆柱面上的外胀式气胎摩擦离合器来说,在高速旋转时所产生的离心力使结合力提高,但影响离合器脱开,空转性能不好;加之气胎离合器的动平衡比较困难,故工作转速不宜高,常用于 1 000 r/min 以下的轴系中。

4.3.3 摩擦离合器设计中应注意的问题

1. 船用离合器的基本要求

船用离合器一般传递的功率大,并且随着主机向高、中速柴油机和燃气轮机发展,其转速比较高,加上船舶航行中工况多变,靠离码头时,正、倒车频繁,紧急刹车等,其工作状态较为恶劣,因而对船用离合器有较高的要求。

1) 工作可靠,使用寿命长

要求离合器能可靠地传递主机发出的转矩,不因工作条件变化而失去传递能力。其使用寿命至少不小于其他传动零件的使用年限和主机维修期。为此必须正确地选择转矩贮备系数 K,确定各主要参数(单位比压 p、离合时的相对滑动速度 v、摩擦因数 f 和接合时间 t 等),同时对操作性能也有一定要求。

2) 接合平稳柔和,分离迅速彻底

为使主机转矩逐渐传递到从动件,避免突然加速产生冲击,必须选择适当的接合时间,一般对于小型快速船舶,换向时间为 7~10 s,对于大型船舶所需时间更长些。离合器主、从动件不能迅速彻底分离,会引起强烈的摩擦和发热,引起离合器损坏。为使其能彻底分离,必须保证主、从动件有适当的间隙。对于湿式离合器,主、从动摩擦片间有油膜,其间隙可小一些,取 0.3~0.8 mm(摩擦片直径大,相应间隙应增加)。干式摩擦离合器各摩擦面间隙还要大一些。

3) 散热良好

设计时应尽量减小摩擦,并使摩擦功转变的热量均匀、迅速地散去,以免引起元件烧毁、润滑油变质和轴承损坏等严重后果。因而采用导热性良好的金属做摩擦元件;对于湿式离合器,在接合、分离过程中可对其大量喷油冷却;对于干式离合器,则可采用强制性风冷等。

4) 离合器内部作用力的平衡

片式、锥形摩擦离合器的轴向力最好设计成封闭内力,不应传递到轴承、齿轮箱体而影响主机或齿轮箱的正常工作。因此,要保证离合器不论在接合、分离状态,其轴向力都能在内部平衡。

5) 结构简单,维修方便

因机舱空间限制,各种机构和零件要尽可能简单可靠,安装、调整方便,对于易损坏的零部件应维修方便,更换简捷。

2. 离合器设计转矩的确定

发动机的标定转矩计算式为

$$M_{eb} = 9.55 \frac{P_{eb}}{n_{eb}}$$

式中:P_{eb} 为发动机的标定功率,kW;n_{eb} 为发动机在标定功率时的转速,r/min。

在推进系统中,当采用直连传动时,离合器所传递的转矩即为发动机的标定转矩。当采用齿轮减速传动时,其传递转矩随离合器的布置形式不同而不同,传递转矩为

$$M'_{eb} = 9.55 \frac{P_{eb} i}{n_{eb}} \cdot \eta$$

式中：i 为齿轮减速箱的实际传动比；η 为齿轮减速箱的传动效率。

3. 尺寸与重量

在传递相同的发动机功率情况下，设置在低速轴的离合器所传递的转矩大，故尺寸大。因此，重量轻、尺寸小是离合器设计追求的主要目标。

4. 滑摩功的计算

在离合器接合过程中所产生的摩擦功为

$$W_f = M_T (\omega_{p1} - \omega_{p2}) T$$

式中：ω_{p1} 为接合过程中主动件的平均角速度；ω_{p2} 为接合过程中从动件的平均角速度；T 为离合器的滑摩时间。

假定在接合过程中，发动机转速 n_1 不变，扭矩 M_1 也不变，摩擦转矩 $M_T = M_1$，从动轴转速从零开始按等角加速度的规律上升，即有

$$\omega_{p2} = \omega_{p1}/2$$

直连传动中的滑动摩擦功为

$$W_{fZ} = M_T (\omega_{p1} - \omega_{p1}/2) t = M_T t \omega_{p1}/2$$

减速传动中的滑动摩擦功为

$$W_{fG} = (i M_T)(\omega_{p1}/2i) t = M_T t \omega_{p1}/2$$

由上式可看出，尽管传动方式不同，各离合器所传递的转矩不同，滑摩速度不同，略去影响不大的传动机械效率，则可认为离合器所消耗的滑摩功是一样的。

设计时除了考虑上述问题外，为离合器服务的一套辅助系统也是离合器设计与选型工作中需要认真对待的问题，这要根据不同类型的船舶、不同类型的主机、船上使用的能源与不同的工况条件和要求作具体分析，提出合理的设计方案。

4.4 船用液力耦合器

4.4.1 结构与工作原理

液力耦合器是以流体作为介质来传递能量的一种设备。图 4-4-1 所示为其结构简图。由图 4-4-1 可知，主动轴与泵轮以及转动外壳相互连接，从动轴与涡轮相连。泵轮和涡轮一般对称布置，几何尺寸相同，轮内有许多叶片，将轮内空间分为若干个工作腔，腔内充满工作液体，一般是油。安装时，泵轮与涡轮之间有一定的间隙，彼此无机械联系。

当主机带动主动轴使泵轮旋转时，工作腔中的油在叶片的带动下也旋转起来。油的运动是一种复合运动，既有绕轴线的回转运动，又有在离心力作用下由泵轮叶片内缘进口流向外缘出口的相对运动，形成高压高速液流，冲向涡轮叶片进口，使涡轮与泵轮同向旋转。工作油再由涡轮出口流向泵轮进口，形成环流，如此循环不已。在这循环流动过程中，泵轮把输入的机械能转换为工作油的动能和势能，而又通过涡轮转换为输出的机械能，从而实现功率的传递。而转动外壳的作用是使工作轮内部形成封闭空间，保证油的循环流动。液力耦合器的主、从动轴的扭矩相等，而方向相反。由于存在液流冲击等损失，泵轮转速大于涡轮转速，即泵轮与涡轮之间有滑差，其传动效率小于 1。

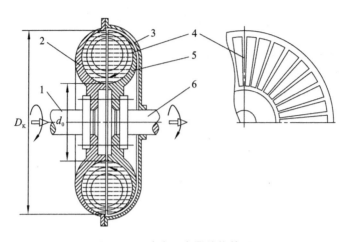

图 4-4-1 液力耦合器结构简图

1—主动轴;2—泵轮;3—转动外壳;4—叶片;5—涡轮;6—从动轴

4.4.2 液力耦合器的外特性

耦合器的外特性是指泵轮转速一定时,耦合器泵轮的扭矩、涡轮的扭矩以及耦合器效率与涡轮转速间的关系,即

$$M_{\text{B-Y}} = f(n_\text{T}), \quad M_{\text{Y-T}} = f(n_\text{T}), \quad \eta = f(n_\text{T})$$

外特性可以在试验台上测得,也可以在一定的假设条件下,利用计算公式推导而得,作为理论分析的依据。

1. 耦合器的扭矩外特性

根据耦合器的原理,耦合器工作时,工作油在泵轮中所增加的能量等于与其动量矩的增量。增加的能量(下式亦称为泵轮传扭能力表达式)为

$$M_{\text{B-Y}} = \frac{q\rho}{g}(u_{2\text{B}}r_{2\text{B}} - u_{1\text{B}}r_{1\text{B}})$$

式中:q、ρ 分别为油的环流量(m^3/s)和密度(kg/m^3);$u_{2\text{B}}$、$u_{1\text{B}}$ 分别为泵轮出口和进口油的绝对速度在圆周上的分速度;$r_{2\text{B}}$、$r_{1\text{B}}$ 分别为泵轮出口和进口平均半径,如图 4-4-2 所示。

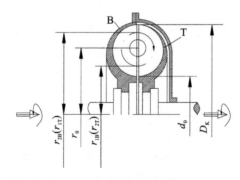

图 4-4-2 液力耦合器环流圆的相关尺寸

同理,工作油在涡轮中所释放出的能量等于其动量矩的减少。减少的能量即涡轮所获得的扭矩(下式亦称为涡轮传扭能力表达式)为

$$M_{\text{Y-T}} = \frac{q\varrho}{g}(u_{1\text{T}} r_{1\text{T}} - u_{2\text{T}} r_{2\text{T}})$$

式中：$u_{1\text{T}}$、$u_{2\text{T}}$ 分别为涡轮进口和出口油的绝对速度在圆周上的分速度；$r_{1\text{T}}$、$r_{2\text{T}}$ 分别为涡轮进口和出口平均半径，见图 4-4-2。

其余符号含义同前。

以上式中的下标：B、T、Y 分别表示泵轮、涡轮和油；B-Y 表示泵轮给油，Y-T 表示油给涡轮。

根据耦合器的结构原理可知

$$u_{2\text{B}} = u_{1\text{T}}, \quad u_{2\text{T}} = u_{1\text{B}}; \quad r_{2\text{B}} = r_{1\text{T}}, \quad r_{2\text{T}} = r_{1\text{B}}$$

因此，不难得出

$$M_{\text{B-Y}} = M_{\text{Y-T}} \quad \text{或} \quad M_{\text{B-Y}} = -M_{\text{T-Y}}$$

上式表明泵轮给油的扭矩，等于油给涡轮的扭矩。或者说，发动机给泵轮的扭矩，等于涡轮受到的阻力扭矩，但方向相反。由此可见，在耦合器中，虽然主、从动体无机械联系，但通过油的媒介作用，实现了能量的传递。主、从动体的扭矩相等，这是耦合器的基本特性之一。

同样根据耦合器的原理，由于存在液流冲击等损失，泵轮转速大于涡轮转速，即泵轮与涡轮之间有滑差，其转速比为

$$i = n_{\text{T}}/n_{\text{B}} < 1$$

此外有 $u_{2\text{B}} = 2\pi \cdot r_{2\text{B}} \cdot n_{\text{B}}/60$，$u_{2\text{T}} = 2\pi \cdot r_{2\text{T}} \cdot n/60$，把它们代入泵轮的传扭表达式，即可改写成

$$M_{\text{B-Y}} = \frac{q\varrho}{g} \cdot \frac{\pi}{30}(r_{2\text{B}}^2 \cdot n_{\text{B}} - r_{2\text{T}}^2 \cdot n_{\text{T}}) = \frac{q\varrho}{g} \cdot \frac{\pi}{30} \cdot r_{2\text{B}}^2 n_{\text{B}} \left[1 - \left(\frac{r_{2\text{T}}}{r_{2\text{B}}}\right)^2 \cdot i\right]$$

上式说明，在泵轮转速 n_{B} 一定时，转速比 i 和耦合器传扭能力直接有关。当外界负荷 $M_{\text{B-Y}}$ 增大时，油对涡轮的作用扭矩还未来得及变化，从平衡角度看，必然要使涡轮转速下降（即 i 减小），同时又引起环流量增加。从上式可知，当 n_{B} 不变时，影响传扭能力的参数是 i 和 q。i 减小或 q 增大，都会使传扭能力增加，这种平衡过程是自动进行的。图 4-4-3 中的曲线表示传扭能力随 $i(n_{\text{T}})$ 和 q 的变化而变化的情况，称为耦合器理论扭矩外特性曲线。

2. 耦合器的效率特性

耦合器工作过程中有能量损失，除了液流冲击损失外，还有流道局部阻力和摩擦阻力损失以及轴承、密封等引起的机械损失。因此，输出功率 P_2 总是小于输入功率 P_1，它们的比值就是耦合器的传动效率 η，即

$$\eta = \frac{P_2}{P_1} < 1$$

如果 η_{Bm}、η_{Tm} 分别表示泵轮和涡轮的机械效率，P_{B}、P_{T} 分别表示泵轮传给油和油传给涡轮的功率，那么，传动效率 η 为

$$\eta = \frac{P_2}{P_1} = \frac{P_{\text{T}}}{P_{\text{B}}} \eta_{\text{Bm}} \eta_{\text{Tm}} = \frac{M_{\text{T}} \cdot n_{\text{T}}}{M_{\text{B}} \cdot n_{\text{B}}} \eta_{\text{Bm}} \eta_{\text{Tm}} = \frac{n_{\text{T}}}{n_{\text{B}}} \eta_{\text{m}} = i \eta_{\text{m}}$$

式中：$\eta_{\text{m}} = \eta_{\text{Bm}} \eta_{\text{Tm}}$ 为耦合器总的机械效率，通常其值变化不大。这样，耦合器的效率可近似用转速比 i 的线性关系表示，得到耦合器的另一重要特性：耦合器的传动效率 η 等于转速比 i。图 4-4-3 也表示了耦合器的效率特性曲线。

由图 4-4-3 可知，曲线达到 A 点后以虚线表示，并在 $i=1$ 时，效率等于零。这是因为泵轮和涡轮转速非常接近时，环流很小，传递的有效扭矩很小，而耦合器所受到的空气阻力矩、机械

摩擦阻力矩所占比重较大，η 与 i 的线性关系已不适用，要以 $\eta=\eta_m \cdot n_T/n_B$ 关系式来考虑。这时的关系式不表示耦合器传递功率的大小，而是表示机械损失的大小，它的含义不同了。这说明耦合器的效率永远不可能达到 1。耦合器最高效率一般为 $\eta=0.985$。$\eta=0.985\sim1.0$ 不能作为耦合器的工作范围。

上述特性是在一个规定的泵轮转速下获得的。对于同一耦合器，如果给予若干个不同的泵轮转速（如取发动机标定转速 n_{eH} 的百分数），则可获得形状相似的若干条特性曲线，形成如图 4-4-4 所示的特性曲线族，称为耦合器通用外特性曲线。图 4-4-4 中还绘出了等效率曲线，可以证明，这些效率曲线是二次方曲线。

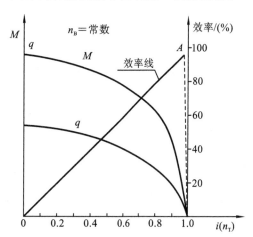

图 4-4-3 耦合器理论扭矩外特性和效率特性

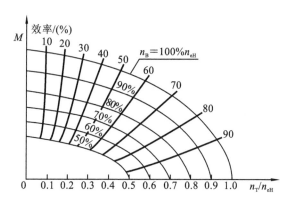

图 4-4-4 耦合器通用外特性

4.4.3 耦合器的类型与应用

1. 耦合器的类型

船用液力耦合器根据充、排油结构形式的不同，可分为以下三种类型。

（1）充、排量型的液力耦合器　它的工作油可以全部充满工作腔，也可以全部排出工作腔，即可起到既是离合器又是联轴器的作用。

（2）可调充量型液力耦合器　它的特点是，工作腔中的工作油量在运行过程中，可借助导流管位置的改变而变化，使其成为全充油或部分充油型耦合器，因此，它的传扭能力和转速差可以任意改变，主要用于对过载进行调速、船舶微速航行和改善主机启动性能等。

（3）定充量型液力耦合器　它的特点是，工作腔中的工作油量充入后，在运行过程中是不能改变的，它只能作联轴器使用，起到减振和防冲击作用。

2. 耦合器在船舶上的应用

（1）耦合器的泵轮和涡轮之间没有机械联系，靠液体环流传递动力，$M_{B-Y}=M_{Y-T}$，$n_T<n_B$，使它具备作为联轴器的基本条件，但它是带滑差的联轴器。

（2）耦合器靠液体传递动力，只要有效地控制液体的充入量和排出量，就能实现离合作用。所以它不仅是一种联轴器，也是一种带滑差的离合器。

（3）根据耦合器的通用外特性，等效率的 $M=f(n_T^2)$ 曲线是二次方曲线。而对于阻力特性一定的船舶，螺旋桨的扭矩特性也是二次方曲线 $M_P=f'(n_P^2)$。这就使耦合器在推进装置中应用时，在阻力特性一定的条件下，航速改变，螺旋桨及主机的转速降低，但耦合器的传动效率不变,保持较高的设计值。

(4) 根据耦合器有转速差、有环流就能传递扭矩的工作特点,它能适应船舶变工况要求。它既能在制动或螺旋桨被冰块等物卡住的情况下工作,也能在倒车情况下工作,这是其他联轴器(离合器)所没有的特点。

(5) 对于直连传动的装置,船舶最低航速受柴油机最低转速限制。装有耦合器的传动装置,耦合器采用部分充油时,涡轮转速降低,船舶最低航速可不受柴油机最低转速限制。从而它也广泛应用在测量船、考察船、救助船和港口作业船上。

同样,根据这个特性,在一些大惯量的推进装置上,当柴油机启动力矩较小时,采用耦合器,利用其部分充油,可使螺旋桨转速缓慢上升,不致使柴油机启动加速过快、惯量过大而熄火,保证了启动顺利进行。

(6) 耦合器以柔性液体为介质传递扭矩,具有良好的隔振性能。如柴油机的高频扭矩波动,在工作液体的阻尼下,传到涡轮输出轴时就会大大下降。其次,它以泵轮和涡轮为界,把轴系分成两个不相联系的振动系统,提高了柴油机到泵轮这一段轴系的自振频率,这样就有可能在运转范围内,避开强烈共振现象,使整个轴系获得良好的减振、隔振效果。

(7) 根据耦合器的工作原理,充油接合、排油脱开的工作特点,它和齿轮减速箱组合成传动机组,特别是在燃气轮机装置上得到应用。

由于耦合器具有上述性能和特点,能满足动力装置多种要求,因此,它已成为动力装置的重要传动部件之一。但是,它也有缺点和不足之处,例如 $i<1$ 时,有功率损失;要有一套冷却循环系统;它在中、低速柴油机装置上应用时本身的重量尺寸比摩擦离合器和高弹性联轴器的大。因此,目前它只在一些具有特殊要求的船舶上得到应用。

4.5 船用齿轮传动设备

4.5.1 功能

船用齿轮传动设备通过齿轮系将发动机的功率传给螺旋桨。一般桨的转速越低,直径越大,其效率就越高。而发动机的输出转速比较高,传给螺旋桨需要减速,仅起减速作用的齿轮传动设备称为齿轮减速箱。齿轮轮系与离合器等的有机结合体在推进装置中能实现桨的正、反转运行,发动机与桨的随意接合或脱离,实现减速传动,承担螺旋桨的推力等功能,这种传动设备称为离合、倒顺、齿轮减速箱。在齿轮传动设备中,有的还具有并车与分车传动,功率分支传动,减振与抗冲击等功能,结构更加复杂,重量和尺寸更大,功能也更加多样,这类齿轮传动设备又称为齿轮传动机组。

4.5.2 齿轮传动设备主要类型与技术参数

1. G 类产品

下面主要介绍由四川和杭州齿轮减速箱厂生产的 GW、GC、GU 族系和 2GWH 系列产品,以及衍生产品。

1) GW 族系

该族系有 GWC、GWD、GWS、GWH、GWL 和 GWK 六个系列。图 4-5-1 所示为 GWC 系列齿轮减速箱剖视展开图,图中还展示了轮系的传动路径。

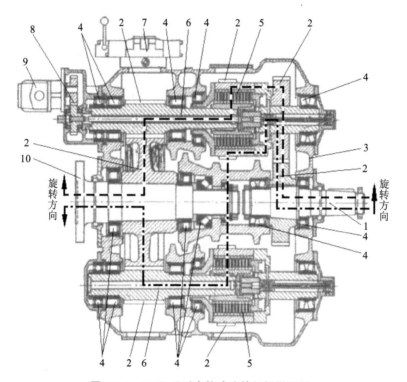

图 4-5-1　GWC 系列齿轮减速箱剖视展开图

1—输入轴；2—传动齿轮；3—箱体；4—轴承；5—离合器；6—空心齿轮轴；
7—操纵阀；8—油泵齿轮副；9—油泵；10—输出轴及联轴器

各系列的主要特点如下。

GWC、GWD、GWS 和 GWH 四个系列具有倒顺、离合、减速和承受推力功能，倒车能传递全功率。GWL 和 GWK 两个系列具有离合、减速和承受推力功能，不能倒车。它们的特点如下。

GWC 系列：2 级减速，输入轴和输出轴同中心，运转方向相同，具有倒顺、离合、减速功能。

GWD 系列：1 级减速，输入轴和输出轴角向异中心，运转方向相反，具有倒顺、离合、减速功能。

GWS 系列：1 级减速，输入轴和输出轴垂直异中心，运转方向相反，具有倒顺、离合、减速功能。

GWH 系列：1 级减速，输入轴和输出轴水平异中心，运转方向相反，具有倒顺、离合、减速功能。

GWL 系列：2 级减速，输入轴和输出轴同中心，运转方向相同，仅有离合、减速功能。

GWK 系列：1 级减速，输入轴和输出轴垂直异中心，运转方向相反，仅有离合、减速功能。

GW 族系的正倒车离合摩擦片采用液压操纵，齿轮减速箱上部的液压分级操纵阀使接排平稳，可通过电气、液压或机械实行遥控，也可以手动应急操纵；并根据扭振计算，选用合适的高弹性联轴器与之配套。GW 族系自带机油冷却器和机油泵。

以上各系列根据中心距的不同，又有若干种型号；每一种型号又有多种减速比和传递能力以及相应的输入转速范围。表 4-5-1 列出了 GWC32.35 和 GWL32.35 型齿轮减速箱的主要技术参数。

表 4-5-1　GWC32.35 和 GWL32.35 型齿轮减速箱的主要技术参数

型号	输入转速/(r/min)	减速比	传递能力/(kW/(r/min))	推力/kN	净重/kg
GWC32.35 GWL32.35	400～900	2.058 5	1.346	113	2 250 2 000
	400～1 150	2.541 5	1.088		
	400～1 350	3.021 1	0.917		
	400～1 600	3.575 9	0.772		
	400～1 800	4.052 6	0.684		
	400～1 800	4.593 0	0.602		
	400～1 800	5.089 4	0.537		
	400～1 800	5.572 4	0.493		
	400～1 800	6.078 9	0.448		

2) GC 族系

该族系有 GCS 和 GCH 两个系列，均具有倒顺、离合、减速和承受推力的功能。GCS 系列输入轴与输出轴垂直异心；GCH 系列输入轴与输出轴水平异心。各型都可以加装功率分支轴(PTO)，均自带机油冷却器和机油泵，操纵方法与 GW 系列的相同。该族系可与可调桨配套。

3) GU 族系

GUS 族系具有正倒、离合、减速和承受推力的功能，可全速倒车，有功率分支轴，有直接输出（与主机转速相同，方向相反，且分支轴不能脱开）和间接输出（由皮带轮输出）两种。

GUP 族系具有离合、减速和承受推力的功能，无倒车的功能，一般不带功率分支轴。

4) 2GWH 系列

此系列为双机并车所用的齿轮减速箱，具有正倒、离合、减速和承受推力的功能，通过双输入单输出的布置，能将两台相同的发动机功率传递到螺旋桨。输出轴前端可连接可调螺距螺旋桨的配油座。可加装功率分支轴(PTO)，辅助功率输出可带离合功能或不带离合功能，可带一个或两个辅助功率输出。输入轴和输出轴在同一水平面。

各型齿轮箱的主要技术参数可查阅生产厂家的产品说明书。

5) 型号说明与轮系布置

下面以 GWC 型为例说明型号含义。

如 GWC32.35—01/03C3，其中：GWC 表示同轴心、倒顺、离合、减速齿轮箱；32.35 表示中心距；01/03 表示旋向；C3 表示与主机匹配形式和名义速比。

G 类单机减速齿轮箱传动轮系布置如图 4-5-2 所示。

2. 中、小型船用产品

我国目前自行设计制造的产品有多种类型，由多家生产厂家如四川、杭州、旅顺、随州等齿轮减速箱厂生产。表 4-5-2 列出了适用于中、小型船舶的齿轮传动设备的型号与主要技术参数，可供设计选用。这类产品已得到广泛应用，但目前尚未形成系列。它们中的大多数具有离合、倒顺、减速等功能，有的还配置了推力轴承，可承受螺旋桨的推力。其典型结构原理如图 4-5-3 所示。

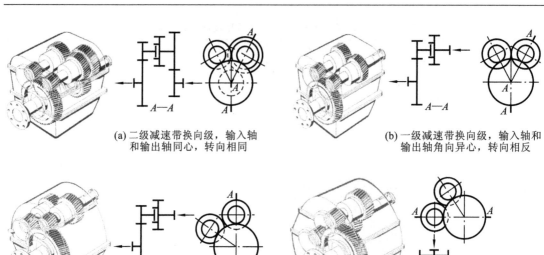

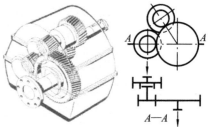

(a) 二级减速带换向级，输入轴和输出轴同心，转向相同

(b) 一级减速带换向级，输入轴和输出轴角向异心，转向相反

(c) 一级减速带换向级，输入轴和输出轴垂直异心，转向相反

(d) 一级减速带换向级，输入轴和输出轴水平异心，转向相反

(e) 二级减速不带换向级，输入轴和输出轴同心，转向相同

(f) 一级减速不带换向级，输入轴和输出轴垂直异心，转向相反

图 4-5-2　G 类单机齿轮减速箱传动轮系布置简图

表 4-5-2　国产部分中、小功率船用齿轮减速箱主要技术参数表

型号	输入转速 /(r/min)	减速比	传递能力 /(kW/(r/min))	额定推力 /kN	中心距 /mm	长×宽×高 /mm	净重 /kg	罩壳
06	1 000～2 000	2.52　3.05　3.50	0.004	1.8	124	350×316×482	58	195C
16A	1 000～2 000	2.07　2.48　2.95　3.35　3.83	0.012	3.5	135	422×325×563	84	2105C 395 SAE3 4
MA100	1 500～3 000	1.60　2.0　2.55　3.11　3.59　3.88	0.009～0.006	3	100	236×390×420	75	SAE3 4 5
MA125	1 500～3 000	2.03　2.46　3.04　3.57　4.05　4.39　4.70	0.020～0.011	5.5	125	291×454×485	115	SAE2 3 4
MA142	1 500～2 500	1.97　2.52　3.03　3.54　3.95　4.50　5.06　5.47	0.030～0.013	8.5	142	308×520×540	140	SAE2 3

续表

型号	输入转速 /(r/min)	减速比			传递能力 /(kW/(r/min))	额定推力 /kN	中心距 /mm	长×宽×高 /mm	净重 /kg	罩壳
40A	750~2 000	2.07	2.96	3.44	0.030~0.025	8.8	142	490×670×620	225	4110C SAE1 2 3
MB170	1 000~2 500	1.97 2.52 3.04 3.54 3.96 4.50 5.06 5.47 5.88			0.039~0.027	16	170	485×610×656	240	4135Ca×6110C SAE1 2
120B	750~1 800	2.03	2.81	3.73	0.088~0.044	25	190	605×744×770	400	6135Ca 4120 SAE1
120C	1 000~2 500	1.48 1.94 2.45 2.96 3.35			0.10~0.08	25	180	432×440×650	225	6135Ca SAE1 2
135	1 000~2 000	2.03 2.59 3.04 3.62 4.11 4.65 5.06 5.47 5.81			0.10~0.070	29.4	225	578×744×830	470	6135Ca SAE1
HCD138	1 000~2 500	5.05 5.63 6.06 6.47			0.11~0.093	40	296	494×800×870	415	6135Ca SAE1 2
HC138	1 000~2 500	2.52 3.0 3.57 4.05 4.45			0.11	30	225	520×792×760	360	6135Ca SAE1 2
MB242	1 000~2 500	2.00 2.54 3.04 3.52 3.95 4.53 5.12 5.56 5.88			0.103~0.074	30	242	442×774×763	385	SAE1 2
MB270	1 000~2 500	4.05 4.53 5.12 5.50 5.95 6.39 6.82			0.147~0.088	39.2	270	594×810×868	675	SAE0 1
300	1 000~2 300	1.87 2.04 2.54 3.0 3.53 4.10 4.47 4.61 4.94 5.44			0.257~0.125	50	264	786×930×864	740	12V135 12V150 SAE0 1
D300	1 000~2 300	4.0 4.48 5.05 5.52 5.90 6.56 7.06 7.63			0.257~0.125	60	355	786×980×1041	880	12V135 SAE0 1

续表

型 号	输入转速 /(r/min)	减速比	传递能力 /(kW/(r/min))	额定推力 /kN	中心距 /mm	长×宽×高 /mm	净重 /kg	罩壳
T300	1 000~2 300	4.73　4.95　6.03　6.65　7.04　7.54　8.02　8.47	0.243~0.20	70	355	772×980×1 106	1 120	SAE0 1
T300/1	1 000~2 300	8.94　9.45	0.196	70	355	772×980×1 106	1 120	SAE0 1
HC400	1 000~1 800	1.5　2.04　2.50　3.0　3.42　1.77　4.06　4.61　4.94	0.331~0.19	82	264	641×890×890	820	SAE0 1
HCD400A	1 000~1 800	3.96　4.33　4.43　4.70　5.0　4.476　5.53　5.7　5.89	0.331~0.272	82	355	641×950×988	1 100	SAE0 1
HCT400A	1 000~2 100	6.09　6.49　6.93　7.42　7.95　8.40　9.0　9.47	0.331~0.243	82	375	784×992×1 130	1 450	SAE0 1
HCT400A/1	1 000~2 100	8.15　8.69　9.27　9.94　10.60　11.46　12.00	0.331~0.262	120	465	869×1 100×1 275	1 500	SAE0 1
HC600A	1 000~2 100	2.0　2.48　3.0　3.58　3.89	0.48~0.40	90	320	745×1 094×1 126	1 300	SAE00 0
HCD600A	1 000~2 100	4.18　4.43　4.70　5.0　5.44　5.71	0.48~0.40	90	415	745×1 094×1 271	1 550	SAE00 0
HCT600A/1	1 000~2 100	7.69　8.23　8.82　9.47　10.1　10.8　11.65　12.57　14.44	0.441~0.257	140	500	878×1 224×1 346	1 700	SAE00 0
HCT600A	1 000~2 100	6.06　6.49　6.97　7.51　8.04　8.66　9.35	0.44~0.28	90	415	805×1 094×1 271	1 600	SAE00 0
750B	600~2 100	1.49　1.97　2.48　2.92	0.55	73.5	0	1 117×850×1 170	1 600	无罩
HCD800	1 000~1 800	3.429　3.96　4.391　4.905　5.474　5.889	0.625~0.515	110	450	1 056×1 280×1 341	1 900	SAE00 0

续表

型 号	输入转速 /(r/min)	减速比			传递能力 /(kW/(r/min))	额定推力 /kN	中心距 /mm	长×宽×高 /mm	净重 /kg	罩壳
HCT800	800~1800	5.57 6.43 7.84	5.68 6.86 8.4	5.93 7.33	0.625~0.48	140	450	1056×1280×1425	2000	SAE00 0
HCT800/1	800~1800	6.91 8.12 9.68 11.76 13.97 16.58	7.28 8.6 10.30 12.43 14.85	7.69 9.12 10.98 13.17 15.82	0.625~0.382	220	582	1152×1360×1557	3200	SAE00 0
HC900	600~1600	1.46 3.0 4.63	2.04 3.60 4.95	2.47 4.08	0.66~0.40	85	0	1117×850×1310	1600	无罩
HCT1100	700~1600	5.60 6.85	5.98 7.35	6.39 7.90	0.846~0.736	150	500	1150×1350×1547	3000	无罩
HC1200	600~1900	2.03 3.55 4.2	2.5 3.79 4.47	2.96 4.05	0.93~0.65	120	380	1082×1200×1130	2000	无罩
HCT1200	1000~1600	7.90			0.93	150	500	1188×1350×1547	3050	无罩
HC1250	400~1800	2.032 3.476	2.481 3.947	3.043	0.919~0.850	140	390	1155×1330×1435	2200	无罩

图 4-5-3 所示为一种湿式多片式摩擦离合、倒顺齿轮减速箱。它的工作原理如下。

顺车传动路径：顺车离合器接合，倒车离合器则处于脱离状态。发动机的转矩经输入轴法兰→输入轴→顺车离合器→顺车小齿轮→输出轴大齿轮→输出轴法兰传给螺旋桨轴，使螺旋桨正转。

倒车传动路径：倒车离合器接合，顺车离合器则处于脱离状态。发动机的转矩经输入轴法兰→输入轴→倒车齿轮→倒车离合器→倒车小齿轮→输出轴大齿轮→输出轴法兰传给螺旋桨轴，使螺旋桨反转。

此外，我国的有关专业厂还审定生产了三个齿轮箱产品系列，按齿轮减速箱输入轴与输出轴相对位置的不同，分别称为垂直异心的 C 系列、水平异心的 S 系列和同轴心的 T 系列，每一系列又按轴线间距分为多种型号。图 4-5-4 所示为 500~1000 型齿轮减速箱的选型曲线。它们的传动轮系布置特征与 G 类产品相似，如图 4-5-2 所示。

我国的一些专业厂还设计了 L 系列双机并车传动齿轮箱，着重考虑了两台发动机之间的维修距离，特别是采用两台 V 型发动机并车时所需的间距。图 4-5-5 所示为 L 系列齿轮减速箱选型曲线。图 4-5-6 所示为 L 系列双机并车传动齿轮减速箱的外形。

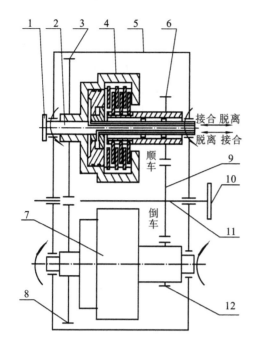
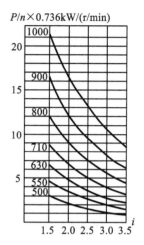

图 4-5-3　离合、倒顺齿轮减速箱原理图

1—输入轴法兰；2—输入轴；3、8—倒车齿轮；4—顺车离合器；
5—齿轮箱箱体；6—顺车小齿轮；7—倒车离合器；9—输出轴大齿轮；
10—输出轴法兰；11—输出轴；12—倒车小齿轮

图 4-5-4　500～1000 型齿轮
减速箱选型曲线

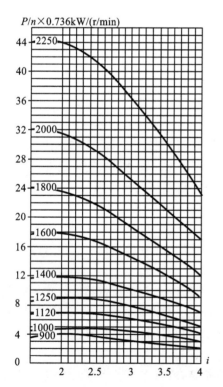
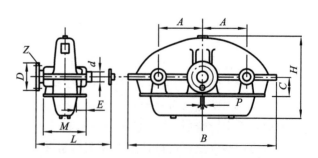

图 4-5-5　L 系列齿轮减速箱选型曲线

图 4-5-6　L 系列齿轮减速箱的外形

4.5.3 选配要求与方法

选配船用齿轮减速箱时,主要要考虑其技术性能指标。选用时必须满足以下要求。

1. 标定传递能力

标定传递能力是齿轮减速箱的主要性能参数,一般用齿轮减速箱的标定功率和标定转速之比来表示,即 P'_{eb}/n'_{eb}。在额定工况下,它就等于主机的 P_{eb}/n_{eb}。其标定转矩为

$$M_{eb} = 9.55 P'_{eb}/n'_{eb} = 9.55 P_{eb}/n_{eb} \text{ kN} \cdot \text{m}$$

即为标定传递能力乘以系数 9.55。它表示齿轮减速箱工作能力的大小。同一型号的齿轮减速箱由于减速比不同,传递能力也不同。国外各船级社也给出了不同传递能力的齿轮传动设备。可根据传递能力图或技术参数表来选取合适齿轮减速箱,其单位为 kW/(r/min)。

2. 标定输入转速

标定输入转速为齿轮减速箱输入轴所允许的最大转速,其单位为 r/min。

3. 输入轴、输出轴的转向

即从尾部向前看到的输入轴和输出轴在正车时的工作转向,或为顺时针或逆时针转向(又称为右旋或左旋)。输入轴转向的选配必须考虑主机的转向(有些齿轮减速箱的工作油泵是单向工作的)。输出轴转向的选配必须考虑螺旋桨的旋向。不然在使用中就会出现问题,必须引起重视。

4. 减速比

减速比为齿轮减速箱输入轴转速 n_1 与输出轴转速 n_2 之比,一般以 i 表示,即

$$i = n_1/n_2$$

同一型号的齿轮箱一般有几挡速比;倒车速比往往与正车速比不相同;有的一台齿轮箱还备有快、慢两挡速比,以供变工况船舶的机桨匹配,获取较好的经济性。选择合适的减速比,使螺旋桨与船舶匹配合理,是提高船舶经济性的主要途径之一。齿轮减速箱一般用名义减速比(与实际减速比约有不同)表示。

5. 标定螺旋桨推力

标定螺旋桨推力即为齿轮箱推力轴承所能承受的螺旋桨推力,与之对应的也有倒车推力。有的齿轮箱承受正、倒车推力相同。推力的单位为 kN。

6. 中心距

齿轮箱输入轴与输出轴之间的距离称为中心距。两轴的位置有同轴心、垂直异心、水平异心、角向异心等。齿轮箱系列、型号不同,其轴相互位置及中心距不同。可根据主机轴线及轴系位置、船舶用途、种类、主机和齿轮箱允许纵倾角等选择合适系列、型号的齿轮箱,以使布置合理,使用方便。

7. 允许工作倾斜度

一般齿轮箱允许纵倾 $10°$,横倾 $15°$。

8. 换向时间

齿轮箱从正车换向到倒车(或从倒车换向到正车),所需的时间为换向时间,一般小于或等于 10 s。

9. 操纵方式

操纵方式是指齿轮减速箱在正、倒和空车位置的转换时,其换向机构的操纵方式。一般有

人力式、机械式、液压式,气压式和电动式等多种。人力式用于机旁操纵,其他操纵方式以及其组合可实现在驾驶室或集控室对齿轮减速箱的遥控操纵。

10. 重量与尺寸

重量一般指齿轮减速箱的干重量,尺寸系指外形尺寸。这些参数的考虑与轮机总重量和布置有关。

下面举例说明单机齿轮减速箱选配方法。

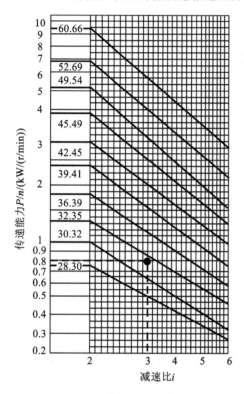

图 4-5-7 GWC 齿轮减速箱传递能力图

例 4-5-1 已知双机双桨推船,主机型号为 8L20/27,$P_{eb}=800$ kW,$n_{eb}=1\,000$ r/min,螺旋桨的转速为 333 r/min,桨的最大推力为 103 kN。要求选配 GWC 型系列齿轮减速箱。

由于 $P_{eb}/n_{eb}=800/1\,000$ kW/(r/min)=0.8 kW/(r/min),可在图 4-5-7 中找出 $P_{eb}/n_{eb}=0.8$ kW/(r/min)这一点作水平线,然后根据主机的转速与螺旋桨转速之比,即 $i=1\,000/333\approx3$,找出横坐标中相应的点,并作垂线与水平线相交于该点,即为选择齿轮减速箱的依据。该点落在 32.35 和 30.32 之间,因而可选用 GWC32.35 型,而不宜选用 GWC30.32 型减速齿轮箱,如选用 GWC30.32 型,则其负荷偏高,使用中会出现问题。另外,由表 4-5-1可知,当 GWC32.35 型的 $i=3.021\,1$ 时,最大允许输入转速为 $n=1\,350$ r/min>1 000 r/min;螺旋桨允许的最大推力 113 kN>103 kN;传递能力为 0.917>0.8,满足要求。再者,主机不可逆转为左旋,要求双桨正车为外旋,故还需选择齿轮箱输入轴和输出轴的转向,使之与主机和螺旋桨的旋向相匹配。故最后所选的倒顺、离合、齿轮减速箱型号为:GWC32.35—03C3 与 GWC32.35—01C3。

双机并车齿轮减速箱选配方法与单机齿轮减速箱选配方法基本相同,所不同的地方是要校核齿轮减速箱的输入轴与输出轴之间的中心距,即两台主机之间的挡距应满足船舶规范对一般的维修位置的要求。

4.6 可调螺距螺旋桨装置

4.6.1 可调螺距螺旋桨装置的组成、结构与原理

可调螺距螺旋桨(简称调距桨)是其桨叶螺旋面与桨毂可作相对转动的一种螺旋桨。桨叶每转动到一个位置,其螺距也发生改变,它的性能也随之改变。因此,调距桨可视为一系列直径相同而螺距比不同的定距桨的组合。为了实现桨叶的转动,需要一套装置来完成。调距桨装置的种类较多,它们的组成、结构与工作原理也不尽相同,但一般包括以下几个组成部分。

1. 带转叶机构的螺旋桨

它包括可转动的桨叶,桨毂及桨毂内的转动桨叶的旋转机构,如转盘,圆柱销及调距滑环等。

2. 传动轴系

由于螺旋桨是与轴系相连接的,所以轴系的某些部分(一般是尾轴和配油轴)也包含在调距桨装置中。当伺服动力油缸位于桨毂内或轴中间时,为了引入和排出液压油或装置推拉杆,桨轴做成中空的,首端通过联轴器与中间轴(或配油轴)相连接。

3. 调距机构

它包括产生转动桨叶所需力的伺服动力油缸,输送液压油给油缸的配油装置,桨叶定位和桨叶位置的反馈装置及其附属设备等。它们起到调节螺距、稳距以及对螺距进行反馈和指示的作用。

4. 液压系统

它将船上已有的动力改变为伺服油缸所需的液压油来传动。它主要包括带传动装置的油泵、分配换向阀、阀件,油箱及管路等。

5. 操纵系统

它包括操纵台和控制系统,以及附属于此系统的遥控伺服机构,信号发送、接收和指示机构等设备。操纵台上的遥控操纵手柄往往能在改变螺距的同时还能改变发动机的转速,使机、桨达到合理的配合。

图 4-6-1 所示为一例调距桨装置原理图。

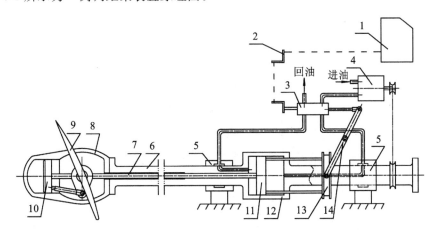

图 4-6-1 调距桨装置原理图

1—操纵台;2—指令信号传递装置;3—换向滑阀;4—油泵及驱动装置;5—配油装置;6—中空螺旋桨轴;
7—推拉杆;8—桨毂;9—桨叶;10—滑道与滑块;11—活塞;12—油缸;13—反馈环;14—反馈杆

当从操纵台发出调距指令信号时,指令信号通过传递装置来控制换向滑阀,以便操纵油泵来油的流向,并将压力油送进配油装置。借助配油装置,压力油进入旋转的轴内。静止的配油装置和旋转的轴之间有间隙,要设置密封件密封。

压力油沿油路进入油缸的一端,推动活塞运动,与活塞相连的推拉杆则将调距力传至桨毂中的滑块,使其作直线运动。再通过曲柄机构转换成桨叶的回转运动,从而达到改变桨叶的位置,实现变距的目的。油缸另一端的油通过另一配油装置,经换向滑阀回至油箱。

反馈装置中的反馈环套装在轴上,通过连接杆与活塞同步移动。反馈环通过反馈杆将桨叶的位置(即螺距)信号传到换向滑阀,并与操纵台发出的调距指令信号相比较。如果两个信号相等,表示达到调距指令要求,换向滑阀关闭。反之,则继续向换向滑阀输入作用信号,使其动作,直至达到调距指令要求为止。

4.6.2 调距桨的基本特性

1. 工作性能曲线

调距桨在原理上可视为一系列直径相同而螺距比不同的定距桨的组合,因此,它的性能曲线较定距桨要复杂得多。

由船舶原理可知,对于已知的定距桨,其转矩 M、推力 T 和进速 V_a 可用以下各式表示:

$$M = K_M \cdot \rho \cdot D^5 \cdot n^2$$
$$T = K_T \cdot \rho \cdot D^4 \cdot n^2$$
$$V_a = J \cdot n \cdot D$$

式中:K_M 为桨的转矩系数;K_T 为桨的推力系数;ρ 为水的密度,kg/m³;D 为桨的直径,m;n 为桨的转速,r/s;J 为桨的进速系数。

定螺距螺旋桨的涡水效率 η_0 等于有效功率 TV_a 与吸收功率 $\omega \cdot M$ 之比,即

$$\eta_0 = T \cdot V_a/(\omega \cdot M) = \frac{K_T}{K_M} \cdot \frac{J}{2\pi}$$

式中:ω 为桨的角速度,rad/s。

定距桨的性能曲线就是在已定的螺距比下的 K_M、K_T 和 η_0 对 J 的关系曲线,如图 4-6-2 所示,它仅有一组工作性能曲线。

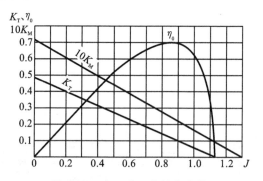

图 4-6-2 定距桨工作性能曲线

对调距桨来说,它的工作性能曲线是一系列直径相同而螺距比不同的定距桨工作性能曲线的合成,这样,它的工作性能曲线不是一组,而是一族。为了便于查看,将 K_M-J 的关系曲线和 K_T-J 的关系曲线分开绘制,同时还绘制了等效率曲线,形成如图 4-6-3 和图 4-6-4 所示的曲线。由图可知,在相同的进速系数 J 下,调距桨的转矩和推力不仅随转速变化而变化,同时也随着螺距比的改变而变化,即在阻力因素不变的情况下,螺距越大,在等转速下推力越大,扭矩也越大。因而可以通过改变螺距来调整螺旋桨转速、转矩和推力之间的关系,以适应船舶工况变化的需要。

2. 基本工作特性与意义

由船舶原理可知,对于已知的定距桨,其转矩系数为

$$K_M = \frac{M}{\rho \cdot n^2 \cdot D^5} = \frac{P}{\rho \cdot n^3 \cdot D^5} = 常数$$

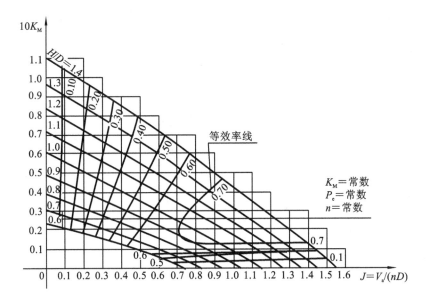

图 4-6-3 调距桨 K_M-J 曲线图

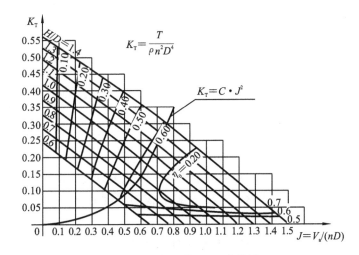

图 4-6-4 调距桨 K_T-J 曲线图

上式也同样适用于调距桨。

如果用驱动螺旋桨的主机额定扭矩 M_{eH} 和额定转速 n_{eH} 代入上式,对于给定的螺旋桨,上式中水的密度 ρ 和桨的直径 D 是已知的,因此,可得

$$K_M = 常数$$

这一结果表示在调距桨 K_M-J 曲线图上为一条平行于横坐标的直线。这条直线在定距桨工作性能曲线图上与其 K_M-J 曲线(见图 4-6-2)只有一个交点,并且这一点通常对应的是定距桨的设计工况点。而这条直线在调距桨工作性能曲线图上与其 K_M-J 曲线族(如图 4-6-3 所示)有无数个交点,每一点对应一个不同的 J,即不同的工况,这些点均对应主机的同一功率。这是显而易见的。由此得到调距桨的第一个基本工作特性如下。

1) 船舶在任何工况下主机均能发出全部功率

这一特性的意义在于,当船舶航行工况发生变化,即桨的进速系数 J 变化时,在该直线上总可找到一点与之对应,而该点对应的螺距比即为所需调整的螺距比。可见,调整螺距比就可达到在任何工况下,均能使主机全功率,使推进装置发出最大推力和使船舶达到较高航速的目的。此时变化了的是船舶航速和桨的效率。

此特性可概括如下。

$n_e=$常数,$M_e=$常数,可得一常数K_M,而V_s(或J)变化,H/D变化。

同样,由船舶原理可知,对于已知的定距桨,其推力系数为

$$K_T = \frac{T}{\rho \cdot n^2 \cdot D^4}$$

对可调桨来讲,有$T=f(n,H/D)$,即

$$K_T(n,H/D) = \frac{T}{\rho \cdot n^2 \cdot D^4}$$

又根据"螺旋桨法则":

(1) 螺旋桨转速与船航速成正比关系($n_p \propto V_s$);

(2) 螺旋桨推力和扭矩与船航速的平方成正比关系(T或$M \propto V_s^2$);

(3) 螺旋桨吸收功率和轴功率与船航速的立方成正比关系(P_p或$P_s \propto V_s^3$)。

设 $T = AV_s^2 = C^0 V_a^2$,有$V_a^2 = C'T$。

式中:A、C^0、C'均为与航行工况(负荷)相对应的常数。

又因

$$J = \frac{V_a}{nD}$$

故

$$J^2 = \frac{C'T}{n^2 D^2}$$

将$J^2 = \frac{C'T}{n^2 D^2}$代入$K_T(nH/D) = \frac{T}{\rho \cdot n^2 \cdot D^4}$,可得到

$$K_T(nH/D) = C \cdot J^2$$

式中:系数C也是与航行工况(负荷)相对应的常数。上述关系式在调距桨K_T—J曲线图上为一条二次曲线,如图4-6-4所示,当航行工况变化时,又可得到另外一条二次曲线。

由此曲线可得出可调桨另外两个特性。

2) 在给定转速($n=C$)下,在此曲线上可得到任一航速

当转速为常数时,航速$V_s(V_a)$与$J(H/D)$呈线性关系,即船舶可从正车最大航速到倒车最大航速。当桨叶处在零螺距位置时,主机以一定转速运转,桨的推力为零,船舶不动。当桨叶转到负螺距位置时,主机不改变转速和转向,船舶实现倒航。

因为 $-J = \frac{-V_a}{n \cdot D} \rightarrow J^2 = (-J)^2 \rightarrow K_T = C \cdot (-J)^2 = K_T(-V_a)^2$

所以$-V_a$表示了在转速不变的情况下,倒航的速度。

此特性的使用意义如下。

(1) 恒速运转轴带负荷(如发电机)。

(2) 主机不反转或齿轮减速箱可不装换向装置,有利于延长主机的使用寿命和使设备结构简化。

此特性可概括如下:

$n=$常数,$K_T(n,H/D)=C \cdot J^2$,而V_s(或J)变化,H/D变化。

图4-6-5所示为某调距桨船的航行曲线。调距桨能在柴油机额定负荷限制线、额定转速

限制线、最低负荷限制线和最低转速限制线所属的区域内任何一点工作。由图 4-6-5 可见,在该区域内进行任意的 n 和 H/D 搭配,都能得到所需要的航行速度。

3) 在规定的航速($V_s=C$)情况下,在此曲线上可通过不同的转速来实现

当航速为常数时,转速 $n_e(n_p)$ 与 $J(H/D)$ 呈线性关系。

此特性的使用意义如下。

(1) 可使推进装置获得最佳的经济效益。当航速($V_s=C$)不变时,有各种不同的 n 和 H/D 的配合,可得到 $\eta_0=f(n)$ 的曲线;在同样的航速($V_s=C$)下,有各种不同的 n 和 H/D 的配合,因此,可找到发动机与之对应的功率和转速,并可得到 $\eta_e=f(n)$ 的曲线;推进装置的效率取决于 η_e 和 η_0 的乘积。因此,就可找出一个极值点,即为机、桨最佳配合点,该点对应的功率、转速和螺距比也可求出。

(2) 有多种不同的 n 和 H/D 的选择,均可实现同一航速($V_s=C$)的要求,则可避开临界转速点,而不致发生共振。

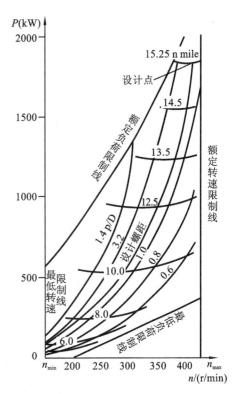

图 4-6-5 某调距桨船的航行曲线

(3) 船可实现微速航行或原地不动而主机仍可连续运转,这对于在拖网渔船、消防船等船舶上的使用十分有意义。

此特性可概括如下。

$V_T=$ 常数,$K_T(n,H/D)=C \cdot J^2$,而 n(或 J)变化,H/D 变化。

由以上分析可知,调距桨的所有特性,是基于其螺距可调的原因而获得的。

但事物总是一分为二的。调距桨也存在如下一些缺点。

(1) 调距桨的轴系构造复杂,制造工艺要求高,所用的材质好,故初始投资较高。

(2) 桨毂中的转叶机构难于维修、保养、可靠性差。

(3) 调距桨毂比定距桨毂大,因此在相同的设计工况下,调距桨的效率比定距桨的效率低 1%~3%。

(4) 调距桨的叶根较厚,容易产生空泡。

基于调距桨的特性和其所体现出的优点,调距桨不仅适用于有多种工况的船舶、机动性和操纵性要求高的船舶、有超低速航行要求的船舶,而且是并车装置和联合动力装置中必不可少的传动设备。

4.6.3 调距桨设计要点

1. 设计要点

(1) 对于远航程多工况的船舶,如拖网渔船,捕鲸船等,在设计调距桨时应尽量保证自航或拖曳时的最佳推进性能。假如无法确定哪一工况较重要,则应选择螺距较小的工况为设计依据。

(2) 对于经常改变工况的港湾船舶,如港拖、渡船等,其机动性与倒车性能要好。如双工况船舶,则按重负荷工况选择螺距,虽然正车时性能有些下降,但倒车时效率提高。此外,可采用径向变螺距。

(3) 对于远航且具有一种工况的船舶,则应以全速正车航行为设计工况,尽量保证具有最高推进效率。

(4) 对于单桨船,建议桨的转向以左旋(从尾向首看为逆时针转向)为宜;对于双桨船,则以内旋桨为佳。

(5) 一般情况下,毂体尺寸会影响推进效率,但根据经验有一定的限度,取盘面比为 0.50~0.60 时,毂径比为 0.25~0.30(根据叶片上负荷而定,冰区航行则毂径比可达 0.35)。

(6) 桨叶根处的厚度应满足强度要求,但应尽可能减小以有利于推进性能与降低转矩。

(7) 减小设计螺距对改变桨叶旋转力矩是有利的,它可显著地减小零螺距的力矩值。但应注意,减小螺距也会引起效率的降低。

4.6.4 桨径与毂径的近似估算方法

图 4-6-6 所示为调距桨桨径与毂径近似估算曲线。

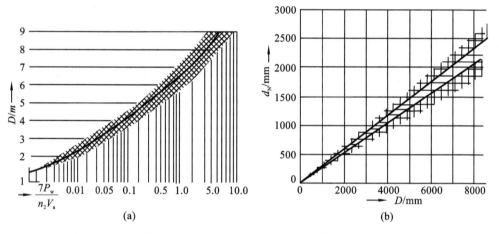

图 4-6-6 调距桨桨径与毂径近似估算曲线

已知基本数据:P_w 为螺旋桨吸收的功率,kW;n 为螺旋桨的转速,r/min。

$$V_a = V_s(1-\omega)$$

式中:V_a 为桨的进速,kn;V_s 为船舶的航速,kn;ω 为伴流分数。

1. 调距桨的直径

按以上数据计算系数 $7P_w/(n^2 \cdot V_a)$,然后按系数在图 4-6-6(a)所示的曲线上即可查得桨的直径 D。此曲线对 4 叶桨有效,对 3 叶桨则稍微偏大,对 5 叶桨则稍微偏小。

2. 调距桨的毂径

根据查得的桨的直径 D 在图 4-6-6(b)所示的曲线上查得桨毂直径 d_N。图 4-6-6(b)所示斜线内的范围表示一种桨直径的螺旋桨的负荷的变化范围,例如,一个桨直径为 6 000 mm 的螺旋桨的负荷可达到 8 823.5 kW 或者大于 22 058.8 kW。

第 5 章　船舶管路系统

5.1　概　　述

船舶管路系统是指由用于输送流体的相关机械设备、检测仪表、附件以及连接管道构成的成套设备的总称,简称船舶管系。

船舶管系是船舶动力装置的重要组成部分,管系设计是船舶动力装置设计工作中不可缺少的内容,管系建造也是造船工程的重要组成部分。管装(包括管子的加工、安装、自制件的制造及试验等)约占轮机舾装工作量的 45%,占造船总工作量的 12% 以上。管装质量与效率首先取决于管系设计文件的准确性和完整性,故管系设计的优劣不仅关系到动力装置和船舶性能,而且直接影响到船舶建造的质量和周期。

船舶管系按其用途,可以分为动力管系、全船管系和专用管系三大类。动力管系为船舶动力装置中的主、辅机及燃油锅炉(含焚烧锅炉)服务;全船管系主要保证船舶正常航行与安全及满足人员的生活需要;专用管系主要指为输送能量、液货等而设置的管系。

按其任务,动力管系可分为五种类型:①燃油管系;②润滑油管系;③冷却管系;④压缩空气管系;⑤排气管系。

全船管系主要有如下几种类型:①舱底水管系;②压载水管系;③消防管系;④通风管系;⑤制冷与空调管系等。

专用管系的类型比较杂,如有:①LNG 管系;②液压管系;③化学品加热管系;④货油管系等。

本章主要介绍动力管系和全船管系的功用、组成、工作原理、主要设备估算和设计等内容。

5.2　燃油管系

5.2.1　燃油品质介绍

船舶柴油机所燃用的燃油基本上有三种:轻柴油、重柴油和燃料油(又称重油)。每种燃油又有多个品种(或牌号),每个品种的性质是不同的。表示燃油性质的质量指标如下。

(1) 十六烷值　十六烷值是评定燃油着火性能的指标。其含义是:取纯十六烷的十六烷值为 100,取纯 α-甲萘的十六烷值为零。将纯十六烷与纯 α-甲萘组成不同体积分数的混合油,将柴油与该混合油在标准的十六烷值试验机上进行对比试验,当二者的着火性能相同时,称该混合油中十六烷的体积分数为该柴油的十六烷值。燃油的十六烷值越高,其着火性能越好,但其价格也越高。一般仅轻柴油才有十六烷值。

高速柴油机燃烧过程所占时间极短,对燃油的着火性能要求较高,所用燃油的十六烷值在 40~60 之间。大型低速柴油机燃烧过程所占时间较长,可燃用燃料油,其十六烷值在 25~35 之间,因此,燃料费用较低。

(2) 密度 燃油的密度与它的化学成分和馏分有关。密度的单位为 kg/m³。在轮机管理工程中,也有用比重来代替密度的情况。燃油的密度是船舶设计时的主要依据参数,据此参数可以计算出所需的油舱容积或燃油的装载量。

(3) 黏度 黏度是液体流动时,其内部分子间摩擦力的量度,即表示燃油流动时的内阻力。测量方法不同,黏度单位也不一样。

① 动力黏度。动力黏度是两个相距 1 cm、面积为 1 cm² 的液层,以 1 cm/s 的速度作相对运动时产生的阻力数值,其单位是 Pa·s。

② 运动黏度。运动黏度是动力黏度与同温度下液体密度的比值,单位为 m²/s。ISO 组织规定,自 1977 年开始采用 50 ℃时的运动黏度作为燃油的国际通用黏度单位。

③ 恩氏黏度。恩氏黏度表示在测定温度下 200 mL 的试验燃油从恩氏黏度计中流出所需要的时间与 20 ℃时同体积的蒸馏水从该黏度计流出所需时间的比值。它是无量纲的量,用 °E_t 表示测定温度为 t ℃时的恩氏黏度。

燃油的黏度受压力和温度的影响很大,随压力的增大而增加,随温度的升高而降低。

燃油黏度过大会使分油机的分油、燃油泵送、燃油过滤、雾化和燃烧造成困难;黏度过小又会因燃油易于泄漏引起油泵、喷油器润滑不良而加剧磨损。因此,要对燃油黏度合理控制。

(4) 凝点、浊点和倾点 它们是表明燃油低温流动性和泵送性的重要指标。燃油冷却凝固而失流动性时的最高温度称凝点。在凝点之前燃油开始析出烷类结晶体石蜡,变得浑浊时的温度称为浊点。国外常将燃油尚能保持流动性的最低温度称为倾点。一般燃油的倾点界于凝点和浊点之间。燃油的使用温度至少应高于浊点 3～5 ℃,以防使用中析蜡,堵塞滤器,使供油中断。

(5) 机械杂质含量和水分 燃油中所含不溶于汽油或苯的固体颗粒和沉淀物的质量分数称为机械杂质含量。燃油中的水分以体积分数表示。

燃油中的机械杂质会堵塞喷油器孔,加剧喷油设备的磨损;水分会降低燃油的发热值,并会破坏正常发火。机械杂质和水分主要来源于燃油的运输和贮存过程,因此,需要加强过程的管理。

(6) 闪点 燃油油气与空气的混合气同火焰接触而闪火的最低温度称为闪点。闪点是衡量燃油产生火灾危险程度的指标。从防爆、防火的观点出发,只有在低于燃油闪点 17 ℃的环境温度下倾倒燃油或敞开燃油容器才比较安全。重质燃油的闪点高于轻质燃油的闪点,船用燃油的闪点应不小于 65 ℃。

(7) 硫分 燃油中所含硫的质量分数称为硫分。燃油中所含硫以硫化物形式存在,在液态下对燃油管壁、喷油器等有腐蚀作用。硫在气缸中燃烧生成的二氧化硫和三氧化硫,与水凝结生成的亚硫酸和硫酸对金属有强烈的腐蚀作用。硫化物排放至大气会造成环境污染。因此,必须对燃油的硫分严格控制。

在燃油产品中,轻柴油的硫分最低,重柴油其次,燃料油的硫分最高。

在我国制定的各种柴油的质量标准中均有各品种的质量标准值,可供查阅。

高速柴油机多用轻柴油,中、低速柴油机多用重柴油或重油(燃料油)。

5.2.2 管系的功用及组成原理

1. 功用

燃油管系的基本任务是满足动力装置对燃油的需要,向船舶柴油机和燃油锅炉等供应足够数量和符合质量要求的燃油。

2. 组成与原理

图 5-2-1 所示为燃用重柴油或燃料油的燃油管系组成简图。管系主要由注入、贮存、驳运、净化、供应及测量等部分组成,其主要设备有贮油舱(或油柜)、油泵、过滤器、分油机及加热器、仪表和阀件等。燃用轻柴油的燃油管系组成与之相同,但系统和设备比较简单。

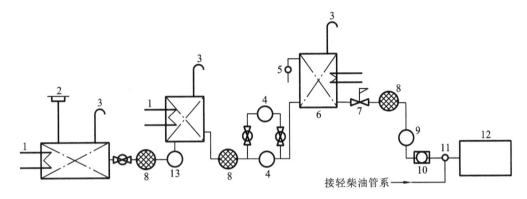

图 5-2-1 燃油管系组成简图

1—加热管;2—甲板注入口;3—透气管;4—离心分油机;5—溢油管;6—日用油柜;
7—速闭阀;8—过滤器;9—供油泵;10—雾化加热器;11—转换阀;12—柴油机

1) 燃油的注入、贮存和驳运

燃油自船舶主甲板两舷所设的注入头(注入阀)经注入管注入至燃油舱(或油柜)中。注入时一般利用岸上的油泵设施,也可借助船舶自身设置的驳运泵将燃油驳入燃油舱(或油柜)中贮存。

注入头应设在便于加油和排除污油的地方,并要加盖,以防水及杂质进入油舱。注入头应不高出甲板平面,以免影响通行。为方便加油,船舶两舷均应设置注入头。

为了充分利用船舶的容积,一般利用双层底或左、右舷边舱作为燃油贮存舱。中、小型船舶也有设置油柜来贮存燃油的。

驳运泵一般采用齿轮泵(小型船舶多用手摇泵)。利用驳运泵完成燃油调驳任务,例如给用完油的舱柜补油,将某一油舱(柜)的燃油调驳至另一油舱(柜)中,以利于船舶的平衡等。图5-2-2 所示为燃油注入、调驳管系简图。其燃油注入过程为,打开截止阀Ⅰ和阀箱的某一油舱进油阀,利用岸上的油泵设施将燃油注入某一燃油舱中贮存。其燃油调驳过程为,关闭截止阀Ⅰ,打开截止阀Ⅱ和截止阀Ⅲ,打开阀箱某一油舱的出油阀和另一油舱的进油阀,启动驳运泵,即可实现相应两油舱间的燃油调驳。关闭截止阀Ⅲ,打开截止阀Ⅱ和阀箱的某一油舱的出油阀,启动驳运泵,便可将油舱的油经过泵的输出管注入某一油柜中。

2) 燃油的净化

为了保证燃油的供给质量,必须对燃油进行净化处理。通常采用过滤、沉淀和机械分离的办法除去燃油中的机械杂质和水分。燃用轻柴油的小型船舶一般用过滤器过滤的办法除去燃油中的杂质。中、大型船舶因燃用重柴油或重油,往往同时采用上述三种方法。燃用重油的船舶一般设置沉淀舱(柜),并将燃油加热至一定的温度,降低其黏度,这样由于机械杂质和水分的密度比油的大,沉于柜底与油分离。分油机是机械分离设备,能除掉燃油中的水分和小颗粒机械杂质。系统中通常设置两台分油机,可串联使用以提高分油质量,亦可并联使用以加快分

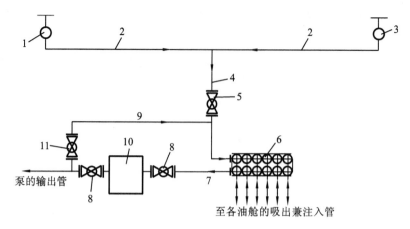

图 5-2-2 燃油注入、调驳管系简图
1—左舷注入阀;2—连通管;3—右舷注入阀;4—注入管;5、8、11—截止阀;
6—双排六路驳调阀箱;7—泵的吸入管;9—驳运管;10—驳运泵

离速度。

3) 燃油的供应

经过净化处理的燃油存放于日用油柜中。小型船舶常将日用油柜高置,依靠油的重力向主机、辅机和燃油锅炉等供油。大、中型船舶常用齿轮泵或螺杆泵作为供油泵,采用压力供油方式。燃料油黏度较大,在进入柴油机之前,要在加热器中再次热器,以利于喷射和雾化。

4) 测量

为了随时观察燃油柜里的燃油贮量,一般在燃油柜上设置有液位指示器,以显示燃油贮量。深舱及双层底舱则用链尺测量。燃油消耗量一般利用管系中的流量计来测量。

5.2.3 燃油贮量及主要设备估算

1. 燃油贮存量计算

(1) 主机燃油消耗量为

$$G_z = g_z \cdot P_{eb} \cdot t_1 \cdot z \times 10^{-6}$$

式中:G_z 为主机燃油消耗量,t;g_z 为主机燃油消耗率,g/(kW·h);P_{eb} 为主机标定功率,kW;t_1 为续航力,h;z 为主机台数。

(2) 辅机燃油消耗量为

$$G_f = g_f \cdot P_f \cdot t_2 \cdot K \times 10^{-6}$$

式中:G_f 为辅机燃油消耗量,t;g_f 为辅机燃油消耗率,g/(kW·h);t_2 为续航力,$t_2 = t_1$,h;K 为辅机负荷参数,根据电站负荷估算书选定;P_f 为辅机标定功率,kW。

(3) 辅锅炉燃油消耗量为

$$G_g = q_g (i_1 - i_2) t_3 \times 10^{-3} / (H_u \eta_g)$$

式中:G_g 为锅炉燃油消耗量,t;q_g 为锅炉产汽量,即锅炉蒸发量,kg/h;i_1 为蒸汽比焓,J/kg;i_2 为锅炉给水比焓,J/kg;H_u 为燃油低热值,J/kg;η_g 为锅炉效率;t_3 为在续航时间内的使用时间,h。

(4) 燃油贮存量为

$$G_\Sigma = G_z + G_f + G_g$$

式中:G_Σ 为燃油贮存量,t;其余符号含义同前,下同。

2. 主要设备估算

(1) 油舱总容积为

$$V_1 = G_\Sigma \frac{1}{\rho_r} \cdot c_r \cdot c_c \cdot c_f \times 10^3$$

式中:V_1 为油舱总容积,m^3;ρ_r 为燃油密度,kg/m^3,轻柴油取 820～860,重柴油取 930,燃料油取 930～970;c_r 为容积系数,取 1.1～1.2;c_c 为贮备系数,取 1.1;c_f 为风浪系数,取 1.05～1.2。

(2) 主机日用油柜容积为

$$V_2 = g_z \frac{1}{\rho_r} \cdot P_{eb} \cdot t_4 \cdot c_r \times 10^{-3}$$

式中:V_2 为主机日用油柜容积,m^3;t_4 为供油时间,取 6～12,h。

(3) 辅机日用油柜容积为

$$V_3 = g_f \frac{1}{\rho_r} \cdot P_f \cdot t_5 \cdot c_r \times 10^{-3}$$

式中:V_3 为辅机日用油柜容积,m^3;t_5 为供油时间,取 6～12,h。

(4) 辅锅炉日用油柜容积为

$$V_4 = g_g \frac{1}{\rho_r} \cdot t_6 \cdot c_r$$

式中:V_4 为辅锅炉日用油柜容积,m^3;g_g 为辅锅炉燃油消耗率,kg/h;t_6 为供油时间,取 6～8,h。

(5) 油渣柜容积为

$$V_5 = g_z \frac{1}{\rho_r} \cdot P_{eb} \cdot z \cdot t_7 \cdot c_r \times 10^{-3}$$

式中:V_5 为油渣柜容积,m^3;t_7 为计算时间,取 3 h。

也可按照主机功率选取:小于 74 kW 的取 0.5～0.6 m^3,74～14 710 kW 的取 1 m^3,大于 14 710 kW 的取 1.5～2.0 m^3。

(6) 污油柜容积为

$$V_6 = (0.05 \sim 0.10) \cdot P_{eb}/1\,000$$

式中:V_6 为污油柜容积,m^3。

(7) 沉淀柜容积为

$$V_7 = g_z \frac{1}{\rho_r} \cdot P_{eb} \cdot z \cdot t_8 \cdot c_r \times 10^{-3}$$

式中:V_7 为沉淀柜容积,m^3;t_8 为计算时间,取 24～28,h。

(8) 燃油供给泵排量与压头:

① 燃油供给泵排量为

$$q_{vg} = g_z \frac{1}{\rho_r} \cdot P_{eb} \cdot c_k \times 10^{-3}$$

式中:q_{vg} 为燃油供给泵排量,m^3/h;g_z 为柴油机耗油率,g/(kW·h);P_{eb} 为柴油机标定功率,kW;c_k 为裕度系数,取 2～3。

② 燃油供给泵压头一般取 0.245～0.588 MPa;若用燃料油,则取 0.49～0.98 MPa。

(9) 燃油输送泵排量与压头。

① 燃油输送泵排量为

$$q_{vs} = \frac{24 \times g_z \cdot P_{eb}}{1.5 \times \rho_r} \times 10^{-3}$$

式中：q_{vs} 为燃油输送泵排量，m³/h。

上式是将燃油自贮油舱输送至沉淀柜时的计算公式，若是输送至日用油柜，则泵的排量为

$$q_{vs} = (V_2 + V_3 + V_4)/t_9$$

式中：q_{vs} 为燃油输送泵排量，m³/h；t_9 为注油时间，取 0.5～1 h。

② 燃油输送泵压头一般取 0.024～0.343 MPa。

(10) 燃油分油机排量与台数：

① 燃油分油机排量为

$$q_{vf} = q_{Bd}/(it_{10})$$

式中：q_{vf} 为燃油分油机排量，L/h；q_{Bd} 为主、辅机 1 昼夜耗油量，L/d；i 为分油机台数；t_{10} 为分油机工作时间，一般取 8～12 h/d。

燃油分油机排量还可以根据主机的功率确定，其具体数值如表 5-2-1 所示。

表 5-2-1 燃油分油机排量与主机功率的关系

主机功率/kW	总排量/(L/h)
>735	1 000～2 000
>1 840	2 000～4 000
>3 675	4 000～6 000
>5 150	6 000～13 000
>14 710	>13 000

② 燃油分油机台数的设置原则。对于低质燃料油和重柴油一般设置两台，当串联使用而且选用人工排渣分油机时，要用三台，采用自动排渣分油机时，采用两台；由于轻柴油含渣量少，通常用一台即可。

(11) 燃油加热器　燃油分油加热器一般与分油机配套供货。

由于燃料油黏度大，必须对其加热，使其具有一定的流动性。燃料油的加热温度范围及单位加热面积如表 5-2-2 和表 5-2-3 所示。

表 5-2-2 燃油加热温度范围

名　称	加热温度/℃	加热后黏度/(m²/s)
油舱	30～40	$400 \times 10^{-6} \sim 220 \times 10^{-6}$
沉淀柜	40～60	$400 \times 10^{-6} \sim 120 \times 10^{-6}$
分油加油器	75～90	$38 \times 10^{-6} \sim 23 \times 10^{-6}$
日用油柜	60～70(保温)	$70 \times 10^{-6} \sim 46 \times 10^{-6}$
雾化加热器	90～100	$23 \times 10^{-6} \sim 18 \times 10^{-6}$

表 5-2-3 单位加热面积

名　称	单位加热面积/(m²/m³)
双层底油舱	0.07～0.12(保温)
沉淀油柜	0.20～0.30(加热)
日用油柜	0.10～0.15(加热)

5.2.4 实施要点与实例介绍

1. 实施要点

1) 设计要点

(1) 各舱柜的连通管应装设截止阀,以便船舶倾斜时关断,能保证燃油正常输送。

(2) 大、中型船舶设独立驱动的燃油泵,小型船舶设手摇泵用于燃油的输送和驳运。依靠重力油柜供油时,油柜必须置于柴油机上方,距高压油泵进口高度不得小于 1 m。

(3) 各油舱、油柜供油管路上的截止阀或旋塞应直接装设在舱柜壁上。深油舱、日用油柜出口管路应设置速闭阀,以便在发生火灾或危急情况下,能在该处之外迅速将其关闭。

(4) 燃油管路必须与其他管路隔开,不得布置在高温处、电气设备处,不得通过水舱和起居处,若必须通过这些地方,则要采取防火、防水和防泄露的有效措施。

(5) 沉淀舱柜及日用油柜应装设自闭式放水阀或旋塞,且应设置收集油舱柜和聚油盘排出的含油污水的舱柜。

(6) 燃用两种燃油的船舶应设两套供油管路,设置燃油回油集合筒以收集回油,并用于两种燃油的混合和切换。小型船舶柴油机往往将回油管接至喷油泵进口处。

(7) 多机多桨推进的船舶,各主机应设独立的日用油柜。

2) 布置原则

(1) 燃油系统应保证在任何工况下都能正常地为柴油机或其他用油设备供应燃油,为此,它的布置原则应保证船舶在较长时间内横倾 15°和纵倾 15°的情况下,整个系统都能正常工作。

(2) 燃油输送泵、燃油供给泵、燃油循环泵(增压泵)均应有一台备用泵,为主、辅机服务的泵还应具备自动转换的功能。

(3) 所有双层底以上的燃油舱柜,其供油管上的任何阀件均直接安装于舱柜壁上,并采用可以遥控关闭的速关阀。

(4) 燃油管路必须与其他管路隔绝,同时应尽量敷设在便于拆装、检修的位置。

(5) 所有油管、油柜不准装在柴油机、排气管、消音器、锅炉及烟囱、发电机和配电板等电器设备的上部,以免漏油而发生火灾。同时也不准装于房间的上方天花板或围壁板内,以免溢出的油气散发在室内,有碍于卫生和引起火灾。无法避免时,应无可拆接头或设置专门的聚油盘和排油设施。

2. 实例介绍

下面以某远洋货船燃油管系为例,介绍一般远洋船舶燃油管系的组成与原理。

该船以一台低速大功率柴油机作为主机,设置三台柴油发电机组、一台混合锅炉,一台焚烧炉和一台应急柴油发电机组。主机燃用燃料油,在启动、操纵和停车前使用柴油。发电柴油机燃用柴油,也可燃用燃料油。

燃油管系主要设备:六个燃料油贮存舱;两个柴油贮存舱;一个燃料油沉淀舱;一个柴油沉淀舱;一个燃料油日用油舱;一个柴油日用油舱;一个燃料油溢油舱;一个燃油油渣舱;一个焚烧炉柴油柜;一个应急柴油发电机柴油日用油柜;一台燃料油输送泵;一台柴油输送泵;一个燃油分油单元;一个燃油供油单元等。

管系的工作原理如下。

1) 注入、贮存与驳运

图 5-2-3 所示为燃油注入、贮存与驳运管系原理图。在船舶上甲板的左、右舷各设有一个柴油与燃料油的注（排）油站，左、右舷注（排）油站的管系对应连通，以满足船舶任何一舷靠码头时均能方便地注（排）油的要求。并可在甲板上直接控制加油过程。注（排）油站设置有托油盘，以收集阀件、过滤器等泄漏的燃油。

现以柴油管系为例来说明燃油的注入、贮存与驳运过程。

注油的动力可为岸上加油站或供油船的加油泵。将供油管与柴油注入口连接，打开柴油贮存舱的注入阀，柴油便可注入贮存舱内。由于采用压力注入法，通常在注油站的注入连接管上装设压力表和安全阀，以防止管路超压。安全阀溢出的油泄到机舱内双层底柴油贮存舱。在注入阀之前还设有过滤器，可以过滤掉柴油中的一部分杂质。

利用柴油输送泵可将柴油在柴油贮存舱之间调驳；也可将柴油驳至柴油澄清舱内；当柴油贮存舱检修清理时，可利用柴油输送泵通过排出口将油驳至岸上。

从管系工作的可靠性出发，柴油管系与燃料油管系连通，柴油输送泵与燃料油输送泵互为备用。

另外，来自焚烧炉柴油柜、应急柴油发电机柴油日用油柜和柴油日用油舱的溢油溢至柴油澄清舱内；而柴油澄清舱的溢油溢至柴油贮存舱内。焚烧炉柴油柜、柴油日用油舱和柴油澄清舱内的油可泄至柴油贮存舱内。燃料油的注入、贮存与驳运过程与柴油的相似，所不同的是燃料油管系有用于加热的蒸汽伴行管。

2) 净化

图 5-2-4 和图 5-2-5 所示为燃油净化管系原理图。

其中，图 5-2-4 所示为某远洋货船燃油净化管系的主要设备燃油分油单元内部管系原理图。

燃油分油单元是将燃油分油机、分油机供给泵、分油机加热器、滤器及管路和附件、测量仪表、报警装置、加热系统、清洗和控制系统等集成化，并由专门的生产厂家按用户的技术要求制造的设备。

如图 5-2-4 所示，该燃油分油单元集柴油和燃料油的净化于一体。其中用于燃料油净化的有 2 台分油机、2 台供给泵，2 台加热器等。燃料油澄清舱的燃油经过吸入过滤器，由供给泵吸出送至加热器进行加热后，进入分油机净化处理。2 台分油机可串联、也可并联运行，2 台供给泵互为备用。分油机将分离后的净油排至燃料油日用油舱。

用于柴油净化的有 1 台分油机、1 台供给泵，1 台加热器等。柴油澄清舱的燃油经过吸入过滤器，由供给泵吸出送至加热器进行加热后，进入分油机净化处理。分油机将分离后的净油排至柴油日用油舱、应急发电机柴油日用柜、焚烧炉柴油柜等处。

图 5-2-5 所示为该船燃油分油单元的外部连接管系图。

3) 供油

图 5-2-6 所示为某远洋货船燃油供油管系的主要设备燃油供油单元内部管系原理图。

燃油供油单元是将燃油供给泵、燃油循环泵、回油筒、雾化加热器、各种过滤器及管路和附件、报警装置、加热系统、燃油各种参数（如流量、温度、压力、黏度等）的测量与调节系统仪表等集成化，并由专业的厂家按用户的技术要求制造的设备。

如图 5-2-6 所示，该燃油供油单元集主、辅机的柴油与燃料油的供给于一体，并备有辅机应急柴油供油管系。两台燃油供给泵互为备用，两台燃油循环泵互为备用。

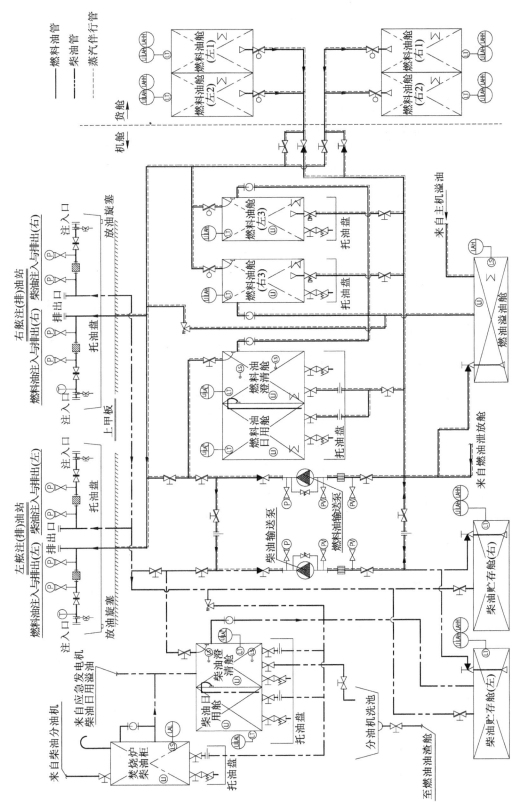

图 5-2-3 某远洋货船燃油注入、贮存与驳运管系原理图

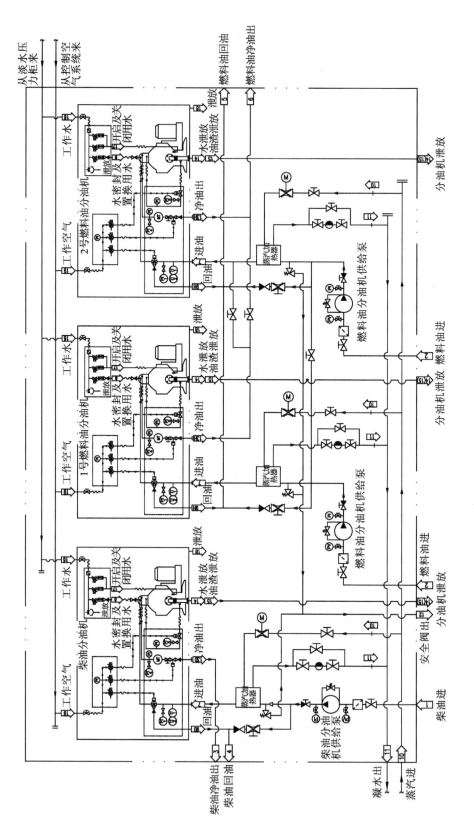

图 5-2-4 某远洋货船燃油分油单元内部管系原理图

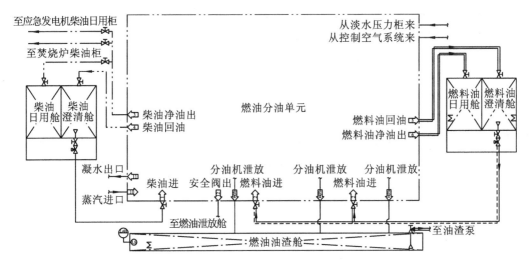

图 5-2-5 某远洋货船燃油分油单元的外部连接管系图

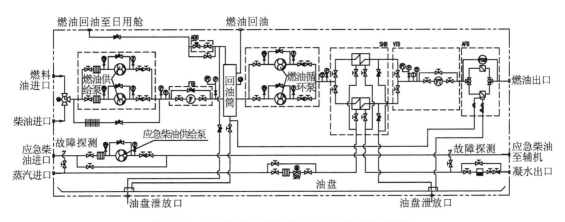

图 5-2-6 某远洋货船燃油供油单元内部管系原理图

正常情况下,燃油供油单元的供油过程是:由燃料油日用油舱或柴油日用油舱来的燃料油或柴油经过三通燃柴油转换阀,再经吸入过滤器、燃油供给泵、流量计、燃油循环泵、雾化加热器、燃油自清过滤器、黏度计后出燃油供油单元。

当辅机需要专供柴油时,来自柴油日用油舱的柴油经细过滤器、应急柴油供油泵后出燃油供油单元。

在燃油供给泵的排出端装有定压阀,由排出压力控制它的开闭及开启度。当排出压力高于正常工作压力(一般为 0.4 MPa)时,定压阀被打开至某一位置,将部分压力油溢出至油泵吸入端,以维持设定的工作压力。燃油循环泵的进口压力为 0.4 MPa,而出口压力为 1.0 MPa。循环泵的排量往往大于正常耗油量的几倍,多余的油一般通过回油管回到回油筒后再接至循环泵的吸入口,也可以通过三通旋塞直接回到燃料油日用油舱,不能回到柴油日用油舱。燃油循环泵和供给泵均能自动启、停,当其中一台泵在正常运行中出现压力下降时,另一台备用泵能自动启动,达到压力要求后,前一台泵自动停止,同时发出报警信号。

燃油回油筒的作用是:①使柴油机高压喷油泵的高温回油不进入日用油舱,可避免油舱散热量太多而使机舱温度提高,同时也节约了能源;②燃料油和柴油相互转换时,由于两种油的温度相差悬殊,有可能使柴油机高压泵咬死的现象发生,因此,必须将两种油在回油筒中进行混合混用一段时间,使温度逐渐升高或降低后,逐步替换燃油品种;③在回油筒上设有透气阀,它可以保证回油经过时不断地排除燃油中的气体。

流量计的作用是测定主机的耗油量,由于燃油是一种高温高压的流体,流量计很容易损坏,所以平时一般不用,而是从旁通阀通过。同时在流量计前还装有过滤器,以防流量计损坏。

图 5-2-7 所示为燃油供油单元的外部连接管系图。

由燃油供油单元出来的燃油分成两路:一路至主机的高压喷油泵供燃烧用,回油回至回油筒;另一路经定压阀后又分成三路,分别至辅机,通过双联细过滤器至辅机的高压喷油泵供燃烧用,回油回至回油筒。辅机初始启动时的柴油由辅机应急柴油供油管系供油,回油回至柴油日用油舱。

图 5-2-7 所示的右上角为混合锅炉的燃油管系,其原理较简单,读者不难理解。

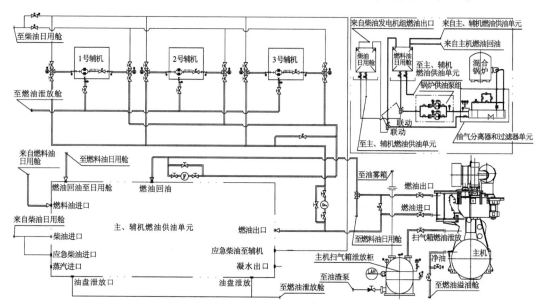

图 5-2-7 某远洋货船燃油供油单元的外部连接管系图

5.3 润滑油管系

5.3.1 润滑油的作用与品质

1. 润滑油的作用

当船舶动力装置中的机械设备运行时,两个有相对运动的金属表面接触就会发生摩擦。这种摩擦将导致许多不良现象发生,以致使机械设备不能正常运行,必须加以改善。在两个摩擦面之间加进润滑油可形成油膜,使零件的干摩擦变为油分子的液体摩擦,这是一种行之有效的方法。它有如下的作用。

(1) 减摩作用 将两个相互运动着的金属表面隔开,减少摩擦和减轻磨损。

(2) 降耗作用 避免两个相互运动着的金属表面的干摩擦,降低能量消耗。

(3) 冷却作用 带走两运动表面间因摩擦产生的热量,保持工作表面的温度不致过高。

(4) 清洁作用 带走两运动表面间的灰尘和金属粉末等杂质,保持工作表面的清洁。

(5) 密封作用　活塞与气缸套之间的润滑油膜还能起到辅助密封燃烧室空间的作用。

(6) 防腐作用　因金属表面被油覆盖,空气不能与金属接触,因而可防止金属氧化生锈。

此外,油膜还具有一定的减振和降噪作用。

2. 润滑油的品质

润滑油在两摩擦面之间形成油膜的好坏取决于其本身的品质。润滑油的品质可用如下的性能指标来表示。

(1) 黏度　黏度是润滑油流动性能指标,它在很大程度上决定着油膜的形成。黏度过大,润滑油在摩擦表面不能很快散开,不易形成连续而均匀的油膜;黏度过小,则难以形成可靠的油膜,出现半液体摩擦,润滑效果降低。

润滑油的黏度还随温度变化而变化,温度升高,黏度降低。评定不同品种的润滑油黏度随温度变化而变化的程度,常采用黏度指数或黏度比。黏度指数高,说明该润滑油黏度随温度变化而变化的程度小,其品质好。黏度比也是评定润滑油随温度变化而变化的性能指标。黏度比小,表示润滑油在规定温度范围内黏度变化小,质量也就好。

(2) 酸值　酸值是指润滑油中含有的有机酸和无机酸的程度。酸值过高对金属有腐蚀作用,酸值增加将使润滑油变质,失去润滑作用。润滑油酸值超过允许值时,则要更换润滑油。

(3) 抗氧化安定性　抗氧化安定性是润滑油抵抗空气氧化的能力。当润滑油被氧化后,不仅酸值增加,而且由于生成胶状和沥青状结晶物质而使油色变深,黏度增加,性能变坏时,则须更换润滑油。

(4) 抗乳化度　它是衡量油水混合物分离能力的指标。海水或淡水混入润滑油会使润滑油乳化。润滑油乳化后,会生成泡沫,影响润滑油压力。另外润滑油乳化后,不溶解杂质就浮在油中,污染摩擦表面,使部件磨损加剧。

(5) 残碳　这是指润滑油在氧化和高温下生成的碳和渣。这些碳和渣会加快运动部件磨损,堵塞气口或卡紧气阀,严重破坏柴油机的正常工作。

3. 润滑油的品种与选用

船用柴油机用的润滑油主要有柴油机油(又称系统油)、气缸油和蒸汽轮机油。

(1) 柴油机油　这是指润滑轴承用的循环系统中的润滑油,所以又称系统油、润滑油或机油。柴油机油主要有三个牌号:HC-8、HC-11、HC-14,简称为8号、11号和14号机油。其中数字表示该润滑油的平均黏度值。它几乎可以润滑柴油机所有的运动部件。

(2) 蒸汽轮机油　主要用于蒸汽轮机的轴承和齿轮减速箱的润滑和冷却。它在柴油机中用来润滑废气涡轮增压器和调速器。

(3) 气缸油　主要用于十字头式柴油机的气缸润滑。活塞的运动,会使少量燃油中的硫化物混入气缸和活塞之间的运动表面之中,因而活塞与气缸套间的润滑往往使用含有碱的气缸油来润滑。气缸油分为高碱气缸油和低碱气缸油等两类,分别适用于使用高硫分和低硫分燃料的十字头式柴油机的气缸润滑。

5.3.2　润滑油管系的任务、组成与分类

1. 润滑油管系的任务

润滑油管系的主要任务如下。

(1) 向柴油机内的润滑系统供给足量的、符合质量要求的、具有适当压力和温度的润滑油,以保证柴油机的正常工作。

（2）排除润滑油中存在的一切不利于润滑系统正常工作的物质，以延长润滑油使用期限和柴油机的使用寿命。即既要保证工作中的润滑油质量，又要恢复已经使用过的润滑油质量。

2. 润滑油管系的组成

润滑油管系的组成与燃油管系的相似，也分为注入、贮存、驳运、净化、供给和测量六部分。

3. 柴油机润滑油管系的分类

按柴油机内循环的润滑油贮存方式，润滑油管系可分为以下三种。

（1）湿底壳式 如图 5-3-1(a)所示，此种管系的特点是润滑油贮存在柴油机的油底壳中，正常运转时，柴油机本身所带的压力油泵抽吸油底壳润滑油，在油泵的压力作用下经过润滑油冷却器后，输送至各润滑部件进行润滑，然后借重力流回油底壳中，成为独立的润滑油系统。一般适用于小型柴油机。

（2）干底壳式 如图 5-3-1(b)所示，此种管系设有专门的润滑油循环舱（柜）贮存润滑油，润滑油循环舱一般设于主机下方的双层底内。润滑油用润滑油泵自循环舱内吸出，在油泵的压力作用下先经过冷却器，再输送至柴油机各运动部件进行润滑，然后通过柴油机油底壳回到润滑油循环舱，或利用润滑油抽吸泵输送至润滑油循环舱。这种管系广泛应用于大、中型柴油机中。

（3）重力油柜式 如图 5-3-1(c)所示，此种管系设有置于柴油机之上的重力油柜，靠重力向柴油机供给润滑油。这种管系的最大优点是，当油泵在运行中突然损坏时，重力油柜中有一定的存油能够维持柴油机正常工作若干分钟，为管理人员采取应急措施赢得时间。

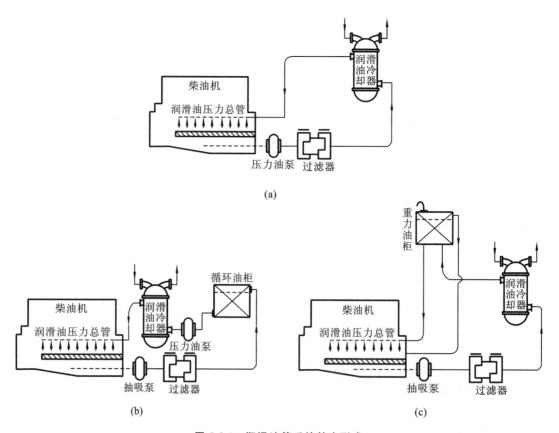

图 5-3-1 润滑油管系的基本形式

按润滑油润滑的部位,润滑油管系可分为以下三种系统。

(1) 主润滑系统 也称为循环润滑系统。主要用来润滑柴油机的主轴承、十字头、凸轮轴、排气阀执行机构等传动部件。润滑油在系统中作循环使用。

(2) 气缸油润滑系统 这种系统比较简单,一般由气缸油贮存柜、日用油柜、手摇泵或齿轮油泵、注油器等组成。由柴油机驱动的注油器定量定时地向气缸壁周围供油,它在起了润滑作用后,随着燃气一起燃烧而排到大气中。

(3) 增压器润滑系统 专门用来润滑增压器轴承等部件。目前在大、中型船舶上这种独立的润滑系统已逐渐被淘汰,增压器的轴承润滑采用油池润滑方式,采用人工注油的方法。

5.3.3 润滑油贮量及主要设备估算

1. 润滑油贮存量计算

(1) 主机润滑油消耗量为

$$G_{cz} = g_{cz} P_{eb} t_1 \times 10^{-6}$$

式中:G_{cz} 为主机润滑油消耗量,t;g_{cz} 为主机润滑油消耗率,g/(kW·h);P_{eb} 为主机标定功率,kW;t_1 为续航力,h。

(2) 辅机润滑油消耗量为

$$G_{cf} = g_{cf} P_f t_2 c_{kf} \times 10^{-6}$$

式中:G_{cf} 为辅机润滑油消耗量,t;g_{cf} 为辅机润滑油消耗率,g/(kW·h);t_2 为续航时间内,辅机使用时间,h;c_{kf} 为辅机负荷系数,一般取 0.6;P_f 为辅机标定功率,kW。

(3) 润滑油贮存量为

$$G_{c\sum} = G_{cz} + G_{cf} + G_{czh} + G_{cfh}$$

式中:G_{czh} 为主机换油量,t;G_{cfh} 为辅机换油量,t。

主、辅机换油量,一般据柴油机说明书而定,航程短的船舶可不考虑。

2. 润滑油贮存舱容积计算

其计算公式为

$$V_C = G_{c\sum} c_r c_c / \rho_h$$

式中:V_C 为贮油舱容积,m³;ρ_h 为润滑油密度,一般取 0.92,t/m³;c_r 为容积系数,取 1.1~1.2;c_c 为贮备系数,取 1.1~1.2。

3. 润滑油循环泵(主润滑油泵)

润滑油循环泵应有两台,其中一台为备用泵,小型船舶可用手摇泵作为备用泵。

(1) 排量为

$$q_H = q_d P_{eb}$$

式中:q_H 为润滑油循环泵排量,m³/h;q_d 为主机要求的单位功率小时排量,m³/(kW·h);P_{eb} 同前。q_d 取值,包括活塞冷却时为 0.000 41~0.000 48,不包括时为 0.000 11~0.000 14。

(2) 压头 泵的压头应保证润滑油进入最后一道轴承前压力有 0.078~0.094 MPa。一般不包括活塞冷却时取 0.294~0.392 MPa,包括时取 0.392~0.49 MPa。

4. 主机润滑油循环柜容积计算

其计算公式为

$$V_g = q_H \cdot c_r / n$$

式中:V_g 为循环柜容积,m^3;c_r 为容积系数,取 1.2～1.25;n 为循环倍率,次/h;q_H 同前。

润滑油循环倍率一般根据柴油机而定,大型低速柴油机的倍率取 6～12 次/h,中速柴油机的倍率取 30～40 次/h,高速柴油机的倍率取 50～60 次/h,而高强载的高速柴油机的倍率可达 90～100 次/h。循环倍率越大,则润滑油越容易变质,使用期就短。

大、中型船舶一般设两个润滑油循环柜,小型船舶只设一个。循环柜应保证油泵在船舶倾斜情况下也能可靠吸油。

5. 润滑油澄清柜

润滑油澄清柜用于贮存润滑油和沉淀润滑油的杂质,其容积是润滑油循环柜的 1.5 倍。小型船舶不设澄清柜而只设贮存柜。

6. 污油柜

污油柜用来贮存更换下的润滑油,一般只设一个,其容积为润滑油循环柜的 1.2 倍。

7. 油渣柜

分油机分离出来的油渣和水存放于油渣柜,小型船舶常常不设油渣柜。油渣柜容积可按分油机排量的 0.03～0.04 倍确定,亦可按表 5-3-1 选取。

表 5-3-1 油渣柜容积

主机功率/kW	油渣柜容积/m^3
<7 355	0.5～0.6
7 355～14 710	1.0
>14 710	1.5～2.0

8. 润滑油输送泵

大、中型船舶设润滑油输送泵,调驳各润滑油柜润滑油和将润滑油驳至舷外。其排量与压头无特别要求,一般排量为 5 m^3/h,视船舶及主机功率决定。若电站负荷允许,排量大一些可缩短驳运时间。

5.3.4 实施要点与实例介绍

1. 实施要点

(1) 润滑油管系的布置应保证在船舶一定的横倾和纵倾范围内能可靠地供油。

(2) 润滑油循环泵的布置应使吸入管长度尽可能短,因此油泵应尽可能靠近柴油机或循环油柜。为能从双层底循环油柜可靠地吸油,泵的吸入高度应在允许的范围内,如齿轮式润滑油泵,一般压头为 3 m H_2O;螺杆式润滑油泵,压头为 4～5 m H_2O。

(3) 为了减少管路阻力和管路振动现象,在润滑油循环泵到过滤器的管路上要使弯头尽可能少,并缩短此管路长度。

(4) 过滤器是润滑油管路的一种重要设备,分粗过滤器和细过滤器两种。一般为双联式过滤器,平时只要运转一个,当堵塞时可用三通旋塞转换至另外一个过滤器。润滑油过滤器一般布置在润滑油冷却器前,因为此时润滑油温度较高,以利于减少过滤阻力和提高过滤效果。过滤器前后要装设压力表,管路中还应设低压报警器,以检测和控制润滑油的工作压力。

(5) 润滑油贮存柜要靠近甲板注油口,并有一定高度,以借重力给循环油柜补充润滑油或进入驳油泵。循环油柜的布置应使润滑油能自主机自由流入,且应保证油泵吸入高度在允许范围内。

（6）如果增压器采用强制循环式压力润滑，则设置增压器润滑油重力柜作为应急用，重力柜的高度必须在增压器轴线上方约 1.2 m 处。

2. 实例介绍

图 5-3-2 所示为某远洋货船润滑油注入、贮存与驳运管系。其主要设备有：润滑油贮藏舱、辅机润滑油贮藏舱、润滑油澄清舱、辅机润滑油澄清舱、气缸油贮藏舱、气缸油测量柜、主机润滑油循环舱、及舱底水分离油舱等各一个。润滑油输送泵、气缸油泵及油渣泵各一台。

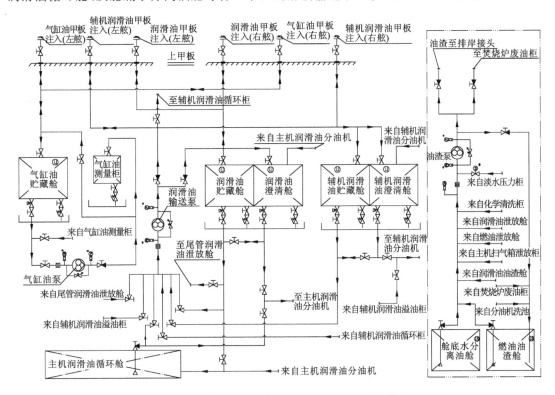

图 5-3-2 某远洋货船润滑油注入、贮存与驳运管系

在船舶上甲板的左、右舷均设有润滑油与气缸油的注（排）油口，左、右舷注（排）油总管对应连通，以满足船舶任何一舷靠码头时均能方便地注（排）油的要求。

主、辅机润滑油从各自的甲板注入口注入，经注入总管至贮藏舱和澄清舱中贮存和澄清。由于润滑油贮藏舱和润滑油澄清舱的位置较高，因此，依靠重力作用，可使润滑油向下流入设置在双层底以下的主机润滑油循环舱、尾管润滑油泄放舱及其他小型油柜（如润滑油零用油柜等，图中未画出）中。润滑油输送泵设有多路吸入管，可分别抽吸主机润滑油循环舱、辅机润滑油循环柜、润滑油贮藏舱、润滑油澄清舱、辅机润滑油贮藏舱、辅机润滑油澄清舱以及各种溢（泄）舱（柜）内的润滑油。输送泵排出的润滑油分别送至润滑油贮藏舱、润滑油澄清舱、辅机润滑油贮藏舱、辅机润滑油澄清舱、辅机润滑油循环柜或排出至甲板上。图中还有至（或来自）润滑油分油机的管系。

气缸油自甲板注入口注入，经注入总管至气缸油贮藏舱中贮存，贮藏舱中的气缸油通过气缸油泵抽吸输送至气缸油测量柜中供使用。

图中右侧为油渣泵将污油和油渣排至岸上或泵至焚烧炉废油柜的管系图。

图 5-3-3 所示为该船润滑油净化管系。其主要设备有：润滑油分油单元和润滑油油渣舱。

润滑油分油单元中含有一台主机润滑油分油机、分油机供给泵及蒸汽加热器;一台辅机润滑油分油机、分油机供给泵及蒸汽加热器。两台供给泵的排出管呈单向连通,即辅机分油机供给泵排出的润滑油可进入主机润滑油净化管系中。这样主机润滑油分油机成为辅机的备用润滑油分油机。润滑油分油单元中的其他管系及其工作原理与燃油分油单元基本相同,其外部连接管系也比较简单。

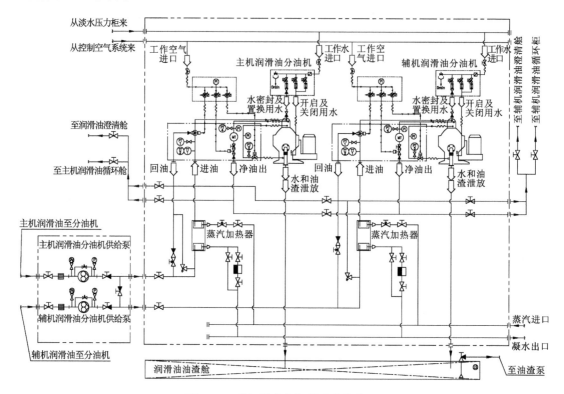

图 5-3-3　某远洋货船润滑油净化管系

图 5-3-4 所示为该船润滑油供油管系。

该船上需要供给润滑油的主要机器是主机和辅机,下面着重介绍主机润滑油供油管系。

主机润滑油供油管系由两台主机润滑油泵(深井泵),润滑油冷却器,三通调温阀,润滑油自清过滤器(自动反冲过滤器)和旁通过滤器,两台排气阀液压执行机构润滑油增压泵,主机润滑油循环舱以及气缸油测量柜等组成。凡设置两台泵的,互为备用。

主机润滑油泵自循环油舱中抽出润滑油,输送到润滑油冷却器,经过三通调温阀、润滑油自清过滤器或旁通过滤器,后分成两路,一路从润滑油进口进入主机对运动部件进行润滑;另一路经润滑油增压泵增压后从增压润滑油进口进入排气阀液压执行机构对运动部件进行润滑。最后,都落入油底壳而回至润滑油循环舱。是典型的干式油底壳润滑管系。

润滑油冷却器的进、出口之间的三通调温阀控制润滑油的进机温度,一般要求润滑油进机温度控制在 45 ℃左右。当油温超过设定温度时,三通调温阀关小或完全关闭,增加通过润滑油冷却器的润滑油量,使油温下降。当油温低于设定温度时,三通调温阀开大,使旁通的润滑油量增加,导致油温上升,最后保证油温稳定在设定的温度范围内。

自清过滤器的作用与燃油系统的过滤器相同,带有压差报警器。当进出口压差超过额定值时,发出报警,此时必须检查过滤器的工作状态是否正常,反冲功能是否起作用,以保证主机

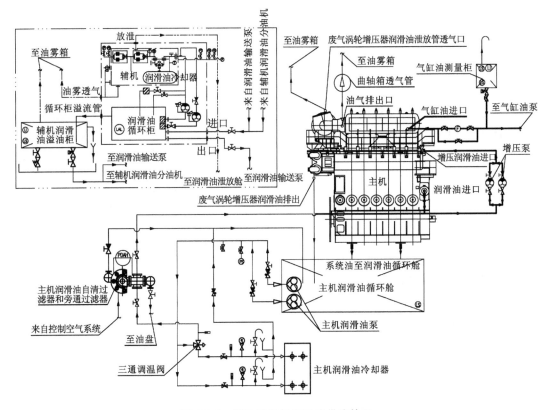

图 5-3-4 某远洋货船润滑油供油管系

的正常运转。

排气阀液压执行机构的润滑油增压泵用于升高进入执行机构的润滑油压力。也有设置十字头润滑油增压泵(SULZER 苏尔寿柴油机)或凸轮轴润滑油增压泵的例子,作用是一样的。是否要设置,按机厂的要求确定。

在润滑油进主机前一般还设有润滑油低压、润滑油高温报警装置,以防止润滑油中断或压力过低而引起活动部件失油而损坏。油压低于一定值,或油温高于一定值时柴油机会自动降速或停车。

该船主机还设置一套气缸油管系,比较简单。由气缸油贮存柜、气缸油测量柜、气缸油泵、注油器等组成。气缸油贮存柜的气缸油由气缸油泵输送到气缸油测量柜,再从气缸油进口进入柴油机驱动的注油器,定量定时地向气缸壁周围供油,它在起了润滑作用后,随着燃气一起燃烧而排到大气中。

图 5-3-4 所示的左上方为一台辅机的润滑油供油管系,三台辅机的润滑油供油管系相同,呈并联式连接。辅机的润滑油供油管系设备除辅机润滑油溢油柜外均为自带,即包括泵,冷却器,过滤器、循环柜、管路及附件等都已安装在机上,自成一体,船厂只需安装外接管系,并且比较简单,读者不难理解。

润滑油管系除了对柴油机进行润滑外,有时还要对中间轴承、推力轴承等进行润滑。尾管润滑油管系也是一个独立的润滑油系统,它的作用是润滑艉轴轴承、降低轴承温度,同时保证艉轴的密封,防止海水进入艉轴轴承引起腐蚀,以至造成机舱进水的严重后果。

5.4 冷却水管系

5.4.1 作用

柴油机动力装置的许多机械设备在运行时会不断散发热量,这些热量必须及时散发出去,否则会导致发热件温度升高,以致超过容许的限度而影响机械设备的正常运行,甚至因热负荷过大而损坏。如柴油机气缸内燃烧产生的热量除了对外做功外,约有 25%～35% 的热量要从气缸、活塞传出,应给予适当的冷却,将这些热量及时而有效地散发。通常使一定量的液体连续流经受热部件,把这些热量带出设备。在柴油机动力装置中常用水作为冷却介质,通过管系把水输送至受热部件进行冷却。

在柴油机动力装置的船舶上,需要散热冷却的机械设备如下。

① 主、辅柴油机,包括气缸、活塞、喷油器及增压器等;
② 主、辅柴油机的润滑油冷却器、淡水冷却器等热交换器;
③ 轴系中的齿轮减速箱、轴承、尾轴管等;
④ 空气压缩机、冷凝器等设备;
⑤ 其他机械设备或热交换器,例如空调、冷藏机组、甲板机械的液压系统等。

冷却水管系的作用就是对需要散热的设备供给足量的符合质量要求的水(包括淡水、江水和海水)进行冷却,以保证其在一定的温度范围内可靠地运行。

在所有机械设备中,主机散热量最多。所以船舶冷却水管系往往是指以主机的冷却水管系为中心,与其他机械设备的冷却水管系共同构成的冷却水管系。

5.4.2 基本形式

1. 开式冷却水管系

所谓开式冷却水管系(亦称直接冷却水管系)是指柴油机本身直接用舷外水(海水或江河水)进行冷却的管系。图 5-4-1 所示为开式冷却水管系。

其工作原理是海水泵自海底门经通海阀、过滤器将舷外水吸入,海水泵的排出水经油温调节阀,再进入润滑油冷却器和主机,冷却有关部位后汇集于排出总管,然后经水温调节、单向阀排至舷外。温度调节阀自动调节冷却水的流量,使润滑油温度和进入柴油机的水温在允许的范围内。

开式冷却管系设备少、管路简单、维护方便、水源丰富。但由于舷外水水质差,江、河水中的各种杂质和水面浮油进入冷却空间后,会造成堵塞或附着在冷却表面而影响传热效果;而海水中的各种氯化物对金属壁面起腐蚀作用并能在冷却空间沉积成水垢,也使传热效果变坏;为防盐类析出,海水温度应控制在 50～55 ℃,这样高温部件不能用;此外,舷外水温度直接受季节、航行区域的影响,变化幅度较大,若温度过低的水进入柴油机冷却,会造成缸壁内外温差大,使热应力过大而导致碎裂,同时散热过多,会大大降低柴油机的热效率。

开式冷却形式只能用于小型柴油机和对冷却水要求不十分严格的各种热交换器、空气压缩机、排气管、尾轴管等的冷却。

2. 闭式冷却水管系

所谓闭式冷却水管系(亦称间接冷却水管系)是指柴油机本身用淡水冷却,淡水在系统中

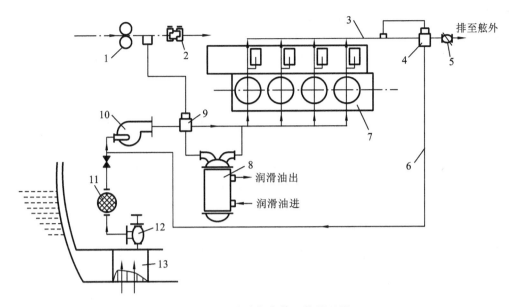

图 5-4-1 开式冷却水管系的原理图

1—润滑油泵;2—过滤器;3—排出总管;4—水温调节阀;5—单向阀;6—回流管;7—柴油机;8—润滑油冷却器;
9—油温调节阀;10—海水泵;11—过滤器;12—通海阀;13—海底门

作闭式循环;淡水再由机外的一个开式冷却管系通过冷却器带走热量,故又称间接式冷却管系。

图 5-4-2 所示为闭式冷却水管系。

其工作原理是淡水泵自淡水冷却器吸入淡水,进入柴油机冷却高温部件后,又回到淡水冷

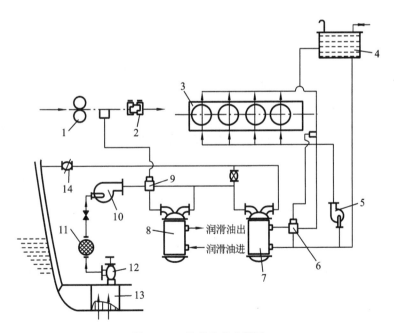

图 5-4-2 闭式冷却水管系

1—润滑油泵;2—过滤器;3—柴油机;4—膨胀水箱;5—淡水泵;6—水温调节阀;7—淡水冷却器;
8—润滑油冷却器;9—油温调节阀;10—海水泵;11—过滤器;12—通海阀;13—海底门;14—单向阀

却器,进行闭式循环。海水进行开式循环,与图 5-4-1 所示的相似。

闭式冷却水管系中设置膨胀水箱(柜)的作用如下。

(1) 淡水在封闭管系内循环,它的体积会随着温度的变化而热胀冷缩,膨胀水箱则是为了适应这种变化而设置的。

(2) 淡水温度升高时,会有汽体分离出,这些汽体附着在缸壁上会使传热效果变差而导致局部过热。因此,在柴油机的淡水管系的最高处接一支透气管与膨胀水箱相通,可及时将汽体逸出。

(3) 膨胀水箱设置在较高的位置上,依靠水箱中水的静压头,可使淡水泵的吸入口维持一定的压力,防止因水温较高产生汽化,有利于泵的正常工作。

(4) 通过膨胀水箱可对管系补充淡水。

(5) 是对水质进行处理的投药场所。

另外,闭式循环管系中淡水泵与冷却器的位置可以有两种不同的布置方法,如图 5-4-3 所示。两种布置形式的主要差别在于淡水泵是直接接在主机淡水进口管路上还是出口的管路上。图 5-4-3(a)所示为,淡水从淡水泵出来首先进入主机进口的布置形式,可使冷却水在主机中保持较高的压力,因而冷却水在气缸冷却腔中不易汽化,可保证柴油机的良好冷却效果,所以在船舶上应用较多。这种布置的缺点是从主机出来的冷却水进入冷却器时压力已经降低,当冷却器管板处发生泄漏时,海水可能漏入淡水中。图 5-4-3(b)所示为,淡水经淡水泵出来后,先进入淡水冷却器,然后到主机的各部件进行冷却,最后回到淡水泵的吸入口的布置形式。这种布置的优、缺点正好与上面的形式相反。

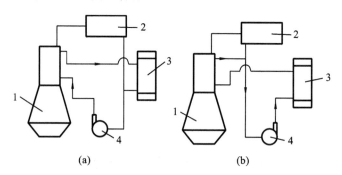

图 5-4-3　闭式管系中设备布置方式

1—柴油机;2—膨胀水箱;3—冷却器;4—淡水泵

闭式冷却水管系与开式却水管系不同的是柴油机本身用淡水冷却,因而它具有很多优点。

(1) 循环于机内的是清洁的淡水,不易发生堵塞现象。

(2) 清洁水不易发生积垢,保证良好的传热效果及延长部件的使用寿命。

(3) 不受海水中析出盐分的温度限制,可采用较高的冷却水温,提高热效率。

(4) 暖缸时,淡水不经过冷却器或关闭海水泵,缩短暖缸时间,提高机动性。

其缺点是,管系设备较多、管系复杂、维护工作量较大。

闭式冷却水管系大多用于工作要求较高的大、中型柴油机气缸、活塞、喷油器,以及增压器废气涡轮壳体等重要设备的冷却。

3. 中央冷却水管系

中央冷却水管系也采用闭式冷却方式。

为使柴油机以外的其他机械设备都用淡水,且用一套管系进行冷却,用一个集中冷却器取代管路中服务于不同冷却对象的各分冷却器,进行淡水和海水的热交换,便形成了中央冷却水管系。若有部分设备单独用海水冷却,则称为混合式冷却水管系。

在柴油机淡水冷却管系中,有高温水回路和低温水回路,如采用高低温水的混合来调节系统参数,则属混流式中央冷却系统;如高低温回路各自分开,则为独立式中央冷却系统。

在独立式中央冷却系统中,如高温水热交换器用低温水(淡水)来冷却,称为独立Ⅰ型冷却系统,如果用海水来冷却高温水,则称为独立Ⅱ型冷却系统,它们的工作原理和管系构成都基本一样。

在某些航速较高的船舶,如集装箱船、舰艇等上,中央冷却器(低温淡水冷却器,也称舷式冷却器)可设计为利用船舶航行的速度所获得的自流海水来冷却,称为自流式中央冷却系统,它是独立Ⅰ型的特殊形式。

中央冷却水管系多用于以低速柴油机作为主机的大型船舶上。

本节后面将以一实船为例来说明中央冷却水管系的构成与原理。

5.4.3 主要设备估算

1. 膨胀水箱

膨胀水箱是由钢板焊接而成的箱体,其上设有注入管、透气管、溢流管和液位计等,并应加盖。膨胀水箱的大小,应能满足管路中淡水受热膨胀的需要和能够及时向管路中补充淡水。其容积估算式为

$$V_x = 0.10 \times V_g \cdot c_y$$

式中:V_x 为膨胀水箱容积,m^3;V_g 为淡水冷却管系内的水量,m^3;c_y 为容积系数,取 1.1~1.2。

若活塞为水冷却,则

$$V_x = (1/50 \sim 1/60) \times q_h c_y$$

式中:q_h 为活塞淡水泵排量,m^3/h。

2. 淡水冷却泵

(1) 排量 按所带走的散热量进行估算,有

$$q_d = \frac{\varepsilon H_u g_z P_{eb} c_k}{c_d (t_2 - t_1) \rho_d}$$

式中:q_d 为淡水冷却泵排水量,m^3/h;g_z 为主机燃油消耗率,$kg/(kW \cdot h)$;P_{eb} 为主机标定功率,kW;c_k 为裕度系数,取 1.2~1.3;H_u 为燃油低热值,J/kg;c_d 为淡水比热容,$J/(kg \cdot ℃)$;ρ_d 为淡水密度,kg/m^3;t_1 为淡水进主机温度,℃;t_2 为淡水出主机温度,℃;ε 为冷却水带走的热量百分比,(%)。

带走的热量百分比 ε 视冷却介质和柴油机的形式不同而异。

对于船用低速柴油机,$\varepsilon = 25\% \sim 20\%$;

对于船用中速柴油机,$\varepsilon = 20\% \sim 15\%$;

对于船用高速柴油机,$\varepsilon = 15\% \sim 10\%$;

对于喷油机冷却水带走的热量百分比为 $\varepsilon = 0.1\%$。

冷却介质进出柴油机的温差与柴油机形式及冷却介质种类有关。不同介质进出柴油机的温差 $(t_2 - t_1)$ 如表 5-4-1 所示。

表中海水温差是指海水流经串联的各冷却器后的温升,一般不超过 12 ℃。如果温差再大,则海水有可能大量析盐,冷却器尺寸需要增大。

如果不通过散热计算,可以按照同类型主机的单位功率小时冷却介质需要量来估算冷却水的排量,如表 5-4-2 和表 5-4-3 所示。

对许多中、高速柴油机来说,淡水冷却泵是由柴油机本身带动的。对于大型低速柴油机,由于缸套淡水冷却管系和活塞淡水冷却管系互为独立,故须另外设置缸套淡水冷却泵和活塞淡水冷却泵,单独由电动机驱动,其排量可按表 5-4-2 估算。

表 5-4-1　冷却介质进出柴油机的温差

冷却介质	温差/℃
缸套冷却淡水	10～15
活塞冷却淡水	10
活塞冷却油	10
喷油器冷却水	5～10
海水	12

表 5-4-2　船用低速柴油机冷却淡水需要量

冷却方式	活塞用淡水冷却	缸套用淡水冷却	缸套、活塞用淡水冷却
淡水需要量/(L/(kW·h))	11～14	27～54	36～68

表 5-4-3　船用中、高速柴油机冷却淡水需要量

冷却方式	缸套用淡水冷却	喷油器用淡水冷却
淡水需要量/(L/(kW·h))	26～45	0.5～0.7

(2) 压头　一般水压头为 0.147～0.196 MPa,缸套和活塞均用淡水冷却时水压头为 0.29～0.31 MPa。

3. 海水冷却泵

海水冷却泵的排量,既可以按海水带走的热量估算,也可以按表 5-4-4 确定。

表 5-4-4　船用低速柴油机冷却海水需要量

冷却方式	缸套用海水直接冷却	缸套用淡水冷却	
		活塞用淡水冷却	活塞用润滑油冷却
冷却海水需要量/(L/(kW·h))	54～68	54～82	4～68

对于中速柴油机,海水泵排水量可按冷却海水需要量 52～54 L/(kW·h)进行估算。

海水冷却泵的压头,直接用海水冷却气缸套时,海水压头为 0.196～0.245 MPa;缸套和活塞都用淡水冷却时,海水压头为 0.147～0.196 MPa。

4. 冷却器

淡水冷却器主要用来把冷却柴油机后的淡水带出的热量传给海水;润滑油冷却器则主要用来冷却柴油机或齿轮减速箱的工作润滑油。船用冷却器结构主要有管壳式、套管式和板式等三类,前者用得最多。下面只介绍管壳式冷却器冷却面积的估算或校核方法。

(1) 淡水冷却器　根据海水从淡水冷却器中带走的热量,计算冷却面积,有

$$F_A = \frac{Q_t(1+\alpha)}{k \cdot \Delta t_m}$$

$$\Delta t_\mathrm{m} = \frac{(t_3 - t_1) - (t_4 - t_2)}{2.3 \lg \dfrac{t_3 - t_1}{t_4 - t_2}}$$

式中：F_A 为淡水冷却器冷却面积，m^2；Q_t 为海水从淡水冷却器带走的热量，$\mathrm{J/h}$；α 为污染余度，取 20%；k 为传热系数，$\mathrm{J/(m^2 \cdot h \cdot ℃)}$；$\Delta t_\mathrm{m}$ 为平均对数温差，℃；t_3 为淡水进冷却器的温度，℃；t_4 为淡水出冷却器的温度，℃；t_1 为海水进冷却器的温度，℃；t_2 为海水出冷却器的温度，℃。

$$t_2 = t_1 + \Delta t$$
$$\Delta t = \frac{Q_\mathrm{t}}{q_\mathrm{h} \cdot c_\mathrm{h} \cdot \rho_\mathrm{h}}$$

式中：Δt 为海水进出冷却器的温升，℃；q_h 为海水通过冷却器的流量，m^3/h；Q_t 为淡水冷却器被海水带走的热量，$\mathrm{J/h}$；c_h 为海水比热容，$\mathrm{J/(kg \cdot ℃)}$；ρ_h 为海水密度，$\mathrm{kg/m^3}$。

根据计算的面积，即可选用满足需要的淡水冷却器。

(2) 润滑油冷却器　与上述计算方法相似，这里的传热系数 k 为 $8.3736 \times 10^7 \sim 1.256 \times 10^9\ \mathrm{J/(m^2 \cdot h \cdot ℃)}$；$\alpha$ 取 20%。

5.4.4　实施要点与实例介绍

1. 管系设计原则与布置要求

1) 设计原则

由于柴油机是一种热机，是依靠燃料燃烧的热量来做功的，所以冷却系统带走的热量是一种损失。很显然，冷却越强烈，这部分的损失越大，就越明显地降低柴油机的经济性。另一方面，由于受热部件的温度很高，如气缸内壁的平均温度可达 200～300 ℃，与冷却水接触的表面温度又较低，因此在这样的温差下易产生热应力。温差过大，部件就会产生裂纹。

由此可知，柴油机对冷却过程是有严格要求的。冷却系统的作用就是对柴油机进行强制冷却，将各受热部件的温度控制在允许范围内；另一方面又要保持恰当的冷却水温度和采用合适的冷却介质，以保证其正常可靠地工作。

在决定冷却水温度时要充分考虑到冷却不足或冷却过度所带来的后果。冷却不足将使部件受热过度，导致材料力学性能下降，产生热应力与变形，破坏工作面的正常间隙，造成过度的磨耗甚至咬死而损坏；冷却不足还将使润滑油温度过高，缩短润滑油使用寿命引起润滑油变质和结焦，破坏油膜而失去润滑作用。另一方面，冷却过度又将使冷却液带走的热量过多，而使柴油机经济性下降；使用含硫量较高的油料时，冷却过度会使气缸内形成硫酸而腐蚀缸壁及活塞。因而冷却水管系的热平衡计算是十分重要的。

2) 布置要求

(1) 船舶机舱至少设两个海底门(箱)，布置在船舶左、右两舷。可设置高、低位海底门，低位海底门在机舱底部，高位海底门设于舷部。对于大型船舶尾机舱，海底门要尽量布置在机舱前部，以避免吸入空气和污水。

(2) 海底门应设格栅或孔板，以阻挡大的污泥杂质进入海水管路。海水箱上应设透气管、压缩空气管和蒸汽管，以便吹除污泥物和冰粒等。

(3) 排水口通常布置在海底门或吸水口之后，并尽可能使二者远离。排水口一般设在满载水线与轻载水线之间，以便操纵和检修阀门，并要便于排除管内的空气与水气。应绝对避免将排水口设于救生艇及舷梯卸放范围。有的船舶在排出管上安装视流器,以观察排水情况。

(4) 除主机自带水泵外,还必须设有独立驱动的备用泵,小型船舶可用其他足够排量的泵代替。海水泵的布置要考虑使水泵的叶轮常处于吃水线下,并在船舶正常航行情况下能自任一海底门吸取海水。

(5) 应该按照柴油机说明书提出的对各设备的压力、温度参数要求进行布置;应使各冷却器和其他热交换器具有合理的位置序列及介质温差;力求设备规模小、耗能小、管路短、施工方便等,以达到降低初投资的目的。

(6) 采用闭式冷却时,每台主机应有独立的闭式冷却管系,并在海水管系和淡水管系之间设连通管,中间设阻隔阀,以便闭式冷却管系发生故障时,可采用海水直接冷却。

(7) 航行于海洋的船舶,当采用海水直接冷却时,必须采取在冷却水套内插锌棒等防腐措施。钢质舷旁阀、附件以及海底门等,均应有防蚀保护措施。

(8) 考虑到操作、运行及管理检修的方便,设备与管路的连接应具有一定的空间地位。

2. 实例介绍

图 5-4-4 至图 5-4-6 所示为某远洋货船冷却水管系。该船采用独立 I 型中央冷却水管系的冷却方式,管系由三个相互独立的回路组成,即海水回路、高温淡水回路和低温淡水回路。

图 5-4-4 所示为其海水回路管系。由图 5-4-4 可知,该船设置高、低位海底门分置于左、右舷;设置两台冷却海水泵可互为备用,另设置一台排量较小的停泊冷却海水泵;设置两台中央冷却器可互为备用。

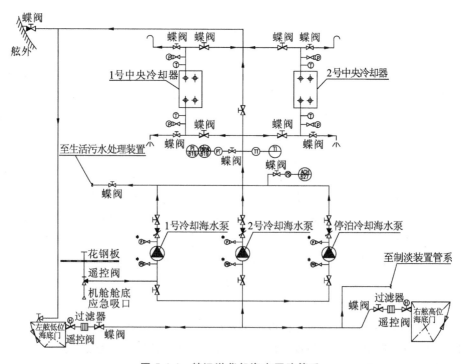

图 5-4-4 某远洋货船海水回路管系

(1) 冷却海水泵通过遥控阀、过滤器、碟阀从海底门吸入海水,海水进入中央冷却器与淡水进行热交换后,出中央冷却器经碟阀(止回阀)排至舷外。为了调节海水温度,从中央冷却器出来的热海水有一部分通过分支管系引至海底门来提高冷却海水泵的进水温度。此外,冷却海水泵可通过机舱舱底应急吸口抽吸机舱舱底水至生活污水处理装置或排至舷外。管系中还有用于泄放和透气的管路。

(2) 图 5-4-5 所示为高温淡水回路管系。高温淡水回路即主机缸套水冷却管系,它是一个闭式循环系统。两台缸套淡水泵将高温淡水送入主机对气缸、活塞和喷油器等进行冷却,然后从主机的最高点排出,经三通温控阀、缸套水冷却器或旁通管、除气筒后,回到缸套淡水泵的吸入口。

在主机淡水排出管路上,并联连接着制淡管系,可利用高温淡水的余热将海水制成淡水,作为船上淡水补充之用,这是一种节能的方法。

安装在缸套水冷却器进出口旁通管路上的三通温控阀用来控制主机淡水出口的温度,一般要求主机淡水出口温度控制在 80 ℃ 左右。三通温控阀可以设在冷却器的进口管路上,也可以设在出口管路上,两种方法均可以采用。

缸套淡水泵吸入管路上安装一除气筒,其作用是去除管路中的气体,以及将膨胀水箱来的补充水接到淡水泵的吸入口。在缸套淡水泵的排出口有一分支管系至主机缸套水预加热泵的吸入口,预加热泵可吸取一部分淡水至主机缸套水预加热器进行加热,同时,减少进入主机的淡水量,以提高缸套淡水泵进水的温度。

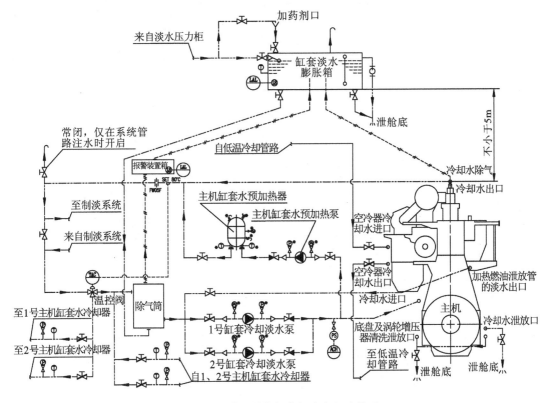

图 5-4-5 某远洋货船高温淡水回路管系

(3) 图 5-4-6 所示为低温淡水回路管系。低温淡水回路也是一个闭式循环系统。如图 5-4-6 所示,管系中设置两台低温冷却淡水泵(互为备用并能自动启动和转换)和一台停泊低温冷却淡水泵。冷却淡水泵的出水,一部分送入中央冷却器进行冷却,另一部分从旁通管系通过,经过三通温控阀后分为三路:第一路去主机,又分成两支,一支进入主机空冷器,另一支依

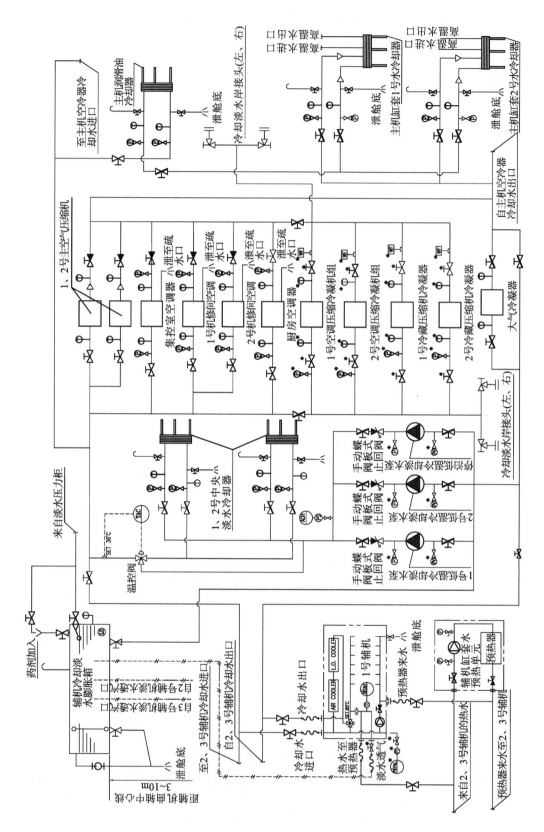

图 5-4-6 某远洋货船低温淡水回路管系

次进入主机润滑油冷却器和主机缸套水冷却器;第二路分成若干分支,分别送至主空气压缩机、各舱室的空调器、空调压缩冷凝机组、冷藏压缩机冷凝器等,进行冷却;第三路分别送至三台辅机的冷却水进口,进入辅机的淡水冷却水管系,辅机的冷却水管系自成体系,并配备辅机缸套水预热单元,其作用与主机的相似。最后,一、二路低温淡水汇成一路进入大气冷凝器或通过旁通管系回到低温冷却淡水泵的吸入口;第二路三台辅机的低温淡水也汇成一路,回到低温冷却淡水泵的吸入口;辅机冷却淡水膨胀箱的出水也直接引至低温冷却淡水泵的吸入口。整个回路的原理与常规的海水冷却系统的相同,只不过它本身还须由海水来冷却,且管系要复杂得多。

此回路中的三通调温阀就安装在中央冷却器的出口,作用同高温回路中的三通调温阀。低温淡水冷却器的出口温度一般控制在 36 ℃。

管系还设置冷却淡水岸接头,通过岸接头可向管系注入或排出淡水。

5.5 压缩空气管系

5.5.1 作用

在柴油机动力装置的船舶中,压缩空气是必不可少的一种能源,特别是在自动化程度高的船舶上更具有举足轻重的地位,它依靠压缩空气管系来产生、贮藏、输送。压缩空气管系的任务是向船舶各用气设备供给一定数量和符合质量要求的压缩空气。压缩空气主要用途如下。

(1) 柴油机的启动、换向 大、中型柴油机由于启动转矩和功率都比较大,故广泛采用压缩空气进行启动。有的可倒转的柴油机也采用压缩空气来改变其凸轮轴上各个凸轮的位置,完成换向动作。

(2) 离合器操纵 有的离合器采用压缩空气来完成结合或脱开动作,而气胎离合器则用压缩空气管系来充气和进行操纵。

(3) 遥控和自动化装置的能源 如船舶主机遥控系统广泛采用压缩空气和电气相结合的方式来控制。

(4) 压力柜充气 向海水压力柜、淡水压力柜、液压装置中的压力油柜、蓄压器等充气。

(5) 吹洗海底门、排水集合井、油渣柜等 当海底门格栅或排水集合井(包括单独的出海阀、防浪阀)等,被污泥杂物阻塞时,常用压缩空气进行吹洗。

(6) 汽笛、雾笛吹鸣 对于柴油机动力装置的船舶,营运过程中联络通信的汽笛及雾笛所使用的能源,大都采用压缩空气。

(7) 灭火器的驱动喷射 消防管系中的某些灭火剂,如"1211"、"1301"等卤化物灭火剂的驱动喷射都要依靠压缩空气。而二氧化碳和卤化物灭火管系的定时吹除也需要压缩空气。

(8) 杂用 各种风动工具,厨房烧油的炉灶、喷油嘴吹洗等均使用压缩空气。

此外,在军用舰船上压缩空气用于武器发射和吹洗,如潜艇上利用压缩空气充入水柜而驱除柜中海水,使潜艇浮起;鱼雷的发射、导弹的发射、火炮的吹洗等均需要用压缩空气。

压缩空气的压力根据使用对象的不同,有不同的压力范围,各种使用情况下的空气压力范围如表 5-5-1 所示。

表 5-5-1　各种使用情况下的空气压力范围

用　　途	使用压力范围/MPa
大型低速柴油机启动	最高 2.5～3.0,最低 0.7～1.0
中速柴油机启动	最高 4.5～6.0,最低 2.0～2.5
高速柴油机启动	最高 9.0～15.0,最低 6.0～7.5
海底门、油渣柜吹除	0.2～0.3
海、淡水压力柜充气	0.3～0.4
风动工具等杂用	0.6～1.0
汽笛	0.8～1.0

5.5.2　管系组成与原理

1. 组成与原理

船舶压缩空气管系通常由空气压缩机(简称空压机)、气水分离器、空气瓶、减压阀组及其他管系附件(如阀件、过滤器及仪表等)组成。图 5-5-1 所示为压缩空气基本管系图。如图 5-5-1 所示,空压机产生的压缩空气经气水分离器后进入空气瓶贮存。空气瓶输出的高压空气分成两路:一路直接输送至柴油机用于启动;另一路经减压阀组减压成较低压力的压缩空气后,输送至其他的用气设备或低压空气瓶贮存。

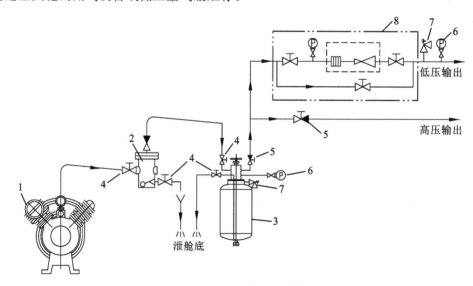

图 5-5-1　压缩空气基本管系
1—空压机;2—气水分离器;3—空气瓶;4—截止阀;5—截止止回阀;6—压力表及阀;7—安全阀;8—减压阀组

2. 主要设备结构原理

1) 空气瓶

空气瓶的用途是贮存压缩空气。根据用途,空气瓶有主空气瓶、日用空气瓶、辅空气瓶、控制空气瓶、应急空气瓶、杂物用空气瓶等之分。

空气瓶有两种典型结构。一种是整锻式,适用于压力较高,但容量较小的场合。图 5-5-2(a)所示为整锻式空气瓶的结构图,它除了瓶上部安装瓶头阀的开口外,瓶的本体上没有任何开

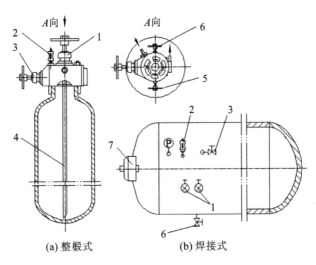

图 5-5-2　空气瓶结构
1—供气阀；2—安全阀；3—充气阀；4—放水管；5—压力表阀；6—放水阀；7—人孔盖

口,通常是直立或斜放安装。如图 5-5-2 所示,它的全部附属零件均安置在瓶头部。要向瓶外供气时,只要打开供气阀即可。充气阀用来向瓶内充气。放水阀连接着放水管,放水管直接通到瓶底,如果瓶内积有水或润滑油时,可旋开放水阀,这时水和润滑油就被瓶内的空气压出。瓶中的油和水不仅减小了气瓶的容积,同时会造成瓶内壁的锈蚀,油的蒸汽还可能引起爆炸,所以必须及时排出。压力表阀与压力表连接,用来指示瓶内压力。安全阀与瓶内直接连通,当充气压力超过规定值(1.1 倍工作压力),或当机舱内发生火灾,环境温度升高,使瓶内空气压力升高时,安全阀即会自动打开。有的空气瓶还装有安全膜片,其作用与安全阀相同。

空气瓶的另一种形式是焊接式,由钢板焊制而成,适用于中、低压,大容量的场合。图 5-5-2(b)所示为焊接式空气瓶的结构图,这种空气瓶可以是直立的,也可以是卧式的,船舶上均有使用。其瓶体上分散安装有各种附属零件。其中人孔盖可供人员在制造、检修时进出。它必须设计成瓶内压力越高,它的密封性越好的形式。

2) 减压阀组

减压阀组用于将压缩空气的压力减到需要的工作压力,图 5-5-3 所示为其的组成原理图。

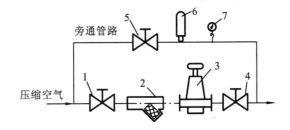

图 5-5-3　减压阀组的组成原理图
1、4—截止阀；2—过滤器；3—减压阀；5—旁通阀；6—安全阀；7—压力表

减压阀组应垂直安装在水平管系上,其正常工作时,截止阀 1、4 开启,旁通阀 5 关闭。高压空气从左端进入截止阀 1,先由空气过滤器 2 对压缩空气进行过滤,以避免减压阀被压缩空气中的杂质堵塞。压缩空气经减压阀减压到需要的工作压力后从截止阀 4 流出。安全阀 6 可防止减压阀失灵而损坏用气设备,它的开启压力应调节为 1.1 倍工作压力。压力表 7 则可以

直接检查减压后的空气压力是否符合要求。检修时,为不影响管系工作,设有旁通管系,此时减压压力的调节靠手动操纵旁通阀 5 来实现,而截止阀 1、4 必须关闭。

3) 气水分离器

从空压机来的压缩空气不可避免地会带有一些油雾和细小水珠。气水分离器的作用就是分离压缩空气中的油和水,以提高充入空气瓶中的压缩空气的质量。

图 5-5-4 所示为一种自动排水气水分离器结构图。从空压机出来的压缩空气进入分离器后,由于分离器的流通截面比一般管子截面大得多,所以空气流速突然降低,同时气流方向发生变化,通过隔板上的孔向下流动,一部分油珠和水珠在重力的作用下,沉积在分离器的底部。压缩空气通过隔板后,碰撞在喇叭口表面上,其中一些细小的油珠和水在重力作用下,流至分离器底部。压缩空气再转弯向上流出分离器,剩下的油和水再次在重力作用下流至底部。分离器下部装有浮球阀,当油水达一定高度时,浮球阀向上浮起,使泄放阀打开,油水在压缩空气的作用下被放泄到舱底。当油水下降到低位时,放泄阀被关闭,实现了自动泄放的功能。

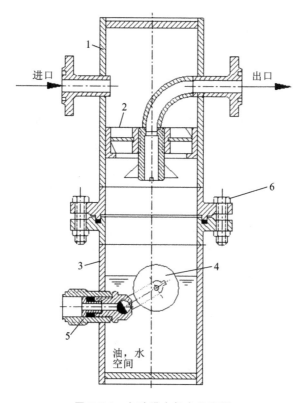

图 5-5-4 自动排水气水分离器
1—上本体;2—隔板;3—下本体;4—浮球阀;5—泄放阀;6—连接螺栓及螺帽

5.5.3 主要设备估算

1. 启动空气瓶容积

对于钢质海船,供主机启动用的空气瓶至少要两个。空气瓶容积,应在不补充充气情况下,能冷机正、倒车交替连续启动每台可换向的主机不少于 12 次;能冷机连续启动每台不可换向的主机不少于 6 次。

启动空气瓶容积有 3 种办法估算:按柴油机每启动 1 次所消耗的自由空气量估算;按空气

瓶容积与柴油机气缸总容积之比估算;按经验公式估算。

1) 按柴油机每启动 1 次所耗自由空气量估算

设空气瓶中压缩空气最高压力为 p_2,在柴油机启动规定的次数以后,空气瓶中压缩空气压力降至 p_1,则空气瓶所能放出的自由空气量为

$$V = V_k(p_2 - p_1)$$
$$V_k = V/(p_2 - p_1)$$

式中:V_k 为空气瓶容积,m^3;p_2 为最高启动压力,一般取 2.94 MPa;p_1 为最低启动压力,一般取 0.686 MPa;V 为所放出自由空气量,m^3。

$$V = \phi \cdot q \cdot V_z = [q_1 + (n-1)q_r] \cdot V_z \times 10^{-3}$$

式中:ϕ 为启动次数,6 次或 12 次;q 为启动 1 次单位气缸容积所耗自由空气量,L/(L·次);q_1 为冷态启动 1 次单位气缸容积所耗自由空气量,取 5~7,L/(L·次);q_r 为热态启动 1 次单位气缸容积所耗自由空气量,取 3~5,L/(L·次);V_z 为柴油机气缸总容积,L。

$$V_z = \frac{\pi D^2 S i}{4} \times 10^{-3}$$

式中:D 为气缸直径,cm;S 为活塞行程,cm;i 为气缸数。

2) 按空气瓶容积与柴油机气缸总容积之比估算

通常采用 $V_k/V_z = 3.5 \sim 4$;对于辅机启动空气瓶,$V_k/V_z = 0.5 \sim 1$。

已知柴油机气缸总容积,乘以比值 V_k/V_z 即可算出所需启动空气瓶的总容积。

3) 按国外经验公式估算

$$V_k = 0.36 \times \phi \cdot C \cdot \frac{\frac{i^2+1}{i} \cdot D^2 \cdot S \cdot n^{\frac{1}{3}}}{15}$$

式中:V_k 为主机启动空气瓶容积,m^3;ϕ 为启动次数;i 为主机气缸数;D 为气缸直径,m;S 为活塞行程,m;n 为转速,r/min;C 为常数,如表 5-5-2 所示。

表 5-5-2 常数 C 值

四冲程柴油机	二冲程柴油机		
	筒形活塞	十字头式	
		单作用	双作用
1	1	1	1.3

启动次数可根据航线、柴油机形式及操作人员使用经验而定。根据有关启动实验资料,认为 φ 取 25 次为宜,但也有为了安全而取 40 次的情况。

转速 n 越高,柴油机每启动 1 次所需空气量就越多,故在公式中有 $n^{1/3}$ 的因子。

2. 主空气压缩机

供主机启动用的主空气压缩机至少设置两台,其中一台应由主机以外的动力驱动。其总排量应能在 1 h 内将主机全部启动空气瓶由大气压力升至规定的连续启动所需的最高压力。

根据以上要求,可得空气压缩机每小时要排出的自由空气量为

$$V = V_k p_{\max}$$

式中:V 为空气压缩机排量,m^3/h;V_k 为启动空气瓶容积,m^3;$p_{\max}$ 为启动空气瓶内最高压力(取启动主机所需的最高压力)。

启动主机所需的最低压力 p_{min}，各国规定不一。如果 p_{min} 规定得高，空气压缩机排量就会选配得小些，可减少投资及能量消耗，但充气时间要长些。

5.5.4 实施要点与实例介绍

1. 管系设计布置原则与要求

（1）用压缩空气启动的主机，必须有独立的空气压缩机。由于空气压缩机工作时有强烈振动，故应安置在船体结构较强的部位，或予以加强。为保证压缩空气质量，空气压缩机不能布置在易吸入高温潮湿的空气或油气的地方。

（2）空气瓶的布置，可以直立或卧放，一般放在船体结构较强的部位，如舷侧或隔舱壁附近，并应有防振措施以及利于泄水。

（3）在空压机向空气瓶充气的管路上，应装气水分离器。在空压机、空气瓶、冷却器和减压器阀的出口管路上，须装设压力表和安全阀。

（4）压缩空气管系一般采用集中供气的方式，即从满足管路最高压力参数出发来设置空气压缩机和空气瓶，对压力要求较低的设备则通过逐级减压方法来满足。

（5）两台空压机出口处一般都要装止回阀，以免当其中有一台空压机运转时，高压空气倒流入另一台停止运转的空压机内使其损坏。有的空压机的压缩空气出口管上还装有高压软管，防止因空压机运转时产生的振动造成管子振裂。

（6）空气瓶出口也要装有止回阀，以免一只空气瓶中的压缩空气快用完而转换到使用另一只压缩空气充足的空气瓶时，压缩空气倒流入另一只空气压力不足的空气瓶中，影响使用。此外空气瓶上还设有安全阀或安全膜片、压力表和放水阀等。

2. 实例介绍

图 5-5-5 所示为某远洋货船压缩空气管系。

如图 5-5-5 所示，管系主要由两台主空压机、一台甲板日用空压机、一台应急空压机、两个气水分离器、两台主空气瓶、一台甲板日用空气瓶、一台辅空气瓶、一台控制空气瓶、一个干燥器、两组 3.0～0.7 MPa 的减压阀组、一组 0.7～0.4 MPa 的减压阀组、一组 0.7～0.3 MPa 的减压阀组以及各种控制阀和仪表等组成。

两台主空压机既可以单独也可并联工作，它们所产生的 3.0 MPa 压缩空气经止回阀和截止阀、气水分离器进入主空气瓶。主空压机的启、停是自动控制的，它是根据主空气瓶内压缩空气的压力高低，利用压力开关来实现的。一般两台空压机的自动启、停的压力是有差别的，目的是使压力达到低值时，只启动一台空压机，而另一台空压机只有在空气耗量大于一台空压机的排量时才启动。而要两台空压机停止运转时，也让一台先停止，然后再停另一台。

主空气瓶内的空气除主要供主机和辅机启动用之外，还可供其他杂用。由两组 3.0～0.7 MPa 减压阀组输出的压缩空气分为两路：一路为汽笛、机舱及甲板上的各用气设备提供压缩空气；另一路通过干燥器后又分为两支，一支进入控制空气瓶和为控制空气系统提供压缩空气，另一支至快关阀控制箱。干燥器设有旁通管系，应急情况下压缩空气可直接进入快关阀控制箱，控制空气瓶也作为控制空气系统的应急气源。而海水箱所需的压缩空气压力一般为 0.4 MPa，是经过 0.7～0.4 MPa 减压阀组减压后提供的。而 0.7～0.3 MPa 的减压阀组则为需要更低压力的用气设备提供所需的压缩空气。

甲板日用空压机的设计压力为 0.8 MPa，但工作压力为 0.7 MPa，它通过气水分离器、甲板日用空气瓶等，也向甲板提供日用空气。

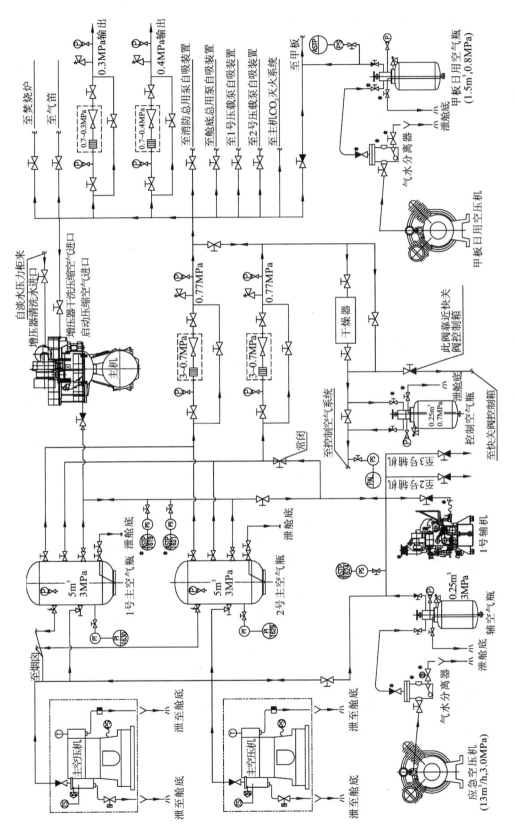

图 5-5-5　某远洋货船压缩空气管系

应急空压机主要是在特殊情况下为辅机提供启动空气。如船舶第一次使用时,或在无电、无气状态下,首先要使辅机动起来,实现供电,才能启动各种机械设备。因而应急空压机如是电动的,则必须由应急发电机供电(应急发电机能手动启动或由应急电瓶供电启动);如果是由柴油机带动的,则必须配置能手动启动的柴油机。为此设有专门的辅空气瓶,供辅机启动用,平时也可由主空气瓶为它充气。

5.6 排气管系

5.6.1 作用

排气管系的主要作用是将柴油机、焚烧炉、锅炉等排出的废气排到大气中。此外,排气管系还可以起到降低噪声的作用。对于装运和拖运易燃、易爆危险货物的船舶,其排气管系还要起到熄灭废气中火星的作用。对于军用舰艇,考虑到隐蔽性,还需要降低废气的浓度。排气管系还可起到废气余热利用的作用。在现代船舶中,在排气管系中还设置了专门设备,可以减少柴油机废气中有害物的排放量。

5.6.2 管系组成与原理

1. 组成形式

排气管系的组成随船舶的类型和大小而有很大的差异,但一般由排气管、补偿器、废气锅炉或组合锅炉、消声器及弹性支架等组成。

图 5-6-1 所示为排气管系的基本组成形式。其中图 5-6-1(a)所示为柴油机的废气直接通过排气管经消声器排至大气的形式,这种形式多用于未设置废气锅炉的中、小船舶,其排气管系因受热而引起的变形由排气管的弯曲部位来补偿。而图 5-6-1(b)所示与图 5-6-1(a)所示不

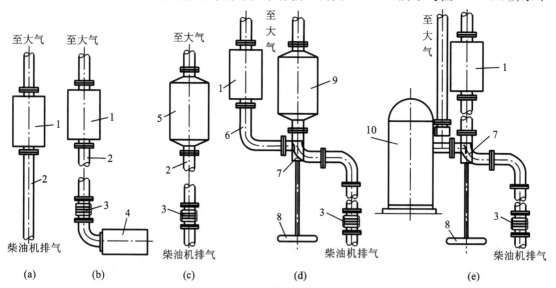

图 5-6-1 排气管系的基本组成形式

1—消声器;2—排气管;3—补偿器;4—集气管;5、9—废气锅炉;6—旁通管;
7—废气调节阀;8—操作手柄;10—废气燃油混合锅炉

同的地方是在柴油机的集气管与消声器之间装设补偿器,用于补偿排气管系因受热而引起的变形。图 5-6-1(c)所示所示为柴油机的废气经补偿器、废气锅炉排至大气的形式。图 5-6-1(d)所示则是废气锅炉设置旁通管系的形式,在清洗锅炉或不需要蒸汽时将废气通过旁通管系导入大气,废气调节阀用于控制废气的流向和流量,旁通管系上设置消声器。在大、中型船舶上往往取消旁通管系上设置的消声器。图 5-6-1(e)所示则是用废气燃油混合式锅炉替代废气锅炉,利用废气调节阀控制锅炉蒸汽产量的形式。

以上各种形式的排气管系均通过烟囱向上排出废气。对于某些不设机舱棚的船舶,也可沿船尾或朝左、右舷排气。

2. 主要附件及原理

1) 膨胀接头

图 5-6-2 所示为不锈钢波纹膨胀接头。膨胀接头是补偿器的一种,用于补偿柴油机排气管受热膨胀而引起的伸长变形量,防止热膨胀使管子产生压缩应力,甚至出现管子破裂、法兰紧密面泄露等事故。它同时可以减小由柴油机传递给排气管的机械振动,并起到隔音的作用。

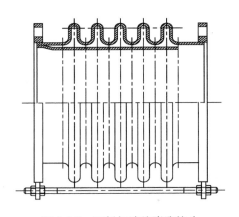

图 5-6-2 不锈钢波纹膨胀接头

膨胀接头一般在柴油机排气口或废气涡轮排气口先设置一只,然后再按排气管长度每隔 5～7 m 设置一只。

2) 消声器

在现代船舶柴油机动力装置中,主、辅柴油机往往是最强的噪声源。在排气管系上设置消声器,就是为了从噪声源外部采取措施,降低排气噪声。

消声器的种类很多,但归纳起来可分为三大类:阻性消声器、抗性消声器和复合式消声器。

(1) 阻性消声器 图 5-6-3 所示为阻性消声器,它是在消声器的内表面敷设吸声材料,利用增加声阻的原理来吸收噪声能量的消声器。当声波进入消声器时,吸声材料使一部分声能由于摩擦而转化为热能被吸收掉。吸声材料一般是多孔材料,并且有耐高温性能,如玻璃棉毡、矿渣棉、石棉绒绳、细铜屑等。这种阻性消声器的优点是对高频噪声的消声效果好,其缺点是对低频噪声的消声效果较差。在高温、有蒸汽、有油气以及有浸蚀作用的气体中吸声材料的使用寿命较短,而且使吸声性能降低。因此,在柴油机排气系统中单独使用不多。

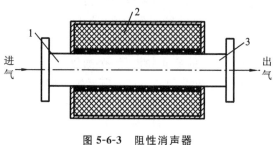

图 5-6-3 阻性消声器

1—入口；2—吸声材料；3—出口

（2）抗性消声器　它是利用声学滤声原理改变管道系统的声阻，来降低某些频率或频段的噪声的装置。它有膨胀式、共振式等几类。

图 5-6-4 所示为各种形式的膨胀式消声器。

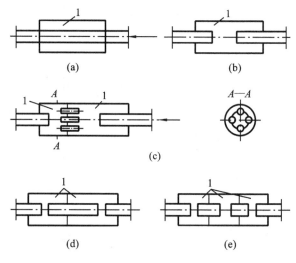

图 5-6-4　膨胀式消声器

1—膨胀室

它们在声波通道上串联一个或若干个膨胀室，实际上是管和室的组合。利用管道截面的突变引起声阻变化所产生的反射和干涉作用，使沿通道传播的某些频率和频段的噪声得到降低。

膨胀式消声器的多个膨胀室，可以显著提高消声的效果，但受尺寸限制时，膨胀室一般不超过三个。各膨胀室的长度不同，内接管长度也不同，目的在于起到不同的消声效果。有时在内接管上钻些孔，也能提高声阻。

图 5-6-5 所示为共振式消声器。它的原理是在声波通道上并联一个或若干个共振腔室，利用共振来损耗声能。在小孔颈中的气体在声波的作用下产生往返运动，小孔颈壁的摩擦阻尼，使一部分声能转变为热能而消耗掉。充满气体的空腔具有阻碍来自小孔压力变化的特性。当外来声波的频率与共振系统的固有振动频率相同时就发生共振，此时的振幅最大，空气往返于孔颈中的速度最大，摩擦阻尼也大，吸收的声能也就最多。共振消声器的结构简单，尺寸小，通常用于转速恒定或变化小的柴油机（如柴油发电机组的原

动机)排气管系上。

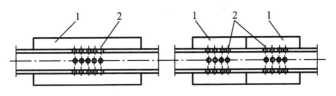

图 5-6-5　共振式消声器
1—共振室；2—小孔

(3) 复合式消声器　它是由阻性和抗性消声结构复合而成的消声器,或是由各种消声结构形式组合而成的消声器。为了在一个宽广的频率范围都得到良好的消声效果,把对中、低频有效的抗性消声器和对高频有效的阻性消声器组合起来,构成复合式消声器。

另外,油船和军用舰艇不允许废气中带有火星,对安全航行具有特别的意义。为消灭废气中的火星,一般采用湿式火星熄灭器,并与消声器做成一体。也可以在排气管的出口设置火星熄灭铜丝网,但会增加排气的阻力。

5.6.3　实施要点与实例介绍

1. 实施要点

(1) 为利于废气排出,排气管一般应向上导出,力求管路短而少弯头。当排气管必须在水线上或水线以下穿过船旁板或尾部导出时,应在排出端设止回阀等安全设备,以防舷外水倒灌。在运载易燃、易爆危险货物时,排气管不得通过船旁板导出。

(2) 排气管与配电板、燃油舱柜和燃油管应保持一定距离,以免引起火灾。

(3) 排气管和消声器要装设冷却水套或包扎绝热材料,表面温度不得超过 60 ℃,以免烧伤管理人员,以及减少废气热量传到机舱里而使机舱环境温度升高。

(4) 每台主机应有单独的排气管系。辅机如果无法避免需要共用一套排气管系时,则各排气管之间必须装设隔离装置,以防止废气倒灌进入不工作的柴油机中。除废气锅炉外,锅炉烟道不得与柴油机排气管相通。

(5) 装运易燃或易爆货物(如棉花、麻、火柴等)的货船及拖船,其排气管必须装设灭火星设备(如用湿式消声器)。油船和专运石油产品的运输船和拖曳油驳的拖船,其发动机排气管的灭火装置应采用饱和蒸汽或喷水设备,以免火星与油气接触,引起火灾。

(6) 在柴油机废气涡轮后的排气管路上设有废气锅炉的管系中一般不再装消声器。

(7) 管系的固定一般采用固定支架与弹性支架相结合的方法。

2. 实例介绍

图 5-6-6 所示为某远洋货船的排气管系。从图 5-6-6 可见,主机废气经膨胀接头、排气管、废气燃油混合锅炉排至大气。辅机废气则通过膨胀接头、排气管、消声器排至大气。废气燃油混合锅炉燃烧所产生的废气经膨胀接头、排气管排至大气。

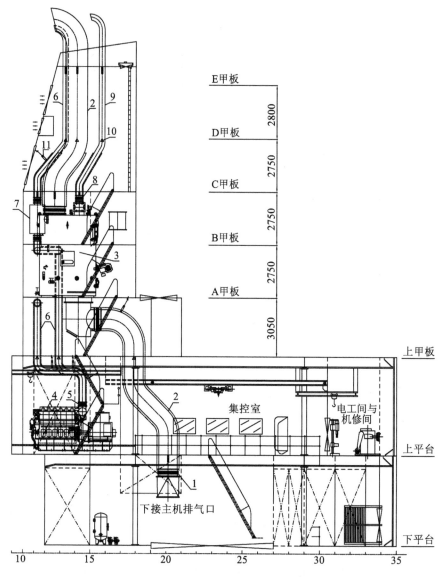

图 5-6-6　某远洋货船的排气管系

1—主机排气管膨胀接头；2—主机排气管；3—废气燃油混合锅炉；4—柴油发电机组；5—辅机排气管膨胀接头；
6—辅机排气管；7—消声器；8—混合锅炉排气管膨胀接头；9—混合锅炉排气管；10—固定支架；11—可移动弹性吊架

5.7　舱底水管系

5.7.1　作用

舱底水管系用来排除船舶的舱底水。舱底水的来源主要有：
（1）机械及设备液体的泄漏；
（2）尾管及管路接头因密封不良渗漏的油或水；
（3）相关舱室及设备的泄放水；

(4) 设备、管路、钢质舱壁及管壁的凝水;
(5) 清洗甲板、设备零件等的冲洗水;
(6) 通过非水密部位渗入的水等。

舱底水不仅腐蚀船体,而且会造成货损,甚至影响船舶的稳性和航行安全,因此必须及时排除。舱底水管系除了在船舶正常航行时用于排除舱底水外,而且在船体发生破损的紧急情况下,也能用于排除舱室的进水。因此,它也是保证船舶航行安全的重要管系。

5.7.2 管系构成与原理

1. 基本形式

舱底水管系由舱底水吸口、舱底水管、阀箱(或阀)和舱底水泵等构成。

图 5-7-1 所示为舱底水基本管系。

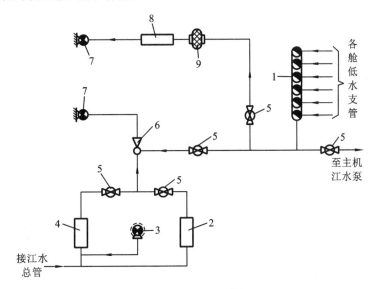

图 5-7-1 舱底水基本管系

1—截止止回阀箱;2—总用泵;3—机舱应急吸口;4—消防泵;5—直通截止阀;
6—喷射泵(舱底水泵);7—截止止回阀;8—油水分离器;9—双联过滤器

各舱舱底水吸口分别通过各自相连的舱底水支管汇集于装在机舱内的截止止回阀箱上。各舱舱底水经阀箱、截止阀、过滤器,靠油水分离器所带泵吸入并进行处理,后经截止止回阀排出舷外。舱底水多时,可用喷射泵抽吸,经截止止回阀排出。喷射泵工作水由消防泵或总用泵提供。机舱内设有一个机舱应急吸口,通过直角截止止回阀直接和消防泵、总用泵的进口相连,以备机舱大量进水时抽除。应急情况下,亦可通过阀箱由主机江水泵抽除舱底水。

2. 主要设备及原理

1) 舱底水泵

可以用来作为船舶舱底水泵的包括:喷射泵、离心式泵、活塞式泵等。其中离心式泵因其排量大、对水质的要求低和价格便宜而常用做舱底总用泵或消防总用泵;活塞式泵能产生较高的真空度,抽吸能力强,又不易使浮于水面的油滴粉碎而混入水中,增加分离的难度,故广泛用做专用舱底水泵。喷射泵的结构中没有运转部件,它的动力是高压的液体,也不带原动机。所以结构简单,外形尺寸小,在船舶舱底水管系中应用较为广泛。

图 5-7-2 所示为喷射式舱底水泵的示意图。它由喷嘴、混合室和扩压管三部分组成。

喷射泵是利用高压水作为动力来吸排液体的。从消防系统来的工作水通过喷嘴后以高速喷出,并且带走喷嘴周围的空气而产生一定的真空,使舱底水从吸入口压进混合室。工作水和舱底水在混合室中不断地相互碰撞、混合而进行动量交换。混合以后一起进入截面积逐渐扩大的扩压管,混合水在扩压管中速度逐渐降低,静压逐渐升高,使泵出的液体建立起压头,达到排出液体的目的。

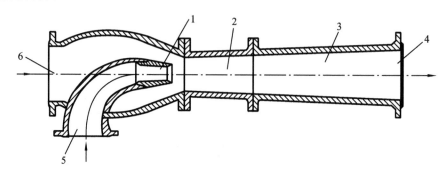

图 5-7-2 喷射泵

1—喷嘴;2—混合室;3—扩压管;4—舱底水出口;5—工作水入口;6—舱底水入口

2) 舱底水油水分离器

按照有关规范和国际公约的规定,船舶排出的舱底水(包括压载水)的含油量应小于 15 mg/L,故必须对含油舱底水进行油水分离后方可排出舷外。舱底水油水分离器的作用就是将水中的油分分离出来。

图 5-7-3 所示为舱底水油水分离器的管系图。该舱底水分离器采用将泵安装在分离器出口的方式,它的好处是经过泵的水已经是分离过后的净水,可延长泵的使用寿命。

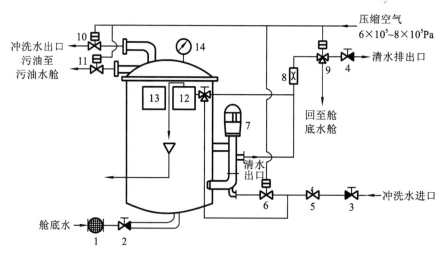

图 5-7-3 舱底水油水分离器管系图

1—过滤器;2,3—截止止回阀;4—舷旁排出阀;5—减压阀;6,10,11—气动阀;7—排出泵;
8—节流阀;9—气动三通阀;12—油位监测仪;13—控制箱;14—压力表

舱底水经过过滤器1和截止止回阀2被吸入分离器,经过 粗分离(重力分离)和细分离(聚合物体组成的过滤网)后清水由排出泵7抽出,通过节流阀8和气动三通阀9和舷旁排出阀4排至舷外。

节流阀 8 的作用是限制舱底水排出的流量,使含油舱底水在分离器中停留一定的时间,确保油水分离效果。

当分离器上部的油量达到一定高度时,通过油位监测仪 12 将信号传至控制箱 13,接通气动阀 11 上的电磁阀,使阀 11 打开,同时,排出泵 7 停止运转,气动阀 6 同时打开。冲洗水通过截止止回阀 3、减压阀 5 与气动阀 6 进入分离器,使分离器内的污油通过气动阀 11 排至污油舱;同时对分离器进行反冲,将聚合物体上的污物冲洗下来,排至污油舱。当污油排出一段时间后,水位又升高到某一位置时,气动阀 11 自动关闭,同时气动阀 10 打开,继续将含有少量油分的污水排到舱底水舱。根据设定的排油及排污水的时间,即当分离器内充满清水后,气动阀 6、10 同时关闭,舱底水泵启动,重复以上的分离过程。该分离器装有时间控制及反冲装置,冲洗水的压力应 $\leqslant 10^5$ Pa。

油位监测仪 12 通过三通阀与清水排出管连通,当油分超过 15 mg/L 时,发出报警且输出电信号,接通压缩空气,使气动三通阀 9 转换位置,让分离器出来的不合格水回流到舱底水舱。

5.7.3 管系主要计算

1. 舱底水总管、支管内径的计算

各船级社对舱底水管内径的计算都有自己的计算公式,但大部分船级社的计算方法都与中国船级社的相似,现介绍如下。

(1) 舱底水总管内径应不小于按下式计算所得之值:

$$d_1 = 1.68\sqrt{L_{pp}(B+D)} + 25$$

式中:d_1 为舱底水总管内径和直通舱底水泵的舱底水管的计算内径,mm;L_{pp} 为船舶垂线间长,m;B 为船宽,m;D 为至舱壁甲板的型深,m。

(2) 装货处所和机器处所的舱底水支管内径,应不小于下式计算所得值:

$$d_2 = 2.15\sqrt{l(B+D)} + 25$$

式中:d_2 为舱底水支管内径,mm;l 为舱室长度,m;B 为船宽,m;D 为至舱壁甲板的型深,m。

(3) 油船及机炉舱舱底水总管内径应不小于下式计算所得值:

$$d_3 = 3\sqrt{l_1(B+D)} + 35$$

式中:d_3 为油船及机炉舱舱底水总管内径,mm;l_1 为机炉舱长度,m;B 为船宽,m;D 为型深,m。

舱底水支管的内径一般不应小于 50 mm,对于船长小于或等于 25 m 的船舶,其支管内径可减小至 40 mm。总管的内径不应小于支管的内径。根据计算公式计算出管子的最小内径后,应选择相近通径的管子,其内径一般应大于计算内径,特殊情况应得到船级社的认可。

2. 舱底泵排量的计算

按规定要求,舱底水总管内的水流速度应不低于 2 m/s,因此,可由前述计算求得的舱底水总管的内径算出舱底泵的排量。

每台舱底泵的排量应不小于下式计算所得之值:

$$q = \frac{\pi}{4} \cdot d_1^2 \cdot v \cdot 3600 \times 10^{-6} = 0.785 d_1^2 \times 2 \times 3600 \times 10^{-6} = 5.66 d_1^2 \times 10^{-3}$$

式中:q 为每台舱底泵计算排量,m³/h;d_1 为舱底水总管计算内径,mm;v 为舱底水总管内水流速度,一般取 2 m/s。

舱底水泵只需将水排至舷外即可,所以其压头不用太大,一般在 0.2～0.3 MPa 之间。

3. 舱底水油水分离器选型

油水分离器应满足下列要求。

(1) 舱底水经处理后应达到所规定的排放标准。

(2) 在 15°倾斜下仍能正常工作。

(3) 能自动排油。

同时希望其构造简单、体积小、重量轻、易于检修。

因为平时需要处理的舱底水量并不多,所以现在使用的是小型油水分离器,其容量一般为 0.5～10 t/h,通常以 1～3 t/h 的为多。据国外资料介绍,船用舱底水油水分离器的容量 Q_f(t/h)。可按下式计算:

对于总吨位为 1 000 t 以下的船舶,$Q_f = 0.000\ 44G$ t/h

对于总吨位为 1 000～4 000 t 的船舶,$Q_f = 0.4 + 0.000\ 44G$ t/h

对于总吨位为 4 000 t 以上的船舶,$Q_f = 2$ t/h

式中:G 为船舶总吨数,t。

5.7.4 实施要点与实例介绍

1. 实施要点

1) 舱底水泵的设置形式

当船舶只有一个机舱,且船舱数较多时,舱底水管系大多采用集中布置形式,即整个管系设置一台或两台舱底水泵。这种方式的舱底水管系具有设备少、操纵方便、造价低廉等优点。民用运输船舶多采用这种布置形式。

当船舶有几个机舱、锅炉舱和其他船舱,且要求各舱必须保持其工作的独立性时,舱底水管系可采用独立布置形式,即在每个舱均有自己的舱底水泵及管系。它的优点是保证管系每个区段的独立性;可以避免管子穿过水密隔舱;管系设备安装简化;维修方便,重量也轻。这种形式主要适用于具有多个机舱的军用船舶。

2) 舱底水管系布置形式

机舱或货舱区域的舱底水管系的布置有以下三种方式。

(1) 支管式   对于各需要排水的舱室,从每个吸口引出支管,通过截止止回阀或截止止回阀箱,经舱底水总管接到舱底泵。其缺点是,管路长,管材消耗量大,但所有操纵阀件均可安装在机舱内,可不必设置阀门遥控系统。

(2) 总管式   适用于设有管隧的大、中型船舶,即从各需要排水的舱室的吸口引出的支管通过截止止回阀接至管隧中的总管。该总管通至机舱内的舱底水总管与舱底泵连接。它的优、缺点正好与支管式的相反,即管路简单,管材耗量较少,但管隧内的阀件必须遥控。

(3) 混合式   介于上述两种方式之间,例如,把需要排水的舱室分成两组或三组,由 2 根或 3 根分总管与舱底泵相连接。这种方式在民用船舶上采用得较多。

3) 管系布置、安装技术要求

(1) 舱底水管系应保证船舶在正浮或横倾不大于 5°时能正常地排除积水。对于客船,则要求无论船舶正浮还是在事故发生后,在实际可能产生倾斜的情况下,机器处所内的积水均应能排除。所以舱底水管系的各个吸入口必须安装在各舱最低处,在有舷水沟的船舶中,可位于该舱两舷的最低一端；无舭水沟时，则要在两舷或船纵中剖面处设立一只污水井，以便舱底水集中一处排出。

（2）机舱的舱底水系统，由于它们的重要性和积液的数量大，所以应与其他舱来的管路分开，应设专阀且必须有干管直接与机舱的舱底水总管和舱底水泵相接。

（3）舱底水管系只允许将舱底水排至舷外或舱底水舱中，而不允许舷外水或任何水舱（柜）中的水经过该管系进入舱内。所以在吸入管路上的阀门和接舱底水泵的舱底水总管上的所有阀门都应使用截止止回阀。各个吸入支管的吸口处都要有止回装置（止回阀或止回吸入口）。

（4）由于舱底水是含有油和各种杂质的污液，为了防止舱底污物堵住吸入口，在舱底水吸口处要装设过滤网或泥箱。机舱和轴隧内的舱底水吸口均应设置泥箱，泥箱应设置在花钢板附近的地方，并引一直管至污水井或污水沟。直管的下端或应急舱底吸入口不得装设滤网箱。

（5）舱底水管一般均应布置在机舱的最下层，并尽量保持管路的平直，不允许有过大的起伏，以免形成气囊或存积垃圾。

（6）舱底水泵必须具有自吸能力或装有独立的自吸装置。喷射泵作为舱底水泵时，其舱底水进出口连接管均应有一定长度的直管段，以减小阻力。为不影响其排量，须使出口的阻力减到最小为好。

2．实例介绍

图 5-7-4 和图 5-7-5 所示分别为某远洋货船机舱舱底水管系和货舱舱底水管系。

由图 5-7-4 可知，机舱设置了三口污水井，一口位于机舱的后部，两口位于机舱前部的左右舷；在主机下部也设置污水井；机舱艉部双层底内还设有舱底水存放舱。货舱内每一舱的后

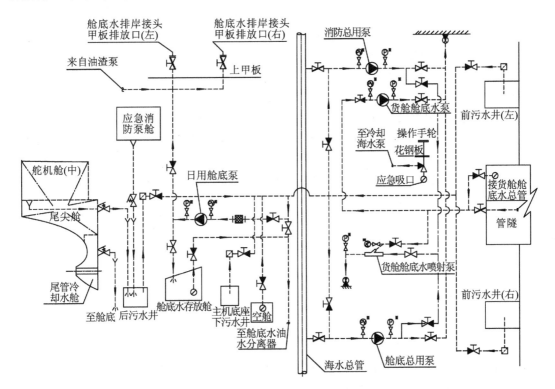

图 5-7-4　某远洋货船机舱舱底水管系

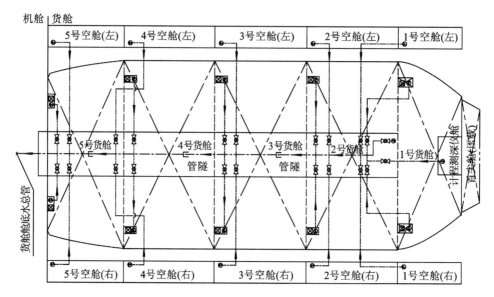

图 5-7-5 某远洋货船货舱舱底水管系

部左右舷各设有一口污水井；管隧、艏部舱室和左右舷侧空舱设有吸入口。舱底水吸入管末端都设有吸入口。

在该船的舱底水吸入处，污水井内或舱底水存放舱内均设有自动高位报警装置，以便及时开启阀和泵排除舱底水。该船满足无人机舱规范要求，装有阀门遥控系统和舱底水自动排放设施。

管系中设有专门的货舱舱底水泵和货舱舱底水喷射泵、兼用的舱底总用泵、消防总用泵以及日用舱底泵。为防止含油污水排至海水中，机舱内设有舱底水油水分离器（图中省略）。

各货舱、管隧和舷侧空舱内的舱底水通过舱底水支管、货舱舱底水总管由货舱舱底水泵吸取直接排至舷外；也可由货舱舱底水喷射泵吸取直接排至舷外，喷射泵的工作水由舱底总用泵或消防总用泵供给。

航行时，机舱日用舱底泵可将机舱含油污水吸入排至舱底水存放舱，当船舶靠码头时，通过上甲板的舱底水排岸接头甲板排放口可将舱底水排至岸上专门的舱底水接收装置。如要排到舷外，则通过舱底水油水分离器分离后，其含油量小于 15 mg/L 时才可排出。机舱内洁净不含油的舱底水可以通过舱底总用泵或消防总用泵抽吸并直接排至舷外。

根据规范要求，该船机舱安装一只应急吸入口与冷却海水泵吸入口连接，作应急排水用。

5.8 压载水管系

5.8.1 作用

船舶满载航行时，燃料、淡水、食物等不断消耗，使船舶吃水深度逐渐减小，导致船体的受风面积增大，螺旋桨浸水深度减小，螺旋桨效率降低，这种情况在空载航行时尤为明显。此外，货物在各舱配载不均匀时会引起船舶的纵倾和横倾，此时也会导致螺旋桨效率降低，主机功率消耗增加，船舶稳性和操纵性变差，以及船体过大的附加受力和振动。内河船舶还需针对航道的变化情况来改变吃水。船舶在进出港、装卸货物和停泊时也需调整浮态。

船舶设置压载管系的目的就是调整船舶的吃水,以适应各种装载情况;保持适当的排水量,调整纵倾和横倾,使船舶具有一定的航行性能,如机动性和螺旋桨效率等;同时保持恰当的稳性,获得适当的复原力。

压载水管系的作用就是根据船舶的具体情况,将舷外水(压载水)泵入任何一个压载水舱或排出任何一个压载水舱内压载水,也可以将各压载水舱内的压载水进行前后、左右的调驳来达到上述的目的。

在某些特种工作船上,压载水还有其特殊的作用,火车渡轮的压载水起着装卸车厢时的平衡作用;打桩船上的压载水起着保证打桩方向正确的作用;破冰船上的压载水起着压碎冰的作用;潜水艇上的压载水起着使艇沉浮和保持各种状态的作用;浮船坞上压载水起着使船舶能进出船坞和抬起船舶的作用等。

5.8.2 管系构成与原理

运输船舶的压载水量相当大,相当于船舶载重量的40%~80%,因此要有足够的压载水舱。船舶的首尖舱、尾尖舱、双层底舱、边舱、顶边舱和深舱等均可作为压载水舱。

货船的双层底舱常作为燃油舱或清水舱兼压载水舱。货船当压载水量不够时,还常以部分货舱兼作压载水舱。油船除货油舱外,一般另设专用压载水舱。小型船舶常将首、尾尖舱作为清水舱兼压载水舱。

1. 全船压载水管系的布置方式

所谓全船压载水管系即货舱及首尾部分的压载水管系。主要有以下几种布置方式。

1) 支管式

这是一种各压载舱能独立注排水的方法,如图5-8-1所示。这种布置方式适用于双层底内压载水舱,且压载管径较小,压载水舱数不多的小型船舶。此时压载泵常设在机舱内,集合管至压载泵用总管连接,所以总管短而支管长。

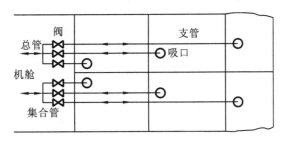

图 5-8-1 支管式全船压载水管系

2) 总管式

采用这种方式时,沿船长方向敷设总管,由总管向各压载水舱引出支管,在支管上安装阀及吸口。阀门一般采用遥控阀门,目前大部分船舶均采用液压或气动遥控阀门,但也可以是小轴传动控制阀门,总管式布置也有几种不同的方式。

图 5-8-2(a)所示的为单总管方式,适用于载重量1 000 t以下的小型船舶。

图 5-8-2(b)所示的为双总管方式,适用于载重量不超过5 000 t的船舶。

对于更大的船舶因压载水量大,压载管直径也大,不容易将舱内的水抽吸干净,一般需设扫舱吸口。这种情况下的总管式布置有如图 5-8-2(c)、(d)所示的双总管两种方式。双总管式一般设有两台压载泵。

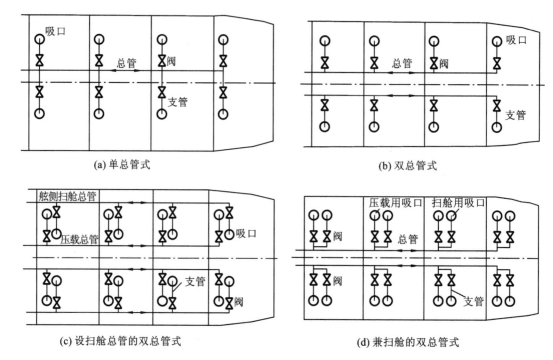

图 5-8-2 总管式全船压载水管系

3) 环形总管式

这种方式在大、中型船舶上被广泛采用。实质上是双总管式,只是把两根总管首端连接起来而已。其支管有如图 5-8-3 所示的两种布置方式。

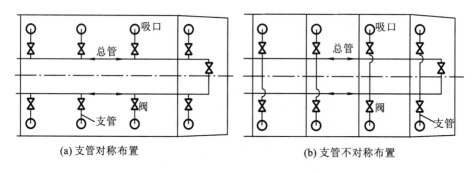

图 5-8-3 环形双总管式全船压载水管系

与前述总管式布置一样,也可另设扫舱总管或将扫舱吸口接到环形总管上。

4) 管隧式

对总管式及环形总管式压载水管系,压载水管和阀都浸没在双层底压载水舱内,维修保养很不方便。所以很多大、中型船舶采用管隧式布置方式,即在船的双层底内设一管隧,一般设在船纵中位置。压载总管和阀布置在管隧内,且大多为环形总管式。如图 5-8-4 所示,如果在船长方向上均设置管隧,则称为全管隧式;只在部分船长方向上设管隧,称为半管隧式。

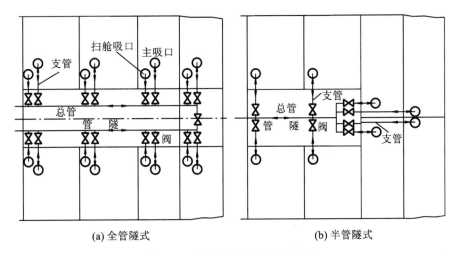

图 5-8-4 管隧式全船压载水管系

2. 压载水泵的设置方式

除油船和化学品船的专用压载泵外，一般压载泵均安装在机舱内。压载泵的配置根据不同的船型有所不同。对于小型船舶，压载水量不多，一般不设单独的压载泵，而由消防泵、总用泵、主机冷却海水泵或其他适用的泵来兼用，中型船舶也可只设一台压载泵。大型船舶均设两台压载泵，使用时可分别实施左、右舷压载水舱的注、排水，也可互为备用，这种形式既缩短了注排水时间，又降低了电动机单机功率，还提高了使用可靠性；同时由于这些泵的排量很大，要将舱内的水吸干是困难的，所以往往还配有扫舱泵。扫舱泵可以是活塞泵，也可以是喷射泵。二者比较，后者简单得多，施工方便、节约费用，所以目前被广泛采用。

5.8.3 管系主要计算

1. 压载水泵

压载水泵大多采用离心式水泵。

压载水泵排量的计算式为

$$q_y = V/(t \cdot c_y)$$

式中：q_y 为压载水泵排量，m^3/h；V 为总压载水量，m^3（不包括自流排出的压载水；对于油船，则不包括兼用压载水舱的压载水）；t 为注、排水时间，h；c_y 为系数，压载水平均流量与压载水泵排水量之比，与船舶类型有关，一般为 0.8~0.9。

压载水泵的排量与港口装卸货能力有关。随着港口装卸设备的大型化，装卸时间日益缩短，相应要求压载水泵能在较短的时间内完成注、排水，泵的排量就要相应增大。泵的注、排水时间 t 可根据实船统计资料或按船舶用户要求确定，一般要求在 1~2 h 内将最大的一个压载水舱内的水排完。

压载水泵的排量除用上式进行估算外，也可以用推荐的压载水支管内径以及允许流速来决定，即

$$q_y = \frac{\pi}{4} \cdot d^2 \cdot v_c \times 3600 \times 10^{-6}$$

式中：d 为压载水支管内径，mm；v_c 为压载水在支管内流速，一般取 2 m/s；q_y 同上。

2. 压载水支管内径

压载水支管内径的推荐值如表 5-8-1 所示。

表 5-8-1 压载水支管内径

水舱容量/t	管子直径/mm	水舱容量/t	管子直径/mm
20 以下	60	265～360	125
20～40	70	360～480	140
40～75	80	480～620	150
75～120	90	620～800	160
120～190	100	800～1 000	175
190～265	110	1 000～1 300	200

3. 扫舱泵

对于大型船舶，通常设有扫舱泵，其排量 q_s 可按下式决定：

对于散装货船， $q_s = (0.11 \sim 0.33) \cdot q_y$

对于油船， $q_s = (0.04 \sim 0.17) \cdot q_y$

压载水泵的压头不需要太高，一般在 0.2～0.3 MPa 之间。

5.8.4 实施要点与实例介绍

1. 布置和安装技术要求

(1) 压载水管系布置和压载水舱吸口的位置与数量，应使船舶在正常营运条件下的正浮或倾斜位置均能排除和注入各压载水舱的压载水。

(2) 当压载水舱的长度超过 35 m 时，一般应在舱的前后端均设置吸口。

(3) 压载管系的布置必须避免舷外水或压载水舱内的水进入货舱、机器处所或其他舱室。

(4) 压载水管不得通过饮水舱、锅炉水舱或润滑油舱。如不可避免，则在饮水舱、锅炉水舱或润滑油舱内的压载管壁厚应符合各有关船级社的要求，并不应有可拆接头。

(5) 压载管系不应与干货舱及机炉舱的舱底水管系和油舱管系接通，但泵与阀箱之间的连接和泵的排出舷外管除外。

(6) 根据中国船级社的规定，干货舱或油舱（包括深舱）用作压载水舱时，压载管系应装设盲板或其他隔离装置。饮用水舱兼作压载水舱时，为避免两个系统相互沟通，也应符合这个要求。但 4 000 DWT（DWT 为船舶载重吨位的英文缩写）及以上的非油船和总吨位为 150 t 及以上的油船，不得在任何燃油舱内装压载水。

(7) 压载水管系的水源管路必须直接从海水总管引出，在任何一管路的中间不能有止回装置，也不应与任一无关管路连接。

(8) 压载水舱内的吸入管不允许有气囊存在，以防止吸入困难。

(9) 压载水管穿越首、尾防撞舱壁时，中国船级社规定：低于干舷甲板的防撞舱壁只允许通过一根管子，以处理首、尾尖舱内的液体。而且该管子通过舱壁处必须设置一只能在干舷甲板（客船为舱壁甲板）以上操纵的截止阀。该阀阀体应直接安装在首尖舱内的舱壁上，但除客船外的船舶也可以装在防撞舱壁后侧,其条件是,在一切营运情况下该阀应易于接近,其所在处所不是装货处所,且不必设置在干舷甲板以上进行控制的机构。该阀的材料一般为铸钢或青铜。

(10) 根据经验,压载水吸入口与舱底之间的间隙取值范围为:对于管子通径在 200 mm 以下的吸口,安装间隙取 20 mm,对于管子通径在 200 mm 以上的吸口,取 30~50 mm。

(11) 压载水管路一般使用滑动式膨胀接头或弯管式膨胀接头。应注意船级社规范对滑动式膨胀接头的使用场合的限制。

2. 实例介绍

图 5-8-5 和图 5-8-6 所示分别为某远洋货船机舱压载水管系和货舱压载水管系。

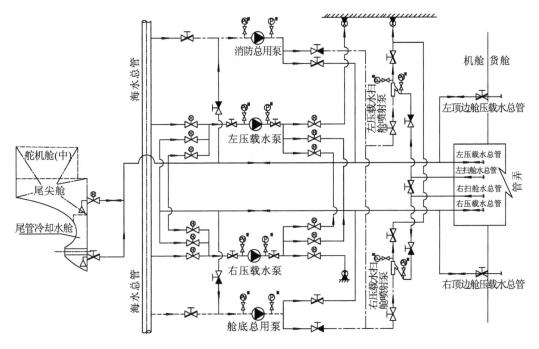

图 5-8-5 某远洋货船机舱压载水管系

由图 5-8-5 可知,该船管系布置特点是:设置半管隧,底边压载水管系为环形总管式的,另设置双总管式扫舱管系。

采用两台压载水泵,平时使用时,左、右压载水泵分别实施左、右舷压载水舱的注、排水,而当一台泵发生故障时,另一台可以备用;左、右舷压载水舱的压载水可互相调驳。

管系采用海水自海水总管或压载水舱内吸入,直接注入压载水舱或排出舷外的方式。当压载水舱内的水位降至低位,压载水泵抽吸困难时,可用左、右压载水扫舱喷射泵进行扫舱,喷射泵的工作水由消防总用泵或舱底总用泵供给。消防总用泵和舱底总用泵可分别对左、右舷压载水舱注、排水。

至顶边压载水舱的总管布置在甲板上方,为双总管形式的管系。

该管系的大部分阀件均采用液压遥控阀,可以在专门的控制室内操纵阀门的开闭。

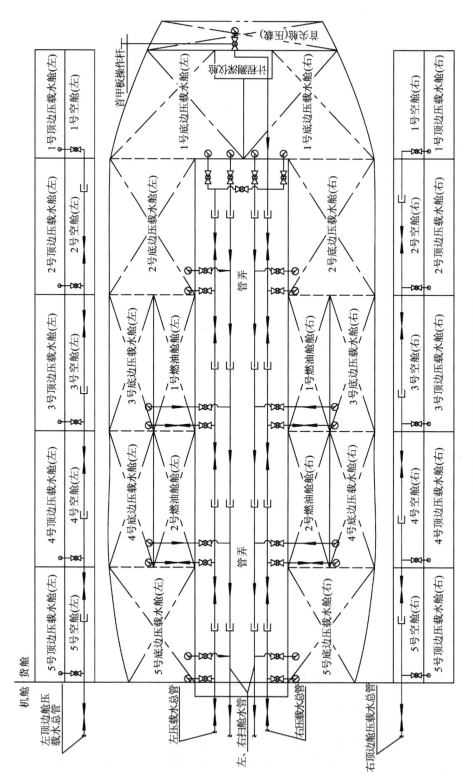

图 5-8-6 某远洋货船货舱压载水管系

5.9 消防管系

5.9.1 作用

消防管系的作用是当船舶发生火灾时,用于灭火,制止火灾的蔓延和扑灭火灾。此外起着预防火灾发生的作用。

船上发生火灾是十分危险的,特别是在客船、货船及油船上,火灾会给人员的生命和财产造成巨大损失。为此,一旦发现火情,就必须及时扑灭。

引起火灾的原因很多,诸如电气线路的短路,油气集聚过多,易燃物的不慎着火等。燃烧形成的条件是有可燃物质、助燃物质和火源。要预防和制止火灾的发生和蔓延,就要破坏燃烧形成的条件。而当火灾一旦发生,则必须设法减小助燃物质的浓度和降低火源温度,从而制止和扑灭火灾,这就是消防管系的基本作用原理。

船舶上的消防方式有:水消防,二氧化碳消防,卤化物消防,泡沫消防,惰性气体消防,蒸汽消防等。船舶消防管系的设置是根据船舶的用途和动力装置的种类决定的。一般要求采用两种以上的消防方式,以便能有效而可靠地扑灭船上发生的火灾。

5.9.2 水消防管系

水消防的基本原理是,要降低燃烧形成的要素之一的燃烧温度。水与燃烧物接触而蒸发成蒸汽,吸收大量的热量,使燃烧物温度降低以至火焰熄灭。同时,水蒸气也起到稀释甚至隔绝氧气的作用。压力大的水柱不仅能冷却燃烧物的外部,而且能穿透它,使之不能发生再燃烧。

由于水源充足及设备简便,所以水消防方式被广泛用于各类船舶上。其缺点是不能扑灭油类及电气火灾。

1. 管系构成形式

水消防管系一般由消防水泵从海水总管(或海底门)吸水,经排出管接至布置在甲板或舱室各处的消防栓,灭火时用消防水带由此接至水枪,进行喷水灭火。

水消防管系的布置形式是由它的用途、区域以及对船舶生存力的作用来决定的。

水消防管系的布置按总管布置形式分为环线形和直线形两种。环线形总管适用于大型船舶或上层建筑区域,而直线形总管适用于小型船舶或大型船舶的宽敞甲板上和机舱内。

图 5-9-1 所示为水消防管系环线形总管布置图。

机舱内设有两台消防泵(其中一台可以作为总用泵),机舱外设有一台应急消防泵。消防总管由消防泵引至上甲板的上方(一般在货舱区域)或第一层舱室甲板的下面,随后沿舱口围板或上层建筑组成环形总管。在总管上装有若干截止阀,以增加其生命力。而位于首、尾两端的舱室,则由环形总管接出支管来应对。消防水亦可供冲洗锚链之用。

在客船和大型船舶上,为了提高管系的生命力,不仅要采用环线形总管,而且还装有横向连通管,接通两舷的总管,并在总管上装若干截止阀,分成几个小的环线形管系,甚至在船舶中央纵向引出一直线总管,再分出若干支管。

环线形总管的优点是,能增强管系的生命力。当某一段环线形总管发生故障时,可以关闭附近的截止阀,切断对该段管系的供水,而其他消防管系能继续发挥作用。它要求总管上配有

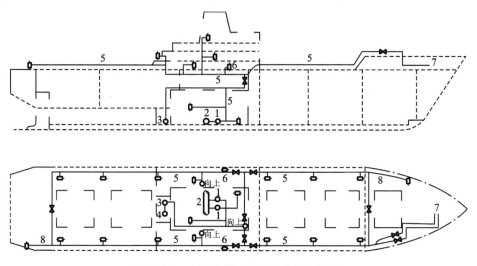

图 5-9-1 水消防管系环线形总管布置图

1—消防泵；2—海水总管；3—应急消防泵；4—应急消防泵通海阀；
5—环线形消防总管；6—国际通岸接头；7—锚链冲洗；8—支管

足够的截止阀,因而阀件多、管系比较复杂,安装的工作量较大。

图 5-9-2 所示为水消防管系直线形总管布置图。

由图 5-9-2 可知,直线形总管布置比较简单,管子和阀件用量较少,安装的工作量也相应较小,但活力稍差。

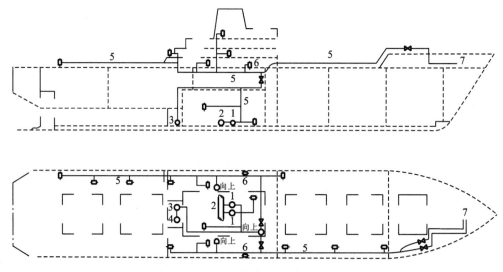

图 5-9-2 水消防管系直线形总管布置图

1—消防泵；2—海水总管；3—应急消防泵；4—应急消防泵通海阀；
5—消防总管；6—国际通岸接头；7—锚链冲洗

其实,船舶上水消防管系的布置均采用混合布置的形式,即既有环线形布置也有直线形布置。一般在货船的机舱或甲板上采用直线形布置,而在上层建筑采用环线形布置；客船多采用环线形布置。

两种布置均在船舶的甲板上设置了如图 5-9-3 所示的国际通岸接头,以便在发生火灾时,可由其他船上或岸上的消防管通过消防水带与本船的国际通岸接头连接,供水作为灭火之用；

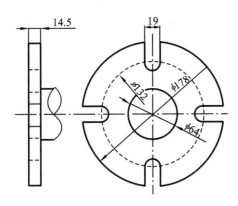

图 5-9-3　国际通岸接头

或输出消防水供其他船舶或岸上使用。

2. 对水消防管系的要求

（1）所有消防水泵应采用独立机械传动，通常采用离心泵。卫生水泵、压载水泵、舱底水泵或总用水泵如符合消防水泵的有关要求，均可兼作消防水泵使用，但应保证它们能相互独立工作。100 t 以下的货船，消防水泵可以由主机带动。

（2）船舶均需设置一台固定式独立驱动的应急消防水泵。应急消防水泵应有自吸能力，设有独立的海底阀、海水箱。应急消防水泵安装在机舱外的安全处所（如应急消防水泵室）内，并尽可能设在轻载水线以下，以使能有效地吸水。

（3）各消防水泵（应急消防水泵除外）的排量最好相同。如水泵排量不相同，则最小一台水泵的排量不小于所需水泵排水量的80%除以所需水泵数，且至少应满足两股射程的后头不小于 12 m H_2O 要求，其排量不足的部分由较大排量的水泵补偿。

（4）对于总吨位大于或等于 1 000 t 的船舶，应至少备有 1 只国际通岸接头，并便于由船舶的任何一舷连接，以便船舶在失火时相互救援灭火。

（5）消防栓的布置和数量，应至少能将两股不是由同一消防栓所出的水柱射至人员经常到达的任何部位或装货处所，其中有一股仅使用一根消防水带。特种处所每股都只能用一根水带就能达到。消防栓的位置应易于接近，应便于连接消防水带和进行有效的灭火。

（6）对于江船，船长大于或等于 50 m 的客船和大于或等于 70 m 的货船和油船应备有 1 台活动手摇泵或可携型机动泵作为应急消防泵。

3. 消防水泵的排量和压头

船舶规范对船舶的灭火系统有明确的规定。海规规定了消防水泵配置数量，要求所需的全部消防水泵应能按规定压力供水，客船泵的总排水量应不少于各舱底水泵用做舱底抽水时所需总排量的 2/3，货船（除应急泵外）泵的总排水量应不少于各舱底水泵用做舱底抽水时所需总排量的 4/3，但货船的消防水泵总排量不需超过 180 m^3/h，所需消防水泵（货船除应急泵外）的排量在任何情况下不得少于 25 m^3/h，且至少应能维持两股所需的水柱。

消防水泵的排出压头的计算式为

$$p = p_1 + p_2 + p_3$$

式中：p 为排出压头，MPa；p_1 为水枪喷水时，各消防阀内应维持的压头，MPa；p_2 为管内压力损失，取最远或最长的管路计算，MPa；p_3 为静压头，从泵到消防阀的垂直距离所需的压头，MPa。

表 5-9-1 所示为我国海规规定的 p_1 值，即在两台消防水泵同时工作的情况下，如从任何消

防阀输出规定水量,则在所有消防阀处应维持的最低压力应达到表中值。

对于 p_2,应根据不同船舶,取驾驶甲板或首楼甲板上的消防阀中数值较大者计算。具有尾倾的大型尾机型船,首楼甲板上的消防阀的 p_2 值较大。

p_3 的计算式为

$$p_3 = 0.5 \times \lambda \cdot [(\sum L + \sum L_e)/d_i] \cdot v^2 \times 10^{-3}$$

式中:L 为从泵到最高处的消防阀的直管长度,m;d_i 为管子内径,m;λ 为流体摩擦阻力系数;v 为流速,m/s;L_e 为局部阻力的当量长度,m。

$$L_e = \sum \xi \cdot d_i/\lambda$$

式中:ξ 为局部阻力系数。

在初步设计阶段,$p_2 + p_3$ 无法精确计算,可按同类船舶统计值预估。

对于应急消防水泵,海规要求,其排量应不小于所需消防泵总排量的 40%,且任何情况下不得少于 25 m³/h,在任何消防阀处的压力应不少于表 5-9-1 所规定的最低压力。

表 5-9-1　消防阀处的压力

船舶种类	总吨/t	消防阀处压力/MPa
客　　船	≥4 000	0.31
	<4 000 ≥1 000	0.27
	<1 000	0.21
货　　船	≥6 000	0.27
	<6 000 ≥1 000	0.25
	<1 000	两股不小于 12 m 的射程水柱

4. 实例介绍

图 5-9-4 所示为某远洋货船水消防管系原理图。该船水消防管系采用直线形总管布置方

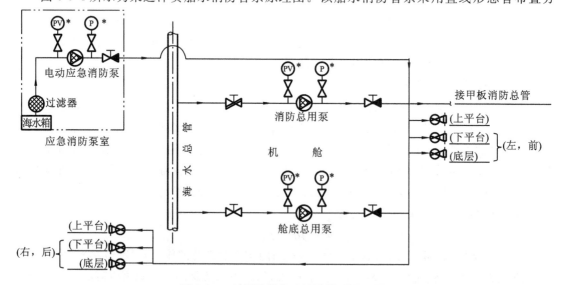

图 5-9-4　某远洋货船水消防管系原理图

式,机舱内设置一台消防总用泵,通过阀从海水总管吸入海水,然后通过截止止回阀经消防总管和各支管向各处消防阀供水,舱底总用泵也与消防管系接通,作为备用消防泵。另在船尾下平台上设有专门的应急消防泵室,内置一台电动机驱动的应急消防水泵,电动机由应急电源供电。此泵从独立的海水箱吸水,然后送入全船消防总管中,以作为船舶主电源失电或机舱失火而消防水泵无法使用时的应急消防用。

5.9.3 二氧化碳消防管系

二氧化碳属惰性气体,在船上是以加压液态贮存在钢瓶中的。在将其喷注到封闭的着火区后,液体二氧化碳就挥发成大量的二氧化碳气体,比空气重的二氧化碳气体下沉覆盖在燃烧物的表面,隔绝火焰和空气,同时稀释燃烧物周围的氧气浓度。实践表明,当二氧化碳气体在空气中的体积分数为30%～35%时,燃烧就能被制止。并且,当二氧化碳液体挥发成气体时,它要吸收大量的热量,能使可燃物质温度下降至燃点以下,至使火焰熄灭。

二氧化碳消防的主要优点是:用二氧化碳灭火后,不会弄湿和污染机械设备;二氧化碳是惰性气体,一般不会引起化学反应,对设备无损害;二氧化碳不导电,不会引起电器设备的短路损坏。因此,二氧化碳不仅能扑灭一般火灾,而且能扑灭电器设备的火灾,特别适用于可燃性液体引起的火灾。

但是二氧化碳对人有致命的危险(若舱室中含有体积分数为6%～8%二氧化碳气体的成分,人在内停留30 min以上者就有中毒的可能),因此在使用时要特别小心。

同水消防一样二氧化碳消防在船上也得到广泛的应用。它一般应用于各类船舶的机舱、锅炉舱、货舱、货油泵舱和油舱(柜)等处的灭火。

1. 管系组成与工作原理

二氧化碳在高压下以液态贮存于钢瓶中,所有二氧化碳钢瓶存放在二氧化碳站内。站室内的二氧化碳钢瓶通过阀件、管路与设置于被保护舱室的二氧化碳喷嘴相连。为保证安全,还要设置一套施放、报警和控制系统。

图5-9-5所示为某远洋货船二氧化碳消防管系图。

如图5-9-5所示为典型的二氧化碳消防管系原理图。该船在二氧化碳室和消防控制室内各设置一个主控制箱,用于机舱失火时遥控操作,每个主控制箱均设有驱动气瓶、施放报警装置和两路控制阀。其中一路控制阀用于驱动二氧化碳气瓶瓶头阀,将二氧化碳从气瓶中施放出,另一路控制阀用于打开二氧化碳施放管至机舱的管路上的阀门。

该管系的工作原理是,当机舱失火时,可以在二氧化碳室或消防控制室内打开主控制箱的门,此时施放报警装置立即通过继电器箱使机舱内的声光报警发出报警,通知人员撤离。同时机舱风机关闭,必要时应通过设于消防控制室内的控制阀箱将所有燃油箱柜的出油阀关闭。在确认失火区域内所有人员均撤出后,关闭所有的透气口、机舱门和舱盖。然后依次打开主控箱内控制阀和驱动气瓶瓶头阀,确认驱动气体的压力为2.0 MPa,驱动气体通过控制管路去打开至机舱施放管路上的气动阀和二氧化碳气瓶上的瓶头阀,二氧化碳瓶内的气体就经过高压软管和竖形止回阀进入总管内,使规定容量的二氧化碳气体喷入指定地点,达到灭火的目的。在至气动阀的控制管路上还设有一只时间延迟继电器,其作用是使机舱内的人员有一定的时间撤离。机舱灭火完后,利用压缩空气驱散二氧化碳。

当货舱内失火时,首先确认失火的是哪个货舱。本系统设有两台风机和烟雾探测装置,当风机通过设于货舱内烟雾探头和管路抽出空气时,烟雾探测装置就能测出空气中烟雾的含量。

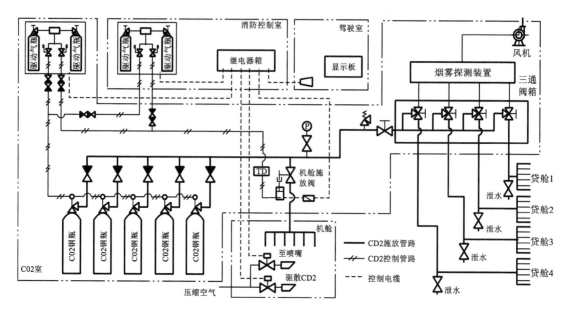

图 5-9-5　某远洋货船二氧化碳消防管系图

烟雾达到一定含量时,烟雾探测装置会发出报警并显示发生火灾的地点。因此根据烟雾探测装置上的显示就可确定失火舱室。然后在二氧化碳室内先打开三通分配阀箱中相应的施放阀,接着打开二氧化碳气瓶上的瓶头阀,将二氧化碳气体施放到失火舱室。施放的二氧化碳气瓶的数量事先按货舱设定好,并标注在二氧化碳室内指示牌上。

2. 对二氧化碳消防管系的要求

(1) 二氧化碳在密封的舱室内能有效地扑灭各种火灾,故要求使用二氧化碳灭火的舱室能够密闭。

(2) 二氧化碳对人有窒息作用,因此,二氧化碳管路不得通过起居处所,并应避免通过服务处所。当无法避免时,管子不应有可拆的接头。在机器处所及其他经常有人工作的舱室采用二氧化碳灭火时,应设有声、光信号,自动发出报警,保护人员的安全。不戴呼吸器者不能进入二氧化碳施放舱室。

(3) 所充装的二氧化碳量应当满足要求,如对于装货处所,应能放出体积至少等于该船最大货舱总容积 30% 的自由气体。自由二氧化碳体积,按每千克相当于 $0.56\ m^3$ 计算。

(4) 存放二氧化碳钢瓶的消防站室应设在上层建筑或开敞的甲板上安全易达的单舱室内。站室应通风良好,温度不超过 45 ℃ 和不低于 0 ℃,以保证安全及工作可靠。若布置在受阳光直射或靠近温度较高的场所,应采取隔热或通风措施。

(5) 灭火系统的操作控制部分应设置于被保护舱室以外且能短时间内到达和容易操作的地方,例如,设在消防控制站、居住舱的走道和货舱控制室等。

(6) 施放喷嘴的选择及布置必须满足在短时间内完全灭火的要求。由于二氧化碳气体比空气重,故喷嘴一般设在舱室上部,但从早期灭火考虑,宜有少量喷嘴设在下部,如在机舱一般占总数 10% 的喷嘴布置在花铁板下。

3. 二氧化碳需要量计算

一般按照被保护舱室中二氧化碳气体达到 30%～45% 的容积浓度时,就能扑灭该舱室的火灾和被保护舱室的容积来计算。

(1) 装货处所灭火二氧化碳需要量为
$$G_c = \frac{V \times 30\%}{0.56}$$
式中：G_c 为二氧化碳需要量，kg；V 为能封闭的最大货舱总容积，m^2。

(2) 机舱灭火二氧化碳需要量 用下述两式计算，取其中大值：
$$G_{c1} = V_1 \times 40\%/0.56$$
$$G_{c2} = V_2 \times 35\%/0.56$$
式中：V_1 为机舱总容积，此容积算至机舱棚的一个水平面为止，在这个水平面上，机舱棚的水平面积等于或小于从双层底至机舱棚最低部分中点处水平面积的 40%，m^3；V_2 为包括机舱棚在内的总容积，m^3。

对于总吨位小于 2 000 t 的货船，上面两式中的百分数可分别代之以 35% 和 30%。

(3) 油船货油泵舱灭火二氧化碳需要量为
$$G_{cb} = V_3 \times 45\%/0.56$$
式中：V_3 为包括舱棚容积在内的货油泵舱总容积，m^3。

二氧化碳灭火管系的设计和布置主要从灭火的有效性、操纵方便及人员的安全等方面出发。一般是在站室内进行集中控制，并逐步发展到驾驶台遥控。

对于被保护的干货舱，二氧化碳灭火管系应保证该舱所需的二氧化碳量在 15 min 内全部注入。对于被保护的燃油锅炉舱、机舱及货油泵轮，则应能使所需二氧化碳量的 85% 在 2 min 内注入，并据此来确定喷头的数量和选取喷头内径。

5.9.4 卤化物灭火管系

卤化物是一种较新型的灭火剂。这种灭火剂的分子中含有一个和多个卤族元素的原子，如氟、氯和溴等。其受热会产生溴离子，能与燃烧产生的活性氢基结合生成化合物，所生成的化合物中，由于卤族元素的存在，增加了化合物的惰性、稳定性、不燃性，使燃烧连锁反应中止而灭火，同时还有冷却及窒息的作用。例如，易燃气体甲烷（CH_4）和乙烷（CH_3）等氢化合物中的氢原子，若被卤族元素原子取代而生成的化合物的物理化学性质都发生了显著的变化；又如四氟化碳（CF_4）是一种惰性、不燃和低毒的气体；而四氯化碳（CCl_4）是一种不可燃、易挥发的液体，但具有很大的毒性。

卤化物灭火剂的特点是高效、腐蚀性小、贮存压力低、时间长、绝缘性能良好、使用安全方便和灭火后不留痕迹，它对货物和机械设备无损失，所以成为有效的灭火剂。但其生成物（如 CCl_4）具有较大的毒性，故使用时应十分注意。

卤化物中的二氟一氯一溴甲烷（简称 1211）在我国已经广泛应用于船舶、航空等方面的灭火，三氟一溴甲烷（简称 1301）在国外采用较多。它们被广泛用做油类及电器设备灭火的灭火剂。1211 灭火剂和 1301 灭火剂等在常温、常压下为无色气体，应用于船舶上，则要加压压缩，使其变成液态予以贮存。

1. 1211 消防管系工作原理

1211 灭火剂的灭火效率比二氧化碳的高 4 倍多。实践表明，若在具有可爆性气体的舱室中喷入 1211 灭火剂，当其占空气体积 6.75% 时，即可抑制爆炸。

1211 消防管系与二氧化碳消防管系基本相同，主要区别在于站室的管系布置和驱动方式。

图 5-9-6 所示为某船 1211 站室管系。

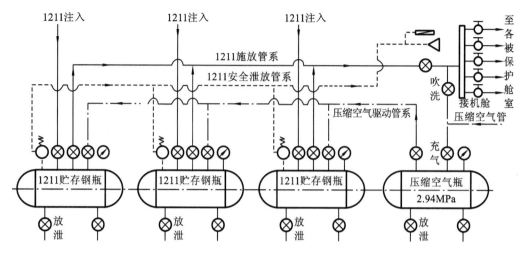

图 5-9-6　某船 1211 站室管系

该船的 1211 站室设于通风良好的甲板上。站室内有 1211 贮存钢瓶三个，其充装率不大于 1.20 kg/L。由于 1211 灭火剂在常温下只能产生一个中等压力，因此灭火时必须用驱动介质氮气或压缩空气进行推动。本船在站室内另设置有压缩空气贮存钢瓶和管系，供驱动用。压缩空气钢瓶的压力和容量的确定主要是考虑到能使 1211 灭火剂在喷射终了时，驱动介质压力仍能保持不低于 0.7 MPa，以保证有效喷射。

1211 贮存钢瓶设有压力表和安全阀。当钢瓶压力超过安全值时，安全阀开启，1211 灭火剂通过泄放管系泄放至大气。

1211 站室管系还设置有压缩空气吹洗管系，用于定期吹洗 1211 灭火管系，以防堵塞。

从 1211 贮存钢瓶至各被保护舱室的管系与二氧化碳消防管系相似。

作为卤化物灭火剂的驱动介质，氮气和压缩空气均在船舶上得到应用。而压缩空气通常来自机舱的空气压缩机，来源方便。

2. 1301 消防管系原理

图 5-9-7 所示为某船机舱 1301 消防管系。如图 5-9-7 所示，1301 消防管系与二氧化碳消防管系十分相似。

该船的 1301 贮存钢瓶 4 分成 6 组，布放在设于上甲板的消防站室内，每组设 1 根集合管分别与控制阀 9 相连，再通过管系与机舱每层甲板的喷嘴 12 连接。4 个二氧化碳控制瓶 5 分为两组，分别作为 1301 贮存钢瓶和控制阀的开启气源，可通过操纵箱里的操作手柄 1 和 2、控制钢丝绳 3 将其瓶头阀打开。当发生火灾时，首先拉动操作手柄 1，开启两个二氧化碳控制瓶的瓶头阀和快开阀 13，在二氧化碳压力作用下，压力开关 10 动作，机舱通风机、燃油泵和锅炉风机关闭，设在机舱内的警笛 11 开始鸣叫，以通知工作人员撤离，然后关闭风口、门窗和其他开口，此时控制阀 9 也被开启。这时拉动操作手柄 2，开启另外两个二氧化碳控制瓶瓶头阀及快开阀 13，二氧化碳气体通过延时装置 7 延时 25 s 以后，开启全部 1301 钢瓶，1301 灭火剂即通过集合管、控制阀、喷嘴而施放，达到灭火的目的。

3. 对卤化物消防管系的要求

对卤化物消防管系的设计和布置，有以下要求。

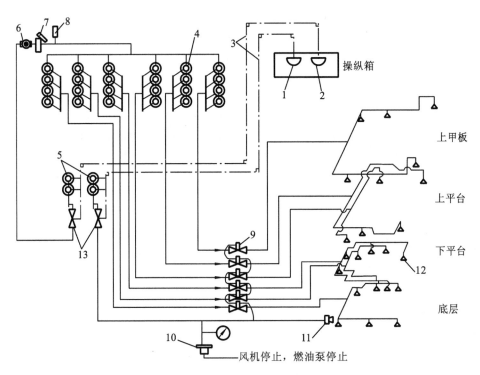

图 5-9-7 某船机舱 1301 消防管系

1、2—操作手柄;3—控制钢丝绳;4—1301 贮存钢瓶;5—二氧化碳控制钢瓶;6—过滤器;
7—延时机构;8—施放信号;9—控制阀;10—压力开关;11—警笛;12—喷嘴;13—快开阀

(1) 消防管系不能穿过居住处和冷藏货舱。

(2) 消防管系上应在适当的地方接有压缩空气接头,以便定期用压缩空气吹洗消防管系及喷嘴,以防堵塞。

(3) 管路布置应简便可靠,管路及喷嘴应能有效地输送和分配灭火剂,应能在 20 s 内将所需要的灭火剂喷入被保护处所。

(4) 贮存卤化物的站室应尽量远离被保护舱室,并有适当的隔热和良好的通风。

(5) 船用卤化物灭火剂一般是用氮气加压,以液态形式贮存在钢瓶里的。为防止在充装率高的情况下,因外界温度升高而出现危险状态,故其充装率:对于 1121 灭火剂,不得大于 1.2 kg/L;对于 1301 灭火剂,不得大于 1.1 kg/L。

(6) 灭火剂的驱动钢瓶至少应设 2 个,其压力应能保证灭火剂完全喷射,喷射终了时的压力:对于 1121 灭火剂,不得小于 0.69 MPa;对于 1301 灭火剂,不得小于 1.47 MPa。

4. 卤化物灭火剂需要量

卤化物灭火剂需要量是根据卤化物施放后所达到的浓度来计算的。一般 1301 的体积分数在 $4.25\% \sim 7\%$、1211 的体积分数在 $4.25\% \sim 5.5\%$ 即可达到灭火目的。在标准状态下,1301 比容为 $0.16 \text{ m}^3/\text{kg}$,1211 的为 $0.14 \text{ m}^3/\text{kg}$。据此,根据被保护舱室的总容积即可计算出所需灭火剂的数量。

5.10 供水管系

5.10.1 作用

供水管系的作用是向船员和旅客供应日常生活所需的用水,也称为生活用水管系。它可分为洗涤水管系、卫生水管系和饮用水管系。洗涤水管系又包括冷水管系和热水管系。

洗涤水管系主要供应浴室、洗衣室、洗物池和面盆等处的冷热洗涤水。

卫生水管系用舷外水或淡水供厕所、洗脸间和浴室等处冲洗用。

饮水管系主要供应炊事用水、饮用水和医疗用水等。

船舶航行时,除船员和旅客生活需要大量淡水外,柴油机淡水冷却管路中淡水的漏泄、辅助锅炉蒸汽凝水管路的漏泄等,也需要及时补充淡水。

5.10.2 管系构成与原理

供水管系的主要设备有淡水贮存舱(柜)、水泵、水柜和热水柜等。供水管系有两种供水方式,即重力式和压力式。

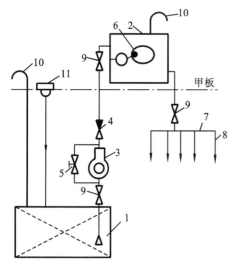

图 5-10-1 重力式供水管系
1—淡水贮存舱(或进水总管);2—重力水柜;
3—淡水泵(或江水泵);4—截止止回阀;
5—安全阀;6—液位继电器;7—供水总管;
8—支管;9—截止阀;10—透气管;11—注入口

1. 重力式

重力式供水管系的特点是水借重力流至用水处。图 5-10-1 所示为重力式供水管系。它是一种很简单的供水方式,淡水泵(或江水泵)从淡水贮存舱(或进水总管)中将水泵入重力水柜内,重力水柜应设置在所有用水处的最高点,水借重力通过截止阀流入供水总管,然后经各路支管流至各用水处。为了保证重力水柜中有一定数量的水和实现自动控制,在重力水柜内设置有高低液位继电器,它可根据水柜内水位的低高自动启动或停止水泵。

重力式供水管系的优点是用水处的出水压力稳定,即使是离重力水柜较远处的压力变化也不大。另外,当水泵发生故障时,尚可短时供给一定数量的水。它的缺点是重力水柜在高处占有相当大的容积,影响船舶稳性,若处于露天,尚须采取防冻措施,设备费用较高。

重力式供水管系适用于小型船舶、驳船或在停泊作业时要求尽量减小振动及噪声的科学调查船等。

2. 压力式

压力式供水管系是船舶最常用的一种供水管系。图 5-10-2 所示为压力式供水管系。

在压力式供水管系中,专门设置了一个压力水柜,当淡水泵(或海水泵)从淡水贮存舱(或进水总管)中将水打入压力水柜时,压力水柜上部的空气就逐渐被压缩而产生压力能,压力水柜中的水就利用压力能被压至各用水处。

压力水柜是一个密闭的容器,其上部装有供补充压缩空气用的充气阀,下部是水的进口

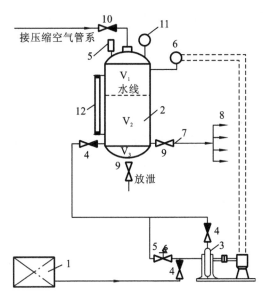

图 5-10-2　压力式供水管系

1—淡水贮存舱（或进水总管）；2—压力水柜；3—淡水泵（或海水泵）；
4—截止止回阀；5—安全阀；6—压力继电器；7—供水总管；8—支管；
9—截止阀；10—充气阀；11—压力表；12—水位表

（也是压力水柜的出口）。压力水柜上还装置了一个压力继电器。当压力水柜中的压力下降到下限时，压力继电器就接通水泵的电源，开始向压力水柜供水，压力水柜内的压力就会逐渐升高，当达到上限时，压力继电器就切断水泵的电源，水泵停止工作。压力水柜的上限压力随系统设计的参数而定，一般在 0.3~0.5 MPa 之间；高、低压的差值一般为 0.1~0.25 MPa。压力水柜上一般还装有压力表、水位表、安全阀、泄放阀等。

压力水柜第一次使用时，先充水至压力水柜最高无效液面（可通过水位表观察），然后停止充水而充入压缩空气使之达到下限压力，再继续充水至最高工作压力为止。

5.10.3　设计要点

（1）洗涤水供应管系可分为冷水供应管系和热水供应管系两类，热水供应也是压力式的。通常热水压力柜直接与淡水压力柜相通，所以两个压力柜的工作压力是相同的。但热水柜的进水阀应为截止止回阀，以防止热水回流至淡水压力柜中。

（2）热水供应管系的布置有不同的方法。一是热水压力柜的出口总管可以按左右舷分为两根干管（也可以一根），然后再分别接至热水用水处，在最高层甲板分左右舷或合并成一根热水回水总管接至热水循环泵进口；二是将热水压力柜的出口总管设计成按甲板层次环形布置，然后每一层甲板由一根回水管接至热水泵的进口。对于乘员较少的货船，采用前者；对于乘客较多的客船，采用后者较多。每层需设置截止阀，便于控制和管理。

（3）热水柜一般采用饱和蒸汽（压力通常为 0.5~0.7 MPa）和/或电加热。也可利用主机或辅机的余热，例如，排气和冷却水的热量，小型船舶设置热水消音器以重力供应热水。采用蒸汽和电加热的两用热水柜的温度控制也具有两套控制装置。采用蒸汽加热时，在蒸汽进入压力柜之前设有温度调节阀，当出水温度超过设定的温度（如 65 ℃）时，温度调节阀会自动减小开度；当温度低于设定的温度时，温度调节阀会增大开度，使热水压力柜的出水温度保持在

65 ℃左右。采用电加热时,通过安装在压力柜上的温度继电器来达到控制温度的目的。

(4) 现代大、中型船舶使用淡水作为卫生水已日益普遍,并把便具、面盆、淋浴或浴缸等卫生间设备装在一起形成组装式卫生单元,这有利于节省生活用水和管系与器具在船上的安装时间。但在船舶舱室布置设计时,应注意卫生单元的布置,使其在上下层甲板尽可能对齐,以方便管系连接,避免分散、零乱。

(5) 小型船舶仍以舷外水作为卫生水。用淡水作为卫生水有时要考虑到应急备用。因此,可从总用水泵或辅海水泵的出口分一支管接至卫生水供应管系,其间用双眼法兰隔断。但须注意,这时大、小便器的冲洗淡水管系已与各洗涤用水器具管系相沟通,一旦舷外水通入会殃及其他各用水器具,因此,卫生水供应管路应有阀件可隔离。

(6) 从总用水泵或辅海水泵来的舷外水压力若大于卫生水供应管系的压力,则应在进入卫生水管系之前安装截止阀和减压阀。

(7) 采用海水(舷外水)作为卫生水时,卫生水管系常用压力式供水,因此设置相应的压力水柜和卫生水泵。

(8) 船舶饮水供应管系要向船上乘员保证供应卫生合格、充足的饮用水。通过管系将饮水送到茶桶、厨房、医务室、机炉舱和其他舱室的水柜中。船上的饮水一般来自岸上的自来水,应急时也可使用船上制淡装置产生的蒸馏水,但建议采用煮沸或消毒设备消毒后使用。是否矿化处理因船而异。

(9) 对人员不多或航程较短的船舶,饮用水量不大,为简化设备和管理,饮水和洗涤水都取自城市的自来水时,可由一个系统供应,即不设专门的饮水压力柜,而从淡水压力柜出口专设一路经消毒后供给饮用水。大型客船用水量大,将饮水管系单独设置,以保证饮用水的供应。对海上航行持续时间很长的远洋船舶,为了避免淡水贮存过久而变质和减小淡水的装载量,通常设置海水淡化装置补充淡水。饮水管最好采用不锈钢管或铜管。

5.10.4 主要设备估算

1. 淡水贮存量及贮存舱(柜)容积

淡水的消耗量随船型、航区、人种、国籍、气候季节、乘员数以及装备等情况有较大的差异,有时船东还会提出一些具体的要求。洗涤水每人每天的消耗量一般为 100～200 L,小型船舶取下限;如果卫生水用洗涤淡水,则洗涤水消耗量还需增加(采用常规便具者,冲洗水量为 70 升/(人·天);采用真空便具者,冲洗水量为 35(升/(人·天)或更少);饮水的消耗量一般为 30～50 升/(人·天)。

饮水应符合国家关于生活饮用水卫生标准的要求。

1) 淡水贮存量

$$G_w = S \cdot t \cdot (q_x + q_w + q_y)/1\,000$$

式中:G_w 为淡水贮存量,t;S 为用水人员数;t 为自持力,天数;q_x 为洗涤水每人每天的消耗量,L/(人·天);q_w 为卫生水每人每天的消耗量,L/(人·天),如果卫生水使用舷外水,则 $q_w=0$;q_y 为饮水每人每天的消耗量,L/(人·天)。

2) 淡水贮存舱(柜)容积

$$V_w = G_w \cdot c_r \cdot c_c$$

式中:V_w 为淡水贮存舱(柜)容积,m^3;c_r 为容积系数,取 1.1～1.2;c_c 为贮备系数,取 1.1～1.2。

当饮水管系单独设置时,则饮水贮存舱容积也单独计算。

2. 压力水柜容积

压力水柜中的水，主要供应船员和旅客生活需要，所以其容积与所需消耗的水量有关。由于压力水柜中有压缩空气，故也与工作压力大小有关。

如图 5-10-2 所示，压力水柜的总容积 V_D 是水柜内压缩空气最小容积 V_1、有效容积 V_2 和无效容积（死容积）V_3 之和，即

$$V_D = V_1 + V_2 + V_3$$

因此，必须首先计算出 V_1、V_2 和 V_3，才能确定压力水柜的容积。

1) 压缩空气最小容积 V_1

当水柜中压缩空气为最小容积 V_1 时，其正处于最高压力状态。根据工程热力学气体定律可得

$$p_1 \cdot V_1 = p_2 \cdot (V_1 + V_2)$$
$$V_1 = p_2 \cdot V_2 / (p_1 - p_2)$$

式中：p_1 为压缩空气在柜中的最高压力，一般取为 0.3~0.35 MPa；p_2 为压缩空气在柜中的最低压力，一般取为 0.12~0.25 MPa。

2) 有效容积 V_2

有效容积 V_2 是水泵的 1 次供水量。自低水位时起，向水柜注入 V_2 的水，即达到高水位，水柜内压力由 p_2 提高到 p_1；若消耗了 V_2 的水，则由高水位降至低水位，即由 p_1 降至 p_2。V_2 的大小由高峰用水时单位时间的最大消耗量，以及该水柜在此容积范围内持续使用的时间所决定，即

$$V_2 = q_{max} \cdot t$$
$$q_{max} = (1.5 \sim 2.0) q_d$$

式中：q_{max} 为单位时间最大耗水量，L/h；t 为水柜的有效容积在高峰用水时的持续使用时间，为 10~30 min，即 1/6~1/2 h；q_d 为单位时间总耗水量，L/h。

单位时间总耗水量的计算方法有两种，一是按人员平均耗量计算，二是按耗水用具的耗量计算。

(1) 按人员平均耗量计算，就是根据每人平均耗水率计算单位时间总耗水量，即

$$q_d = S \cdot \sum q_r$$

式中：S 为用水人员数；q_r 为每人平均耗水率，L/h。

(2) 按耗水用具的耗量计算，就是根据压力水柜的每一耗水用具（如淡水压力水柜的船员洗脸盆、旅客洗脸盆、浴缸、厨房用水器等）1 d 的耗水量，计算单位时间总耗量，即

$$q_d = \frac{Y \cdot \sum (q_j \cdot f)}{t}$$

式中：q_j 为每一耗水用具 1 d 的耗水量，L/d；f 为耗水用具数目；t 为 1 d 内的使用时间，取 8~16 h/d；Y 为同时使用系数，%。

3) 无效容积 V_3

无效容积 V_3 一般不进行计算，可根据经验确定，可取其液面高略高于压力水柜底部出水口来计算，有的则推荐以 100 L 计之。

3. 清水重力柜

小型船舶设清水重力柜供应生活用水，其容积为

$$V_Q = q_q \cdot S \times 10^{-3} / n$$

式中:V_Q 为清水重力柜容积,m^3;q_q 为每人每天平均耗水量,取 100 L/d;n 为每天加水次数, 2 次/d。

4. 压力水柜的供水泵

1) 水泵排量

水泵的排量可根据压力水柜的有效容积在高峰用水时的持续使用时间和水泵每小时对压力水柜的充水次数,算出水泵每次充满压力水柜有效容积的时间,然后求出水泵的排量。

水泵每次启动的时间间隔

$$t_0 = 60/n$$

式中:t_0 为水泵启动时间,min;n 为水泵在 1 h 内启动的次数,一般取 5~10。

显然,t_0 应包括水泵每次充满压力水柜有效容积的时间,以及压力水柜被充满后,其有效容积在高峰用水时的持续使用时间(即水泵在充满有效容积后的停止工作时间),即

$$t_0 = t + t_1$$

式中:t 为压力水柜有效容积在高峰用水时的持续使用时间,一般取为 2~4 min;t_1 为水泵充满压力水柜有效容积的时间,min。

于是得到

$$t_1 \cdot q_y = V_2 + \frac{t_1}{t} \cdot V_2$$

由此可得水泵排量

$$q_y = V_2/t_1 + V_2/t$$

式中:q_y 为水泵排量,L/min。

2) 水泵压头

一般要求保证进入压力水柜处的压力略高于压力水柜的最高工作压力。

5. 辅锅炉用给水泵

辅锅炉用的给水泵目前多数采用离心旋涡泵,油船上有采用往复式的,对于大排量离心式给水泵则由蒸汽轮机带动。

给水泵的排量为锅炉最大蒸发量的 1.2~1.5 倍,即

$$q_{gg} = (1.2 \sim 1.5) D/\rho$$

式中:q_g 为辅锅炉给水泵排量,m^3/h;q_g 为辅锅炉最大蒸发量,t/h;ρ 为给水密度,t/m^3。

式中的系数 1.2 适用于离心旋涡泵,1.5 适用于往复式泵。

给水泵压力与辅锅炉蒸汽压力、管路阻力和辅锅炉安装高度有关,一般为辅锅炉额定蒸汽压力加上附加压力值 p_B,p_B 按表 5-10-1 取用。

表 5-10-1 附加压力值

布 置 情 况	p_B/MPa	
	离心式给水泵	往复式给水泵
不装自动给水调节器	0.4	0.6
装自动给水调节器	0.5	0.6

其他还有热井、凝水观察柜等也都是根据统计数据而定的,这里不再介绍。

5.10.5 实例介绍

图 5-10-3 所示为某远洋货船机舱供水管系。

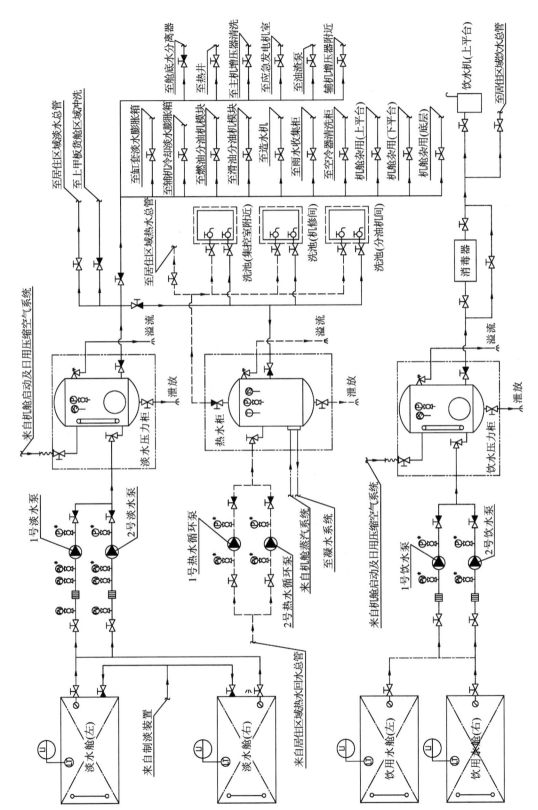

图 5-10-3 某远洋货船机舱供水管系

如图 5-10-3 所示,该船供水管系的主要设备有:淡水舱和饮用水舱各 2 个;淡水泵、热水循环泵和饮水泵各 2 台,互为备用;淡水压力柜、热水柜和饮水压力柜各 1 个;饮水管系设置消毒器。

该船供水管系采用压力式管系,使用淡水作为卫生水,热水管系的热水压力柜与淡水压力柜接通,利用制淡装置(图中未表示出)补充淡水,饮水管系单独设置。

5.11 机舱通风管系

5.11.1 作用

船舶机舱通风管系的主要作用如下。

(1) 机舱内安装有主机、辅机、辅锅炉等热力机械设备,这些设备在运行时会散发出大量的热量,而机舱相对比较狭小,内、外空气流动性差,使得机舱成为高温环境。通风管系的作用就是造成内、外空气流动,将热量带出舱外,降低机舱温度。

(2) 将机舱中的各种机械设备在工作过程中散发和漏泄的油气和水蒸气及时地从机舱中排出,有利于安全运行。

(3) 通风可使机舱中的空气质量达到基本要求,改善机舱工作人员的工作环境和卫生条件,有益于人员的身体健康和提高工作效率。

(4) 向主机、辅机、辅锅炉等热力机械供给足量的新鲜空气,以保证燃料充分燃烧,提高热效率。

一般,在大、中型船舶的机舱中都有比较完备的通风管系,即使是没有设置机舱通风管系的小型船舶,也要利用天窗、舱口、通道以及通风头等进行自然通风。

5.11.2 形式与原理

机舱通风方式一般分为自然通风和机械通风两种;按舱内风的流向又可分为送风和排风两类。

1. 自然通风

自然通风是靠热压和风压的作用来实现舱室内、外空气交换的。所谓热压,是指当机舱内的温度比机舱外的温度高时,舱内空气的密度比舱外小而形成密度差;在机舱下部,舱外空气柱所形成的压力要比舱内空气柱所形成的压力大而形成压力差。由于存在这种因温差而产生的热压,使舱外温度较低的空气能从风道进入机舱下部,同时,舱内的热空气也能从上部的天窗、舱口、通道及排风管等处排出船外。这样,舱内、外就形成了空气的自然交换。所谓风压通风,就是利用风的速度和压力将空气送入或引出机舱的。

自然通风可以利用各种通风头进行。自然送风和排风的通风头结构形式很多,如烟斗式、回转喷射式等。烟斗式通风头在自然通风中得道广泛应用,转动通风头,使风口迎风,风就能从风口进入机舱;使风口背风,就能将机舱的热空气抽出。回转喷射式通风头,利用风压进行通风,在机舱中很少使用,一般用在舵机舱、货舱等舱室。

自然通风设备简单,工作时不消耗动力,但不大稳定,且通风量有限。所以自然通风多用于小型船舶,在大、中型船舶上则与机械通风结合起来使用。

2. 机械通风

机械通风是通过风机进行送风和排风的。利用通风机将舱外新鲜空气送入机舱即为机械送风,用抽风机抽出机舱内的热空气即为机械排风。图 5-11-1 所示为机械通风的基本形式。

1) 机械送风、自然排风

图 5-11-1(a)所示为机械送风、自然排风的通风形式。

通风机经通风头吸入船外的新鲜空气,空气沿送风管经各个干管、支管由风管出口的出风头送至各个舱室和空间。出风头的形式很多,船上广泛使用的是转动喇叭式出风头。转动出风头可以将空气朝需要的方向吹去,出风头内装有调风门以供调节风量。而排风则主要依靠机舱棚的天窗进行,部分热空气也可通过轴隧及应急通道出口排出。这种通风方式在船舶上应用较广。

2) 机械送风、机械排风

图 5-11-1(b)所示为机械送风、机械排风的通风形式。

考虑到在恶劣的气候条件下必须紧闭机舱棚以及机舱里有些舱室如电焊间、油头实验间、燃油和润滑油分油机间等处油雾和废气特别多,为能有效地进行通风换气,除了要通风机进行机械送风外,还可采用抽风机进行机械排风。

一般大型船舶特别是远洋船舶大多采用这种通风方式。

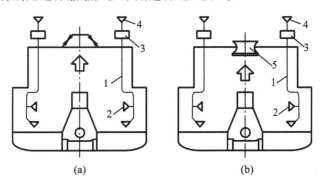

图 5-11-1 机械通风的基本形式

1—送风管;2—出风头;3—通风机;4—通风头;5—抽风机

5.11.3 设计与布置要点

1. 主要通风场所的确定

主要通风场所确实非常重要,它关系到管路及出风头的正确布置、数量和风量的合理分配等问题。一般来说,在如下主要场所必须进行通风。

(1) 操纵台、记录台、配电板、工作间以及主机、发电机、辅锅炉和其他重要辅助设备的某些部位等,管理人员需经常工作和进行检修的地方。

(2) 分油机间、油头实验间、粮库、杂货库等需排除油气和保证食品质量而必须通风的地方。

(3) 增压器、辅锅炉以及其他高温和散热较多的设备的部位。

2. 布置的要求

(1) 应保证机舱内有足够的通风量以满足管理人员和机械设备的需要。

(2) 机舱内各个设备及工作处所的风量应根据需要予以合理分配。

(3) 应保证能顺利和充分地进行通风换气,尽量避免死角,尽量减少外界的干扰和影响。

(4) 气流组织和管系设置都应合理,通风管应占据空间小,对其他管系影响小。

(5) 设备要简单,管系尽量短,弯头尽可能少。

(6) 管路布置形式一般为干管式、单管式和环管式,其中由于干管式占空间位置小、易于施工和投资少,故在船舶上广泛应用。

(7) 风管的截面形状有圆形和矩形两种。由于矩形风管占空间小、容易布置、装置方便而且美观,故大、中型民用船舶的机舱风管一般采用矩形风管。

3. 气流组织

气流组织得好坏对通风换气的顺利进行、风量的均匀和合理分配以及管理人员的工作都有很大的影响,因此在进行通风管路布置时必须注意以下几点。

(1) 为达到机舱通风降温的目的,应采用重点局部通风,即将舱外新鲜空气以较高速度送至主要工作场所,而且应与排气道组成良好的气流系统。

(2) 机舱中的高温层、油气和水蒸气都在上部,故送风区应在高温层下面,排风区则在其上面,这样就不会将上面的热空气带入工作区域。对于没有明显高温层的机舱,排风区也应高于送风区。

(3) 舱外新鲜空气应送到需要通风的地方。送风要保证一定的通风量,使工作地带的温度不超过舱外温度 5~8 ℃,而且要保证一定的风速,因而送风的主要方式是横向强力送风方式。

(4) 不要将高速空气吹向机器,否则会加速机器余热的扩散而使工作地区的气温上升。气流的路线应该先吹至工作人员,逐渐扩散后再接触到机器,气流吸热加温后即自然上升。

5.11.4 机舱通风机的计算

在通风管系设计中,要合理选用机舱通风机,必须对机舱各种设备需要的风量以及为保证机舱管理人员安全和身体健康需要的换气量进行计算,在此基础上来确定机舱通风机的排量,并且考虑适当的压头。

1. 机舱通风机排量

机舱通风机的排量可以采用如下的三种方法决定:按通风带走的设备散热量来计算;根据设备燃烧所需要的空气量来计算;按机舱换气次数计算。

1) 按通风带走的设备散热量计算

这种计算方法的根本出发点是,由于柴油机、辅锅炉等设备在运行时要向四周散发一定的热量,造成机舱内温度的升高,影响管理人员工作和身体健康,因此要依靠通风,将这些热量携出机舱外,而将机舱内的温度保持在一定范围内。通风量的计算公式为

$$V_F = \frac{Q}{60 \times \rho \cdot c_{pa} \cdot \Delta T}$$

式中:V_F 为通风量,m³/min;Q 为机舱内机械设备的散热量,kJ/h;ρ 为干燥空气的密度,在 20 ℃、101.3 kPa 时取 1.205 kg/m³;c_{pa} 为干燥空气的定压比热容,1.009 kJ/(kg·℃);ΔT 为机舱内空气允许温升,5~6 ℃。

可以先求出主机、柴油发电机和辅锅炉各自的散热量,再求得其 Q,利用上式计算总的通风量 V_F;也可以在求出每一机械设备的散热量之后,利用上式计算出每一机械设备的所需风量,再求其和,即得总的通风量 V_F。

(1) 对于柴油机,其散热量为

$$Q_1 = 3600 \times \omega \cdot P_{eb}$$

式中:Q_1 为柴油机的散热量,kJ/h;ω 为相对于柴油机功率的散热率,可取为 2%;P_{eb} 为柴油机标定功率,kW。

于是可得柴油机所需通风量为

$$V_{F1} = \frac{3600 \times \omega \cdot P_{eb}}{60 \times \rho \cdot c_{pa} \cdot \Delta T} = \frac{60 \times \omega \cdot P_{eb}}{\rho \cdot c_{pa} \cdot \Delta t} \ \text{m}^3/\text{min}$$

值得指出的是,机舱内的柴油发电机组的发电机等电器设备也有散热,应考虑其对机舱温度的影响。

(2) 对于辅锅炉,其散热量为

$$Q_2 = q_g \cdot \omega \cdot H_u$$

式中:Q_2 为辅锅炉的散热量,kJ/h;q_g 为辅锅炉燃油消耗率,kg/h;ω 为散热率,0.5% ~ 0.75%;H_u 为燃油低热值,kJ/kg。

所以辅锅炉所需通风量为

$$V_{F2} = \frac{q_g \cdot \omega \cdot H_u}{60 \times \rho \cdot c_{pa} \cdot \Delta T}$$

2) 按柴油机及辅锅炉的燃烧所需的空气量计算

(1) 对于柴油机,其所需空气量为

$$V_{F1} = \frac{g_z \cdot V_c \cdot \alpha \cdot P_{eb}}{60}$$

式中:V_{F1} 为柴油机燃烧所需空气量,m³/min;g_z 为柴油机燃油消耗率,kg/(kW·h);V_c 为燃烧 1 kg 燃油所需空气量,20 ℃、101.3 MPa 时取 11.6 m³/kg;α 为过量空气系数;P_{eb} 为柴油机标定功率,kW。

(2) 对于辅锅炉,其所需空气量为

$$V_{F2} = q_g \cdot V_g / 60$$

式中:V_{F2} 为辅锅炉燃烧所需空气量,m³/min;q_g 为辅锅炉燃油消耗量,kg/h;V_g 为辅锅炉燃烧 1 kg 燃料所需空气量,当空气过剩系数为 1.15 时,取 14.76 m³/kg。

因此,为保证柴油机和辅锅炉燃烧所需的空气量,即通风量为

$$V_F = V_{F1} + V_{F2}$$

3) 按机舱换气次数计算

机舱换气次数就是从保证机舱管理人员安全工作和健康以及机械设备的正常运行考虑,每小时将机舱内的空气更换多少次。实际上,其次数也就是机舱容积的倍数。对于一般船舶,换气次数通常是 30~40 次/h。于是通风量为

$$V_F = V_m \cdot \lambda$$

式中:V_m 为机舱净容积(扣除机舱中机械设备所占的容积),m³;λ 为机舱换气次数,次/h。

用上述三种方法计算出三个通风量以后,应把其中一个最大的通风量作为风机的排量,来

选择机舱通风机。

当船舶机舱采用自然通风方式时,根据所计算的通风量要求,可用来校核自然进、出通风口的面积是否满足要求,出风口的风速可取为航速的50%左右,同时应考虑柴油机工作时具有一定的排风功能。

2. 机舱通风机的压头

在选择通风机时,除了要确定其排量外,还要考虑适当的压头。其压头决定于风管布置方式和由此而产生的风管阻力。通风机的压头应克服摩擦阻力、局部阻力,并在出风口保持一定的速度。计算通风机的压头,通常只需计算出管路中的总阻力损失压头,然后再考虑10%～20%的余量即可。

在通风管路中,摩擦阻力和局部阻力所造成的总的压头损失

$$p_w = 0.5 \times \rho \cdot \left(\sum \lambda \frac{L}{d} + \sum \zeta \right) \cdot v_k^2$$

式中:L 为直线管长,m;v_k 为空气流速,对于干管,取 16～6 m/s;对于支管,取 8～4 m/s;ρ 为空气密度,标准状态下取 1.2 kg/m³;ζ 为局部阻力系数,按管路布置计算;d 为管径,m;λ 为摩擦阻力系数。

关于管径 d,对于通风管路中通常使用的矩形管,为计算方便,一般可用"当量直径"换算成圆形管计算。

风管的材料,除露天甲板上和其他易受冲撞的风管用 2 mm 以上厚度的钢板焊接外,一般都用镀锌薄钢板、铝板或塑料制成。因为这些风管的表面粗糙度很小,可以看成工艺上光滑管,且管内空气的流动总是处在紊流状态,所以式中 λ 可按下式计算:

$$\lambda = 0.0032 + 0.221 Re^{-0.237}$$

$$\lambda = \frac{0.3164}{\sqrt[4]{Re}}$$

式中:Re 为雷诺数。

一般风管阻力主要来自局部阻力,因此也可将摩擦阻力化为当量局部阻力来计算。

5.11.5 实例介绍

图 5-11-2 所示为某远洋货舱机舱通风管系。

该船采用的通风方式是机械送风及自然排风的方式。对于分油机室、检修间等处,除了采用机械送风外,还采用了机械排风(图中未示出)。机舱共设有四台轴流式通风机,为使其负荷分配均匀,将其分别布置在前、后部的左、右两舷。前部两台通风机主要向机舱的下平台及后部区域送风,后部两台通风机主要向机舱的上平台及前部区域送风。

图示仅为后部左、右舷的两台通风机及相应管系布置示意图。由图 5-11-2 可见,左舷通风机抽吸进来的外界空气,分别经送风总管向下,至机舱上平台,由干管和支管分别送往柴油发电机组室、集控室、机修间、电工间、电工物料间和主机前端等处;至下平台则送往淡水冷却设备布放区域及主机前端通道;至机舱底层则送往主机前底部和机舱前端部。右舷通风机抽吸送风过程如图 5-11-2 所示。

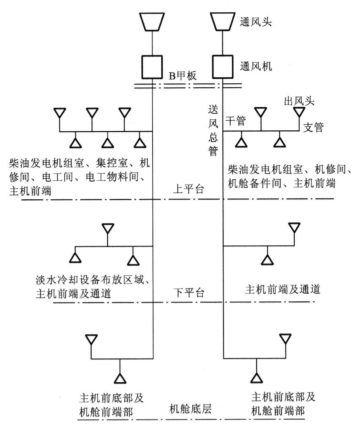

图 5-11-2 某远洋货船机舱通风管系示意图

5.12 管系材料的选用与计算

5.12.1 管系的分级与管材选用

1. 管系的工作参数和分级

1）管系工作中几个常用压力概念

(1) 公称压力 是指管系、附件等在 0 ℃时所能承受的压力。

(2) 工作压力 是指在一定温度下管系内工作介质正常工作时的压力。一般所说的某管系的压力就是指工作压力。

(3) 设计压力 是指管系最高的许用工作压力。这是由设计部门确定的。

(4) 试验压力 是指对管系、附件等作水压试验时的压力。试验压力有强度试验压力和密性试验压力之分，它们的压力数值是不相同的，在作具体试验时要注意这个问题。

(5) 绝对压力 是指管路或容器内工作介质的实际压力。绝对压力高于外界大气压力时，称为"正压"状态；绝对压力低于外界大气压力时，称为"负压"(真空)状态。

(6) 表压力 正压状态用压力表所测得的压力数值称为表压力。它表示绝对压力比大气压力高出多少的数值。管系的工作压力就是用表压力来反映的。常用的单位为 bar 或 MPa，绝对压力与表压力的关系为

$$绝对压力 = 表压力 + 1 \times 10^5 \text{ Pa}$$

例如压力水柜的表压力为 4×10^5 Pa，则绝对压力为 5×10^5 Pa。

（7）真空值　负压状态用真空表所测得的压力数值称为真空值。它表示绝对压力比大气压力低多少的数值。真空值常用的单位为 mmHg，它与绝对压力的关系为

$$绝对压力 = 760 \text{ mmHg} - 真空值$$

例如，制淡装置中冷凝器的真空值为 710 mmHg，则绝对压力为 50 mmHg。

真空状态除了用真空值表示外，还可以用"真空度"来表示，即

$$真空度 = \frac{真空值}{760} \times 100\%$$

这样，上例制淡装置中冷凝器的真空值为 710 mmHg，也可以说它的真空度为 93.4%。

2）温度

温度对金属材料强度的影响较大，温度升高，金属强度则相应降低。此外，油、水、气、汽等介质温度的变化会引起介质性质的变化，因此介质的温度也是管系的一个重要参数。

一般管系使用摄氏温度，其单位为摄氏度（℃）。

（1）工作温度　是指在一定压力下管系内工作介质正常工作时的温度。一般所说某管系的温度就是指工作温度。

（2）设计温度　设计温度应取管内介质的最高温度，但常温管路不得低于 50 ℃。这是由设计部门确定的。

3）管系分级

为了确定适当的试验要求、连接形式以及热处理和焊接工艺规程，不同用途的压力管系按其设计压力和设计温度分为三级，见表 5-12-1。

表 5-12-1　管系等级（CCS）

参数 等级 管系	Ⅰ级		Ⅱ级		Ⅲ级	
	设计压力/MPa	设计温度/℃	设计压力/MPa	设计温度/℃	设计压力/MPa	设计温度/℃
蒸汽和热煤油	>1.6	或>300	≤1.6	和≤300	≤0.7	和≤170
燃油	>1.6	或>150	≤1.6	和≤150	≤0.7	和≤60
其他介质	>4.0	或>300	≤4.0	和≤300	≤1.6	和≤200

注：① 当管系的设计压力和设计温度，其中一个参数达到表中Ⅰ级规定时，即定为Ⅰ级管系；当设计压力和设计温度两个参数均达到表中Ⅱ级或Ⅲ级规定时，即定为Ⅱ级或Ⅲ级管系；

② 其他介质指空气、水、润滑油和液压油等；

③ 不受压的开式管路，如泄水管路、溢流管路、透气管路和锅炉放气管路等也为Ⅲ级管路。

2. 管材选用的基本要求

管材选用主要应满足以下三方面的要求。

1）使用方面的要求

这主要是对管子的力学强度、刚度、尺寸、重量的要求，以及其他特殊要求（如耐蚀性、耐热性等）。

各个系统不同管路的管子，要满足管内流通介质和管路周围环境条件的要求，也就是要在

压力、温度、流量、流速和耐蚀性方面满足介质的要求。另外,管子是否受水击、是否暴露于甲板及管子是否浸在其他流体(如油、水等)内等外界环境条件,也是必须考虑的。但在许多情况下,很难选出能同时满足上述各方面要求的管子材料,因此所选的管材应该首先满足其中主要的要求,适当照顾其他次要的要求。

2) 工艺方面的要求

这主要是指所选定的管子材料能用最简便的方法制造。管子材料的不同,其制造方法也不相同。管子的制造主要指弯曲和焊接。此外,还应考虑管子安装和维修的工艺要求。

3) 经济方面的要求

这指的是所选的管子材料应在保证管系使用要求的前提下,其成本最低。这方面主要是防止大材小用,如燃油、润滑油的低压吸入管路可以用焊接钢管,而不必用价格较贵的无缝钢管等;海水管可以用无缝钢管或焊接钢管,加工后镀锌处理,而不一定用价格昂贵的白铜管。

综上所述,管子(材料和口径)的选用要满足各方面的要求,在管子的公称通径确定以后,管子材料的选用主要考虑管内介质的压力、温度、耐蚀性三要素。

3. 常用管材的应用范围

目前,在船舶中使用的管材主要有无缝钢管、焊接钢管、无缝铜管(铜及铜合金管)、塑料管和玻璃钢管等。如何正确地选用,则要根据管系的特点而定。常用管材的应用范围大致如下。

1) 无缝钢管

(1) 规范规定必须使用无缝钢管的管路如下。

① Ⅰ级管和Ⅱ级管。但也可以使用按照船级社认可的焊接工艺制造的焊接钢管。

② 中国船级社规定高压二氧化碳管应采用无缝钢管。

(2) 设计中一般应考虑使用无缝钢管的管路如下。

① 蒸汽管。

② 油舱内的加热盘管(如无缝碳钢管、无缝不锈钢管、无缝铝黄铜管等)。

③ 压缩空气管。

④ 控制空气管。

⑤ 燃油管、润滑油管。

⑥ 液压管。

⑦ 化学品船的液货及相关管系。

2) 焊接钢管

除必须使用无缝钢管的管子外均可使用焊接钢管。但是Ⅰ级管和Ⅱ级管所用的焊接钢管须由船级社认可的工厂,按认可的焊接工艺制造。

3) 无缝铜管(铜及铜合金管)

(1) Ⅰ级管和Ⅱ级管当要使用铜管时,应使用无缝铜管。

(2) 海水冷却系统中的海水泵的吸入和排出冷却主管(一般考虑从海水总管吸入开始至舷外排出为止),若指定不使用钢管,可选用无缝铜镍管或无缝铝黄铜管。

(3) 仪表管应采用无缝铜管,也可采用无缝钢管。

4) 塑料管

仅适用于介质温度在 0~60 ℃ 范围内的低压管。

5) 玻璃钢管

玻璃钢管(玻璃纤维增强塑料管)是以树脂为黏结剂,以玻璃纤维及其制品为增强体的复合材料管。船上使用的玻璃钢管为热固型的,主要用于油船的专用压载水管(压载水舱内管段)。但因价格较高,一般均在船东指定时才采用。

5.12.2 管系材料的计算

1. 管径

管径是根据管内流体的流速和流体流经管子的能量损失来决定的。在流量一定的情况下,管径主要取决于管内流体的流速,有

$$d = 0.0188\sqrt{\frac{V}{v}} = 0.0188\sqrt{\frac{G}{v \cdot \rho}}$$

式中:d 为管子内径,m;V 为流体的容积流量,m^3/h;v 为管内流体的流速,m/s;G 为流体的质量流量,kg/h;ρ 为流体的密度,kg/m^3。

对于常温下的水,$\rho = 1\,000\ kg/m^3$,故水管的内径为

$$d = 0.00061\sqrt{\frac{G}{v}}\ m$$

对于气体,ρ 值是随压力和温力的变化而变化的,其计算式为

$$\rho = \frac{p}{RT}$$

式中:p 为管内气体压力,Pa;R 为气体常数,J/(kg·K);T 为绝对温度,K。

对于蒸汽,管子内径

$$d = 0.0188\sqrt{\frac{G \cdot c_z}{v}}\ m$$

式中:c_z 为蒸汽的比容,m^3/kg。

选定合适的流速是十分重要的。流速变小,管径变大,各种管系附件的直径随之变大,从而整个管系的重量直接增加,并使初投资增加。

对于蒸汽动力装置的蒸汽管路、凝水管路、给水泵的给水管路、油泵吸入管路等,如果流速过大,虽然可以使管径减小,但流体在管内的能量损失增加,甚至超过所允许的范围而影响工作。

对于海水管路、给水管路、阀体、阀座等,流速的大小将影响到管壁腐蚀的快慢。

在空气管路中,如果空气中含有水分,则当流速增高时,管路内会产生冲击现象,在泄放管内也易产生气水混合物的水锤作用。

根据理论研究和实船使用情况,管内流体的流速 v 推荐如下。

1) 水管

对于海、淡水管路,$v = 0.5 \sim 1.5\ m/s$(压力为 $0.17 \sim 0.3MPa$),$v = 25 \sim 2.5m/s$(压力 $0.3 \sim 1\ MPa$)。

对于锅炉给水管路,$v < 2.5\ m/s$。

2) 油管

由于燃、润滑油的黏度比水大,故其管内流速应比水的低一些。

对于燃油吸入管路,$v = 0.1 \sim 1.0\ m/s$。

对于燃油压出管路,$v = 0.15 \sim 1.5\ m/s$。

对于润滑油吸入管路,$v = 0.15 \sim 1.5\ m/s$。

对于润滑油压出管路，$v=0.25\sim2.0$ m/s。

3）压缩空气管

由于船上压缩空气的耗量难以精确计算，所以压缩空气管内的流速也不易确定。根据实践经验推荐：管径在 15～150 mm，则流速为 4～15 m/s（压缩空气压力 2.5～3.0 MPa）。若以自由空气计算，则推荐自由空气流速为 250～300 m/s。

4）蒸汽管

蒸汽管内的流速主要是根据管子直径大小、压力高低、蒸汽过热度和能量损失等进行考虑。如蒸汽压力高，则其比容小，管径也小，流速就可适当降低，使压降减小。而低压蒸汽则相反，由于比容大，管径大，所以流速也相应增加，以免管径增大甚多。一般当蒸汽压力在 4 MPa 以下时，最经济的流速为 20～40 m/s。流速越高，则管路初投资越小，但管路振动、噪声、阀的磨损及故障均容易产生，所以应根据具体情况合理地选择其流速大小。

2. 管壁厚度

管壁厚度主要考虑强度要求和腐蚀的影响。

各管系中流动的流体的性质、压力及温度不同，对管子的强度要求也不一样，所以确定管壁厚度就是要保证管子具有必要的强度。

不同材料的管子，不同的工作介质，管子的腐蚀程度不一样，如表 5-12-2 所示。

表 5-12-2 不同材料管子的腐蚀程度

管 壁 材 料	工 作 介 质	管壁每年腐蚀量/(mm/a)
碳钢（10 钢，20 钢）	润滑油，燃油，空气	0.1
不锈钢	润滑油，淡水	0
双金属（钢—铜）	润滑油，空气	0.1
铜	润滑油，空气，淡水	0.1
	海水	0.15
铜镍合金	海水	0.1

从管子工作可靠性出发，在采用相应的管子材料时，要考虑到管壁的腐蚀速度每年不应超过 0.1～0.15 mm/a。

管壁厚度和管径、管子材料一样是影响管系重量和造价的一个因素。减薄管壁厚度可以节约材料，但却缩短了使用期限。所以应当根据不同情况，通过计算来确定和选择管壁厚度。

船舶管系的管壁厚度计算在船舶规范中有具体规定，其计算公式是从航行安全出发，根据材料力学原理和长期实践所积累的经验编制而成的。下面介绍我国海规的管壁厚度计算有关公式。

1）碳钢和低合金钢管的壁厚

受内压的钢管，其最小壁厚应不小于下列计算所得之值：

$$\delta = \delta_0 + \delta_b + \delta_c$$

式中：δ 为最小计算壁厚，mm；δ_0 为基本计算壁厚，mm；δ_b 为弯曲附加余量，mm；δ_c 为腐蚀余量，mm。

钢管的基本计算壁厚

$$\delta_0 = \frac{pD}{2[\sigma] \cdot e + p}$$

式中：p 为设计压力，MPa；D 为钢管外径，mm；$[\sigma]$ 为钢管许用应力，N/mm²；e 为焊接有效系数。

焊接有效系数 e，对于无缝钢管、电阻焊和高频焊钢管，应取 1，对于其他方法制造的管子，e 值则另行考虑。

钢管许用应力 $[\sigma]$ 应取下列公式计算值的最小值：

$$[\sigma] = \sigma_b/2.7 \text{ N/mm}^2$$
$$[\sigma] = \sigma_{st}/1.6 \text{ N/mm}^2$$
$$[\sigma] = \sigma_{Dt}/1.6 \text{ N/mm}^2$$

式中：σ_b 为材料在常温下的最低抗拉强度，N/mm²；σ_{st} 为材料在设计温度下的最低屈服强度或 0.2% 的条件屈服强度，N/mm²；σ_{Dt} 为材料在设计温度下 10^5 h 内产生破裂的平均压力，N/mm²；σ_b、σ_{st} 和 σ_{Dt} 都应符合海规对材料的有关规定。

附加弯曲余量 δ_b 应不少于按下式计算之值：

$$\delta_b = 0.4 \frac{D}{R} \delta_0 \text{ mm}$$

式中：R 为平均弯曲半径，mm，通常 R 不得小于 4D；D 和 δ_0 同上。

腐蚀余量 δ_c，按表 5-12-3 选取。对于穿过舱柜的管路，应增加一个计及外部腐蚀的附加腐蚀余量，其值大小取决于外部介质。若管子得到有效的保护，则至多可减少 50% 的腐蚀余量。当使用有足够耐蚀性的特种钢时，其腐蚀余量可以减小，甚至可以减小到零。

下面举一个例子说明管子壁厚的计算方法：

已知某淡水冷却管采用外径为 219 mm 的无缝钢管，其工作压力为 0.4 MPa，弯曲半径为 660 mm，试计算该管子的最小壁厚。

解：已知 $p = 0.4$ MPa，$D = 219$ mm，$R = 660$ mm，

查表可知：$e = 1$，$[\sigma] = 110$ N/mm²，$\delta_c = 0.8$ mm

所以 $\delta_0 = PD/(2[\sigma]e + P) = 0.4 \times 219 ÷ (2 \times 110 + 0.4)$ mm = 0.4 mm

$\delta_b = 0.4 D \delta_0 / R = 0.4 \times 219 \times 0.4 ÷ 660$ mm = 0.053 mm

$\delta = \delta_0 + \delta_b + \delta_c = (0.4 + 0.053 + 0.8)$ mm = 1.25 mm

故管子的最小壁厚为 1.25 mm。

从以上例子可以看到，规范所要求的管子壁厚并不厚，对照常用管子规格表可知，外径为 219 mm 的无缝钢管其最小壁厚也有 6 mm。

表 5-12-3　钢管腐蚀余量 δ_c

管子用途	δ_c/mm	管子用途	δ_c/mm
过热蒸汽管	0.3	润滑油管	0.3
饱和蒸汽管	0.8	燃油管	1.0
货油舱蒸汽加热管	2.0	货油管	2.0
锅炉开式给水管	1.5	冷藏装置制冷剂管	0.3
锅炉闭式给水管	0.5	淡水管	0.8
锅炉排污管	1.5	海水管	3.0
压缩空气管	1.0	冷藏货舱盐水管	2.0
液压油管	0.3		

2) 铜和铜合金管的壁厚

铜和铜合金管、阀件及其他附件的使用温度,一般不得超过下述值:铜和铝黄铜为 200 ℃、铜镍合金为 300 ℃、适合高温用途的特殊青铜为 260 ℃。

受内压的铜和铜合金管,其最小壁厚应不小于按下式计算所得值。

$$\delta = \delta_0 + \delta_b + \delta_c$$

式中:符号 δ_b、δ_0 和 δ_c 的含义同前。

腐蚀余量 δ_c,铜、铝黄铜和镍含量低于 10% 的铜镍合金 $\delta_c = 0.8$ mm;镍含量为 10% 及以上的铜镍合金 $\delta_c = 0.5$ mm;介质对管材不产生腐蚀者,$\delta_c = 0$。

铜和铜合金管的基本计算壁厚为

$$\delta_0 = \frac{p \cdot D}{2[\sigma] + p} \text{ mm}$$

式中:p 为设计压力,MPa;D 为钢管外径,mm;$[\sigma]$ 为许用应力,N/mm²,如表 5-12-4 所示,应力的中间值可用内插法求得。

表 5-12-4 铜和铜合金管许用应力

管子材料	测试条件	最低抗拉强度/(N/mm²)	许用应力(N/mm²) 设计温度/℃										
			50	75	100	125	150	175	200	225	250	275	300
铜	退火	220	41.2	41.2	40.2	40.2	34.3	27.5	18.6	—	—	—	—
铝黄铜	退火	320	78.5	78.5	78.5	78.5	78.5	51.0	24.5	—	—	—	—
铜镍合金 90/10	退火	270	68.6	68.6	67.7	65.7	63.7	61.8	58.8	55.9	52.0	48.1	44.1
铜镍合金 70/30	退火	360	81.4	79.4	77.5	75.5	73.5	71.6	69.6	67.7	65.7	63.7	61.8

以上最小壁厚 δ 的计算式中并未考虑制造负公差,因此当考虑负公差修正时,管子的壁厚 δ_m 不得小于按下式计算之值:

$$\delta_m = \frac{\delta}{1 - \dfrac{\alpha}{100}} \text{ mm}$$

式中:α 为制造负公差与管子公称壁厚之比的百分数,(%)。

海规中还规定了各种尺寸和各种用途的管子的最小公称壁厚,以保证管子的强度,因此,经考虑负公差修正后计算所得的最小壁厚小于海规中的规定值时,应采用海规中的规定值。

对于螺纹管的壁厚,应自螺纹根部计量。

3) 管系设计压力和设计温度

管系设计压力是指管系最高许用工作压力,应符合下述规定。

(1) 水管锅炉和整体式过热器之间的蒸汽管的设计压力,应取锅炉的设计压力;从过热器出口引出的蒸汽管,其设计压力应取过热器安全阀的最高调整压力。

(2) 锅炉给水管和上、下排污管的设计压力取锅炉设计压力的 1.25 倍,但不小于锅炉设计压力加 0.7 MPa。

(3) 空压机和容积式泵排出端管路的设计压力取安全阀的最高调整压力,离心泵排出端管路的设计压力取性能曲线上最高压力。

(4) 锅炉燃油压力管路的设计压力至少取 1.6 MPa。

管路设计温度应取管内流体的最高温度,但不得低于 50 ℃。

3. 支管口径和数量的简单计算

在实际工作中,经常碰到总管上开支管的问题。要在海水总管上、供水总管上开若干支管,所开的支管口径和数量不能任意,开得少固然没有问题,如果开得太多(多少还与口径的大小有关),那么从支管流出的介质流量和压力就会衰减得太多,而不能达到设定的要求。

计算支管的口径和数量的简单方法是不考虑其他因素的影响,仅考虑支管的流通面积与总管流通面积之间的关系,即支管的流通面积之和应小于或等于总管的流通面积,即

$$\sum F_i = F_1 + F_2 + \cdots\cdots + F_n \leqslant F_{总} \quad (i = 1 \sim n)$$

管子的流通面积为

$$F = \pi \cdot d^2/4 = 0.785 d^2$$

式中:d 为管子的内径,一般可以近似地采用管子的公称通径尺寸。

下面举例说明支管口径和数量的计算方法。

例 5-12-1 在公称直径为 300 mm 的海水总管上,已开有一路公称直径为 200 mm 和一路公称直径为 150 mm 的支管,能否再开一路公称直径为 125 mm 和两路公称直径为 50 mm 的支管?

已知:$d_{总}=300$ mm,$d_1=200$ mm,$d_2=150$ mm,$d_3=125$ mm,$d_4=50$ mm

解 $F_{总}=\pi d_{总}^2/4=300^2\pi\div 4$ mm^2 = 22 500π mm^2

$F_1=\pi d_1^2/4=200^2\pi\div 4$ mm^2 = 10 000π mm^2

$F_2=\pi d_2^2/4=150^2\pi\div 4$ mm^2 = 5 625π mm^2

$F_3=\pi d_3^2/4=125^2\pi\div 4$ mm^2 = 3 906.25π mm^2

$F_4=F_5=\pi d_4^2/4=50^2\pi\div 4$ mm^2 = 625π mm^2

$F_1+F_2+F_3+F_4+F_5=(10\ 000+5\ 625+3\ 906.25+625+625)\pi$ mm^2 = 20 781.25π mm^2

因为 $20\ 781.25\pi < 22\ 500\pi = F_{总}$

故在总管上能再开一路公称直径为 125 mm 和两路公称直径为 50 mm 的支管。

此外,蒸汽系统中的蒸汽分配集管上开支管,或 n 路凝水支管汇合成凝水集合管求凝水集合管的口径等,都可参照此法计算。但在实际运用中,有时考虑到所开的支管不一定同时使用,所以有的总管上所开支管的总流通面积可能会略大于总管的流通面积。

4. 蒸汽加热盘管的长度计算

当柴油机使用重油或燃料油时,在重油或燃料油舱内均设有蒸汽加热盘管,以增加重油或燃料油的流动性。油舱加热所需的热量主要取决于蒸汽温度、加热盘管的材料和加热面积等因素。在加热蒸汽的温度和加热管的材料确定以后,油舱加热量就只考虑加热管的面积。通常,船东会在技术规格说明书中提出各种油舱单位容积所需的加热面积(m^2/m^3)。对加热盘管来说,其面积就是管子的外表面周长乘以管子的长度,即

$$F = \pi \cdot d \cdot L$$

式中:F 为油舱加热面积,m^2;d 为加热管外径,m;L 为加热管长度,m。

下面举例说明蒸汽加热盘管长度的计算方法。

例 5-12-2 某双层底燃油舱的容积为 200 m^3,技术规格说明书要求的容积比为 0.3 m^2/m^3,若使用 ϕ6035 无缝钢管制作加热盘管,需用多长的钢管?

解 首先求出所需的加热管面积:

$$F = 200 \times 0.3 \text{ m}^2 = 60 \text{ m}^2$$

然后根据上面的公式可以求得加热管的长度。

因为 $F = 60 \text{ m}^2$， $d = 60 \text{ mm} = 0.06 \text{ m}$

所以 $L = F/\pi d = 60 \div 3.14 \div 0.06 \text{ m} = 318.47 \text{ m}$

故需用 $\phi 6035$ 无缝钢管 318.47 m。

5. 管子重量的计算

随着船舶设计、建造技术的提高，船东对船舶的经济性要求越来越高，其中对船舶空船重量的控制要求也越来越高，因此在设计阶段要求对结构、设备、管子、电缆等进行重量统计，为此必须熟悉管子重量的计算方法。

重量的计算方法应该说是一项简单的计算，只要求出管子的材料体积，再乘以密度就可以了。而管子的体积等于它的截面积乘以管子的长度。所以

$$G_R = \pi \cdot (R^2 - r^2) \cdot L \cdot \rho_{Fe} \quad \text{或} \quad G_R = \pi \cdot (D - \delta_{Fe}) \cdot \delta_{Fe} \cdot L \cdot \rho_{Fe}$$

式中：G_R 为管子的重量，t；R 为管子外圆的半径，m；r 为管子内圆的半径，m；L 为管子的长度，m；ρ_{Fe} 为铁（钢）的密度，取 7.85 t/m³；D 为管子的外径，m；δ_{Fe} 为管子的壁厚，m。

下面举例说明管子重量的求法。

例 5-12-3 求长度为 6 m、$\phi 11439$ 的无缝钢管的重量。

解 $L = 6$ m， $D = 114$ mm $= 0.114$ m， $\delta_{Fe} = 9$ mm $= 0.009$ m

可利用公式 $G_R = \pi(D - \delta_{Fe})\delta_{Fe} L \rho_{Fe}$ 来计算：

$$G_R = \pi(D - \delta_{Fe})\delta_{Fe} L \rho_{Fe} = 3.14 \times (0.114 - 0.009) \times 0.009 \times 6 \times 7.85 \text{ t}$$
$$= 0.13976 \text{ t} = 139.76 \text{ kg}$$

如果用公式 $G_R = (\pi R^2 - \pi r^2) L \rho_{Fe}$ 来计算，则先要求出 R 和 r：

$$R = 114 \div 2 \text{ mm} = 57 \text{ mm} = 0.057 \text{ m}, \quad r = (57 - 9) \text{ mm} = 48 \text{ mm} = 0.048 \text{ m}$$

$$G_R = \pi(R^2 - r^2) L \rho_{Fe} = 3.14 \times (0.057^2 - 0.048^2) \times 6 \times 7.85 \text{ t} = 0.13976 \text{ t} = 139.76 \text{ kg}$$

故长度为 6 m、$\phi 11439$ 的无缝钢管重 139.76 kg。

第6章 船机桨工况配合特性分析

6.1 船、机、桨工况配合概述

6.1.1 船、机、桨的关系

1. 能量关系

由船舶原理可知,船舶航行需要螺旋桨提供推力以克服船舶阻力,使船舶以一定的航速航行。螺旋桨要发出推力,则需要主机提供旋转力矩以克服螺旋桨的旋转阻力矩,使螺旋桨在稳定转速下运转发出推力。这样就构成了船、机、桨三者之间的能量转换系统。图 6-1-1 所示为推进系统的物理模型,它概括了整个系统的能量转换过程。在这个推进系统中,主机是能量的发生器,轴系和传动设备是能量的传递器,螺旋桨为能量的转换器,船体则为能量的消耗器,这个能量转换系统是一个平衡系统,即遵循能量守恒与转换法则。

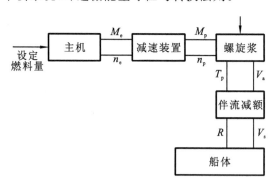

图 6-1-1 推进系统的物理模型

三者能量守恒的关系可用如下的表达式来表示。

(1) 柴油机输出的转矩 M_e(或功率 P_e)与螺旋桨转动时的阻力矩 M_p(或收到功率 P_d)分别为

$$M_e \cdot \eta_c = M_p \quad \text{或} \quad M_e \cdot i \cdot \eta_c = M_p$$
$$P_d = P_e \cdot \eta_c$$

式中:i 为减速比;η_c 为轴系传动效率。

(2) 螺旋桨的有效推力 T_p(或收到功率 P_d)与船的阻力 R(或船舶有效功率 P_E)分别为

$$T_p = T(1-t) = R$$
$$P_E = P_d \cdot \eta_t$$

式中:t 为推力减额分数,在讨论的内容范围内假定不变;T 为螺旋桨对水的推力;η_t 为推进效率。

2. 运动关系

船舶推进系统中的主机、螺旋桨和船体三者的运动需协调一致。图 6-1-1 所示的模型也概括了整个系统的运动协调过程,即遵循运动协调一致的原则。这种协调一致的原则体现在,对于大多数推进系统来说,主机和螺旋桨在工作过程中是机械地连接在一起的,因此,主机的转速与螺旋桨的转速相等或成比例;对傅里叶数较低的排水量船舶而言,其在稳定工况时,可认为船的航速与螺旋桨的进速成比例。

三者运动协调一致的关系可用如下的表达式来表示。

(1) 柴油机的转速 n_e 与螺旋桨转速 n_p 的关系为

$$n_e = n_p \quad \text{或} \quad n_e = n_p \cdot i$$

式中:i 为减速比。

(2) 船舶航速 V_s 与螺旋桨进速 V_a 的关系为

$$V_a = V_s(1-\omega)$$

式中:ω 为伴流分数,在讨论的内容范围内假定不变。

6.1.2 研究的目的、方法和内容

1. 目的

由上述可知,船、机、桨三者之间构成了一个能量转换系统,研究这个能量转换系统的目的如下。

(1) 寻求一个由燃料的化学能变为螺旋桨有效推力的最佳转换过程,得到一个最经济、具有最好营运经济性和投资效果的设计方案。

(2) 研究系统中各种参数的变化规律,为一定用途的船舶选择最合理的推进装置形式。

(3) 探讨推进装置在非正常航运条件下运行时的经济性及其适应性,以及工作范围和限制,以便合理设计、使用与管理。

2. 方法

在研究船、机、桨工况配合特性时,必须将它们三者的特性参数置于同一坐标系统里,才便于分析研究。但三者特性线采用了不同的自变量。

柴油机工作特性是用其主要技术参数随转速的变化而变化关系来描述的,有

$$M_e = f_1(n_e)$$
$$P_b(P_e) = f_2(n_e)$$

螺旋桨的推进特性是用其主要技术参数随转速的变化而变化关系来描述的,有

$$T_p = g_1(n_p)$$
$$M_p = g_2(n_p)$$
$$P_d = g_3(n_p)$$

船舶的航行特性是用其主要技术参数随航速的变化而变化关系来描述的,有

$$R = h_1(V_s)$$
$$P_E = h_2(V_s)$$

由于螺旋桨分别与主机和船体发生直接关系,因此,一般放在螺旋桨特性图上分析,需要寻求 n_e 与 n_p,V_s 与 n_p 之间的关系,以便建立统一的坐标系。

由前述可知,$n_e=n_p$ 或 $n_e=i \cdot n_p$,即主机的转速与螺旋桨的转速成直线关系。

由"船舶阻力"可知,对于一般低傅里叶数的排水量船舶,可假定其 $R \propto V_s^2$,即

$$R = \lambda_R \cdot V_s^2$$

式中:λ_R 为阻力系数。

由"船舶推进"可知

$$T = K_T \cdot \rho \cdot n_p^2 \cdot D^4$$
$$M_p = K_M \cdot \rho \cdot n_p^2 \cdot D^5$$

对于几何参数一定的螺旋桨,桨直径 D 为常数,水的密度 ρ 可认为是常数,船舶在正常定速航行时,比值 V_a/n_p 基本不变,所以进速系数 J 为常数 ($J = V_a/(n_p \cdot D)$),则对定螺距螺旋桨来说,推力系数 K_T 和扭矩系数 K_M 也为常数。所以有

$$T = C_1 n_p^2$$

同理可得

$$M_p = C_2 n_p^2, \quad P_d = \frac{M_p \cdot n_p}{9.55} = \frac{C_2 \cdot n_p^2 \cdot n_p}{9.55} = C_0 n_p^3$$

式中:C_1、C_0、C_2 均为常数。船舶在稳定工况下航行时,螺旋桨的有效推力等于船舶阻力,即

$$T_p = R$$

而

$$T_p = T(1-t) = C_1 n_p^2 (1-t)$$

所以,

$$\lambda_R \cdot V_s^2 = C_1 n_p^2 (1-t)$$

则

$$V_s = \left[\frac{C_1 \cdot (1-t)}{\lambda_R}\right]^{\frac{1}{2}} \cdot n_p = C \cdot n_p \left(C = \left[\frac{C_1 \cdot (1-t)}{\lambda_R}\right]^{\frac{1}{2}} = 常数\right)$$

由上式可知,在一定的条件下,船舶的航速与螺旋桨的转速成直线关系。故只要调整系数 λ_R 和 C_1 的比例,就可以在同一坐标系上,使 $R = h_1(V_s)$ 和 $T_p = g_1(n_p)$ 两根特性线重叠起来;同样,也可以使 $P_d = g_3(n_p)$ 和 $P_E = h_2(V_s)$ 两根特性线重叠起来。将柴油机的 $P_b(P_e) = f_2(n_e)$ 特性线绘制在相应同一坐标系上,则三者的统一坐标系建立起来。

以上建立的是船舶单列式(即单机、单桨)推进系统的统一坐标系。对于船舶非单列式推进系统(如双机并车、单机分车、双机双桨等),则遵循能量守恒原则,将系统中所有负荷特性曲线转换成单一的负荷特性曲线,将系统中所有的动力特性曲线转换成单一的动力特性曲线,然后在统一坐标系上进行研讨。

综上所述,统一坐标系的建立主要基于两个理想化的假设,即:
(1) 在给定的航速范围内,伴流分数和推力减额分数是常数;
(2) 船舶的阻力与航速的平方成正比。

按以上假设,螺旋桨的进速系数 J、推力系数 K_T、扭矩系数 K_M 及螺旋桨的效率 η_p 不随船航速的改变而变化,并以此假设构成了所谓的"螺旋桨法则":
(1) 螺旋桨转速与船航速成正比关系;
(2) 螺旋桨推力和扭矩与船航速平方成正比;
(3) 螺旋桨吸收功率和轴功率与船航速立方成正比。

遵循上述"螺旋桨法则",即给定了研究的对象是一般低傅里叶数的排水量船舶,如货船、油轮等。

3. 内容

各种形式的发动机,传动设备和螺旋桨可以根据需要组合成不同形式的推进装置,不同形式的推进装置在不同种类的船舶上工作时,各有自己的优缺点和适应性,就是说各有自己的工作特性。不论推进装置的形式如何,它们的工作特性主要分两类,稳定(静态)工况时的配合特性和过渡(动态)工况时的配合特性。

(1) 稳定工况时的配合特性有如下两种。
① 设计工况时的配合特性。

② 非设计工况时的配合特性。

(2) 过渡工况时的配合特性有如下三种。

① 启航、加速工况时的配合特性。

② 转弯工况时的配合特性。

③ 倒车工况时的配合特性。

本章将介绍船、机、桨工况配合特性的相关内容。

6.1.3 稳定工况的含义

前面已建立起用于研究船、机、桨工况配合特性的统一坐标系,即可在功率-转速坐标系上,也可在扭矩-转速坐标系上讨论工况配合特性问题。下面在扭矩-转速坐标系上来解释稳定工况的含义。为研究方便,暂不考虑能量传递过程中的各种损失,即假定 $C_t=1$。

当船舶处于某一不变的负荷情况下,在平静的海面航行时,它的阻力特性已定,此时螺旋桨按照一条与船舶阻功率特性相吻合的推进特性曲线工作,假定为图 6-1-2 所示 J 所对应的曲线。如果主机的喷油量也给定不变,则其平均有效压力不变,扭矩特性曲线则如图 6-1-2 所示(p_e=常数对应的曲线)。那么,机、桨能量平衡于 A 点,则船、机、桨稳定工作于 A 点,机、桨的转速为 n_A,船舶以转速 n_A 对应的航速航行。

当船舶受到风浪的突然袭击,致使阻力急剧增加,螺旋桨负荷突然变重,桨的推进特性曲线变陡至 J_1 所对应的曲线。此时主机的喷油量未变,输出

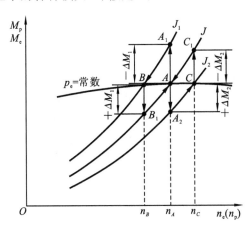

图 6-1-2 机、桨稳定工况配合特性

扭矩未变,输出转速也未来得及改变,而螺旋桨的吸收扭矩增大,致使原来的机、桨能量平衡瞬间失调,在机、桨负扭矩差($-\Delta M_1$)的作用下,机、桨转速下降,至 B 点时,机、桨能量得以平衡。当风浪的影响消失后,桨的推进特性恢复至 J 所对应的曲线,由于转速未来得及改变,而螺旋桨的吸收扭矩减小,致使机、桨在 B 点的能量平衡瞬间失调,在机、桨正扭矩差($+\Delta M_1$)的作用下,机、桨转速上升,至 A 点时,机、桨能量得以平衡,并重新稳定工作于 A 点。

与上述情况相反的是风浪的突然袭击,导致船体被上抬阻力急剧减小,螺旋桨负荷突然变轻,甚至螺旋桨部分露出水面时的特性瞬间变化情况,读者不妨参考图 6-1-2 自行分析。

综上所述,A 点是船、机、桨唯一能稳定工作的平衡点。通常把在瞬间的失调(外界的突变负荷)消失后,系统能自动恢复原状的状态,称为稳态(或静态),反之称为动态。

值得指出的是,上述瞬间能量平衡失调的极端情况,会导致主机转速突然大幅度下降而引起熄火;或会导致主机转速突然大幅度上升而发生飞车事故,必须设法避免。

6.1.4 设计工况点的选择

尽管船体、螺旋桨、柴油机以及传动设备具有各自的运动规律和工作特性,但当船、机、桨构成了一个有机的整体后,它们之间的能量转换过程以及工作状态是互相牵制和相互关联的,即它们在实现能量转换过程中存在着相互配合的问题。实践表明,它们在运转中相互配合得好坏,关系到能量转换的优劣。以柴油机推进装置为例,船、机、桨之间的配合是否完善将影响

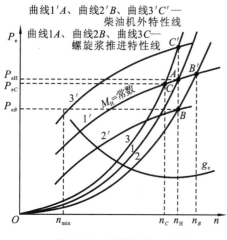

图 6-1-3 机桨配合工作图

柴油机能否发出全部功率,并且处于最佳状态下工作;螺旋桨能否吸收柴油机的全部功率,并且最有效地将旋转能量转换成有效的推力。理想的船、机、桨设计配合工作点,应是柴油机发足全部功率,其耗油率最低,螺旋桨处于最佳效率点工作,船舶达到满载设计航速。为了便于船、机、桨工况配合特性分析,通常将这一点设定为柴油机的额定工况点,如图 6-1-3 中所示的 A 点,并作为比较的基准,而对所讨论问题结论的正确性没有影响。

然而,在新船试航时,往往会出现这样或那样的情况。如图 6-1-3 中 B 点所示,主机的转速已达到额定转速,但此时螺旋桨所吸收主机的扭矩尚未达到主机额定扭矩,若使螺旋桨吸收主机的额定扭矩,势必要提高螺旋桨的转速,这又受到主机额定转速的限制。所以,在这种情况下,螺旋桨无法吸收主机的额定扭矩,使柴油机功率不能充分利用,船舶的航速也受到影响,通常称为螺旋桨"轻了"。导致产生这种情况的原因固然有多种,但不乏是在船、机、桨匹配设计中,对船舶阻力性能估算过于保守,导致螺旋桨直径或螺距比的取值偏小,或称螺旋桨设计"重了"。另一种情况如图 6-1-3 中 C 点所示,螺旋桨吸收的扭矩达到主机额定扭矩,但此时主机的转速尚未达到额定转速,若使主机的转速达到额定转速,螺旋桨的转速提高势必使吸收的扭矩超过主机的额定扭矩,迫使主机超负荷运行,破坏了主机的正常工作。在这种情况下,螺旋桨虽然能吸收主机的额定扭矩,但柴油机功率尚未被充分利用,船舶的航速也受到影响,通常称为螺旋桨"重了"。导致产生这种情况的原因不乏是在船、机、桨匹配设计中,对船舶阻力性能估计不足,导致螺旋桨直径或螺距比的取值偏大,或称螺旋桨设计"轻了"。

由此可见,船、机、桨设计工况点的合理选择是极为重要的。

1. 机、桨共同工作负荷区域的划分

通常将机、桨共同工作的区域划分为如图 6-1-4 所示的几个部分。

图中的 AA' 线是设计状态的理论推进特性线 ($P_e = K \cdot n^3$),它通过 100% 功率和 100% 转速处的 A 点(即 M.C.R 点);EE' 和 CC' 分别为桨重和桨轻时的推进线;图中斜虚直线为平均有效压力 p_e(或转矩 M_e)的百分数线。根据柴油机的性能及机桨配合特点,将机、桨的工作范围划分为三个区域。

(1) 区域 I ——位于图中 AA' 与 DD' 之间,称为安全区。此区域的负荷不超过 100% p_{eH} 线,转速不超过极限转速线 DD'。

(2) 区域 II ——位于图中 AA' 与 BB' 线之间,称为短时工作区。一般桨重时发生,如推进特性线 EE' 和负荷线 100% p_{eH} 在 E 点相交,虽然这时的转速低于额定转速 n_H,但若发动机装有调速器就可能出现超负荷。因此,一般在桨重而转速又过低时,要求主机不仅不能按 100% p_{eH} 运行,而且还必须减小供油量,防止超负荷。特别是增压柴油机,由于转速下降,涡轮功率也下降,导致增压器输入的功率减小,引起扫气压力下降,扫气效率变坏。虽然此时功率和转速已降低,但主机的供油量如果不减小的话,其热负荷上升,主机的运行安全受到影响。故此区域只允许短时工作。

(3) 区域 III ——位于图中 DD' 线与 FF' 线之间,称为超转速区域。供新船试航时为了达到设计航速使其在100% p_{eH}的条件下超速(103%~105%)n_H运转,但对柴油机磨耗及寿命产生不利的影响,故不宜常开。

图6-1-5所示为L-MC/MCE型柴油机的负荷区域,表示机、桨在不同区域的负荷情况。图中纵坐标表示功率的百分数,横坐标表示转速的百分数。与理想设计推进特性线①平行的诸斜实线表示某一工况的推进特性线;与②平行的诸斜虚线是平均有效压力的等值线;线⑤是100% p_{eH}线。当转速低于96.7% n_H时,由于转速降低,空气供应量不足,为使柴油机热负荷不至过高,应减小或限制供油量,即在转速低于96.7% n_H时,应在平均有效压力低于100% p_{eH}的线④以下工作。线③是转速极限线(约为103.3% n_H),它受活塞速度的限制,除在新船满载或轻载试航时,允许短时间达到106% n_H外,其他情况一律不可超过103% n_H。线⑥表示已考虑功率贮备的螺旋桨在新船试航时的满载推进特性线;在船舶污底后,线⑥将向左边移动。图中点画线⑦、⑧与实线④、⑤之间的面积,可供短时间超负荷运转之用(每12 h可超负荷1 h)。线④、⑤、⑥所包围的大块面积可供营运贮备之用,但不可超过线④和线⑤。

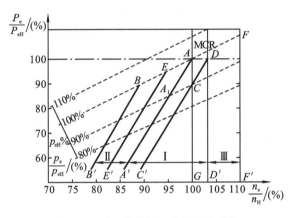

图6-1-4 机、桨共同工作区域的划分

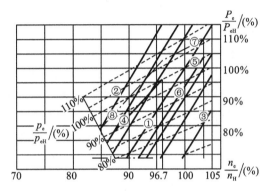

图6-1-5 L-MC/MCE型柴油机的负荷区域

2. 机、桨设计负荷点的选择

所谓设计负荷点是指机、桨标定工况的配合点,它与设计时所选定的机、桨二者各自的特性有关。传统的做法是将机、桨的特性线绘于同一功率-转速(或转矩-转速)特性图上,并找出其交点,此交点即为配合点。理论上说,就是通过100% p_{eH}和100% n_H时的M.C.R点。实船运营过程中,这个配合点往往发生变化。例如,船舶在使用一段时间后,因污底而引起的船舶阻力增大,主机性能也会有所降低;气候、海面状况与设计条件也会有差别。若螺旋桨的设计工况是新船满载试航,吸收100%的主机功率(即图6-1-4所示的A点),则新船试航时,主机将沿AA'线在A点附近运转。但遇到风浪或使用一段时间后,船体污底,使船舶阻力加大,螺旋桨负荷逐渐加重,A点将移向B点(若油门的位置保持在标定的供油量的位置不变),此时功率及转速就会相应降低。如果螺旋桨设计工况点选在C点,即预先留有一定贮备,则船体清洁的新船,在良好的天气做满载试航时,主机将沿CC'线运转,螺旋桨在此时就"轻"一些。当桨的负荷逐渐增大时,C点也逐渐上升,直至A点(使用调速器控制时),或C点移到A'点(无调速器油门保持不变时),而不致超负荷。这表明,桨的设计负荷点取在C点时,尽管在营运的初期(头1~2年)负荷过轻,主机功率不足,但在以后的长期运转过程中功率发挥就会变好。可见,设计负荷点的选取(亦即贮备量的选取),直接影响机、桨的匹配。

通常采用的贮备方法有以下三种。

(1) 功率贮备　取主机功率的某一百分比,如90%、转速为100% n_H、船体阻力为新船满载试航时的阻力作为设计工况(见图6-1-4中的 C 点)。

(2) 转速贮备　取100%主机功率,适当增加转速,如103% n_H,船体阻力为新船满载试航时的阻力,100%的主机标定功率作为设计工况(见图6-1-4中的 D 点)。

(3) 阻力贮备　取100%的主机功率和100% n_H,船体阻力则取满载运行时船体有一定污底并有一定风浪时的阻力(如新船满载试航时的阻力的120%)作为工况(图 AA' 线以下)。

以上三种方法,虽表现形式不同,但含义是一致的。一般,10%的功率贮备和3.5%的转速贮备基本相同,但10%的功率贮备并不等于10%的阻力贮备。贮备量的大小与船型、机型、航道、坞修等有关,设计时要对具体情况进行分析,选取合理的贮备量。

6.2　单列式推进系统工况配合特性

本书将由一只螺旋桨和一台主机通过一列轴段连接起来所构成的推进系统称为单列式(或无分支)推进系统,它包括单机直接传动、单机齿轮减速传动、单机经液力耦合器传动、单机带调距桨传动等形式。除此之外的称为非单列式(或有分支)推进系统,如双机双桨、双机并车、单机分车、轴带负荷等传动形式。

如前所述,船、机、桨的稳定配合工作条件是三者之间保持能量守恒和运动协调一致的关系。分析船、机、桨配合工作特性的方便方法是利用前面建立起来的统一坐标系,将它们的工作特性曲线绘制在同一坐标系上。为了讨论的方便,暂不考虑传递中的能量损失。这样既可采用功率-转速坐标系,也可采用扭矩-转速坐标系,具体采用哪一种视使用方便或当时提供的条件而定。

6.2.1　单机直接传动

1. 设计工况下的配合特性

单机直接传动的组成如表1-7-1中的1形式所示。图6-2-1所示为在功率-转速坐标系和扭矩-转速坐标系上,单机单桨直接传动推进系统在设计工况下的配合特性曲线,此时船舶处于设计负荷,进速系数为 J_0。

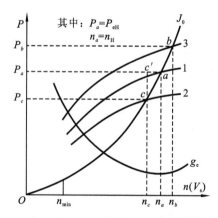
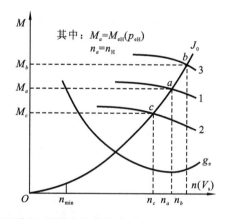

图6-2-1　船舶在设计工况下的机、桨配合特性曲线

图中 J_0 所对应的抛物线为船舶在设计负荷下桨推进特性线,曲线1为柴油机的额定外部

特性线;曲线 2 为柴油机的部分外部特性线,曲线 3 为柴油机的超额外部特性线,耗油率 g_e 曲线与桨推进特性线相对应,a 点是船、机、桨的设计工作点。

当船舶以设计航速(即 a 点对应的航速)航行时,螺旋桨必在设计状态下工作,具有最佳效率;此时,柴油机也在额定负荷(p_{eH})、额定转速(n_H)下运转,发出额定功率(p_{eH});船、机、桨实现了最佳配合,推进系统获得最高效率。

当要求船舶以高于设计航速航行时,船和桨将沿着设计负荷下的推进特性线提高转速,直至达到新的航速要求为止。此时,若船舶阻力特性保持不变,则螺旋桨的效率等于设计效率。但柴油机要适应船桨的需要,也沿着同一推进特性线增加负荷和提高转速,致使柴油机离开了额定外部特性线,处于超负荷状态,其工作条件恶化、性能变坏、耗油率增高,长期运行会使使用寿命缩短,此时推进系统的效率也受到影响。因此,只有在特殊情况下,才允许短期使用。并且,要使船舶获得更高的航速,将受到超额外部特性线和最高转速限制线的限制,故工作点不得超过 b 点。根据有关规定,b 点对应的转速和功率分别为 $103\% \, n_H$ 和 $110\% \, p_{eH}$。

当要求船舶以低于设计航速航行时,船和桨将沿着设计负荷下的推进特性线降低转速,直至达到新的航速要求为止。此时,若船舶阻力特性保持不变,则螺旋桨的效率等于设计效率。但柴油机要适应船桨的需要,也沿着同一推进特性线被迫降低负荷和转速,致使柴油机离开了额定外部特性线,处于部分负荷工作状态,功率不能充分利用,其性能变坏,耗油率也增高,效率降低,推进系统的效率也受到影响。并且,要使船舶获得更低的航速,将受到最低负荷限制线和最低转速限制线的限制。由图 6-2-1 可知,当船舶处于低速航行时,柴油机还有相当大的潜力未发挥出来。通常把柴油机在某一转速带螺旋桨工作时,除发出带桨所需功率之外,潜在尚能发出的功率(如图中转速 n_c 对应的 CC')称为剩余功率(简称余功)。由图不难看出,单机单桨直接传动推进系统有较大的剩余功率区域。

2. 非设计工况下的配合特性

图 6-2-2 所示为在功率-转速坐标系和扭矩-转速坐标系上,单机单桨直接传动推进系统在非设计工况下的配合特性曲线。当船舶阻力增减(如因负荷量增或减,推、拖量增或减,迎风或顺风、逆水或顺水等)时,船处于非设计工况会引起船速降低或增加,J 值减小或增大,螺旋桨的特性线将变陡或变平缓,即通常所说的"桨重了"或"桨轻了"。以下以负荷量的增、减为例,来分析非设计工况下的配合特性。

图 6-2-2 所示为船舶三种载荷状态时的螺旋桨推进特性线,即 J_0 对应的设计负荷状态,J_1

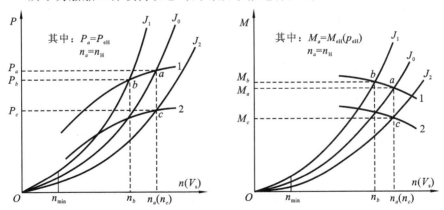

图 6-2-2 船舶在非设计工况下的机、桨配合特性曲线

对应的重载状态和 J_2 对应的轻载状态。曲线 1 为柴油机的额定外部特性线;曲线 2 为柴油机的部分外部特性线。点 a、b、c 分别表示船、机、桨的在设计负荷状态下、重载状态下和轻载状态下的配合工作点。

船舶在重载工况下航行时,螺旋桨沿着重载工况推进特性线工作,而柴油机受额定扭矩的限制,只能沿着额定外部特性线工作。根据能量平衡和运动协调一致的关系,机、桨工作平衡于 b 点。此时螺旋桨的工作离开了设计状态,其效率下降。柴油机受额定扭矩的限制,转速被迫下降,发不出额定功率,而且柴油机工作条件恶化,性能变坏,效率下降,耗油率增高。尽管此时柴油机输出额定扭矩,但由于机、桨性能均变坏,装置功率又不能全部利用,故既降低了推进系统的经济性,又降低了船舶的航速。

船舶在轻载工况下航行时,螺旋桨沿着轻载工况推进特性线工作,而柴油机受额定转速的限制,只能在额定转速线上工作。根据两个平衡关系,则机、桨工作平衡于 c 点。此时螺旋桨的工作离开了设计状态,其效率下降。柴油机受额定转速的限制,被迫降低负荷,按部分外部特性线工作,虽然转速达到额定值,但发不出额定功率,而且柴油机工作条件恶化,性能变坏,效率下降,耗油率增高。因此,船舶在轻载工况下航行时,虽然船的航速有所增加,但因机、桨性能均变坏,装置功率又不能全部利用,导致推进系统的经济性降低。

从以上的分析可知,单机单桨直接传动推进系统不适宜在工况和负荷多变的船舶上使用,而对工况比较稳定的船舶,则能充分发挥其优越性。这种形式的推进系统多采用热效率高,能燃用廉价的劣质燃料,使用寿命长的低速柴油机和低速高效率的螺旋桨,可实现机、桨的最佳匹配,系统结构简单,传动效率高,有利于提高经济性,故在远洋和沿海运输船舶上广泛应用。

6.2.2 单机齿轮减速传动

1. 单速比齿轮减速传动的配合特性

单速比齿轮减速传动的组成如表 1-7-1 中的 3 所示。在间接传动的推进系统中,有的配置一套单速比减速齿轮箱,以解决减速、离合及倒车等问题,这种形式又增加了一个匹配的因素,因此,必须考虑船机桨和减速齿轮箱四个特性的配合问题。如果能选得一套性能适用、减速比理想的齿轮箱,那么机、桨就可在最恰当的转速下运转,实现较完善的配合,如图 6-2-3 所示,此时理想的推进特性线为 i_0 对应的曲线,机、桨配合工作于的 a 点。但选不到所需的减速比是常有的事,故会出现如下情况。

当选用的减速比偏小时,螺旋桨转速会相对升高,推进特性线偏离至如图中 $i_小$ 对应的曲线,受柴油机额定扭矩的限制,机、桨工作平衡于 b 点,主机功率发不足。当选用的减速比偏大时,推进特性线将偏离至如图中的 $i_大$ 对应曲线,受柴油机额定转速的限制,机、桨工作平衡于 c 点,主机功率仍然发不足。从图 6-2-3 可看出,小减速比要比大减速比好一些,因为主机输出功率(p_b)接近额定值(p_{eH})。

应当指出,前面所讨论的船舶在非设计工况下航行时,其螺旋桨推进特性线偏离设计工况,结果使机、桨性能变坏,装置功率不能全部利用,推进系统的经济性降低,究其原因是,船舶负荷状态变化,引

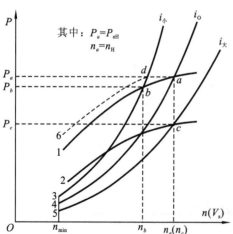

图 6-2-3 不同减速比的机桨配合特性

起阻力特性的改变;此处所讨论问题的结果虽然与前面十分相同,但原因是减速比的选择不理想,引起螺旋桨推进特性线偏移。

如果选用的是减速比偏小的齿轮减速箱,则可采用如下途径来改善推进系统的经济性。

(1) 使主机运行于比额定负荷曲线 $1a$ 稍高的负荷曲线 $6d$ 上,则机、桨工作平衡点由 b 移至 d,这样使主机输出的功率十分接近额定功率。当然这将使主机二次大修的间隔时间稍稍缩短。

(2) 按选用的小减速比齿轮减速箱重新进行机、桨匹配设计。这样将使机、桨工作于额定功率点 a,装置的功率得到充分利用。但螺旋桨的设计转速相对升高了,将使其效率有所降低,推进系统的经济性也有所影响。

在选定了齿轮减速箱减速比 i 后,柴油机的功率通过齿轮减速箱传递给螺旋桨。根据能量守恒原则,如忽略功率传递过程中的传动损失,则

$$P_D = P_d$$
$$n_P = n_D/i$$
$$M_P = i \cdot M_D$$

式中:P_D、n_D 分别为柴油机的功率,转速;i 为减速比;M_D、M_P 分别为柴油机、螺旋桨的转矩。

如果直接采用齿轮减速箱的输出量来表达,就不需要考虑减速比 i 的影响了,即

$$P_S = P_d$$
$$M_S = M_P$$
$$n_S = n_p$$

式中:P_S、M_S、n_S 分别为轴功率,轴转矩和轴转速。

这样,可将柴油机和齿轮减速箱看成一个整体,变成类似一个单机直接传动推进系统,其工况配合特性分析的方法和结论也就不言而喻了。

2. 双速比齿轮减速传动的配合特性

设计工况的最优选择并未解决非设计工况配合特性存在的问题,只是把设计工况选得合理一些。对于两种工况差别十分明显的船舶,如推、拖船常出现满去空返的负荷不平衡现象,如果按满负荷设计螺旋桨,则空返时航速跑不起来,功率又未能充分利用;反之,如果按空返负荷设计螺旋桨,则出现满去时推力不足而功率未被充分利用的矛盾。前面讨论过的推进方式无法解决这个问题,如采用双速齿轮减速箱传动,则可较好地缓解这一矛盾。

双速齿轮减速箱传动是指所用的齿轮减速箱具有两挡不同减速比 i_1、i_2,即在输入转速(n_{eH})一定时,可获得两种不同的螺旋桨转速(n_{p1} 和 n_{p2})。

图 6-2-4 所示为双速比齿轮减速传动的配合特性。以推船为例,设其螺旋桨是按满载推船船队负荷设计的,满载时的推进特性线为图中曲线Ⅰ;在空返时船队总阻力因卸货后大大减小,故其推进曲线较平缓,为图中的曲线Ⅱ。线 1 和线 2 为螺旋桨的等转速特性线,$n_{p1}=n_{eH}/i_1$,$n_{p2}=n_{eH}/i_2$,并且 $i_2<i_1$,$n_{p2}>n_{p1}$。

曲线Ⅰ与线 2 的交点 A 为船、机、桨和齿轮减速箱在设计工况时的工作点,其相应船速为 V_{SA},主机输出功率为 P_{eH}。空返时,如果减速比依然为 i_1,则推进曲线Ⅱ与曲线 2 的交点 B 为平衡工作点。尽管在平衡点 B 处船的航速提高至 V_{SB}(因船舶阻力的减小关系),但因受主机极限转速的限制,转速不可能再增加,而主机输出的扭矩反而减小,出现未能发挥出来的剩余功率 ΔP。此时如将减速比换至 i_2 挡,在主机输出转速不变的情况下,桨的转速将提高到 n_{p2},则可将 ΔP 发挥出来,并可使船速由 V_{SB} 升至 V_{SC},从而获得较好的经济效益。

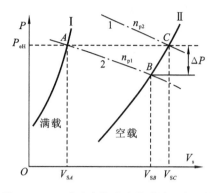
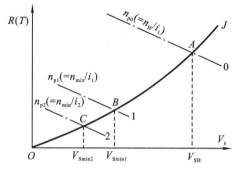

图 6-2-4　双速比齿轮减速传动的配合特性　　图 6-2-5　双速比传动实现微速航行的配合特性

双速比齿轮减速传动推进系统还可有效满足船舶微速航行的航速要求。图 6-2-5 所示为双速比传动实现微速航行的配合特性。

如图 6-2-5 所示，曲线 OA 为船舶阻力（或桨推力）曲线，当船舶负荷不变时，则 J 不变，线 0、1、2 为螺旋桨等转速线，A 点为设计工作点，此时桨转速为 n_{p0}，对应的为设计航速 V_{SH}。当船舶需要低速航行时，如果减速比 i_1 不变，则受主机最低稳定转速 n_{min} 的限制，船、机、桨共同工作点为 B 点，此时桨转速为 n_{p1}，对应的最低稳定航速只能是 V_{Smin1}。而当某些船舶如航测船需要微速航行时，如果采用双速比齿轮减速传动推进系统，并且有 $i_2 > i_1$，在主机最低稳定转速不变的情况下，则 $n_{p2} < n_{p1}$，此时船、机、桨共同工作点转至 C 点，对应的稳定航速为 V_{Smin2}，显然，$V_{Smin2} < V_{Smin1}$。

由上述可知，比值 i_1/i_2 越小，V_{Smin2} 就越小。采用双速比齿轮减速传动推进系统扩大了船舶稳定航速的范围。

6.2.3　单机经液力耦合器传动

由第 4 章介绍的液力耦合器的结构与工作原理可知，液力耦合器泵轮扭矩等于涡轮扭矩；泵轮与涡轮之间有转速差，即有滑差，耦合器内存在功率损失；耦合器的传动效率等于其涡轮与泵轮之间的转速比，所以，不同转速比的扭矩转速特性就是不同传动效率的扭矩转速特性。因此，研究经液力耦合器传动的推进系统配合特性时，必须将船机桨与耦合器的特性一并来考虑，将各自的特性线统一于同一坐标系内。

图 6-2-6 所示为经液力耦合器传动的工况配合特性。图中纵坐标是扭矩与额定扭矩的相对值，即 $\underline{M}_B = M_B/M_H$。横坐标表示涡轮的相对转速，即涡轮转速与主机额定转速的比值，$\underline{n}_T = n_T/n_H$。$\underline{n}_B$ 表示泵轮的相对转速，即泵轮转速（或主机实际转速）与主机额定转速的比值，$\underline{n}_B = n_B/n_H$；显然，耦合器的转速比或效率等于涡轮的相对转速与泵轮的相对转速之比，即 $i = \eta = \underline{n}_T/\underline{n}_B = n_T/n_B$。$\underline{n}_{BH} \sim \underline{n}_{B5}$ 对应的曲线为在泵轮的相对转速不变时的耦合器扭矩-转速特性线。M_H、M_1、M_2 分别表示主机额定负荷、超额负荷和部分负荷时对应的等转矩线。线 OA、OB、OC 和 OF 分别为设计工况、轻载工况、重载工况和系泊工况（即不同 J）时的推进特性曲线。点 A、B、C 和 F 是设计工况、轻载工况、重载工况和系泊工况时船机桨与耦合器的共同工作点。

由图 6-2-6 可知，当船舶在设计负荷下全速航行时，推进系统工作平衡于 A 点。此时主机在额定负荷，额定转速下运行，发出额定功率，而耦合器带桨在设计条件下运转，推进系统的工作处于最佳状态，具有最好的性能。如果船舶在此负荷下要求降速航行，如降至 E 点对应的航速，则螺旋桨沿着 OA 曲线降低转速至 E 点，船机桨与耦合器在新的平衡点 E 上工作。此

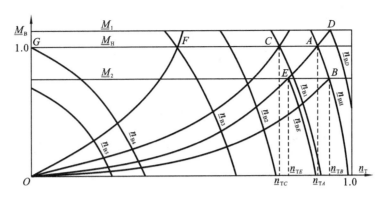

图 6-2-6 经液力耦合器传动的工况配合特性

时,螺旋桨仍在设计条件下运转,保持最佳性能;但主机被迫移至部分负荷特性线 M_2 上工作,功率未能充分利用,效率下降;而耦合器的扭矩-转速特性线由 n_{BH} 对应的曲线移至 n_{BE} 对应的曲线,泵轮的转速与主机输出转速相同,但涡轮的相对转速由 n_{TA} 变为 n_{TE}。若进一步降低航速,将受主机最低稳定转速和最低负荷的限制。如果船舶在此负荷下要求增速航行,则受主机超额负荷的限制,最高航速为 D 点对应的航速,此时泵轮的相对扭矩为 M_1,其值为 1.10,泵轮的相对转速为 n_{BD},其值为 1.03。并且,连续航行时间不得超过 1 h。

当船舶在轻载工况下航行时,受主机额定转速的限制,船机桨与耦合器只能工作于 B 点。此时泵轮的相对转速为 $n_{BH}=1$,耦合器的扭矩—转速特性线为 n_{BH} 对应的曲线,涡轮的相对转速为 n_{TB}。而主机由于负荷偏低,功率未能充分利用,效率下降;桨的工作曲线偏离了设计工况,效率降低,推进系统的经济性能下降。

当船舶在重载工况下航行时,受主机额定扭矩的限制,船机桨与耦合器只能工作于 C 点。此时泵轮的相对转速为 n_{B1},耦合器的扭矩-转速特性线为 n_{B1} 对应的曲线,涡轮的相对转速为 n_{TC}。而主机由于转速偏低,功率未能充分利用,效率下降;桨的工作曲线偏离了设计工况,效率降低,推进系统的经济性能下降。

图中点 F 为船、机、桨与耦合器在系泊状态下的共同工作点,此时泵轮的相对转速为 n_{B3},其值约为 0.64。船舶在系泊试验时,桨的负荷很重,故要限制主机的转速。

图中点 G 为桨被卡住时,船、机、桨与耦合器的共同工作点,此时泵轮的相对转速为 n_{B4},其值较小,涡轮的相对转速为零。由此可见,采用液力耦合器传动的推进系统,当桨被卡住不能转动时,主机仍然能以一定的转速运行,并能使桨保持额定扭矩工作。这个特性对破冰船和挖泥船十分有意义。

6.2.4 单机带调距桨传动

任何船舶都要在一定的航速范围内以及多种工况条件下航行。尽管在设计的工况和航速下,推进系统具有最高的效率和良好的性能,但是,对一套优良的推进系统来说,能否有效地适应各种工况的要求,是衡量其性能优劣的一个重要标志。在前面讨论过的几种定距桨推进形式的工况配合特性中,有一个共性的问题,就是在船舶阻力特性偏离设计工况后,机、桨都不能很好地适应这种工况的变化;离开了设计条件,桨的负荷不是轻了就是重了,主机的功率不能充分利用,效率降低,推进系统的经济性受到影响,究其原因是机、桨之间工作不匹配。虽然双速齿轮减速箱传动的推进系统对两种工况十分明显的船舶可较好地缓解这一矛盾,但船舶阻力特性的变化,通常是随机的,因此,其适用范围有限。而采用调距桨传动的推进系统,可从根本上解决船舶在非设计工况情况下,机、桨之间的不匹配问题。单机带调距桨传动的组成如表 1-7-1 中的 2 所示,图 6-2-7 所示为调距桨在非设计工况时的配合特性线。

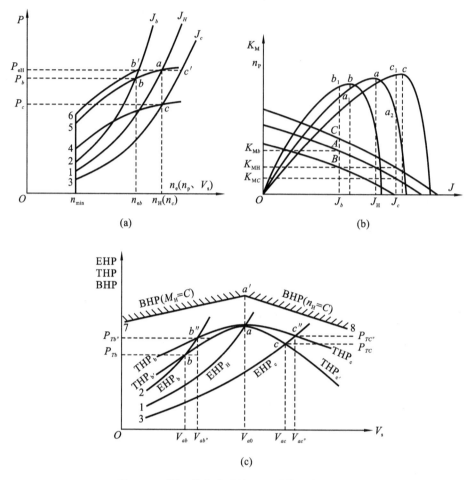

图 6-2-7 调距桨在非设计工况时的配合特性线

1. 重载及拖曳工况配合特性

图 6-2-7(a)所示为机、桨配合工作特性曲线。当船舶由设计工况变为重载或拖曳工况航行时,若螺旋桨的螺距比保持设计值,桨离开设计推进特性线 $1a$,移到重载推进特性线 $2b$,机、桨工作平衡于 b 点。由于受主机额定转矩的限制,桨转速被迫下降,主机的功率不能全部发出。若要主机发出全功率,主机必须增加喷油量,使机、桨工作平衡点移至 b' 点。此时主机处于超负荷状态,其燃烧恶劣,热负荷增大,效率降低,并影响使用寿命。同时,桨处于重载下运转,桨的进速系数由 J_H 降到 J_b,效率降低。究其原因是桨的扭矩系数增大,桨的吸收扭矩超过主机的额定扭矩。

图 6-2-7(b)所示为桨的水动力特性曲线。在重载工况航行时,如果保持进速系数 J_b 不变,将螺旋桨的螺距比适当减小,使桨的转矩系数由 K_{Mb} 减小到 K_{MH},则桨的转速提高至设计值,主机也可发出全功率。桨的扭矩系数曲线则由线 A 移至线 B,其效率曲线由线 a 移至线 b,桨的效率由 a_1 点上升至 b_1 点。

图 6-2-7(c)所示为功率与航速的关系曲线。曲线 ba 是以主机的 $M_H=C$ 为条件推算出的

螺旋桨所能发出的有效推功率,并计入了螺旋桨负荷加重,效率降低的不利影响而绘制的;曲线 $b''a$ 是以主机输出的额定功率 P_{eH} 不变为条件推算出的螺旋桨所能发出的有效推功率,并计入了调小螺距比后,桨效率升高的有利影响而绘制的;直线 $7a'$ 为主机额定负荷下 ($M_H=C$) 的输出功率限制线;曲线 $1a$ 和 $2b$ 分别为船舶在设计载荷和重载时的有效功率-航速曲线。由图 6-2-7 可知,重载工况时,适当减小桨的螺距比,主机即可发出全功率,螺旋桨的效率也提高了,致使桨的推功率曲线由 THP_b 移至 $THP_{b''}$,船、桨工作点由 b 点移至 b'' 点,船舶的航速也从 V_{sb} 上升至 $V_{sb''}$。

由此可见,重载工况时,调距桨适当减小螺距比后,桨转速回到标定值,主机的标定功率又得以全部利用,桨的效率也得到相应提高,机、桨匹配性能得到改善,提高了推进系统的经济性,也提高了船舶重载工况下的航速。

2. 轻载工况配合特性

由图 6-2-7(a) 可知,当船舶由设计工况变为轻载工况航行时,若螺旋桨的螺距比保持设计值,桨离开设计推进特性线 $1a$,移到轻载推进特性线 $3c$,机、桨工作平衡于 c 点。由于受主机额定转速的限制,桨的吸收扭矩被迫减小,主机处于部分功率外特性线 $4c$ 上工作,功率不能全部发出。若要主机发出全功率,主机必须提高转速,使机、桨工作平衡点移至 c' 点。此时主机处于超速运行状态,运动部件工作条件恶劣,磨损加快,机械负荷增大,效率降低,并影响使用寿命。同时,桨处于轻载下运转,桨的进速系数由 J_H 升至 J_c,效率降低。究其原因是桨的扭矩系数减小,桨的吸收扭矩小于主机的额定扭矩。

从图 6-2-7(b) 所示桨的水动力特性曲线可知,在轻载工况航行时,如果保持进速系数 J_b 不变,将螺旋桨的螺距比适当增大,使桨的转矩系数由 K_{Mc} 恢复至 K_{MH},则桨的吸收扭矩提高至设计值,主机也可发出全功率。桨的扭矩系数曲线则由线 A 移至线 C,其效率曲线由线 a 移至线 c,桨的效率由 a_2 点上升至 c_1 点。

在图 6-2-7(c) 所示的功率与航速的关系曲线上,曲线 ac 是以主机的 $n_H=C$ 为条件推算出的螺旋桨所能发出的有效推功率,并计入了螺旋桨负荷减轻,效率降低的不利影响而绘制的;曲线 ac'' 是以主机输出的额定功率 P_{eH} 不变为条件推算出的螺旋桨所能发出的有效推功率,并计入了调大螺距比,桨效率升高的有利影响而绘制的;直线 $8a'$ 为主机额定转速 ($n_H=C$) 下的输出功率限制线;曲线 $3c$ 为船舶在轻载时的有效功率-航速曲线。由图可知,轻载工况时,适当增大桨的螺距比,主机即可发出全功率,而螺旋桨的效率也提高了,致使桨的推功率曲线由 THP_c 移至 $THP_{c''}$,船、桨工作点由 c 点移至 c'' 点,船舶的航速也从 V_{sc} 上升至 $V_{sc''}$。

由此可见,轻载工况时,调距桨适当增大螺距比后,桨的吸收扭矩回到标定值,主机的标定功率又得以全部利用,桨的效率也得到相应提高,机、桨匹配性能得到改善,提高了推进系统的经济性,也提高了船舶轻载工况下的航速。

综上所述,定距桨之所以不能适应船舶工况变化,是由于桨的扭矩系数的变化所致。当扭矩系数变大或变小时,受主机额定扭矩或额定转速的限制,桨不是在低于额定转速下运转,就是在低于额定扭矩下运转,也就是说,桨不是"重载",就是"轻载",都不能吸收主机的额定功率。而调距桨装置通过调节螺距比的大小,可使桨的扭矩系数恢复到设计值,使机、桨性能能达到合理的配合,从而获得推进系统更佳的经济性和更高的航速。

6.3 非单列式推进系统工况配合特性

6.3.1 双机双桨传动

在多机多桨推进系统中,双机双桨传动是最为普遍的一种形式。机动性要求高的内河船舶,几乎全部采用双机双桨传动形式。对于多机多桨推进系统的工况配合特性,如果能将双机双桨推进系统的讨论清楚,则其他形式的多机多桨推进系统就不难理解了。下面以船舶设计负荷不变为前提,以不同航速航行为主线,来讨论双机双桨传动的配合特性。双机双桨传动结构由如表 1-7-1 中 1 形式所示的两列单机单桨传动组成,图 6-3-1 所示为双机双桨传动的工况配合特性线。

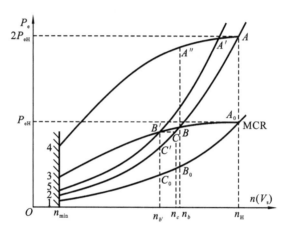

图 6-3-1 双机双桨传动的配合特性线

1. 船舶以设计航速航行

图 6-3-1 中的曲线 $1B_0A_0$ 为单桨在设计负荷下的推进特性线,曲线 $2BA$ 为双桨推进特性线的叠加线,也相当于船舶在设计工况时的有效功率曲线;曲线 $3BA_0$ 为单机的额定功率外部特性线,曲线 $4A'A$ 为双机的额定功率外部特性线的叠加线。当船舶以设计航速航行时,机、桨的工作平衡点为 A_0(额定功率点),主机以额定转速运行,输出额定功率;螺旋桨以设计工况的最佳效率工作,船舶达到设计航速 V_{sH}(即 n_H 对应的航速)。船、机、桨在 A 点实现最佳配合工作状态。由图 6-3-1 可知,船舶要以设计航速航行,必须采用双机双桨同时工作才能实现。

2. 船舶以 $n_b \sim n_H$ 之间对应的航速航行

由图 6-3-1 可知,当船舶要以 $n_b \sim n_H$ 之间对应的航速航行时,船舶保持设计工况的有效功率曲线不变。但由于船舶的有效功率曲线高于单台主机的额定功率外部特性线,即单机单桨工作所能产生的推进功率小于船舶的阻功率,所以,也必须采用双机双桨同时工作才能实现相应的航速。此时,螺旋桨的推进特性线未变,依然以设计工况的最佳效率工作,但主机工作于部分功率外部特性线上,功率发不足,效率降低,推进系统的经济性受到不利影响。

3. 船舶以 $n_{min} \sim n_b$ 之间对应的航速航行

由图 6-3-1 可知,在小于 n_b 对应的航速航行时,单机的功率已超过了船舶的有效功率,这时可以考虑用单机工作来实现。不过不工作的螺旋桨将被拖着航行而产生附加阻力,即拖桨阻力,以及单桨工作时所产生的回转力矩而附加的偏舵阻力的影响,使得船舶的有效功率曲线产生向左的偏移,即由设计负荷时的有效功率曲线 $2BA$ 偏移至曲线 $5B'A'$。因此单机单桨工作时,曲线 $5B'A'$ 成为螺旋桨新的推进特性线,工作的桨除了克服船舶原有的阻力外,还要承担附加的负荷,因此新的推进特性线 $5B'A'$ 较设计工况时的推进特性线 $1B_0A_0$ 要陡得多。

如图 6-3-1 所示,单机单桨工作所能达到的最高航速实际为 $n_{b'}$ 点对应的航速,此时船、机、桨的工作平衡点为 B' 点,工作的机虽然保持额定喷油量,但转速较低,功率发不足;而工作的桨偏离设计工况,处于重载工况,效率降低了。如果采用双机双桨同时工作来实现这一最高航速,那么,船、机、桨的工作平衡点为 C' 点,消耗的功率小于 B' 点对应的功率;如果保持主机在 B' 点的输出功率不变,那么,船、机、桨的工作平衡点为 C 点,船舶所能达到的航速高于 B' 点对应的航速,这是不难理解的。

由图 6-3-1 还可知,船舶在整个航速范围内($n_{min} \sim n_H$ 对应的航速)的航行,均可采用双机双桨同时工作来实现,但随着航速的降低,主机的负荷越来越低,太低的负荷会造成很多不良的后果,其性能也随之下降,甚至出现不能稳定工作的情况,同时有较大的剩余功率范围。与之相反,船舶在较低航速下航行,采用单机单桨推进,虽然桨处于重载工况,但主机的负荷接近额定值,工作比较稳定,性能也有所改善。这一点对于以很低航速航行的船舶是非常有意义的。假定船舶航速降低到 40% 的设计航速,若仍然用双机双桨推进,则每台机的功率约为

$$P_e = \left(\frac{V_s}{V_{sH}}\right)^3 \cdot P_{eH} = (0.4)^3 \cdot P_{eH} = 6.4\% P_{eH}$$

驱动这样低的负荷对柴油机是非常不利的。对于那些采用单机定距桨推进系统的船舶,要求船舶以很低的航速航行,只能用频繁地启动和制动柴油机的方法来实现,这使船舶依靠惯性滑行,这就降低了船舶低速时的操纵性。若该船是 m 台机驱动 m 只螺旋桨,则在相同航速($V_s = 0.4V_{sH}$)下用单机单桨推进,工作机的功率为

$$P_e > m \cdot P_{eH} \cdot 6.4\%$$

假设 $m=4$,则

$$P_e > 25.6\% P_{eH}$$

由此可见,这是多机多桨推进系统的优点。

但是也必须指出,现代高增压柴油机,由于其极限功率线受许多因素的限制,在转速低于其额定转速的一定程度后,随着转速的进一步下降必须相应地减小喷油量,以避免柴油机热负荷过高。这就是说,这类柴油机实际上是不能沿着它的等额定扭矩外特性曲线无限制地工作的。如图 6-3-1 所示 B 点的柴油机转速为

$$n_b \approx 70.7\% n_H$$

这类柴油机在此转速点是不能以额定负荷长时间工作的,只有当航速进一步降低,主机的喷油量减小至一定程度时,才能从双机切换到单机工作。

6.3.2 双机并车传动

多台主机通过并车齿轮传动装置经一根轴驱动一只螺旋桨是常见的推进系统。其好处是:①获得大功率的单轴输出;②舰船低速航行时,采用部分机带桨工作满足巡航的需要,多台机轮换工作,轮换检修,可延长使用寿命;③充分利用中速机的优点和特点,求得全船的最优性能;④当一台主机发生故障时,可依靠其他主机维持一定的推进能力,可增强系统的生命力。但是,采用多机并车时,对调速系统的要求高,以求得各机负荷均匀。

在多机并车推进系统中,双机并车传动既是最基本、又是应用最广泛的一种形式,其组成如表 1-7-1 中的 4 形式所示。下面以双柴油机(同机)经线性齿轮传动装置并车的形式(CODAD)为例,讨论并车推进系统的工况配合特性。

在上述形式中,根据船、机、桨的稳定工作条件(暂不考虑传动过程中的能量损失),对船、桨来说,有

$$V_A = (1-\omega)V_s, \quad T_d = R_s, \quad P_d = P_e$$

对机桨来说,有

$$n_p = n_e/i, \quad M_p = 2M_e \cdot i, \quad P_d = 2P_e$$

式中:诸符号含义同前。以上特性方程式用曲线表示则如图 6-3-2 所示的双机并车传动的配合特性线。

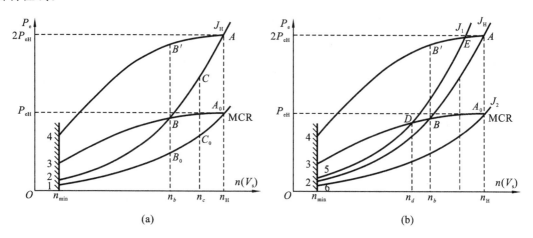

图 6-3-2 双机并车传动的配合特性线

1. 设计工况下的配合特性

如图 6-3-2(a)所示,曲线 $1B_0A_0$ 为双机同时工作时,假想的单台柴油机的推进特性线;曲线 $2BA$ 为两台柴油机推进特性线的合成,它既是螺旋桨在设计载荷下的推进特性线,也是船舶在设计载荷下的有效功率曲线,对应的进速系数为 J_H;曲线 $3BA_0$ 为单机的额定功率外部特性线;曲线 $4B'A$ 为双机的额定功率外部特性线的叠加线。

当船舶在设计载荷下以设计航速度航行时,船、机、桨的工作平衡点为 A 点,每台主机的工作点为 A_0 点(额定功率点),主机以额定转速运行,输出额定功率;螺旋桨以设计工况的最佳效率工作,船舶达到设计航速 V_{sH}(即 n_H 对应的航速)。船、机、桨在 A 点实现最佳配合工作状态,推进系统取得最佳性能。由图 6-3-2 可知,船舶要以设计航速航行,必须采用双机同时带桨工作才能实现。

如果要求船舶以高于设计航速航行时,情况与单机单桨推进系统相似,将受到主机超负荷能力的限制,且不允许长时间工作。如果要求船舶以低于设计航速航行时,如以 n_c 对应的航速航行,则船、机、桨的共同工作点为 C 点;桨以设计工况的最佳效率工作;而主机根据机、桨稳定工作条件,单台主机只能运转于 C_0 点,处于部分功率外部特性线上,功率发不足,效率降低,推进系统的经济性受到不利影响。

当要求船舶以 n_b 或低于 n_b 对应的航速航行时,以 n_b 点为例,船、机、桨的共同工作点为 B 点;桨依然以设计工况的最佳效率工作;而机的工作方式有两种形式:如果双机同时工作,则每台机运转于 B_0 点,处于部分功率外部特性线上,负荷较低,功率发不足,效率降低,性能下降;

如果用单机带桨工作,则主机运转于 B 点,此时主机的负荷增加了一倍,接近额定功率,改善了主机的工作性能。

根据以上分析,对于双机并车推进系统来说,当船舶航速较低时,一旦单机功率能满足桨功率的要求,就可以改用单机带桨工作,这样能改善和提高推进系统的经济性能。

2. 非设计工况下的配合特性

图 6-3-2(b)所示为船舶在非设计负荷的重载和轻载工况下航行时的配合特性曲线。

图中曲线 $5DE$ 为重载工况下螺旋桨的推进特性线,既是双机同时工作时的两机推进特性线的合成,也是船舶在重载工况下的有效功率曲线,对应的进速系数为 J_1;曲线 $6A_0$ 为轻载工况下螺旋桨的推进特性线,既是双机同时工作时的两机推进特性线的合成,也是船舶在轻载工况下的有效功率曲线,对应的进速系数为 J_2;其余曲线含义与图 6-3-2(a)所示的一致。

船舶在重载工况下航行时,如果航速高于 n_d 对应的航速,则必须用两台主机同时带桨工作才能达到;如果航速等于或小于 n_d 对应的航速,则用单台机带桨工作也能达到,且主机在接近额定负荷状况下运转,有助于改善推进系统的经济性。

如果船舶处于轻载,并且对应的有效功率曲线为 $6A_0$ 或在其之下,则在整个航速范围内,单台主机带桨工作都能达到,与双机带桨工作相比,既提高了主机的效率,又较充分利用了主机的功率。如果对应的有效功率曲线在 $6A_0$ 线之上,是采用单机还是双机带桨工作,应视具体情况而定。

这里要特别指出的是:①船舶无论是在重载工况下航行还是在轻载工况下航行,由于螺旋桨的工作曲线均偏离了设计工况,其效率均下降了,并导致推进系统的经济性降低;②图中的曲线 $1B_0A_0$ 和曲线 $6A_0$ 虽然都通过额定功率点,而且曲线形状也相像,但它们的含义是完全不同的,读者不妨用学过的知识予以解答。

6.3.3 单机分车传动

船舶采用单机分车传动推进系统的依据是:①航行于浅水区域的船舶,螺旋桨直径往往受到限制,若要求的推进功率大,只靠增加螺旋桨的转速和螺距来提高桨的吸收功率,势必造成推进效率的严重下降;②有资料显示,对同一功率下的单、双桨性能对比后指出,双桨与单桨效率之比接近 $\sqrt{2}$;系柱推力与其桨径的关系为,当双桨桨径大于单桨的 70% 时,则双桨的总推力即可大于单桨推力;③从螺旋桨的 B_p-δ 设计图谱可看出:在其他条件相同的情况下,将同样的功率平均分配给双桨时,其 B_p 将左移,使桨的效率得到提高;④小型船舶的机舱布置双机较困难的情况下,采用一机双桨传动往往可有效地解决问题,其组成如表 1-7-1 中的 6 形式所示。

图 6-3-3 所示为一机双桨传动的配合特性线。

如图 6-3-3 所示,曲线 $1A_0$ 为设计工况下单桨的推进特性线;曲线 $2A$ 为双桨推进特性线的合成;曲线 $3A_0$ 和曲线 $4A$ 为柴油机部分功率外特性线和额定功率外特性线。A 点为设计工况下的船、机、桨配合工作平衡点,此时有

$$P_{eH} = P_{d1} + P_{d2}$$

式中:P_{d1}、P_{d2} 分别为两个桨在设计工况下的吸收功率。这种传动装置如果在两根轴系上均采用离合齿轮减速箱,那么,它既可用双桨工作,也可用单桨

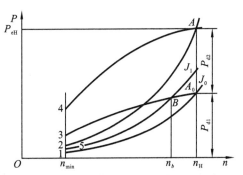

图 6-3-3 一机双桨传动的配合特性线

工作。

如果用单桨工作,考虑被拖桨带来的功率损耗和因单桨工作时所产生的回转力矩而增加的偏舵阻力的影响,桨实际推进曲线将变陡,如图 6-3-3 的曲线 $5B$ 所示。此时螺旋桨离开了设计工况的工作条件,其负荷加重,效率降低。虽然主机在整个航速范围内均可满足桨的功率需要,但始终在部分特性线上工作,负荷偏离额定工况较远,耗油率较高。例如,主机若工作在图 6-3-3 所示曲线 $3A_0$ 上,则机、桨配合工作于 B 点,由图可知,B 点的转速 n_b 将小于 n_H,J_1 小于 J_0,船舶航速较低。故非必要时,一般不用这种推进方式。

6.3.4 轴带负荷传动

轴带负荷传动是指主机的功率除了用于驱动螺旋桨之外,还通过齿轮减速箱的功率分支轴或传动轴带动其他负荷(如发电机、空气压缩机、泵类等)的传动形式。采用这种传动形式可获得明显的经济效益,以轴带发电机装置为例,有如下主要优点。

(1) 降低油料费 由于发电机的驱动力来自主机,而通常主机能燃用劣质廉价的燃料,并且耗油率远低于柴油发电机组的耗油率,这可节省燃、滑油耗量,使燃、滑油费降低。

(2) 维修费用低 轴带发电机装置简单、可靠,维修工作量小,减少一台发电柴油机,就减少了维修保养费和设备费,可使航行时的机舱操作简化。

(3) 使航行时机舱的噪声和温度降低。

(4) 一般来说,可使机舱的尺寸缩小。

轴带发电机装置必须解决频率随主机转速的变化而变化的问题。通常采用调频装置或调距桨装置来解决,但要对初投资的增加进行评估。轴带发电机装置多用于总功率不大,特别是以中速柴油机为主机的船舶上。

从能量平衡的角度分析,轴带负荷时,主机是利用其剩余功率来驱动轴带负荷的,即主机输出功率必须大于或等于螺旋桨和轴带负荷的功率之和。

当机、桨处于正常匹配情况时,主机尚能轴带负荷的功率(剩余功率 ΔP)计算式为

$$\Delta P = P_e - P_d = P_{eH}\left(\frac{n}{n_H}\right) - P_{eH}\left(\frac{n}{n_H}\right)^3$$

由上式可知,剩余功率是转速的函数。图 6-3-4 所示的曲线 $\Delta P = f(n)$ 表示了剩余功率的分布规律,它有一个极大值,可采用求极值的方法求出最大剩余功率及此时的转速,即

$$\Delta P' = \left[P_{eH}\left(\frac{n}{n_H}\right) - P_{eH}\left(\frac{n}{n_H}\right)^3\right]' = 0$$

$$P_{eH} - 3P_{eH}\left(\frac{n}{n_H}\right)^2 = 0, \quad 3\left(\frac{n}{n_H}\right)^2 = 1$$

所以 $\dfrac{n}{n_H} = \sqrt{\dfrac{1}{3}}$,即

$$n = 0.577 n_H$$

最大剩余功率为

$$\Delta P_{max} = 0.577 P_{eH} - 0.577^3 P_{eH} = 0.385 P_{eH}$$

由图 6-3-4 可知,主机剩余功率有一定的范围,分布也不均匀,而轴带负荷通常有自己的工作特性曲线。如图 6-3-4 所示的曲线 $P_F = f(n)$ 为某一轴带负荷的工作曲线,只有当转速等于或低于 n_1 时,剩余功率才能满足轴带负荷对驱动功率的要求。因此,轴带负荷式推进系统需解决主机功率和设计负荷点的选配问题,通常可根据轴带负荷的特点及配合特性采用以下选配

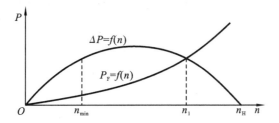

图 6-3-4 主机剩余功率与轴带负荷特性

方案。

(1) 对于随船舶全速航行连续不间断工作且总功率占主机功率的较大份额的轴带负荷,在选主机时必须考虑它们的作用。如机、桨以额定转速 n_H 进行匹配设计,则在此转速下主机的供给功率等于或大于桨和轴带负荷所需的功率之和。图 6-3-5(a)所示即为这种情况下的配合特性线。

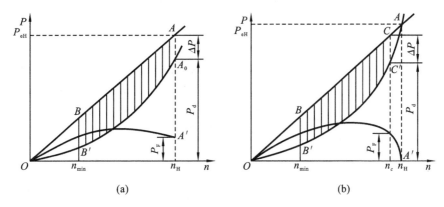

图 6-3-5 轴带负荷工况配合特性线

图中的 OA 线为主机额定外特性线;OA_0 为桨的推进特性线;OA' 为轴带负荷特性线;n_{min} 为主机的最低转速。在配合点 A 处的配合特性为

$$P_{eH} = P_d + P_F, \quad \Delta P = P_F$$

式中:P_{eH} 为主机标定供给功率;P_d 为标定转速下桨所吸收的功率;P_F 为 n_H 时轴带负荷所需的功率。

图中影线部分(面积为 $AA_0B'B$)为 $n_{min} \sim n_H$ 之间主机相对螺旋桨的剩余功率。

按这种方案设计时,在常用转速范围内,均可以带轴带负荷。对于运输船舶来说,它的 P_F 比主机的负荷要小得多,且受转速变化的影响小。在 $n < n_H$ 时主机轴带负荷后,仍有剩余功率,在此情况下仍须减小主机的喷油量来降低主机的负荷。

(2) 对于随船舶全速航行时非连续工作或总功率占主机功率的较小份额的轴带负荷,则在选主机时不必考虑它们的影响。如机、桨以额定转速 n_H 进行匹配设计,则在此转速下主机的供给功率等于螺旋桨的吸收功率。图 6-3-5(b)所示的即为这种情况下的配合特性线。

图中曲线 OA' 为此时的轴带负荷特性线;在配合点 A 处的配合特性为

$$P_{eH} = P_d$$

这种设计方案适用于某些运输船舶,它们常常在抢点时才开标定航速,平常航行时多使用较低航速(称常用航速)。在此航速的相应转速下,主机已有剩余功率可供轴带负荷所需的功率,如

图 6-3-5(b)所示。图中的 n_c 即为常用转速；ΔP 为 n_c 时的主机的剩余功率，在配合点 C 处的配合特性为

$$\Delta P \geqslant P_F$$

配合点按这种方案进行设计，主机的剩余功率利用较好，但在标定航速运行时，主机就不能轴带负荷了，这时就需要采用其他措施。

6.4 过渡工况配合特性

船舶除长期航行于稳定工况外，还经常航行于不稳定工况，即过渡工况，如船舶起航、加速至全速的过程；船舶航行时发现前方有障碍物时迅速减速或紧急转弯的过程；船舶进、出港口遇到紧迫情况时迅速制动和倒航过程等都属于过渡工况。推进系统处于过渡工况工作时，工作条件极为恶劣，常常在最高负荷下工作，甚至处于超负荷状态，以致使系统的工作遭到破坏。所以，了解过渡工况的配合特性，无论是对设计工作者还是操作人员，都十分重要。

6.4.1 起航与加速工况

图 6-4-1 所示为起航工况的配合特性线。船在起航过程中，从静止状态开始运动，由于船

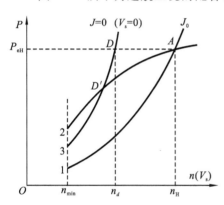

图 6-4-1 起航工况的配合特性线

初始惯性的作用，犹如系泊状态，即螺旋桨已开始转动，而船速等于零，桨的推进特性线如图 6-4-1 所示的曲线 3D，其走向相当陡。图中曲线 1A 为螺旋桨在设计状态的推进特性线，曲线 2A 为主机额定功率外特性线。船舶开始起航时，机、桨配合工作点为 D' 点，虽然该点的功率和转速比设计工况点 A 要小很多，但其扭矩已达到额定值，并且处于 1A 线左侧的短时工作区域。如果此时迅速增大喷油量，机、桨配合工作点就会快速移至 D 点，使主机超负荷，所以，操作人员应特别注意。

船舶在航行的加速过程中，螺旋桨所发出的有效推力，除用来克服船舶在该航速下的阻力外，还有一部分用于在船舶加速时克服自身的惯性力，即

$$T_e = R + (m + \Delta m)\mathrm{d}V/\mathrm{d}t$$

式中：T_e 为桨的有效推力；R 为船舶的阻力；m 为船的质量；Δm 为船的附水质量；V 为船体与水的相对速度。

上式表明，与稳定工况航行相比，船舶加速航行时主机要供给更大的功率，这一特点也可从图 6-4-2 所示的船舶加、减速工况的配合特性线的变化看出。

图中 J 对应的曲线为螺旋桨在某一稳定工况时的推进特性曲线。欲使船舶加速，就必须增加螺旋桨的推力，即增加主机的输出功率（主机开大油门）。假定以主机外特性曲线 1 上的 a 点为起始点，在主机供油量增加后，主机的特性线就从线 1 变为线 2，主机与桨的转速 n 也相应提高。而在此瞬间，船速却因其惯性作用尚未增加，致使 J 值减小，推进曲线变陡（如 J_1 对应的曲线），配合点由 a 点暂时变为 a_1 点。由图可见，在 a_1 点时主机功率供大于求，导致工作点沿线 2 到达 b 点才稳定下来，这样桨的推力增加，船舶达到 n_b 对应的航速，实现了加速的目的。可见，加速过程中，柴油机工作点的变化不是直接由 $a \rightarrow b$，而是沿 $a \rightarrow a_1 \rightarrow b$ 变化的。

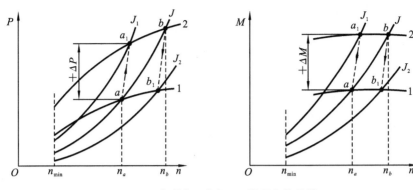

图 6-4-2　船舶加、减速工况的配合特性线

减速情况则反过来,假定以主机外特性曲线 2 上的 b 点为起始点,在主机减小喷油量后,主机的外特性线就会从 2 变为 1,这时主机与桨的转速 n 就会下降,而在此瞬间,船速却因其惯性作用尚未改变,致使 J 值增大,推进曲线变平(如 J_2 对应的曲线),配合点由 b 点暂时变为 b_1 点。由图可见,在 b_1 点时主机功率供小于求,导致工作点沿线 1 到达 a 点才稳定下来,这样桨的推力减小,船舶达到 n_a 对应的航速,实现了减速的目的。同样,减速过程中,柴油机工作点的变化不是直接由 $b \to a$,而是沿 $b \to b_1 \to a$ 变化的。

如果把加速过程或减速过程分为许多小段进行,即把原先一次性的喷油量分为多个分量进行,则每小段就成为一个小加速过程。阶段分得越细,过程的工作点的变化路线就越接近于 $a \to b$(或 $b \to a$)线。

船舶起航时,航速从零逐渐增加到全航速,这是一个相当长的加速过程。实际操作中,应把喷油量分段不断提高,使发动机的负荷随航速一起增加,这样对柴油机的运转有好处。

实践证明,迅速起航和急剧加速,都将导致发动机的机械负荷和热负荷过重过高,加剧运动部件的磨损和影响其使用寿命。除紧急情况外,不宜采用这种做法,特别当柴油机的温度还很低,尚未达到正常运转速度时,更不宜采用。

6.4.2　紧急转弯工况

船舶转弯是靠舵装置来实现的。转弯、特别是急转弯时,主机的负荷将增加,尤其是内机(船舶转弯内侧的主机)将剧烈增加。这里以一实船的转向试验结果来说明这种现象。

图 6-4-3 所示为某双机双桨船作转弯试验时内、外桨负荷变化的情况。当船转弯前以 14 kn 的航速航行时,单台主机的功率约为 2 000 kW,以舵角 35°向左转弯,经过 4′30″之后,航向转了 180°,在此期间,内桨(机)的负荷始终上升,内主机的功率增加到 3 132 kW,比原功率增大了 57%;外桨(机)的负荷初始时下降,接着就升高,最后达到 2 162 kW,比原功率增大了 8.1%。可见船舶转弯时,两桨的负荷都增大,使两机的功率都超过直航时的值。而且内桨负荷远大于外桨负荷的增加。实验表明,随着航速与舵角

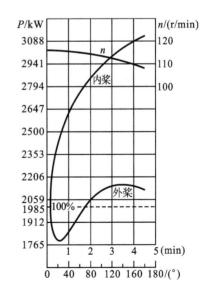

图 6-4-3　船舶转弯时内、外桨负荷变化实例

的加大，桨的负荷将增加更大。当船的回转速度一定时，其阻力的增加量与回转半径成反比变化。由于船舶阻力增加，螺旋桨的阻力矩加大，负荷变重，使船的航速显著下降。船舶转弯时，螺旋桨处于斜水流中，也增加了桨的阻力矩。内桨与外桨相比，流入内桨的水流速度低于外桨，且内桨处于迎水舵面的高压区，水流速度较低，所以，内桨负荷远大于外桨负荷的增加。总之，螺旋桨负荷增加的程度随船速的高低和舵角的大小而变，若以高航速、大舵角转弯，螺旋桨负荷将急剧增加，致使主机超负荷，甚至破坏主机的工作。通常情况下，高速转弯是受限制的。若要高速转弯，则要限制主机的喷油量，特别是内机，以防主机超负荷。

6.4.3 倒车工况

船舶在进出繁忙的港口、离靠码头、遇到恶劣的气候以及障碍物等情况时，要进行频繁的倒车操纵，迫使船舶制动或倒航。这一操纵过程，从推进系统的运动状态来看，可分为三个阶段：即机桨转速由高降低至零；转向由正转变为反转；反转后转速由低升高，使船舶由前进改为后退。下面结合如图6-4-4所示的倒车工况桨的特性曲线，来了解该过程中的机、桨转矩随转速变化的特性。

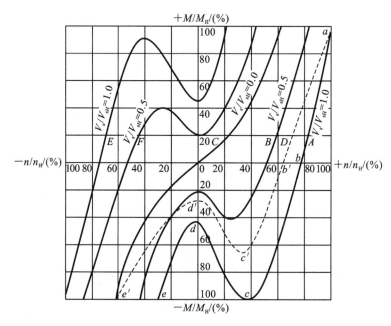

图 6-4-4 倒车工况桨的特性线

图中纵、横坐标分别为螺旋桨的转矩和转速的百分数。曲线 A、B、C 分别为某船舶在全速、半速和系泊情况下根据船模试验测出的螺旋桨倒车特性曲线。

首先分析船舶全速航行时，机、桨从正车改为倒车的运转情况。图中 a 点为机、桨原配合工作点，此时机、桨均在额定状态下工作。当接到倒车指令后，首先停止向主机供油，在螺旋桨阻力矩的作用下，机桨转速迅速地由 a 点降到 b 点。在 b 点时，桨的转矩为零，推力为负值，故开始阻止船舶前进。a—b 段为机桨倒车过程中的第一阶段。

在 b 点以后，由于船舶仍在全速前进，螺旋桨被水冲击产生负转矩，像水轮机一样带动主机和传动系统仍以正车方向旋转。此负转矩被各运动部件摩擦阻力所消耗，使转速迅速下降。随着转速降低到 $0.3 \sim 0.4 n_H$ 时，负转矩达到最大值（c 点），c 点为临界点。过 c 点转速再降低时,负转矩开始减小。当负转矩下降到 d 点与柴油机各运动部件摩擦阻力矩相平衡时,螺旋桨就停转。$b—c—d$ 段为机桨倒车过程中的第二阶段。在 d 点之后,若启动主机开始倒车,只有在启动力矩大于螺旋桨的负转矩(d 点)之后,主机才能带动螺旋桨反转,桨产生的负推力对船舶起制动作用,当转速升高至 e 点时,主机扭矩达到额定值,$d—e$ 段为机桨倒车过程中的第三阶段。然而,由图 6-4-4 可知,全速倒车时的特性曲线 A 上之 e 点表明,在倒车转速为 $-(0.3 \sim 0.4)n_H$ 时,桨所吸收的转矩就达到额定值($-M_H$),要求柴油机在这样低的转速范围内发出额定转矩是困难的。实际上船舶在实行倒车操作时,随着主机转速的下降,航速已经减慢,已按图中的曲线 D 工作。尽管如此,按额定转速作全速倒车也是不允许的,因为无论是将 $d—e$ 或 $d'—e'$ 线延长至额定转速线上时,所要求的转矩将相当于额定转矩的 3~4 倍,所以,倒车转速必须限制在 $(70\% \sim 80\%)n_H$ 以内。如果按曲线 B 或曲线 C 实行倒车,情况则较为缓和。特别是船舶在系泊的情况(曲线 C)下,机、桨倒车,无第二阶段,桨无水轮机工作过程,因此不会出现负转矩。

图 6-4-4 中曲线 C 的左上方所示的转矩变化曲线 E 和 F,是船以全速和半速后退时,螺旋桨作正转情况下的转矩变化曲线,它们与前进时桨作反转的情况相似。

通过以上分析可知,从牵曳性能来讲,倒车是推进系统最沉重的工况。一方面,因为船舶前进过程中,螺旋桨要反转,系统就必须施加很大的制动力矩,加之螺旋桨遭受急速水流的冲击力,使系统受到强大的动载荷的作用,各部件极易破坏;另一方面,此时机、桨转速较低,主机容易超负荷。所以,倒车工况时,应对航速、制动力矩、倒车时间以及主机的喷油量和转速予以限制。

第7章 船舶辅助供能装置

7.1 船舶供电装置

船舶供电装置是辅助供能装置的一种,又称为船舶电站。它是发电设备的总称,包括发动机、发电机及配电设备等。船舶电站所产生的电能,主要分配给如下用电设备。

(1) 动力用电设备 如舵机、锚机、绞缆机、起货机、油泵、水泵、空压机、冷冻机、通风机、空调设备等。

(2) 照明用电设备 如舱室照明灯具、航行信号灯具、探照灯等。

(3) 通信和导航设备 如收发报机、"全球海上遇险和安全系统"(GMDSS)船载设备、电话、广播、声光警报器、电车钟、舵角指示器、陀螺罗经、雷达、无线电测向仪、电测深仪、电计程仪等。

(4) 其他用电设备 如电热器、电风扇、电视机、洗衣机等。

可见船舶电站的供给对象十分广泛,也相当复杂,它是船舶重要的通用供能装置,也称为全船性电站,它是本节的主要介绍对象。

如果船舶采用电力推进,则需设置功率很大的专门供电装置供电,与其相关的技术原理则在专门课程中讲授。

7.1.1 电站形式及其特点

船舶电站按其用途,分为主电站和应急电站。主电站的作用是保证船舶在正常及应急(指海损或失火)情况下的供电。主电站由若干台发电机组成。根据用途的不同,它们分别称为主发电机组、备用发电机组和停泊发电机组。主发电机组是经常投入工作的机组,备用发电机组是当某台主发电机组故障时替换工作的机组。但当它们是同型号同规格时则没有区别而互为备用。停泊发电机组是为船舶停泊时用电量小而专设的机组。应急电站是当主电站不能工作时作应急用的电站。应急电站可用发电机组,也可用蓄电池,或者二者兼用。

船舶电站按电流种类,可分为交流电站和直流电站。随着电子工业的发展,目前交流发电机的调速、调压、调频和并联运行已不成问题。近年来,除了某些特种工程船尚考虑直流电站外,几乎所有大、中型船舶都用交流电站。

我国对交流电站额定电压和频率的规定是,电压为 115、230、400 V;频率为 50 Hz。国外的现代巨型船舶已逐渐趋向于采用 1 000~12 000 V 的中电压,频率有采用 60 Hz 的。

目前船舶电站的发电机组形式很多。按原动机的形式,主要有柴油发电机组,蒸汽轮机发电机组,燃气轮机发电机组和轴带发电机组等。对柴油机动力装置的船舶而言,主要采用柴油发电机组,轴带发电机组和废气蒸汽轮机发电机组,并构成如图 7-1-1 至图 7-1-3 所示的船舶电站形式。

图 7-1-1 所示为全柴油机型电站,是最常见的电站形式。一般由两、三台柴油发电机组成,采用中、高速柴油机作为原动机,充分发挥柴油机耗油率低、重量轻、尺寸小、可靠性高等特

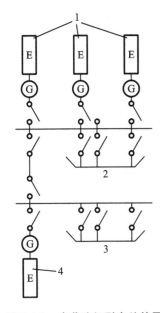

图 7-1-1　全柴油机型电站简图
1—柴油发电机组；2—正常负荷；
3—应急负荷；4—应急柴油发电机组

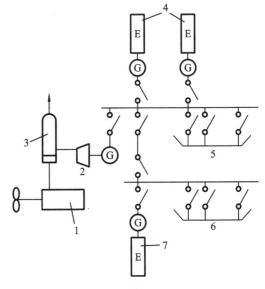

图 7-1-2　废气蒸汽轮机混合型电站简图
1—主机；2—蒸汽轮机；3—废气锅炉；4—辅助柴油发电机组；
5—正常负荷；6—应急负荷；7—应急柴油发电机组

点。这种电站形式为各类船舶广泛采用。

图 7-1-2 所示为废气蒸汽轮机混合型电站，它由废气蒸汽轮机发电机组和柴油发电机组组合而成。废气蒸汽轮机发电机组发电，主要解决船舶正常航行时的用电问题，柴油发电机组作为备用。对于大功率低速柴油机和中速柴油机，其排气废热约占总输入热的 30%。利用排气废热通过废气锅炉产生蒸汽以驱动蒸汽轮机发电，则整个动力装置的经济性可得到显著的提高。

图 7-1-3 所示为轴带混合型电站，它由轴带发电机组和柴油发电机组组合而成。轴带发电机组发电，主要解决船舶正常航行时的用电问题，柴油发电机组作为备用。轴带发电机组从主柴油机或推进轴或传动设备的功率分支轴获取一部分输出功率来驱动发电机发电。采用轴带发电机组发电，不仅能有效节省燃料费用，而且能减少维修工作量和降低噪声，也有利于机舱布置。

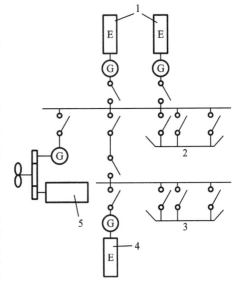

图 7-1-3　轴带混合型电站简图
1—辅助柴油发电机组；2—正常负荷；3—应急负荷；
4—应急柴油发电机组；5—主机

7.1.2　电站负荷计算

船舶电站的总功率是通过对船舶在各种运行工况下的电力负荷计算，以及考虑其他的影响因素（如电网损耗、同时利用系数等）来确定的。并据此来选择发电机组的容量和配置的数量。

电站负荷计算一般采用负荷表格法,而较常用的是三类负荷表格法。其基本步骤如下。

(1) 根据船舶的运行工况特征,将其运行过程划分为若干不同的状态,如航行,进、出港,靠离码头,停泊,装、卸货以及应急等状态,以区分不同状态下的电力负荷。

(2) 根据轮机或舾装部门提供的使用设备情况,对各个状态下运行的电力负荷进行统计,包括负荷的名称、数量及技术参数(如机械轴上的额定功率 P_2,电动机的额定功率 P_1、额定转速 n、功率因素 $\cos\varphi$ 和额定效率 η 等)。

(3) 将各种用电设备按其使用特点分为以下三类。

第Ⅰ类负荷——在某一运行状态下连续使用的负荷。如航行状态下的主机冷却水泵、燃油供给泵等,装卸货物状态下的起货机等。

第Ⅱ类负荷——在某一运行状态下短时或重复短时使用的负荷。如航行状态下的燃油、润滑油输送泵,卫生水泵,空调压缩机组等。

第Ⅲ类负荷——在某一运行状态下偶然短时使用的负荷,以及按操作规程可以在电源高峰负荷时间以外使用的负荷。如靠离码头状态下的电动舷梯起吊机,航行状态下的机修机械。

(4) 通常电动机的额定功率比其驱动的机械轴上的额定功率大,这种差异用电动机利用系数 K_1 来表示。K_1 等于电动机机械轴上的额定功率 P_2 与电动机的额定功率 P_1 之比,即

$$K_1 = \frac{P_2}{P_1}$$

(5) 在某一运行状态下,机械并不一定满负荷,用机械负荷系数 K_2 来表示机械的实际负荷状态。K_2 等于某一运行状态下机械轴上的实际所需功率 P_3 与机械轴上的额定功率 P_2 之比,即

$$K_2 = \frac{P_3}{P_2}$$

(6) 求反映电动机负荷情况的负荷系数 K_3,即

$$K_3 = K_1 \cdot K_2$$

(7) 在某一运行状态下,同组同功率的机械设备不一定同时使用。对此用同组用电设备的同时利用系数 K_0 来表示。K_0 等于同组同时工作的用电设备的数目 N 与同组用电设备的总数 M 之比,即

$$K_0 = \frac{N}{M}$$

(8) 计算同组用电设备所需的有功功率 P_0 和无功功率 Q_0,即

$$P_0 = MK_0K_3P_1/\eta, \quad Q_0 = P_0 \cdot \tan\varphi$$

(9) 计算在某一状态下Ⅰ、Ⅱ类用电设备的总有功功率 $P_Ⅰ$、$P_Ⅱ$、$P_Ⅲ$ 和总无功功率 $Q_Ⅰ$、$Q_Ⅱ$,即

$$P_Ⅰ = \sum P_{0Ⅰ}, \quad P_Ⅱ = \sum P_{0Ⅱ}, \quad P_Ⅲ = \sum P_{0Ⅲ}$$
$$Q_Ⅰ = \sum Q_{0Ⅰ}, \quad Q_Ⅱ = \sum Q_{0Ⅱ}$$

(10) 确定Ⅰ、Ⅱ类用电设备之间总的同时使用系数。因为不可能同一类负荷的所有用电设备都在该状态下自始至终地工作着,两类负荷略有差异。第Ⅰ类负荷,总的同时使用系数 $K_{0Ⅰ}=0.8\sim1.0$;第Ⅱ类负荷,总的同时使用系数 $K_{0Ⅱ}=0.3\sim1.0$。通常第Ⅲ类负荷为数不多,功率一般不大,工作时间也较短,因此在全船电力负荷计算时常忽略不计,仅用来校验高峰时发电机组是否过载。

(11) 计算各状态下全船用电设备所需的总功率(考虑5%的电网损失),即

有功功率 $$P_\Sigma = \left(\sum P_\text{I} \cdot K_{0\text{I}} + \sum P_\text{II} \cdot K_{0\text{II}}\right) \times 1.05$$

无功功率 $$Q_\Sigma = \left(\sum Q_\text{I} \cdot K_{0\text{I}} + \sum Q_\text{II} \cdot K_{0\text{II}}\right) \times 1.05$$

总视在功率 $$S_\Sigma = \sqrt{P_\Sigma^2 + Q_\Sigma^2}$$

(12) 计算各状态下负荷的平均功率因素,即
$$\cos\varphi_\text{A} = P_\Sigma / S_\Sigma$$

(13) 计算各状态下可能短时需要的最大负荷 $P_{\max}$,即
$$P_{\max} = P_\Sigma + P_\text{III}$$

(14) 比较各状态下可能短时需要的最大负荷值 $P_{\max}$,并以其中的最大负荷值作为选择发电机组容量和台数的依据,并确定备用机组的容量和台数。

通常,将上述计算步骤编制成《船舶电站负荷计算表》,其形式可参考表 7-1-1。

表 7-1-1 船舶电站负荷计算表

用电设备名称	数量	机械最大功率/kW	电动机数据					电动机利用系数 k_1	航行状态①时的参数						
			功率/kW	转速/(r/min)	效率/(%)	功率因数 $\cos\varphi$	所需功率/kW		机械负荷系数 k_2	电动机负荷系数 k_3	效率/(%)	功率因数 $\cos\varphi$	使用台数	所需有功功率/kW	所需无功功率/kW	负荷类别
1. 机舱辅机																
2. 甲板机械																
3. 冷藏通风设备																
4. 机修设备																
5. 无线电导航设备																
6. 照明及其他																
第Ⅰ类负荷总功率/kW																
第Ⅱ类负荷总功率/kW																
第Ⅲ类负荷总功率/kW																
第Ⅰ类负荷考虑同时系数时的总功率/kW																
第Ⅱ类负荷考虑同时系数时的总功率/kW																
第Ⅰ、Ⅱ类负荷总功率之和/kW																
考虑网路损失5%时所需功率/kW																
平均功率因数 $\cos\varphi_\text{A}$																
运用发电机台数及功率/(台×kW)																
发电机负荷率/(%)																
备用发电机台数及功率/(台×kW)																

注:①表中只列出航行状态的计算项目,进出港状态、停泊状态、应急状态、装卸货状态等的计算项目与航行状态相同。

7.1.3 发电机组选配的基本原则

1. 选择发电机组形式时应注意的问题

对于柴油机推进的船舶,采用废气蒸汽轮机发电机组时需注意的问题如下。

(1) 利用废气能量发电所获得的电能与航行中所需的电能之间的平衡问题,通常认为5 900～7 400 kW 以上的主机废气可以满足航行时的发电需要。

(2) 由于现代柴油机热效率不断提高,排气余热不断下降,使可利用的热能逐步减少。

(3) 排气经济器大型化带来的所占空间较大以及整个初始成本较高。

(4) 仅能在航行时供电,需解决停泊时的供电问题等。因此,废气蒸汽轮机发电机组的利用受到一定的限制。但随着相关技术的提高,废气余热发电仍将获得广泛使用。

而采用主柴油机通过轴系或利用传动设备的功率分支轴驱动发电机发电时,需解决恒速运行问题,如采用调距桨或加装稳频稳压装置,以便在工况变化的情况下保持电压和频率稳定在规定范围内,但增加了初投资。所以,是否采用轴带发电机组,应进行技术及经济可行性的综合分析。

2. 发电机组选配的基本原则

(1) 在选择发电机组时,若负荷的平均功率因数大于或等于发电机的额定功率因数,则发电机容量可按有功功率来选择;反之,则发电机容量必须按视在功率来选择。

(2) 用各状态下的最大负荷来校验主发电机组的可能短时过载,若发电机组不能满足过载要求,则发电机容量应适当选大一些。

(3) 为使电站在各工况下均能经济地、合理地运行和提高供电的可靠性,一般装有两台或两台以上的主发电机组,通过一定的技术措施,实行并联运行。在决定电站负荷时应考虑这一技术特点,并设置备用机组,其容量应等于最大一台机组的容量。

(4) 每台机组的最高负荷率为 80% 左右。

(5) 电站在停泊状态下,每台机组的最低负荷率不得低于 50%。

(6) 发电机组类型和功率大小尽可能一致,以减少备品和增强互换性。

例如,某船舶电站的最高负荷为进出港工况的 566.9 kW,最低负荷为停泊工况的 157.1 kW。这时发电机组的配置可有两种方案:一种是,配置三台 400 kW 发电机组;另一种是,配置四台 250 kW 发电机组。前者除备用发电机组一台外,运行机组为两台,这样发电机组在最高负荷时的负荷率为 71%,符合要求;但在最低负荷时即使运行一台机组,其负荷率也只有 40%,不能满足"不得低于 50%"的要求。而采用后一种方案,备用机组为一台,三台运行机组在最高负荷时的负荷率为 76%,而运行一台机组在最低负荷时的负荷率为 62%,均满足要求。故采用第二方案比较合理。

7.2 船舶供热装置

船舶供热装置担负着向船上各种用热设备供给蒸汽或热水的任务。

在一般柴油机动力装置的客货船中,蒸汽用于加热燃油、润滑油,主机暖缸,驱动辅助机械,居室取暖,厨房需要,浴室用水加热,洗衣室用汽,蒸汽灭火系统,海底门,蒸汽海水淡化装置及其他杂用。在油船上,蒸汽除上述各种用途外,还用于驱动货油泵,货油加热,熏舱及洗舱,驱动锚机等甲板机械,以及货油舱的蒸汽灭火系统等。

船舶供热装置由锅炉、保证锅炉正常工作的机械和设备、管路和附件、自动调节系统等组成，其中最主要的设备是辅助锅炉。由于辅助锅炉的蒸汽产量小，压力低，对经济性要求不高等，因此构造较简单，操作管理方便，一般设计成自动程序控制，工作时不需专人照看。

7.2.1 辅助锅炉及其联合形式

1. 辅助锅炉

锅炉是将水加热使之成为蒸汽的热交换设备，其主要工作过程是，燃料燃烧，热量传递，水汽化和蒸汽过热等。

1) 结构形式

辅助锅炉的结构形式较多，按结构和工作特征，分为火管锅炉、水管锅炉和水火管联合锅炉等。图 7-2-1 所示为几种辅助锅炉的结构形式。

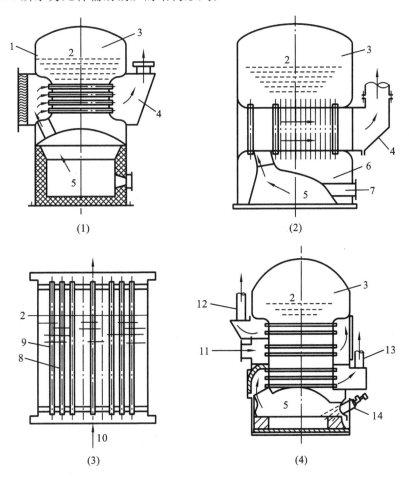

图 7-2-1 辅助锅炉

1—钢壳；2—水位；3—汽空间；4—烟箱；5—炉膛；6—水空间；7—装燃烧器座；
8—麻花管；9—牵条管；10—废气；11—废气入口；12—废气烟囱；13—燃油烟囱；14—燃烧器

（1）立式横火管辅助锅炉　此锅炉具有一个直立的圆筒外壳。燃油在炉膛内燃烧所产生的烟气从横向布置的烟管内流过，通过热交换加热炉水使之成为蒸汽。然后，废气从烟囱排出。这种锅炉如果将烟管直立布置，则称为立式竖烟管锅炉。

(2) 立式水管辅助锅炉 此锅炉上下水空间的水通过直立布置的管连通。燃油在炉膛内燃烧所产生的烟气从直立水管外侧流过,通过热交换加热炉水使之成为蒸汽。然后,废气从烟囱排出。

(3) 废气锅炉 此种锅炉结构比较简单,它具有一个直立的圆筒外壳,两端板间装有麻花管和牵条管。柴油机排出的废气由筒底部进入炉管,将一部分热量传给管外的水,再从圆筒上面进入烟囱排出。麻花管的作用是使烟气与管壁充分接触,改善传热效果。

(4) 混合式辅助锅炉 它是将燃油锅炉与废气锅炉合为一体,组成燃油-废气混合锅炉。燃油和废气两部分既可单独使用,也可联合使用。

2) 技术参数

船用锅炉的种类很多,为了比较各种锅炉性能的好坏,常用一些技术参数来表征,同时也作为选用的依据。

(1) 蒸汽常数 一般以蒸汽压力 p(MPa)和蒸汽温度 t(℃)来表示。

(2) 蒸汽产量 指锅炉每小时所生产的蒸汽量 q_g(t/h 或 kg/h)。

(3) 锅炉热效率 锅炉内水和蒸汽所吸收的有效热量与同时进入锅炉内燃烧的燃料所能释放的热量之比,用 η_k 表示,它表征锅炉工作的经济性。其表达式为

$$\eta_k = \frac{q_g(i_1 - i_2)}{g_g \cdot H_u}$$

式中:q_g 为蒸汽产量,kg/h;i_1 和 i_2 分别为过热蒸汽焓和给水焓,kJ/kg;g_g 为燃料消耗率,kg/h;H_u 为燃料的低发热值,kJ/kg。

(4) 锅炉的相对重量 是指锅炉的总重量 G_k(包括水)与其蒸汽产量的比值,即

$$g = \frac{G_k}{q_g}$$

(5) 锅炉的相对体积 是指锅炉所占体积 V_k 与其蒸汽产量的比值,即

$$y = \frac{V_k}{q_g}$$

2. 装置的联合形式

在柴油机动力装置的船舶中,一般正常航行时用废气锅炉供应船上全部或大部分所需的蒸汽,同时还几乎无例外地装设燃油辅锅炉,由废气锅炉和燃油辅锅炉联合组成统一的供热装置。

辅锅炉的联合方式主要有以下四种。

(1) 二者独立、联合供汽 图 7-2-2(a)所示为废气锅炉和燃油辅锅炉的独立联合方式,给水泵将给水从热水井吸入供给废气锅炉和燃油辅锅炉,所产生的蒸汽由各自管路输出,通过蒸汽分配器集中统一分配至各用汽设备。这种联合供汽是一般船舶常用的方式。

(2) 将废气锅炉作为燃油辅锅炉的一个附加受热器 如图 7-2-2(b)所示,给水泵供水给燃油辅锅炉,而辅锅炉的水由强制循环水泵抽至废气锅炉使之加热蒸发,然后回至辅锅炉内进行汽水分离。分离后的蒸汽由辅锅炉蒸汽管路输出,一部分直接送至各用汽设备;另一部分引入过热器中加热到所需温度,再引至蒸汽动力机械中膨胀做功。在这种联合方式中,废气锅炉作为燃油辅锅炉的一个附加受热器,而辅锅炉兼作废气锅炉的汽水分离筒。

这种联合方式通常应用在废气锅炉为强制循环的情况,它的好处是,可以省去一只单独的汽水分离筒,因此废气锅炉的水位不须单独调节,同时也简化了管理工作。这种联合形式适用

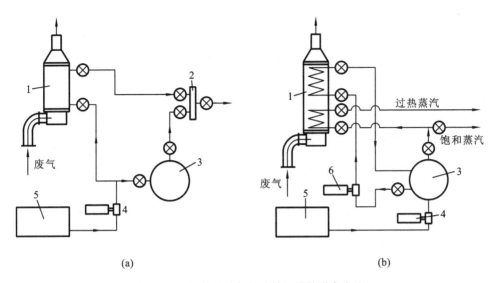

图 7-2-2 废气锅炉与燃油辅锅炉的联合方式
1—废气锅炉;2—分配器;3—辅锅炉;4—给水泵;5—热水井;6—强制循环水泵

于大、中型船舶。

(3) 燃油辅锅炉与燃油废气混合式辅助锅炉联合,前者主要供给动力用蒸汽,后者供给加热用蒸汽,适用于大型船舶。

(4) 二者合为一体 即上述的燃油废气混合式辅助锅炉,这种锅炉常用在中、小型船舶上。

7.2.2 蒸汽耗量的估算与锅炉容量的确定

1. 蒸汽耗量的估算

决定锅炉容量的依据是全船蒸汽耗量,因此首先要对全船需要用蒸汽的辅助机械、各种热交换器、舱柜和生活杂用进行耗汽量计算。

1) 辅机耗汽量

各种辅助机械(包括机舱动力辅机及甲板机械)的蒸汽耗量为

$$q_{fi} = P_{fi} \cdot g_{fi}$$

式中:q_{fi} 为蒸汽耗量,kg/h;P_{fi} 为某一辅机功率,kW;g_{fi} 为某一蒸汽辅机耗汽率,kg/(kW·h)。

耗汽率是依据辅助机械的种类(蒸汽机或蒸汽轮机)、形式、蒸汽初参数、排气压力及功率大小而定的。使用时可根据产品样本及制造厂提供的数据取用。

2) 加热器蒸汽耗量

某一加热器蒸汽耗量 q_{ji} 的计算式为

$$q_{ji} = \frac{V \cdot \rho \cdot c(t_2 - t_1)}{(i'' - i')\eta}$$

式中:V 为被加热介质流量,m³/h;ρ 为被加热介质密度,kg/m³;c 为被加热介质的质量比热容,kJ/(kg·K);t_2、t_1 分别为被加热介质的终了和初始温度,℃;i'' 为加热蒸汽的热焓,kJ/kg;i' 为加热蒸汽的凝水焓,kJ/kg;η 为加热器的效率。

3) 舱柜加热蒸汽耗量

某一舱柜加热蒸汽耗量 q_{ci} 的计算式为

$$q_{ci} = \frac{m_i \cdot c(t_2 - t_1)}{T(t'' - t')} + F_i \cdot h_i \cdot \left(\frac{t_2 + t_1}{2} - t_0\right)$$

式中：m_i 为舱柜内被加热介质量，kg；t_0 为舱柜外部环境温度，℃；F_i 为舱柜表面积，m^2；h_i 为舱柜表面散热系数，$W/(m^2 \cdot K)$；T 为舱柜加热时间，h。

其余符合含义同前。

4）舱柜保温蒸汽耗量

某一舱柜保温蒸汽耗量 q_{bi} 的计算式为

$$q_{bi} = \frac{F_i \cdot h_i \cdot (t_2 - t_0)}{(t'' - t')}$$

式中：符合含义同前。

除上述计算外，还有生活杂用等方面的蒸汽耗量估算，可参考相关的资料。在蒸汽输送过程中，还存在漏损，一般取 1‰～5‰ 的辅锅炉蒸汽产量。

2. 辅锅炉容量的确定

1）蒸汽总耗量的计算

全船各个耗汽设备的蒸汽耗量计算出后，就可着手确定辅锅炉的容量。辅锅炉的容量是以船舶在各种航行工况中最大的蒸汽需要量为基础选定的。所谓蒸汽需要量是指某一工况中各辅机及其他设备的实际耗汽量。实际耗汽量是考虑到不同类型的船舶，在不同工况下设备的使用数量的变化，以及机械设备使用时的负荷状态（即负荷系数或使用率）不同，同时工作的时段与使用时间的长短等因素来计算确定的，并据此计算蒸汽总耗量。表 7-2-1 所示可作为计算船舶各种工况时蒸汽总耗量的参考。各工况蒸汽总耗量中的最大值作为选定锅炉容量的依据。

表 7-2-1 蒸汽总耗量计算表

序号	舱柜及设备名称	数量	容积 /m³	每台蒸汽耗量/(kg/h)		船舶工况					
				加热	保温	使用数量	负荷系数	连续使用		间歇使用	
								加热	保温	加热	保温
连续使用的设备耗汽量①											
间歇使用的设备中最大的耗汽量②											
与②同时使用的间歇工作设备的耗汽量③											
估算耗汽量=①+②+③											
考虑管路漏损的总耗汽量											

2）确定辅锅炉容量时应注意的问题

（1）对于散货船、集装箱船等，主要根据航行状态时各使用对象所需的蒸汽耗量来决定锅炉容量的大小。

（2）对于油船等液货船，除考虑航行状态时各使用对象外，还应根据装卸货时的使用对象、液货舱加热和保温的使用对象、洗舱时所需的蒸汽消耗量来决定锅炉容量的大小。

（3）对于特殊用途的船舶，如有耗汽量特别大的使用对象，则应予以注意。

（4）对燃油贮存舱加热蒸汽耗量的计算，不论是在航行中还是装卸货时，均应考虑对一个正在使用的燃油贮存舱进行保温，并考虑对另一个容积最大的燃油贮存舱进行加热所需要的蒸汽耗量。

(5) 在燃油黏度为 180 mm^2/s(50 ℃)及以上的燃料油管路应敷设蒸汽伴行管,因此该项耗汽量必须计入。

(6) 对于需在高纬度航行的船舶和特种用途的船舶,空调蒸汽耗量和有关水舱融冰、加热所需的蒸汽也必须计入。

(7) 在计算出船上不同工况下的最大耗汽量后,所选定的锅炉蒸汽产量应比全船最大蒸汽耗量大 15%～25%,以便有可能补偿锅炉使用过程中的蒸汽产量降低。

选定辅锅炉容量后,还应考虑蒸汽的压力和温度。

蒸汽压力随用汽设备的不同而不同。对于日常生活需要的热交换器,一般用低压的饱和蒸汽,压力在 0.3～0.7 MPa 范围内,温度在 110～130 ℃ 范围内;对于废气涡轮发电机,一般利用低压蒸汽,压力在 1.2～1.5 MPa 范围内,温度应大于 200 ℃;对于具有较大蒸汽发电装置的工程船舶和大吨位油船,一般采用高压过热蒸汽,蒸汽压力一般在 2.5～4 MPa 范围内,温度在 370～470 ℃ 范围内。

选择锅炉时除应满足蒸发量、压力、效率和经济性好之外,还应注意运行时水循环的稳定性及清理检修的难易程度。锅炉的重量、尺寸也是不可忽略的因素。

此外,除锅炉自身效率高外,还应考虑附属设备,如风机、油泵和水泵等所消耗的能量。

第 8 章 船舶动力装置总体设计

8.1 概 述

船舶动力装置是由许多用途不同的机电设备和系统所构成的一套非常复杂的能量综合体,这些机电设备和系统的功能按船舶的性能需要而设定;同时,它们之间又紧密联系、互相影响、互相制约。它的功能的完善程度、工作性能的优劣、协调性能的好坏将直接影响船舶的整体性能,自然也就反映出船舶的设计和建造水平。

船舶是水上可移动的建筑物,各类船舶承担的任务各异,如军舰担负守卫海疆和对敌作战任务,运输船担负货物运输任务,工程船舶担负作业任务等,它们在执行任务时,都需要消耗能量。动力装置必须为此提供条件,使各种作业活动能顺利实施。这是构成船舶动力装置总体设计工作复杂性的原因之一。

船员通常长期工作和生活在船上,特别是客船有众多的旅客生活在船上。船舶动力装置必须为他们正常地工作和生活创造条件。这是构成动力装置总体设计工作复杂性的原因之二。

船舶不同于陆地上的建筑物和运载工具,它是浮在水面上或潜入水中的,作业环境条件相当复杂;还往往长时间远离陆地。因此动力装置必须在大风大浪所造成的恶劣环境下,在孤立无援的情况下,具有维持工作和保障安全的能力。这是构成动力装置总体设计工作复杂性的原因之三。

船舶的排水量是有限的,船舱的容积是十分宝贵的。而动力装置的全部机械设备通常集中放置于一个容积很小的机舱内,机械设备布置的密集程度相当高。如何合理有效地利用机舱有限的空间,这也构成了动力装置总体设计工作的一个难点。

船舶动力装置中的机电设备和系统繁多,但它们是一个有组织,有共同功能目的的整体,因此,动力装置的总体设计实际上是一个系统工程设计。设计者要有全局的观点和相互协调能力,要用系统的观点和方法去研究动力装置设计中的问题;设计人员应熟知动力装置设计所遵循法规;明确动力装置各个设计阶段的内容;掌握正确的、先进的设计方法和手段;这样才能设计出功能完善、性能优良、工作可靠、经济性较佳的高水平的船舶动力装置。

8.1.1 基本要求

对船舶动力装置设计的基本要求如下。

1. 机电设备要安全可靠

动力装置是船舶的"心脏",是船舶活动能力的来源。如果它的机电设备发生故障,船舶将会失去活动能力和作业能力,严重影响船员,旅客的工作、生活以及船舶的安全,并将造成严重的经济损失,所以动力装置安全可靠是极为重要的。对推进装置而言,要求能长期而安全地运行。有些重要设备如发电机组等,一台或两台投入工作,尚须备置备用机组。船用机电设备必须符合有关安全规定,必须经过严格的质量检查。

2. 提高船舶动力装置的经济性

民用运输船舶的经济性,就是运输量越多,消耗越少,其经济效益就越高。因此,要求动力装置,无论在设计,建造和使用管理上都要着眼于提高经济效益。一般可从以下几个方面加以研究。

(1) 降低燃料消耗　动力装置的燃料费用,一般占船舶总运营开支的30%～40%,故降低燃料消耗对提高经济效益有着重要的意义。

在动力装置方面,采用热效率较高的发动机和高效率的推进装置,可降低油耗。油耗降低,不但在节省燃料开支方面带来显著好处,而且在同样的航程中,可以减少所携带的燃料重量和相应载燃料的空间,从而增加载货吨位,提高船舶生产能力,降低营运成本。故近年来国内均生产了一些节能机型,在动力装置选型时应给予优先考虑。

(2) 采用低质廉价燃料　重柴油较轻柴油价格便宜,燃料油价格更便宜。因此,在保证发动机正常运转的情况下,应尽量采用以重柴油或燃料油以代替轻柴油的措施。以往低质燃料油大多用在大型低速机上。近几年来,由于技术的进步,中速机也已使用低质的燃料油,不少高速机也开始用重柴油,无疑这对降低船舶营运成本是大有帮助的。

(3) 废热利用　燃料在柴油机中燃烧所产生的热量,一部分转变成为有用的机械能;另一部分由冷却水带走和由机体表面散发至大气;还有一部分被排出的废气所带走。这三者约各占燃料总热量的三分之一。为了提高动力装置的效率,降低燃料消耗,往往设法从排出的废气及冷却水中收回部分热量。如有的船舶利用排出的冷却水热量淡化海水,供船上生活淡水的需要。总之,利用废热,是提高动力装置热效率的重要途径,是船舶节能的重大步骤。对此,目前已得到世界各国航运、科研、设计部门的重视并加以研究。

3. 具有一定的续航力

所谓"续航力"是指船舶不需要到基地或港口去补充任何一种物质(如柴油,润滑油,淡水及备件等)所能航行的最长时间或最大距离。这与动力装置的经济性,每海里航程燃料消耗及其他物质贮备等有关。所以在设计动力装置时,必须满足船舶续航力的要求。续航力是根据船舶的用途及航区提出来的。

4. 具有良好的操纵性

所谓良好的操纵性,就是要求动力装置启动迅速,主机在较短的时间内从启动工况达到全速工况,并能保持稳定运行,同时船舶具有迅速改变航速和航向的能力。船舶的倒航和回转性能是很重要的,因此要求动力装置具有足够的倒车功率(对民用船舶而言,倒车功率为正车功率的40%～60%),使船舶倒航迅速,向前滑行的距离短以及回转半径小。这些性能对内河船舶和港口作业尤为重要。

5. 主、辅机选型合理

主、辅机的技术、经济和性能指标,既要有一定的先进性,也必须从现实条件出发,并且主要应立足于国内,主、辅机之间的配套应合理,避免出现大马拉小车或供不应求的现象。

8.1.2　原则与观点

动力装置的设计应遵循如下的基本原则。

(1) 必须保证整个动力装置能够在各种规定海况和使用条件下可靠而持续地工作,以保证船舶航行的安全。

(2) 应根据各设备的自身功能,考虑各设备合理的相对位置,既能发挥出设备自身的功能,又能满足各设备相互之间的功能、联系和要求。

(3) 应充分考虑各种安全措施,满足入级规范及有关法规、准则的各项要求,尤其要考虑轮机人员的安全及应急逃生通道的畅通。

(4) 尽可能缩小机舱所占空间,以增加船舶的装载容积和减少造船成本。

(5) 应方便船员对各设备进行操作、管理、检查、修理,合理考虑人员通道和各设备的维修空间。

(6) 布置在机舱左、右两侧的机械设备的重量,应尽量保持平衡,以免影响船舶的浮态;同时,应使大型设备布置在舱底,使机舱机械设备重心尽可能降低,有利于船舶的稳性。

(7) 机舱布置与船体布置应统一协调和规划,主机和辅机舱分层高度、大型设备安装空间、进排气管安装空间、船下水后机舱内设备吊装通道、各设备舱室布置及进出通道、主机和辅机舱以及各平台的上下通道及有关舱室的逃生口等的布置需满足规范要求。

(8) 当机舱内的设备输出功率传动轴为卧式时,其轴线应按船舶纵向布置,并尽可能与基线平行。

(9) 机舱通风机应布置在机舱的前方,机舱抽风机应布置在机舱尾部,使机舱内的空气由前向后,自下而上地进行流动。

(10) 对机舱内具有高度危险性的设备、部件、舱、柜应进行合理布置与分隔,甚至设置独立单元间。

在动力装置设计过程中,设计人员应有如下的设计观点和思想。

1. 全局和综合的观点

要综合分析研究动力装置中各重要因素对船舶基本特性的影响。例如,制造成本、燃料的种类以及消耗、航线的自然条件、货物流通的情况、工资和维修费用、港口设施等。设计人员应有系统工程的理念,切忌片面性和局部性。例如,只考虑主推进装置效率的提高,而忽视其余部分的总体效果,这是无法获得最优的设计方案的。再如,在设计时,从满足总体性能要求出发,强调对动力装置的可靠性、经济性和机动性方面的要求,这三方面必须全面、辩证地加以分析,不可过分强调其中某一方面而忽视对另几个方面的要求(特种船舶除外)。但要同时而无主次地满足上述三方面要求,往往是很困难的。例如:为了提高可靠性,采取增加设备配置数量的措施会增加初投资而造成对经济性的影响;为了提高经济性,增加相应的节能设备,又可能影响可靠性与操纵性,以及设备越多,损坏与维修的可能性也相应增大,维护费用增加。这些矛盾要求设计人员针对不同的对象,全面综合地予以考虑,合理解决。

2. 相互关联与协调的观点

即要求设计人员要科学地分析多种情况下的相互关系而做出决定。例如,在选定主机形式时,选用中速机并采用重油,有助于改善装置的尺寸重量及经济性指标,但它们的寿命与耐劳力之间的相互关系将发生变化,必须予以充分论证。又如,在主机淡水冷却泵选型设计时,为了使水泵排量减小,必须提高进、出主机的淡水温差,但温差过大,淡水在主机出口处温度过高,就会导致冷却效果降低及气缸磨损率的增加,这就要考虑水泵选型设计与主机可靠性之间的相关性。又如,在机舱布置设计时,动力装置设备的布置应该考虑到船体及电气设备的布置及工作要求。主机在机舱中位置的后移,可以缩短轴系长度,但这种后移措施必须考虑其他设备的布置和机舱开口位置。辅机发电机组的布置既要有利于排气管的布置,又要为机电设备移出机舱维护提供足够的方便。所有这些都要求设计人员从相互关联的观点出发,予以很好的协调。

3. 优化的观点

所谓最优化的观点实际上是指最优点的选择和最优条件的选定问题。因为不可能使全套装置件件最优。这就需要选择影响全局的最优点和对形成最优化边界条件进行分析和计算，使设计方案趋于最佳的综合效果。例如，主机的最优选择应该使在满足一定航速条件下所选择的主机具有最高的经济性，实现船、机、桨的最佳匹配。又如，海水冷却管系的最优设计就是要在满足动力装置可靠工作条件下，选择最优海水温度参数，从而使整个管系的成本费与运行费为最低。

8.1.3 设计阶段与内容

通常，在船舶产品设计工作正式开展之前，需要完成以下两项工作。

1. 提出技术要求书

所谓技术要求书是用船单位在经过一定的经济分析之后，提出的新造船舶的技术要求文件（或招标说明书的技术条款）。这种经济分析的目的，对运输船舶而言，是指在一定投资下获得最大的利润；对军用舰艇或服务性船舶而言，则是指在完成既定任务下的耗资最少。

2. 制定技术任务书

所谓技术任务书是船舶设计单位根据上述要求，经过方案可行性论证，提出船舶产品技术任务书（或投标技术文件），经双方主管部门审批（或由投标方与用户协商、确认并列出订货意向书的技术附件）后，作为船舶设计工作的依据。这种任务书（或技术文件）应包括船舶简要规格说明书、总布置草图及主要设备规格等。它反映了用户需要什么样船的问题。对动力装置来讲，这些文件中包括主机型号、传动方式、航区与续航力、耗油量或节能要求；电动机、发电机台数和功率；起货机台数、驱动方式和功率；机舱自动化和遥控要求；甲板机械台数和功率；通风、空调、冷藏设备的功率；甚至蒸汽和淡水量等。这些要求是粗略的，并将在后续设计中进一步具体化。

在船舶产品技术任务书确定后，即可开展各项设计工作。根据我国的具体情况，船舶设计可分为初步设计、详细设计、生产设计和完工文件编制四个阶段。但是，任何复杂产品和工程的设计，有一个逐步深化与完善的过程，各专业的设计信息之间的交流和联系是密切与频繁的。船舶产品的设计过程也不例外，各设计阶段不可能截然分开。

初步设计是根据已经批准的技术任务书（或确认的意向书技术附件）进行该项产品的总体方案设计，其任务是，为签订造船合同提供必要的技术文件，并为某些订货期较长的主要设备提供订货清单，同时待合同签订后为后续设计工作提供必要的技术条件及依据。通过本阶段的设计工作，应确定船舶总体性能和主要技术指标，包括确定该项产品的基本技术形态、工作原理、主要参数、主要结构及主要设备选型等重大技术问题。一般来说，本阶段所完成的合同技术文件应包括较详细的技术规格说明书，总布置图，中剖面结构图和主要设备及材料选型、厂商表等，这些文件连同协商一致的修改意见作为造船订货合同的附件。对动力装置设计而言，此时应对主机、发电机、锅炉、起货机等主要机械设备，以及传动装置和主要系统的选型进行计算和必要的方案论证，绘制各方案的机舱布置图、轴系布置图和主要系统原理图，提出包括自动化部分在内的论证说明书，主要机械设备估算书及规格和厂商表等。

详细设计是根据造船合同和用户认可的初步设计及协商一致的修改意见，按照必须遵循的有关船舶规范、规则和公约等项规定，通过各专业项目的设计、计算和关键图样的绘制，解决设计中的基本和关键技术问题，最终确定船舶的全部技术性能，各项重要材料和设备的选型及订货要求,以及相应的技术要求和标准等。通过本阶段的设计工作,应完成验船部门(船级社)所规定送审的全部图样和技术文件(完工文件除外);应按合同规定的要求提交用船部门认可的图样和技术文件(生产设计文件除外);同时,应为工厂生产准备提供所需的材料及设备清单,并为生产设计提供必要的技术条件和依据。因此,在本阶段的动力装置设计工作中,除应完成船舶轮机的全部技术性能的设计和计算外,还应按照送审要求完成部分施工图样的绘制,同时应为满足工厂订货要求提供国内和国外设备明细表及厂商表等。其主要要求是,通过对组成动力装置的各部分,例如,主推进系统,辅助设备系统,全船电站、热站等进行详细设计、计算和论证,最终确定装置形式,设备规格和数量,使之满足各项规定和要求。其主要设计内容包括,诸如动力装置热平衡计算;推进轴系强度、各类振动、校中和螺旋桨安装计算;燃油、润滑及蒸汽耗量和舱柜容积计算;动力及船舶管系计算;编制相应计算书及图表;绘制机舱各层平面的安装图、基座图和通海件的布置图、结构图;提出轮机说明书、试验大纲、设备及管系阀件和附件明细表等文件。总之,在详细设计阶段,动力装置设计质量的优劣,不仅直接影响到生产设计的发展,而且对船舶质量起到十分重要的作用,因此,确保设计图样和文件的完善与准确就有十分重要的意义。

船舶产品设计,通过上述各阶段的工作,解决了应该造什么样的船的问题,而怎样建造这种船的问题,则是生产设计阶段完成的任务。所以生产设计是在送审合格或者认可的详细设计基础上,根据建造厂的具体施工条件和管理体制,为船厂提供指导施工和组织施工的全部施工图样和技术及管理文件。这种图样和文件应该体现设计、生产、管理信息的一体化,从而使得船舶建造这样一种以劳动密集型为主体的大型装配作业得到高效、优质和有条不紊的展开。

按照施工区域和特征,生产设计通常分为船体、船装、机装、电装等不同的设计范畴。其中,机装设计是以机舱内各种设备、管系及相应舾装件的制作、安装、装焊为对象进行的,船装设计则以除机舱外的全船其他区域的设备、管系和舾装件为对象进行的。显然,动力装置与上述两类设计内容关系较密切。在此阶段,首先应进行综合布置设计,要确保技术性能,有利于施工、方便操作、节省材料的全局观点出发,在详细设计阶段所完成的相应基础上,精确地布置各类设备、装置以及其他舾装件,如扶梯、栏杆、隔栅和铺板等。规定其安装或配置位置,确定各类管系的敷设走向、位置(包括支架或吊架位置及尺寸)、管子的形状和尺寸,以及按照建造方案中规定的舾装方法,划分舾装区域及舾装程序。据此,绘制各类预装图,如分段安装、单元组装、整体吊装图,零件图,开孔图等。编制各类管理表册,例如,按舾装区域所需器材的统计表,按预装或散装分类的舾装器材表,按规格统计的器材统计表,按施工工艺阶段计划的进度表等。生产设计图样与一般施工图样的主要区别是:不仅应指出施工的技术要领和施工程序,而且应明确规定其所在区域的编号,材料及工时定额、计划进度要求等,使施工人员从中可以了解自己应当干什么、如何去干、何时干完,以及在什么地方干等细节。

实际上,生产设计的图样和文件是按产品施工进度的要求分阶段提交到施工现场的。在船舶施工临近结束和试验交船期间,应进行船舶产品完工文件的编制,目的是根据工厂对该产品的实际实施结果和试验结果,编制完工图样和技术文件,用于反映船舶设计和建造的实绩,供船舶使用部门作为指导营运操纵和维修管理之用,如有必要,还可根据完工文件修正原设计的图样及文件,或据此编制标准型或定型的船舶设计。动力装置的完工文件包括轮机说明书、机舱布置图、管系原理图、轴系布置图、尾轴尾管装置总图及主要安装图和计算书等。

综上所述,船舶动力装置设计是一个复杂的有关联性的工程设计,应采用系统分析的方法进行。

8.1.4 设计方法

随着计算机技术水平的发展,系统分析理论计算和方法不断完善,船舶动力装置的设计已从传统的手工设计计算及绘图逐渐发展成为计算机辅助设计和系统优化设计。

1. 船舶动力装置计算机辅助设计

船舶动力装置计算机辅助设计是用系统分析的观点,用计算机作为辅助工具进行动力装置设计的一种先进设计方法。为使设计人员更迅速而有效提高设计质量,加快设计进度,避免设计中重复计算以及在判断上易出错等人为弱点,经过造船界的科技人员不断努力,已经研制了一系列计算机辅助船舶动力装置设计系统,通过在实际设计与生产中的推广应用,得到不断提高与完善。以下介绍动力装置计算机辅助设计系统的部分内容。

1) 船舶动力装置设备选型集成系统

船舶动力装置设计中需要进行大量的设备选型和分析比较及计算,本系统是按照船东提出的技术要求及船体设计提供的信息,在计算机硬件的支持下,使辅助设计人员能进行船舶动力装置的选型优化设计的软件。其主要实现如下的功能。

(1) 按不同方案进行主机和螺旋桨的最佳匹配。

(2) 柴油发电机组辅机选型。

(3) 完成各动力管系和全船性管系及设备的计算与选型。

(4) 完成废热利用热线图计算,提供不同废热利用方案及经济性比较;对给定的废热利用方案,计算其经济指标,提出废热利用设备的技术设计参数。

(5) 打印出规范化的主要设备初步计算书及规格化设备选型计算书和设备明细表。

该系统结构由如下部分组成。

(1) 程序主控模块 根据设计人员输入的信息,控制整个系统的操作流程。

(2) 执行各种功能的程序模块 包括主推进装置选型模块、废热利用设计模块、燃油及润滑油管系设计模块、压缩空气管系设计模块、蒸汽设计模块、舱底、压载、消防管系设计模块及辅机发电机组选型块等。

(3) 专用数据库 包括数据库内储存设计任务书中要求的各种数据、船体有关数据、主辅助设备的型号、规格、参数、价格等各种必要的数据。

2) 船舶轴系设计程序系统

本系统的功能主要是实现在计算机上进行轴系的振动校核与校中计算。它的主要功能和结构模块如下。

(1) 扭转振动计算模块 用于计算轴系振动及强制振动。

(2) 纵向振动计算模块 用我国船舶柴油机纵向振动计算标准或 GOTAVERKEN 方法计算强制振动,并计算纵向振幅许用值。

(3) 回转振动计算模块 用于计算横向振动固有频率,正、逆回旋的固有频率和临界转速;计算与固有频率相应的各轴截面上的相对位移、转角、剪力和弯矩等。

(4) 校中计算模块 用于计算轴系校中时各截面上的位移、转角、剪力、弯矩和轴承负荷;计算各轴承负荷影响系数,以及在各种限制条件下的轴承高度的合理变化值和此时轴系变形与受力;计算法兰开口和偏移,以及此时轴系的受力与变形。

此系统的发展将与满足规范的轴系强度设计、自动生成轴系结构、零件图和轴系附件的选型设计相结合,形成船舶轴系设计集成系统。

3) 船舶管路程序集成系统

该系统功能是采用计算机辅助船舶的管系综合布置设计，能代替人工进行管子零件计算和出图，绘制管系布置图，并提供管材统计表格和组织生产的指导性文件等。

本系统主要功能与模块结构如下。

（1）计算机辅助管路布置模块　根据所提供的机舱布置图进行自动排管，完成最佳路径计算，并自动划分管子零件及弯管工艺性检查与干涉检查，这包含有四个子模块来完成上述功能。

（2）管子零件计算与绘图模块　完成管子零件计算，绘制符合生产设计要求的各种形式的安装图和视图，它包含有两个子模块完成上述功能。

（3）管材统计模块　具有完成管材、支架等统计功能及进行重量重心计算等，它包含四个子模块完成上述功能。

4) 船舶机舱布置设计程序系统

本系统能替代人工进行机舱各层平面及有关部位结构图的绘制、机舱及设备图绘制与定位、机舱布置图的修改与绘制，并自动生成必要的文件。

本系统主要功能与结构模块如下。

（1）机舱平面布置模块　能完成机舱平面各层结构图、设备平面视图绘制，以及生成机舱平面各层的设备布置图，此外还能打印设备明细表。

（2）机舱横向布置模块　具有绘制和生成机舱设备布置任一肋位横向视图的功能。

（3）机舱纵向布置模块　具有绘制并生成机舱布置纵中剖视图的功能。

（4）文件生成模块　能自动生成机舱布置所需的有关文件。

除了上述所研制的比较完整并移植于计算机进行推广的集成程序系统外，在船舶动力装置设计的其他个别内容中也采用了计算机进行辅助设计计算，如油舱柜的蒸汽加热计算、机舱通风管路阻力计算、传动设备设计计算等。实践表明，应用计算机辅助船舶动力装置设计具有巨大的优越性，可适用于各个设计阶段。

2. 船舶动力装置优化设计

优化设计是借助计算机的帮助，在诸多设计方案中寻找最优方案和设计参数的方法。随着生产的不断发展及设计问题的复杂化，进行优化所涉及的因素越来越多，这时仅凭经验和直觉判断，难以得出最优设计方案，借助于优化设计技术就可使优选更加科学、合理。

优化设计的思想是首先确定设计目标，然后，选择对目标影响较大的设计参数，依据问题的性质及特点建立起设计参数需要满足的各种关系，这些关系就构成了设计参数优选过程中的约束条件。将这些设计目标、约束条件转化成设计参数的函数，即建立优化的数学模型，然后利用优化技术在计算机上进行优化设计寻找出一组使目标在量值上最优的一组设计参数。

在船舶动力装置设计中，如何选取合理的设计参数，使装置效率最高、油耗最小、材料最省；在机舱管系布置设计中，如何使所选设备容量最小，管路最短，而又能满足设计要求；在轴系布置中又如何使轴承布置的间距最短，使轴承负荷小而均匀，如此种种都属于优化设计问题。

多年来，船舶工程师们在优化设计方面做了大量的工作，并已研制出一些船舶动力装置优化设计的软件程序，诸如船用齿轮减速箱优化设计程序；船、机、桨工况最优配合设计程序；船舶柴油机余热利用系数优化设计程序；船舶动力装置海水冷却管系温度参数的最优选择程序等。这些程序在船舶动力装置设计中起到了很好的作用并显示出了一定的经济效益和社会效益。

船舶动力装置优化设计是船舶动力装置设计的必然趋势与方向,是新科技、新方法在船舶动力装置设计中的应用之一。目前,优化设计在动力装置设计中还仅限于局部问题上的最优化,今后的发展趋势将向着整个动力装置系统,乃至全船系统,包括船体、轮机及船舶电气综合系统的优化方向发展,以形成船舶设计集成系统。这就需要我们认真学习,不断研究、探索、开发与应用。

8.2 总体设计质量的评价

船舶动力装置总体设计除应满足设计任务书和相应规范的基本要求外,还必须想方设法提高其设计质量。各种船舶的动力装置虽存在着类型、传动方式及航区等条件的不同,但它们对基本特性指标却有着共同的要求。动力装置的基本特性指标是指技术指标、经济指标和性能指标等。这些指标是我们对船舶动力装置总体设计质量好坏进行评价的重要依据。通过对设计方案的比较与评估,可发现设计方案的不足之处,采取改进的措施,使之更加完善。

1. 技术指标

技术指标是标志动力装置的技术性能和结构特征的参数。它主要指下列几个指标。

1) 功率指标

为了保证船舶具有一定的航行速度,就要求推进装置提供足够的功率。而动力装置的功率是按最大航速来确定的。随着船舶营运时间的延长,船体水线以下的附生物增多,船舶附体阻力增加,因而航速降低。为了保持船舶的航速,动力装置必须有一定的功率贮备(一般取10%)。当船舶以一定的航速前进时,螺旋桨产生的推力,必须克服水和风对船体的阻力,这些阻力取决于船舶的线型、主要尺度、航行速度,以及风浪大小和航道深浅等。主机功率的发挥和利用情况与螺旋桨的工况有关,即机、桨的匹配要得当,既不能供大于求,也不能求大于供。

(1) 船舶有效功率 P_E 由船舶原理可知,如果船舶的航行速度为 V_s(m/s),其运动阻力为 R(N),则推进船舶所需的有效功率为

$$P_E = R \cdot V_s \cdot 10^{-3}$$

P_E 又称为拖曳功率,可以从船模和实船试验中得出。式中的阻力 R,相当于以速度 V_s 拖动船模(或实船)时绳索上的拖曳力。

(2) 主机的输出功率 P_b 即主机的制动功率或有效功率。由第 2 章第 6 节介绍的主机的输出功率与船舶有效功率的关系可得,主机的输出功率为

$$P_b = \frac{R \cdot V_s}{\eta_c \cdot \eta_t} \cdot 10^{-3}$$

在进行新船设计时,若要确定推进装置的功率,在新船的排水量、航速等技术参数已知的情况下,也可采用"海军系数法"先对新船的有效功率进行估算,再求推进装置的功率,即

$$P_E = \frac{\Delta^{\frac{2}{3}} \cdot V_s^2}{C}$$

式中:Δ 为排水量,t;V_s 为航速,kn;C 为海军系数,与船型有关,根据弗劳德数(Fr)相同的母型船来估算。若已知母型船的航速 V_{s0}、排水量 Δ_0 和功率 P_{E0},则有

$$C = \frac{\Delta_0^{\frac{2}{3}} \cdot V_{s0}^3}{P_{E0}}$$

(3) 相对功率 P_r 对于排水量相同的船舶,由于其性质、任务不同,动力装置所要求的功率相差很大,为便于比较,通常用相对功率来表示。所谓相对功率,就是对应于推进船舶每吨排水量所需的主机有效功率,即

$$P_r = \frac{P_b}{\Delta}$$

因为 $P_b = \dfrac{P_E}{\eta_t \cdot \eta_c}$,所以得

$$P_r = \frac{\Delta^{\frac{2}{3}} \cdot V_s^3}{C \cdot \eta_t \cdot \eta_c \cdot \Delta} = \frac{V_s^3}{C' \cdot \Delta^{\frac{1}{3}}}$$

式中:$C' = C \cdot \eta_t \cdot \eta_c$。

由此可见,相对功率 P_r 与航速 V_s 的三次方成正比,与排水量 Δ 的三次方根成反比。故高速船舶每吨排水量所需要的功率较大,船的用途与船速不同,其值也有一定差异,内河船舶的功率比海船的大些,军用船舶的最大。

2) 重量指标

重量指标,通常是相对于主机功率或者船舶的排水量而言的。在船舶总的排水量一定的情况下,为了使船舶具有足够的净载重量,对动力装置提出重量轻的要求。但对于排水量相同的船舶,由于彼此的航速不同,所需的总功率也不同,从而动力装置的重量相差也很大。为了表征装置重量的特性,常采用以下几项指标值来表示。

(1) 主机的单位重量 ω_z 是指主机单位有效功率的重量,即

$$\omega_z = \frac{W_z}{P_b}$$

式中:W_z 为主机重量,kg;P_b 为主机的有效功率,kW。

对于内河船及军用舰艇,要求有较小的 ω_z 值。一般高速机的 ω_z 较低速机的 ω_z 为小。

(2) 装置的单位重量 ω_Σ 是指主机单位有效功率所需动力装置的重量,即

$$\omega_\Sigma = \frac{W_\Sigma}{P_b}$$

式中:W_Σ 为动力装置的总重量(包括主机、辅机、管路、轴系、电站及锅炉等),kg。

动力装置重量有三个不同的内涵,即动力装置干重(代表所有的机器、设备和管系的重量,不包括内部的工质和消耗物品及其存贮量)、湿重(包括其内部所装工质和消耗物品重量,但不包括消耗品存贮量)和总重(包括上面所有重量)。计算时常用湿重。

一般 ω_Σ 为 ω_z 的 2~3 倍。内河船舶的 ω_Σ 较海洋船舶的为小。

(3) 主机的相对重量 ω_{zr} 是指主机重量 W_z 与船舶满载排水量 Δ 之比,即

$$\omega_{zr} = \frac{W_z}{\Delta}$$

式中:Δ 为船舶满载排水量,t。

(4) 装置的相对重量 $\omega_{\Sigma r}$ 是指动力装置总重量 W_Σ 与船舶满载排水量之比,即

$$\omega_{\Sigma r} = \frac{W_\Sigma}{\Delta}$$

对装置本身而言,其单位重量 ω_Σ 越小,表示该装置越轻,所消耗的金属材料也越少。但考虑到船舶种类不同及装置重量对船舶总体的影响,还要考虑相对重量,即 ω_{zr} 和 $\omega_{\Sigma r}$ 这两个因素。

3）尺寸指标

动力装置的机械设备,绝大多数集中布置在机舱内。机舱的大小应当能够把这些机械设备合理地安排在舱内,并便于维修管理。从这点出发,机舱应宽敞些为好。但从增加船舶有效装载容积观点考虑,又要求机舱小些为好。不同的船舶对机舱尺寸要求也不一样,为了表征机舱的长度、面积和容积利用率的情况,特引用如下的指标来评价。

(1) 面积饱和度 K_F　是指每平方米机舱面积所分配的主机有效功率,可表示为

$$K_F = \frac{P_b}{F}$$

式中:F 为机舱所占的总面积,m^2。

(2) 容积饱和度 K_v　是指每立方米机舱容积所分配的主机有效功率,可表示为

$$K_v = \frac{P_b}{V}$$

式中:V 为机舱所占的总容积,m^3。

(3) 长度饱和度 K_L　是指相对于机舱每米长的主机有效功率,可表示为

$$K_L = \frac{P_b}{L}$$

式中:L 为机舱总长度,m。

(4) 机舱相对长度 ξ　是指机舱总长度与船舶水线长度之比,可表示为

$$\xi = \frac{L}{L_w}$$

尺寸指标表示机舱内机械设备布置的紧凑程度,指标值越高,则利用程度越高,这是在保证动力装置正常工作,方便维修的条件下应该努力做到的。但不同类型的船舶,其指标是有差别的。

2. 经济指标

动力装置的经济指标,常包括以下几方面的内容。

(1) 主机燃料消耗率 g_z　是指在单位时间内主机单位有效功率所消耗的燃料量,即

$$g_z = \frac{q_z}{P_b}$$

式中:q_z 为主机每小时燃料消耗量,kg/h;P_b 为主机有效功率,kW。

(2) 动力装置燃料消耗率 g_Σ　是指在单位时间内对应主机单位有效功率装置所消耗的燃料量,即

$$g_\Sigma = \frac{q_\Sigma}{P_b}$$

式中:$q_\Sigma = q_z + q_f + q_g$,为主机、辅机、锅炉每小时总的燃料消耗量之和,kg/h。

(3) 推进装置的有效热效率 η_Σ　是指推进装置的有效功的热和所消耗的热之比,即

$$\eta_\Sigma = \frac{3\,600 P_E}{q_\Sigma \cdot H_u}$$

式中:H_u 为燃料低热植,kJ/kg。

而由前述可知,$P_E = P_b \cdot \eta_c \cdot \eta_t$。

从以上三指标可看出,要想提高推进装置的有效热效率 η_Σ,就必须降低燃料消耗总量 q_Σ,即设法降低动力装置燃料消耗率 g_Σ。所以,对动力装置进行热力学综合性研究是大家关心的

问题。由于 q_z 在 q_Σ 中占相当比例,因此减少 q_z 也就成了热点。

以上三个经济指标都代表动力装置在有效功率下燃料和热能利用的经济性。但是,有些船舶全功率,全航速的时间不多,经常使用部分负荷航行,或者工况变化非常频繁。这时候有一个全面性的燃料经济指标——装置每海里燃料消耗量。

（4）每海里航程的燃料消耗量 q_n　是指船每航行 1 n mile 装置所消耗的燃料量,即

$$q_n = \frac{q_\Sigma}{V_s} = \frac{q_\Sigma \cdot t}{V_s \cdot t}$$

或

$$q_n = \frac{g_z \cdot P_b}{V_s} + \frac{q_f + q_g}{V_s}$$

式中：V_s 为航速,kn；t 为航行时间,h。

一般,q_f、q_g 对 q_n 的影响较小。因此,可认为主机每海里航程消耗的燃料量与船的相同,即

$$q_{nz} = \frac{g_z \cdot P_b}{V_s} = \frac{q_z}{V_s} = \frac{q_z \cdot t}{V_s \cdot t} = q_n$$

因为

$$P_b = \frac{\Delta^{\frac{2}{3}} \cdot V_s^3}{C \cdot \eta_c \cdot \eta_t} = \frac{\Delta^{\frac{2}{3}} \cdot V_s^3}{C'} \quad (C' = C \cdot \eta_c \cdot \eta_t)$$

所以

$$q_{nz} = \frac{g_z \cdot \Delta^{\frac{2}{3}} \cdot V_s^3}{V_s \cdot C'} = \frac{\Delta^{\frac{2}{3}}}{C'} \cdot g_z \cdot V_s^2$$

可见,q_n 既与 g_z 有关,又与 V_s 有关。这项经济指标与船舶营运管理水平和轮机管理水平密切相关。

图 8-2-1 所示为燃料消耗率和每海里航程燃料消耗量随航速变化而变化的关系曲线。当船舶处于慢速航行时,虽然 g_z 会有所增加,但 q_n 因航速的降低仍将下降。图中 q_n 的最小值所对应的航速常称为经济航速。应该指出：这里的经济航速,并非船舶最大的盈利航速,欲获得船舶最大的盈利航速,尚需考虑船舶的折旧费,客货的周转量,运输成本及利润等

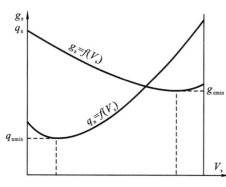

图 8-2-1　g_z 和 q_n 随 V_s 变化的关系曲线

因素。不同的航区和船种将有其相应的最大盈利航速,需要通过调研,统计及分析加以确定。

3. 性能指标

性能指标是进行动力装置选型的重要依据,也是评价装置好坏及特点的重要指标,它主要包括：装置的可靠性、机动性、使用寿命、振动噪声、机舱自动化以及环保性等。下面分别说明。

（1）可靠性　可用船舶动力装置在使用阶段的故障发生率和因此而发生的停航时间来考核,并常以主、辅机修理间隔时间作为衡量依据,故要求其主要零、部件及易损件的使用寿命较长,例如,柴油机活塞组大修前的使用寿命如下。

对于低速大功率柴油机,$4 \times 10^4 \sim 8 \times 10^4$ h

对于中速柴油机,$8\,000 \sim 1.2 \times 10^4$ h

对于高速柴油机,$3\,000 \sim 5\,000$ h

（2）机动性　是指装置中的各种机器设备,改变工况时的工作性能。

在发动机准备启动阶段,有关辅机及其系统,应处于工作状态。给发动机注油,盘车和暖机等,所需要时间为 $2 \sim 10$ min。一般希望此时间短些为好。

对于柴油主机,工作的机动性、灵敏性尤为重要。要求其曲轴在任何位置,环境温度在 8～

10 ℃时,能迅速而可靠地启动。从冷态启动到全负荷状态下运行,应不超过 10 min。在应急情况下应不超过 3～4 min。为改善主机的灵敏性,往往采用预热润滑油的方法来降低零件的热应力及减小启动时的摩擦阻力。

实现迅速而可靠的倒车,保证船舶安全航行,对于动力装置也是十分重要的。由于传动方式的不同,倒车所需的时间也是有差别的,以下数据可供选型参考:

① 直接传动所需时间为 8～10 s;
② 间接传动所需时间为 3～8 s;
③ 调距桨传动所需时间为 2～5 s。

为了保证船舶低速航行,要求发动机应在最低转速下,能较长时间可靠而经济地运行。一般发动机的最低稳定转速是全速的 0.3～0.4。

要求柴油机的停车时间为 2～5 min,在紧急情况下应缩短时间。

(3) 振动和噪声的控制　轴系的扭振许用应力不得超过许用的范围,否则将导致断轴和使柴油机的正常工作遭到破坏,故对它必须进行控制或回避,一般可从结构设计或加装弹性联轴器等方式入手,使其扭振的附加应力不超过规范所规定的范围。一旦扭振许用应力超过正常值,就应在其共振转速附近设"转速禁区",在此禁区内,发动机不应持续运转,且应避开一定的转速范围,具体要求可参考规范有关规定。

动力装置的强烈噪声,将会严重地影响船员的健康。如损伤听力或诱发其他疾病。为此船舶噪声标准中,对机舱区的噪声作出如下规定:

① 无控制室机舱主机操纵处噪声为 90 dB;
② 无人机舱或有控制室机舱噪声为 110 dB;
③ 机舱控制室噪声为 75 dB;
④ 工作间噪声为 85 dB。

(4) 主机遥控和机舱自动化　这二者是改善船员劳动条件和提高船舶生产能力的重要措施,也是衡量一艘船近代化程度的标志,在设计和选型时也应给予注意。

(5) 环保性　船舶的环保性能主要是指其有害物质(如废气,污水等)的排放对海洋和大气的影响。

就废气排放而言,随着海上石油运输及海上能源建设的不断发展,海洋环境污染日趋严重。以柴油机为动力的船舶发动机废气对大气环境的危害日益加深。为此,国际海事组织海上环境保护委员会(MEPC)对相关的公约进行了修改,提出了更严格的要求。各国政府对船舶废气排放污染的问题也越来越重视,许多国家和地区除接受联合国国际海事组织(IMO)有关海洋环境保护公约外,对在自己海域航行的船舶还自行制定出更为严格的海洋环境保护法律法规,同时辅以经济手段来促进这些法规的执行。因此,防污减排已成为国内、外造船界和航运界的重要课题。

船用柴油机废气中的主要有害排放物为 SO_x、NO_x 和 PM。因此,对船用柴油机排放物的限制主要是对 SO_x、NO_x 和 PM 的限制。如 MEPC 通过的氮氧化物排放标准规定,要求当船舶航行于指定的排放控制区域时,2016 年 1 月 1 日以后安装的柴油机的 NO_x 排放标准为 3.4 g/(kW·h)。

基于上述形势,动力装置设计中的环境指标必须满足相关法律法规的要求。

8.3 提高总体设计质量的途径

为了提高动力装置的总体设计质量,设计人员可从以下几方面进行认真研究与探讨。

1. 提高经济性

构成船舶经济性的因素很多,但总的可分为两大因素:其一,是船舶自身所具有的经济性能;其二,是对营运船舶的合理使用,这属于航运管理部门的工作。

船舶本身的经济性取决于船体和动力装置两个方面的性能。为了提高船体方面的性能,在设计运输船舶时要力求向装载量大、航行阻力小、推进效率高、装卸速度快、造价低等方面努力。为了提高动力装置方面的性能,在设计运输船舶时要力求燃料消耗少、维修保养简单、重量尺寸小、使用期长、造价低等。总之是向建造投资小、运转费用低等方面努力。因此,在总体设计时应尽可能采用各种可行的提高经济性的技术措施和设计方案。

从前面介绍的内容可知,有如下关系式。

推进装置的有效热效率为
$$\eta_\Sigma = \frac{3\,600 P_E}{q_\Sigma \cdot H_u}$$

船舶有效功率为
$$P_E = P_b \cdot \eta_j \cdot \eta_{st} \cdot \eta_{sz}^n \cdot \eta_{sw} \cdot \eta_p \cdot \eta_x \cdot \eta_h$$
$$= P_b \cdot \eta_c \cdot \eta_t = P_b \cdot C_t$$

主机有效功率为
$$P_b = \frac{q_z \cdot H_u}{3\,600} \cdot \eta_i \cdot \eta_m$$

总的燃油消耗量为
$$q_\Sigma = q_z + q_f + q_g$$

由上可知,构成燃油消耗总量的成分除了主柴油机的燃油消耗量外(这是主要的成分),还有辅柴油机和辅锅炉等的燃油消耗量。因此,所选用的辅柴油机和辅锅炉本身的效率以及辅助机械、耗热、耗汽和耗电器具设备的工作经济性,也是影响动力装置经济性的重要因素。即应尽可能减少这些装置设备的能耗。

同样可知,推进装置的有效热效率不仅取决于主机的指示效率和机械效率,而且与轴系及传动设备效率、螺旋桨的敞水效率和相对旋转效率、船身效率等有关。因此,提高有效热效率应从以下几个方面考虑。

(1) 提高装置的推进效率 整个推进系统的有效能可用的船舶的有效功率与主机功率之比来描述,通常称为推进系数。它不仅与推进装置的传动效率(η_c)有关,还与螺旋桨的敞水效率(η_p)和装船后的相对旋转效率(η_x),以及船身效率(η_h)有关。推进系数为
$$C_t = \eta_c \cdot \eta_p \cdot \eta_x \cdot \eta_h$$

一般来说,在传动设备及轴系确定后,传动效率随不同的船型变化而变化不大,但船身效率、螺旋桨敞水效率与船型密切相关。船、桨配置不当,有可能使螺旋桨效率在极低点工作。因此,为使船舶具有较大的推力、较高的船速,则改善推进性能、提高推进系统的效率十分重要。其中,提高螺旋桨效率 η_p 最为有效。

为提高螺旋桨效率,首先可以考虑采用低转速大直径的螺旋桨。根据螺旋桨理论,螺旋桨效率可表示为
$$\eta_p = \frac{2}{1 + \sqrt{1 + \sigma_T}}$$

而
$$\sigma_T = \frac{T}{\frac{1}{2} \cdot \rho \cdot F_o \cdot V_a^2}$$

式中:σ_T 为桨的推力负荷系数;T 为桨的推力,kN;F_0 为桨的盘面积,m^2;V_a 为桨的进速,m/s;ρ 为水的密度,kg/m^3。

螺旋桨推力 T 与进速 V_a 取决于船体尺寸和航速的初始设计。在船舶营运条件给定情况下,则 T 和 V_a 为已定,要提高螺旋桨效率,唯一的方法是加大桨盘面积 F_0,即增大螺旋桨直径。在这种情况下,如果转速保持不变,则桨叶梢线速度的增加会引起摩擦损耗的增加,从而导致推进效率的下降。因此,在功率一定的情况下,若采用大直径桨,必须同时降低桨的转速。

图 8-3-1 所示为桨的吸收功率、桨速与桨径的最佳对应关系。由图 8-3-1 可知,若把标准的螺旋桨转速降低一半,由于效率提高,所需功率可减少 10%~15%。一般情况下,每降低 1% 的螺旋桨转速,可节约燃油 0.25% 左右。故目前,远洋船舶绝大部分均采用大直径低转速螺旋桨。

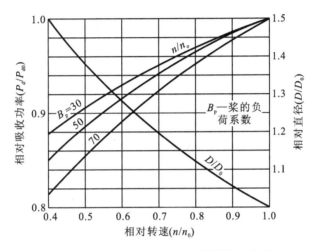

图 8-3-1 桨的转速、直径与功率的最佳对应关系

但是,转速的降低在实际情况中受到条件的限制,特别是发动机结构的限制,使转速不能太低。目前的降速措施有采用增加行程/缸径比以及采用齿轮减速传动等方案。但同时都应该解决带来的初投资增加和使结构复杂化等问题。

提高推进效率的另一途径是改善船、机、桨之间的配合,对于工况变化不大的远洋运输船舶,应力求使其在设计工况下,螺旋桨发出最高效率。当今,可供选择的柴油机形式众多,加上柴油机具有减额输出区,这为船、机、桨合理匹配创造了较好的条件,而不再出现以前机型较少时"船配机"的现象。值得注意的是对工况变化较大的拖船和军用舰船而言,船舶航行工况的改变将使定距桨的工作点偏离最佳值而使效率下降,因此,应采用调矩桨或多速比齿轮减速箱等措施以适应工况变化,使桨的效率能保持在较高的水平上。

(2) 提高装置热效率 从装置热效率的计算式可知,提高热效率的途径可从以下三方面考虑。

首先,选用低油耗高热效率的主机以降低它的燃料消耗量。因为主机的燃油消耗量约占整个动力装置总能量的 90% 以上,因此在选型时应特别注意。

其次,采用劣质燃料,因为燃料费用不仅决定于燃料量,还决定于燃料价格。以柴油机所用的燃料而言,轻柴油价格最高,重柴油价格其次,重油价格最便宜。对中、高速柴油机,大多使用轻柴油。目前,中速机已能燃用重油,大型低速柴油机普遍燃用重油。重油价格一般为柴油价格的 1/3 左右,使用重油可以显著地降低营运成本,提高动力装置的经济性。

其三，充分利用装置废热，产生热水和蒸汽以供船上加热、生活用，以及供废热发电用，尽可能做到航行中不使用燃油锅炉和少用柴油发电机组，或者直接减少全船蒸汽耗量和电量的消耗以降低辅柴油机和辅锅炉的燃油消耗量，提高装置的热效率。图 8-3-2 所示为某船正常航行工况时的能量利用情况。由图 8-3-2 可知，采取措施对废热能进行回收和利用，可显著提高装置的综合热效率，改善经济性。

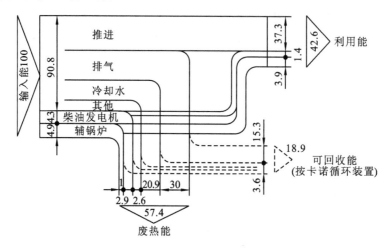

图 8-3-2 某船正常航行工况时的能量利用

废热利用的方法是按废热特点进行的。主机排气温度高，可利用的单位热量大；而冷却水的温度较低、量大，可利用的热量也不少。在船上对这两种废热的利用方法大致如图 8-3-3 所示。

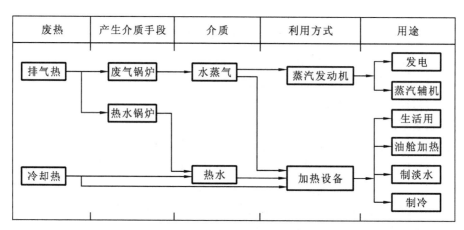

图 8-3-3 废热利用的方法

① 将废气引入废气锅炉产生蒸汽，用它驱动蒸汽辅机，或用它驱动蒸汽轮机发电机组发电，向船舶供电系统供电。

② 利用排气废热产生的蒸汽作为各种舱、柜、加热器的加热源（如燃油、润滑油和货油系统的加热）和取暖、蒸饭、烧茶水等生活热源。

③ 利用冷却水从柴油机中吸收的热量作为燃油加热、制冷、制淡和生活杂用等的热源。

利用废热产生蒸汽和热水，可以减少辅柴油机和辅锅炉的油耗，提高装置经济性。然而，装置上是否被采用以及如何采用必须结合船舶动力装置的具体情况加以综合平衡，尤其要对下列三个方面问题进行仔细分析研究后才能作出决定。

① 区别船舶类型和装置功率范围　航行期间,废热的供应与船种有关。远洋货船,其主机经常处于额定功率附近,它的废热供应稳定。而沿海港口间的客船、港内拖船和航道复杂的内河船等,它们的主机工况多变,废热供应不稳定,可利用的废热量就少。这是决定废热利用与否的因素之一。至于废热利用的方式,也要看装置功率的大小。装置功率比较小的小型船舶,一般只采用简单的设备,利用主机排气产生热水,供生活用;中等功率的船舶,则常常利用排气废热产生蒸汽,供生活及燃油加热、制淡等使用。大型万吨级远洋船舶,才有条件利用排气废热产生的蒸汽作动力用。

② 要有专门措施保证废热供应和废热消耗二者的平衡　废热利用是由废热供应和废热消耗两方面联合组成的有机整体。要求在任何工况下废热的供应和消耗都应处于平衡状态。由于前者是独立地随发动机负荷变化而变化的,后者是独立地根据系统的负荷(消耗)变化而变化的,这两方面的变化,实际上彼此无一定关系。如果无专门措施,系统必然常常处于不平衡状态,即不是供过于求就是供不应求,这样的废热利用系统显然得不到好的经济效果,也往往是不可取的。

③ 废热利用目的是节省燃料,提高经济效益,因此,为了利用废热而增加的设备,无论在投资、增加质量和占用空间等方面必须作出详细的计算和比较,废热利用在经济上的收益必须达到乐于接受的程度才能被采用。

(3) 改进船舶操纵,实行经济航行,有利于节省燃油。

(4) 努力降低建造成本。

此外,还有其他提高船舶动力装置的营运经济性的途径。

应当指出,动力装置实际营运时的经济性不仅力求降低燃料费用,提高装置有效效率,而且还应该力求设备简单、可靠、耐用、减少维修费用和维修停航时间。同时力求提高机舱管理水平和自动化程度、减少船员编制、减少船员生活需要的消耗。一个周密的生产计划和切合实际的调度管理,可以提高船舶多装快跑的经济年收入。轮机员熟练掌握机械设备性能,运行中加以精心维护和操作,并合理用油、节油,均可以降低轮机运转开支,提高装置的经济性。

2. 提高可靠性与安全性

动力装置安全可靠性实际上包含了两方面的意义。其一是指动力装置的生命力,它是指动力装置受到外在因素影响后,仍能继续工作的能力。动力装置的任务是提供推进力,提供船上所需的电能和热能。当动力装置的某些设备发生损坏,而推进力、电能和热能的供给仍能维持而没有完全丧失时,动力装置就具有生命力。能忍受的条件越恶劣,其生命力就越强。其二是指动力装置能正常运行时间的长短,正常运行时间越长,表示动力装置比较可靠或可靠性高,反之则可靠性低。

对于推进系统而言,多机多桨或多机并车传动系统,其可靠性和生命力显然要高于单机单桨推进系统的。以双机双桨为例,当其中一台主机或一个螺旋桨发生严重事故不能工作时,另一台主机和螺旋桨仍然可以正常工作,推进力并没有完全丧失。所以从推进力上看,双机双桨推进形式的生命力比单机单桨推进形式的要强。同时,对整个动力装置而言,其可靠性也比较高,并依次类推。推进系统的可靠性对于不同的船舶种类、航区,要求是不尽相同的。船舶一旦失去推进力,即成为水上漂浮物,对航行的安全构成极大威胁。对于客船、军用舰艇而言,应具有较强的生命力和可靠性,以保证旅客的生命安全和作战能力,因此,对客船和军用舰艇多采用双机双桨或多机多桨的推进形式。

动力装置是一个系统工程。它的可靠性与系统的结构形式和设备本身的可靠性是密切相关的。

系统的基本结构形式是指设备的串联和并联。在串联结构系统中的某一个部分出现故障，整个系统将处于这个故障状态。为了提高系统的可靠性，常采用贮备方式，即设置备件，组成并联系统。在船舶动力装置中，并联系统是大量存在的。如发电机组、泵、分油机等易出现故障的设备均备有设备或部件。

系统的可靠性还取决于设备本身的可靠性。因此，提高动力装置的可靠性还应采用工作可靠的设备并采取备用形式。

此外，可靠性还与轮机管理人员的水平有关。设计者在设计方案中对可靠性虽然作了很仔细的考虑和计算，从理论上表明其工作的可靠程度，但船建成使用的实际效果还要看管理人员的经验、维修制度及其执行情况，以及环境的变异等。因此在动力装置设计时应对轮机管理人员的使用、管理水平作综合考虑。

3. 改善机动性

机动性是指主推进装置工况瞬间转换时所具有的应变能力，它直接影响到船舶的回转、拖曳、冰区移动、雾天航行、离靠码头和回避紧急事故的能力。机动性对船体来说有增速性、制动性、回转性和对外界条件变化的适应性。对动力装置来说有主推进装置在起航、加速、制动、反转等工况中的快速性，以及对外负荷变化的敏感性。因此，在进行动力装置总体设计时，为了更好地完成所设计的性能指标，就必须认真考虑其过渡工况性能。

起航时间与动力装置的类型有很大关系。柴油机船与蒸汽轮机船相比，由于蒸汽轮机的启动首先要蒸汽，所以启动时间取决于锅炉从点火至蒸汽达到规定压力为止所需地时间。尽管有些锅炉能够较快地开始供应蒸汽，但总的准备时间还是比柴油机的长。而柴油机同燃气轮机相比，一般认为燃气轮机时间短一些，但总的说起来，二者并无显著差异。大型柴油机启动时间决定于燃油、润滑油、冷却水、启动空气等辅助系统中准备时间最长的一个系统。通常为了提高性能，常采用主机暖缸等措施。中、小型柴油机常常是自带泵，辅助系统的准备时间可相对短些。

加速性能与主机的类型有关。缩短加速时间的首要条件是主机在最短的时间内将功率提高到最大值。其次是螺旋桨在加速过程中能吸收主机发出的最大功率。对发动机而言，影响加速时间的主要因素是运动部件的惯性质量和受热部件的热惯性，质量小和热惯性小都利于加速。一般来说，燃气轮机的受热部件既小又轻，有较好的加速性能。因此，在军用舰艇上多采用柴油机与燃气轮机联合机组，巡航时采用柴油机推进，加速时采用燃气轮机或与柴油机联合推进。对螺旋桨而言，定距桨的转速因受到本身扭矩特性的限制，只能随船速增加而相应增加。因此，发动机的功率也只能随桨速的提高而逐步提高。而调距桨由于吸收功率的大小除了可用改变桨的转速来实现外，也可通过增减螺距比来实现，因此能在较短时间内吸收主机的全部功率而产生较大推力。因此，其加速性能优于定距桨的。

制动与倒航性能决定于推进装置的传动形式。对于可反转柴油机且直接传动的定距桨而言，主机必须在停止喷油而经过船舶的滑行距离后，待主机转速降到某一限度，方可进行反转启动，因此倒车时间相对较长。对于不可反转的带离合器传动方式，主要取决于离合器的反向性能。若系统使用摩擦离合器，影响倒车时间的因素主要是离合器倒向时摩擦件温度升高问题。反转离合器所能承担这种严峻状态的能力越强，越有利于提高紧急停车及倒车能力。对于调距桨而言，因实现急停时不需停车，仅用调整螺距大小和方向就能改变推力的大小和方向,因此,其制动与倒航性能比较好。

转向性能通常是依靠舵效来提高的。对转向性能要求高的船舶,可采用全回转的 Z 型传动方式,此外亦可采用双桨推进,调整两桨的转速使其产生不同的推力来加大转船力矩等措施来提高转向性能。

对于有些工程船舶或吨位极大的船舶,为了提高其转向、横移等性能,还可考虑采用侧推装置。

4. 控制振动与噪声

船舶动力装置中的主推进轴系是一个复杂得多质量弹性系统。在运转中,除了正常工作时所承受的应力外,振动也将造成附加应力,当此两种应力之和超过材料的疲劳极限时,就会产生危险事故。随着柴油机功率的不断提高及推进装置形式多样化和复杂化,出现振动的危险现象不断增加。以致成为当前柴油机推进装置故障的重要原因之一。严重的振动将导致曲轴、中间轴、螺旋桨轴断裂,联轴器或连接螺钉损坏,摩擦离合器摩擦而烧毁,柴油机凸轮轴折断,传动齿轮损坏等事故。此外,当柴油机在共振转速范围运转时,还可能由于传动齿轮产生敲击而使噪声增大,在某些情况下将使船体出现强烈振动。

产生振动的基本原因是,在运转中存在周期出现的不平衡力或力矩。机器本身的设计是要力求取得动力平衡,这是机器设计者的任务。但当机器本身的平衡问题最终没有得到全面彻底解决时,振动问题依然存在。这时,判别它在实际应用中所产生的不良效果的程度以及如何避免或减轻其危害性,这就是动力装置设计者的任务。

船舶推进轴系的振动有三种基本形式,即扭转振动、回旋振动和纵向振动,其中以扭转振动最为常见。我国船舶规范对轴系扭振动作出了明确规定,如对轴系扭振计算范围、计算方法、数据和结构形式的处理、减振或避振措施、共振转速禁区的规定等均提出了相应的要求,设计计算时必须严格认真执行。

目前,解决推进轴系危险共振的措施主要有三类。

(1) 调频避振 如选择合适的飞轮惯量、增大轴径、改变轴系长度和加装弹性联轴器以及选定适当的螺旋桨惯量等方法改变系统的固有振动频率。

(2) 平衡外干扰,减小输入系统能量 如可在发动机的自由端加装一只飞轮调节双结振形,从而减小主简谐相对振幅矢量和。减小螺旋桨伴流场的不均匀性,适当调整曲轴端面图上曲轴和螺旋桨叶片的相对夹角,使发动机和螺旋桨的扰动力矩产生的振动影响彼此抵消,使总的振动响应下降。采用动力减振器,利用他的惯量在共振工况下的振动,来平衡外干扰以消除共振。

(3) 增加系统阻尼来降幅减振 如在系统中安装各类阻尼减振器,增加系统阻尼以消散共振工况下外干扰力矩输入系统的能量,从而降低共振幅值。

长时间生活在高噪声的环境中,人的健康会受到很大的影响。另外,在高噪声的环境下持续工作的人员,因为不能直接对话互相联系,使工作发生困难,甚至引起错误。柴油机和燃气轮机在正常运转中都会发出很大的噪声,以燃气轮机更甚。因此,使用这种发动机的动力装置,机舱就是一个高噪声的空间。长时间在其中工作的轮机员必然受到噪声的影响。为了轮机员的健康,也为了使轮机员有适宜的工作环境,动力装置设计人员在设计时必须考虑噪声的危害和采取抗噪声的措施。

燃气轮机产生的噪声主要是气体高速流动产生的气动噪声和振动冲击过程中产生的振动冲击噪声。在柴油机动力装置中产生较大噪声的机械有中、高速柴油机、柴油机的增压器、高速鼓风机、齿轮减速箱、齿轮泵、活塞式空压机等。减少机舱噪声对人员的影响的措施,首先是选用低噪声的机械设备,以减低声源的声级。对于既有的噪声,则可在传播途径中采用声学处理,如设置吸声、隔声和隔振设备来减弱噪声的影响和传播。船上降低和消除噪声有害干扰的途径如下。

(1) 吸声降噪　在舱室内表面(常用于居住舱室、控制室等)装设吸声材料或吸声结构,噪声碰到吸声材料后,部分声能被吸收,反射声减弱,使噪声级降低。

(2) 隔声降噪　把噪声在传播的途中隔绝起来也是降噪的有效措施。如把发动机、通风机、空压机等噪声源布置在隔声罩内,与操作者隔开;或把操作者置于隔声性能良好的控制室内或操作室内,与机舱的噪声隔开。又如采用隔声性能良好的隔声舱壁、隔声楼板、门、窗等,使高噪声的机舱与周围工作室、卧室隔开,保证轮机人员和旅客的正常工作和休息。

(3) 隔振降噪　柴油机的振动将引起基座和与之相连的船体板的振动,这种振动以弹性波的形式几乎无衰减地沿船体结构和舱壁传播,并在传播过程中向外辐射噪声(称结构噪声)。控制结构噪声的主要技术措施是隔振,即在振源和结构之间装设减振装置。如将减振器装设在柴油机和船体机座之间,并用弹性连接代替机器上的各种管道、动力轴等的刚性连接,使柴油机传递给机座的扰动大大衰减,从而减小结构噪声。

(4) 阻尼噪声　船体金属薄板容易受激振动,并以弯曲波的形式向四周扩散而辐射噪声。如果在弯曲波振动的金属薄板上涂贴阻尼材料,如沥青、软橡胶以及其他一些高分子材料,就可抑制其振动,达到降低辐射噪声的目的。

(5) 采用进、排气消声器来控制发动机的进、排气噪声。

总之,振动与噪声是动力装置总体设计时不容忽视的问题,必须采取有效的措施加以控制和消除。减振和降噪的问题在相关课程中有详细的论述,此处不再赘述。

5. 控制有害物质的排放

控制柴油机废气中的有害物 SO_x、NO_x 和 PM 排放的技术措施分为机内技术措施和机外技术措施。机内技术措施有对喷油提前角的调整、喷油率的控制、减少气缸油注入量以及增加增压压力和喷射压力等。而在动力装置设计中,主要是考虑机外技术措施,目前有燃油乳化处理、废气再循环、扫气空气加湿等技术措施,这些措施对减少有害物的排放具有一定的作用,有的还有节能的效果。

作为控制有害物质排放的装置实例,已在船舶上得到应用的有洗涤塔装置及氮氧还原装置等。

洗涤塔装置的功能主要是除硫,其原理是利用海水将排气中的油灰和二氧化硫进行清洗。随后用氢氧化钠或烧碱与洗涤塔中显酸性的水进行中和,产生无害物质再排放至大海,水环路中的过滤装置将油灰过滤出去。洗涤塔装置的优点是能去除废气中 98%~100% 的硫化物(SO_x)和 80% 的颗粒物质(PM),维护成本较低,对海水无污染。其缺点是脱硫设备增加了整个排气系统的背压,产生的副产物硫酸盐的排放会对环境造成二次污染,且增加了初投资。

图 8-3-4 所示为某船在主机排气管系中设置的 SCR 氮氧还原(selective catalytic reduction,SCR)装置的组成原理图,它主要用于减少废气中 NO_x 的含量。

SCR 氮氧还原装置由氮氧还原系统和检测与控制系统两大部分组成。它的主要设备有尿素液柜、尿素泵、计量器、喷枪、氮氧还原装置、控制中心和分析仪等。

SCR 氮氧还原装置依据氮氧还原基本原理,将尿素与水以适当比例混合,喷入废气中,能将废气中的 NO_x 还原成氮气 N_2 和水 H_2O。其化学反应方程式如下。

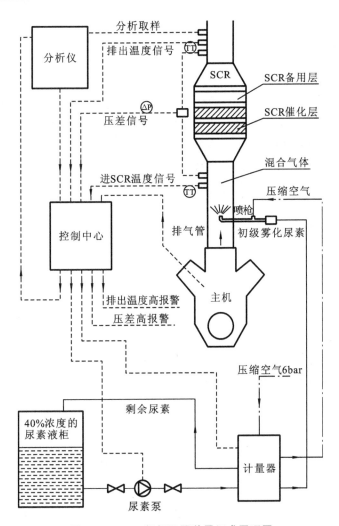

图 8-3-4　SCR 氮氧还原装置组成原理图

尿素 $Co(NH_2)_2$ 在常温下就能分解成氨气 NH_3 和二氧化碳 CO_2、水 H_2O，即
$$CO(NH_2)_2 + H_2O \longrightarrow NH_3 + CO_2 + H_2O$$
氨气与 NO_2 作用生成氮气和水，即
$$4NH_3 + 2NO_2 + O_2 \longrightarrow 3N_2 \uparrow + 6H_2O$$
NO 与氨气作用生成氮气和水，即
$$4NH_3 + 4NO + O_2 \longrightarrow 4N_2 \uparrow + 6H_2O$$

而柴油机的排气温度一般在 300～500 ℃ 范围内，满足了 NO_x 氮氧还原所需的温度条件。
在高温环境（温度高于 300 ℃）中，再加上催化剂的作用，废气中的 NO_x 能迅速与氨气 NH_3 反应，生成氮气 N_2 和水 H_2O。

在船舶进、出港时，主机处在低速运转状态，排气温度低，这时尿素不能与烟气充分反应，不能将排气中的 NO_x 完全还原，所以 SCR 氮氧还原装置必须停止工作。

SCR 氮氧还原装置技术具有很高的 NO_x 净化效率。但是，SCR 氮氧还原装置也存在尺寸大、初投资高的问题，并且 SCR 氮氧还原装置必须与主机相匹配才能达到最优效果。

8.4 机舱规划

船舶动力装置的主要机械设备在船舶上是被安置在专门的船舱内的,这样便于操作管理和确保可靠的运行。专门用来放置动力装置设备的船舱称为机舱。所谓机舱规划是指船舶机舱数量的确定;机舱在整个船舶中的位置和空间大小的规划;机舱空间的分割规划;机舱的出入(含逃生口)与上下的通道规划等。

机舱占用了船舶总容积的一部分,安放在机舱内部的机械设备的重量,又是船舶重量的一部分。而船舶容积和重量分布又都是船舶设计中的一个基本问题,因此机舱的大小和机舱的位置,与船舶设计有密切的关系。

如何选定机舱的位置,如何设定机舱的大小,如何使机舱占用更小的容积等,都是机舱规划中要讨论的问题。

8.4.1 机舱数量

机舱的数量取决于船舶的类型、生命力的要求和动力装置的规模等因素。军舰因生命力的要求和动力装置的规模大等,通常设置两个机舱,而民用船舶绝大多数只设置一个机舱。当机电设备多而机舱布置有困难,或具有高度危险性的设备,或有特殊要求的设备时,也有在机舱以外的地方设置独立单元间的情况。

8.4.2 位置和空间大小

机舱的位置是指在船舶的纵向位置,决定机舱位置的主要因素有两个:一是船舶的总布置规划要求,二是动力装置本身的要求。机舱在船舶中的位置有三种情况:尾部机舱和中部机舱及界于这两种之间的中后机舱,如图 8-4-1 所示。

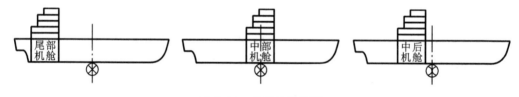

图 8-4-1 机舱位置简图

机舱位于船舶中部能使动力装置的重心在纵中剖面和横中剖面内,或者靠近这些剖面,船舶在满载或空载时不会产生纵倾或纵倾很小,即使是部分装载的情况下,只要进行适当的配载,就可以保持船舶的正浮状态而不产生纵倾现象。而且船舶的中部线型一般变化比较缓和,底部平坦或变化不大,机械设备布置起来比较容易。另外,从抗沉性来讲,中部机舱的船舶其抗沉性也比较好。例如,客船,无论何时都不希望有纵倾,而且希望抗沉性比较好。因此,客船比较多地采用中部机舱,当旅客数量变化不大或旅客在船上游动时,虽对船舶浮态产生一定影响,但中部机舱中的动力装置的重心不变,能较好地保持船舶的正浮状态。

机舱设在中部就货船而言,有如下的缺点:第一,货舱容积会因此而减小,因为要将由机舱伸向船尾的传动轴完全隔开,保护轴不受损伤,而需设置轴隧,由于轴隧占用了一部分空间,这样尾部的货舱容积减小了,船体结构也变得复杂,并且轴隧的存在,给舱内货物的堆放也带来麻烦;第二,由于机舱设于船的中部,轴系的长度也就大大增加,轴系效率低,轴的维护、检修工作复杂,制造加工成本也提高了;第三,货舱分布在机舱的前、后方,还会给货物的装卸管理带来不便。

当机舱布置在尾部时,货舱全部可以设在机舱前方。这样布置可以大大缩短传动轴系的长度,从而降低船舶的建造费用和简化轴系的维护、检修工作。轴系不需要通过货舱,无需轴隧,这样可以增加容积(4%~5%)。对于运油船舶,机舱布置在尾部更为有利,原因是:第一,如果机舱布置在中部,则轴隧通过尾部货油舱处的防漏问题较难解决;第二,如果货油舱内设有轴隧,则该处油舱管路不便布置;第三,按"船舶规范"要求,油舱与非油舱之间应设有隔离空舱。若机舱在尾部,只需在机舱前端设一个隔离空舱,若机舱设在中部,则必须在机舱前后各设一个隔离空舱,从而减小了油舱的容积。因此,对现代船舶中的货运船舶来说,趋向于将机舱置于船的尾部。

机舱布置在尾部的主要缺点是,船舶在空载或轻载时,会发生较大的纵倾,因此必须使用压载来改善。

各类型的船舶对纵倾影响处置方法是不同的,例如,油船、矿砂船、冷藏船和一般货船,虽然也不希望产生纵倾,但机舱位于尾部具有一系列优点,而对于纵倾变化很大和由此带来的其他缺点,则可以在设计上来解决,因此在这种情况下,依然将机舱设在尾部或中后位置。

船舶机舱位于船的中后位置时,其优、缺点则界于中部和尾部之间。

机舱容积的大小是根据机舱中全部机械设备的数量、主要机械设备的尺寸和保证这些设备正常运行、维修等所需要的空间来决定的。机舱的容积越大,货舱容积或客舱容积就越小,但机舱的尺度过分小,又将影响机械设备的规划布置,并给操作管理、维修等工作带来不便。所以,在合理的情况下,力求减小机舱的容积,这是对船舶动力装置设计的要求之一。

在船舶初步设计阶段,先初定机舱的尺度,这样在布置机械设备时也有了初步的依据。机舱尺寸的初步决定可参考母型船的实际数据,结合已知机械设备(尤其是船舶主机)的主要尺寸等参数,经过初步计算作图而获得,最后的数值,是在设计过程中经过不断的变动和修改之后,才能定下来的。

1. 机舱长度

机舱长度主要是根据船舶主机的长度和类型来决定的。在船舶总体设计图中,它是指机舱所在位置的前后两个水密舱壁之间的距离。

对于单桨船舶,其机舱长度取决于主机及其传动设备的长度。此外,主机前端的操纵部位的横向通道要保证一定距离,主机后端至机舱后壁应按船舶规范留有一定距离。其他辅助机械设备通常在主机的两侧沿两舷布置或分层布置。

而对于多桨船舶来讲,当辅助机械设备因机舱宽度不允许在主机的两侧沿两舷布置时,有的机械设备(如柴油发电机组)可能布置在主机的前方,则这时的机舱长度还要考虑安置这些机械设备所需的长度,以及机械设备之间供操作维修用的纵向距离,即横向通道的宽度。

因此,一般来讲,机舱长度由主机组输出端至机舱后壁距离,主机组长度(包括传动设备),由纵向呈串联形式布置的各机械设备的长度之和,横向通道宽度之和,以及一定的余量构成。

机舱长度的构成如图 8-4-2 所示,机舱总长度的计算式为

$$L_{zc} = L_H + L_{\Sigma 1} + L_{\Sigma 2} + L_z$$

式中:L_{zc} 为机舱总长度,m;L_H 为主机(或机组)输出端至后舱壁的距离,m;$L_{\Sigma 1}$ 为与主机串联布置的各机械设备长度之和,m;$L_{\Sigma 2}$ 为横向通道宽度之和,m;L_z 为主机组长度,m。

另外,对于尾部机舱,机舱长度还须考虑以下两个因素:其一是,要留有把螺旋桨轴向舱内

抽出来的必要轴向距离,从而确定主机组输出端至后舱壁的距离,当然,如果船舶的螺旋桨轴的设计是从船外取出的,则无须考虑了;其二是,根据船体尾部的线型和结构,决定船舶主机组允许安装的最靠近尾部的位置,这一点对于具有特殊尾型(如涡尾、球尾、尾鳍等)的船舶应十分注意。

2. 机舱的宽度

机舱的宽度一般为机舱所在位置的船宽。因为机舱两舷的空间有限,利用这部分空间作为其他舱室有困难,而且在一般情况下,不少机械设备必须设置在主机的两侧,所以两舷的地方又是动力装置所必需的。

但现代船舶特别是客船,出于安全考虑,除了在机舱部位设置双层底外,还在机舱的两舷设置双层水密隔壁,形成水密隔舱,以提高动力装置的生命率,增加船舶的安全性能,同时也可起到隔离噪声的作用。在这种情况下,机舱的宽度就不是船宽了,应减去两舷水密隔舱的宽度。这种结构形式压缩了机舱的空间,给机械设备的布置带来一定的麻烦。

机舱的宽度如图 8-4-3 所示,也可表示为

$$B_{zc} = 2B_b + KB_z + (K-1)B_j$$

式中:B_b 为主机外廓到舷侧的距离,m;B_z 为主机宽度,m;K 为主机台数;B_j 为主机间的距离,m。

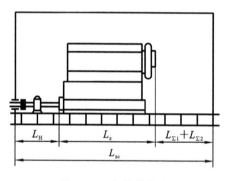

图 8-4-2 机舱的长度

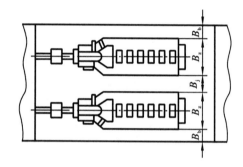

图 8-4-3 机舱的宽度

3. 机舱的高度

机舱高度主要取决于舱内的大型设备本身的高度特别是主机的高度,以及它们正常运行、维修所必需的高度。首先要保证主机及辅机在修理时能够顺利地向上起吊活塞、连杆等部件;同时,应考虑机舱起吊设备的形式和高度,还要考虑排气管和通风管的布置。另外还要满足动力装置进行大修时能顺利地将需要在船外修理及更换的机械设备吊出舱外。

机舱的高度如图 8-4-4 所示,其计算式为

$$h_{zc} = h_0 + L_z \tan\alpha + (h_z + h_x)\cos\alpha + h_a$$

式中:h_{zc} 为机舱总的高度,m;h_0 为主机最低点到地板的距离,m;α 为轴线与基线的夹角;h_x 为主机修理高度,一般取吊缸高度,m;h_z 为主机高度,m;L_z 为主机长度,m;h_a 为主机维修用吊车安置高度,m。

一般情况,机舱的高度在主甲板以下往往是一样的。而考虑到机械设备维修和起吊所需要的空间,通常在主甲板上开出一定大小的开口,并沿开口设置围壁形成直通大气的机舱棚。机舱棚不仅增加了机舱的高度,同时将机舱与其他舱室隔离开。机舱棚面积的大小要依据船舶的吨位而定,中、小型船舶利用机舱棚作为吊放主机的通道,因此其长度和宽度必须略大于

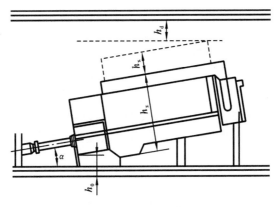

图 8-4-4 机舱的高度

主机外形尺寸。大型船舶由于主机过于庞大或小型船舶的甲板面积不允许有很大的机舱开口,故机舱棚此时仅供通风和采光之用。

在机舱的长度、宽度、高度确定后,机舱空间的大小也就基本确定了。

8.4.3 空间分割与通道规划

机舱空间的合理分割规划是提高机舱空间利用率的措施,也有利于缩小机舱长度。机舱空间分割规划包括机舱平台设置和独立单元间设置。

大型船舶特别是尾部机舱的船舶,其机舱底层面积有限,当机械设备在机舱底层布置不下时,尚需在机舱内筑起一层或两层平台以增加布置面积。机舱内设置平台的数量和大小应视需要和主甲板以下的高度而定。

在机舱内给具有高度危险性的系统设备设置独立单元间,便于操作、管理和隔离,也是出于安全的考虑,如分油机间。此外,设置专门用途的独立单元间,如集控室、机修间、电工间等。这些做法都是中、大型船舶通常采用的。

机舱空间的分割使机舱结构趋于复杂,因此,必须合理设置工作通道。这包括要按船舶规范设置出入机舱的门和机舱逃生口,平台与平台之间、平台与甲板之间上下梯道等。总之,通道设置要力求便捷、安全并符合船舶规范要求。

8.5 机舱布置与实例

机舱布置是指在机舱中合理地解决、安排主、辅机及有关机械设备的相互位置关系。机械设备在机舱中布置安排得合理与否,直接关系到船舶的建造、维修、安全、造价等一系列的问题。

怎样才能把机械设备在机舱中布置得合理,使得轮机人员便于管理、使用、保养与维修等,并使机械设备与系统发挥出正常功能,这是机舱布置中要解决的问题。

机舱布置图是船舶设计中最重要的基础性图样之一,它是许多内容设计与计算的依据,机舱布置的好坏对动力装置性能有决定性的影响。

8.5.1 机舱布置的基本原则

机舱布置的原则大致有如下几项。

1. 倾斜、摇摆

机舱中机械设备的布置必须保证整个动力装置在船舶横倾 15°、横摇 22.5°和纵摇 7.5°时均能正常工作,以满足船舶航行安全的要求。

在船上,对不少设备的位置往往有一定的要求,否则不能良好地工作。例如,主机冷却系统中的海水泵,必须布置在船舶最小吃水线以下足够低的位置,以保证海水泵在任何时候都能顺利吸水。又如,通海阀也应布置在水线以下足够低的位置,以保证在船舶最小吃水或发生横摇时,海水的吸入不致中断。再如应急发电机组,一般应设在机舱以外的上层甲板上,以备万一机舱进水时,仍能正常工作。

2. 平衡与重心

布置在机舱左右两舷的机械设备的重量,应尽量保持平衡,以免船舶产生倾斜。同时,为了增加船舶的稳性,机械设备特别是重量大的设备,宜布置在底层,使其重心尽可能低。

机械设备重量分布对船舶平衡的影响,通常是以设备的重量和重心位置来平衡的。在整个机舱布置完毕后求出整个动力装置的重心,并进行检查是否达到平衡,必要时要进行若干调整。

动力装置总重量和重心位置的计算可按下述方法进行。

(1) 对于各种设备,特别是主机、辅机、锅炉等较重的大型设备,首先计算出它们的重量和重心位置。在初步进行机舱布置时,在缺乏足够的资料的情况下,可以用统计的方法进行近似估算,如对于柴油机的重心高度,可按下列公式决定。

对于十字头式柴油机　　　　　$H=(1.7\sim1.9)S$

对于箱式中速柴油机　　　　　$H=(1.4\sim1.6)S$

对于箱式高速柴油机　　　　　$H=(1.1\sim1.3)S$

对于 V 型中速柴油机　　　　　$H=(1.5\sim1.7)S$

对于 V 型高速柴油机　　　　　$H=(0.8\sim1.2)S$

对于高增压柴油机　　　　　　$H=(1.8\sim2.0)S$

式中:H 为重心位置在曲轴中心线之上的距离,m;S 为活塞行程,m。

上述经验公式系指柴油机本身,不包括齿轮减速箱在内。

(2) 当已知各机械设备的重量和重心位置时,可按表 8-5-1 计算动力装置的重心和总重量。

表 8-5-1　动力装置重心计算表

序号	设备项目	重量 W_i $\times 10^4$ N	与横中剖面的距离 L_i/m	对于横中剖面的力矩 $M_{Ai}=W_iL_i$ /($\times 10^4$ N·m)	与纵中剖面的距离 B_i/m	对于纵中剖面的力矩 $M_{Bi}=W_iB_i$ /($\times 10^4$ N·m)	与主水线平面的距离 h_i/m	对于通过主水线平面的力矩 $M_{hi}=W_ih_i$ /($\times 10^4$ N·m)
1	主柴油机组							
2	柴油发电机组							
	⋮							
		$\sum W_i$		$\sum M_{Li}$		$\sum M_{Bi}$		$\sum M_{hi}$

表中各项设备与三个面的距离都应具有相应的符号,如图 8-5-1 所示,它们是这样规定的:当所布置的机械设备的重心位置处于船舶横中剖面之后时,取为正号,反之为负号,如图 8-5-1(a)所示;当所布置的机械设备的重心位置处于纵中剖面的右舷时,均取为正号,反之为负号,如图 8-5-1(b)所示;机械设备的重心位置凡处于主水线面以上者,则其至主水线面的距离取为负号,反之取正号,如图 8-5-1(c)所示。

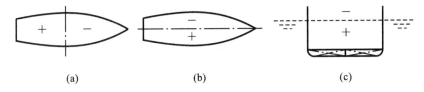

图 8-5-1 重心位置符号的规定

完成各项设备的计算后,则可求得动力装置的总重量和重心位置。

动力装置的重心至横中剖面的距离为

$$L_L = \sum M_{Li} / \sum W_i$$

式中:$\sum M_{Li}$ 为动力装置的各设备到横中剖面的力矩和;$\sum W_i$ 为动力装置的总重量。

L_L 值的大小与机舱的位置有关,尾部机舱时其值大些,但对于中部机舱一般也不允许出现负值。

动力装置的重心至纵中剖面的距离为

$$L_B = \sum M_{Bi} / \sum W_i$$

式中:$\sum M_{Bi}$ 为动力装置的各设备到纵中剖面的力矩和。

对于 L_B 值,希望它等于零,也就是说各机械设备对船舶的纵中剖面保持平衡。

动力装置的重心至主水线面的距离

$$L_h = \sum M_{hi} / \sum W_i$$

式中:$\sum M_{hi}$ 为动力装置的各设备到主水线面的力矩和。

对于 L_h 值,总希望尽可能大一些,以使得船舶具有较好的稳性。

3. 各机械设备间的相对位置

在机舱中有许多机械设备,各机械设备间的相对位置要合理。各种机械设备有自己的特点,为保证它们自身及相邻或相关机械设备正常工作、安全可靠,在布置时应注意其特点,满足各自的要求。如总配电板在正常工作时常会产生电弧,所以必须布置在远离燃油和其他易燃物的地方,也不允许在其上方设置燃油柜等设备,以免发生危险。再如,需要相互配合进行工作的机械设备,应尽可能相互靠近,以便于操作管理和简化管路,利于施工建造。

对于机械设备的相对位置及其安装要求,在有关规定中可以查到,在一些设计资料中也有推荐,其中部分如表 8-5-2 所示,可供参考。在实际设计工作中,需要根据有关规定,结合船舶的具体情况确定。

表 8-5-2 机械设备的安装位置

序号	项 目	海 船	河 船
1	主机外廓凸出部分与隔壁或辅机间最小距离/mm	700	600
2	两台主机间最小距离/mm	1 200	1 000
3	主机操纵台前通道的最小距离/mm	1 200	1 000
4	辅机与辅机或辅机与隔壁之间的最小距离/mm	700	500
5	花铁板与平台及平台之间最小高度/mm	1 850	1 700
6	配电板的最大高度/mm	2 000	
7	总配电板前走道的最小宽度/mm	800($L<3$) 1 000($L>3$) L——配电板长度(m)	600
8	总配电板后的走道最小宽度/mm	600($1.2<L<3$) 800($L>3$)	450($1.2<L<3$) 600($L>3$)
9	轴隧中,轴或轴承最凸出部分与纵壁之间最小通道/mm		500
10	主要通道扶梯斜度/(°)	不小于 30	不小于 30 小船不小于 15
11	主要通道扶梯宽度及阶梯宽度/mm	不小于 540×100	不小于 540×100
12	平台与格栅栏杆的最低高度/mm	900	800
13	花铁板每块最大重量/kg	40	

4. 操作管理和维修

机械设备在使用过程中要进行操作、检修和维修等工作,以使其保持良好的技术状态,安全可靠地运行。因此,在机械设备的布置时,其周围必须留有足够的空间,以便于操作管理和维修。

此外,在机械设备规划布置时还要充分考虑到各种安全措施,并尽可能做到排列有序、整齐美观。

8.5.2 机舱布置方法与要求

1. 前期准备工作

在机舱布置图设绘之前,动力装置设计人员必须对该船的机械设备进行全面的了解,要求掌握它们的性能及规格,以及在安装、管路连接、操纵、保养及维修等方面的要求。

了解船舶总体设计情况,特别是要仔细研究船舶总布置图,与船体设计人员一起对船舶机舱位置处的船体线型及结构的特点进行分析与评估,对机舱的结构及平台和通道的设置提出初步设想,以期与船舶总体设计协调一致,对机舱的位置提出修改意见与调整要求。这些对尾部机舱的布置更要十分注意。

按船舶的大小选用适当的比例,如 1∶50,1∶25 和 1∶20 等,将机械设备总图或外形安装图按统一的比例缩小成简单明瞭而又尺寸准确的三视图,在视图上尽可能准确地表明附属机械位置及其管路接头位置。

原始手工绘图,是将视图绘制透明蜡纸上,布置时贴在设计草图上,并不断调整和校对。随着计算机绘图技术的发展与完善,手工绘图方式逐渐被淘汰。但手工绘图具有幅面较大,视野开阔,一目了然的特点。

计算机绘图时直接绘制三视图,并通常将三视图转换成图块,以便正式布置时调用和调整。也可以利用计算机三维造型技术绘制机械设备的三维图形,最终构成机舱布置的三视图。这种布置方式有亲临其境的感觉,特别适用于管系的布置,有利于管系的放样。计算机绘图技术已广泛应用于船舶设计的各个阶段中。

目前国内、外某些船厂,为了缩短船台周期,减少造船过程的返工率,以提高其经济效益,实行模型造船法,即根据实船先按一定比例制成有机玻璃模型(即船模),然后再根据布置好的船模中有关机电设备的结构尺寸、相互关系等绘制成机舱布置图。这种布置方法对于机械设备多,机舱空间狭小的船舶设计,比较容易发现设备相互干涉、布置不合理等问题。

在进行机械设备布置时,首先要把注意力集中在对布置影响较大的机械设备上,如主机、发电机组、传动设备、锅炉等。因为这些机械设备在整个动力装置中占有很重要的地位,并且所占面积和体积都比较大,对整个机舱布置影响最大,必须反复考虑以取得最合适的方案。

2. 设备布置的概要

1) 主机(机组)布置的基本原则

主机的布置必须与船体设计、螺旋桨尺寸和轴系布置密切配合。主机曲轴轴线(或减速箱输出轴轴线)应处于轴系理论中心线的延长线上。对于设置在机舱内的主机,在布置时要注意以下问题。

(1) 对称布置　考虑到重量平衡及便于布置与方便操作,对于单主机装置,主机一般布置在船舶纵中剖面上,即机舱首尾中心线上;对于双主机装置,主机一般对称布置于船舶纵中剖面两侧;对于三主机装置,则其中一部主机布置在船舶纵中剖面上,另两部对称布置于船舶纵中剖面两侧。

(2) 主机尽量靠近尾舱壁布置,使轴系长度缩短(要考虑有无传动设备、隔舱密封部件的拆装、更换位置,同时兼顾机舱开口位置)。

(3) 对于多机装置,主机之间应留有足够的空间与通道,以便进行操作和维修。

(4) 主机在机舱中前后位置,一般应考虑主机后端布置传动设备及推力轴承的需要,并与机舱棚及其他辅助机械布置等作适当的配合,如主机及主机大型备件均应置于主机起重装置作业的范围内等。另外尚需考虑在主机后端留有一定的过道、检修所需的尺寸,在主机前端也要留有一定的余地,以满足管理、检修和安置在主机前的机械设备的要求。

(5) 主机曲轴中心线的高度是根据双层底或船底结构和花铁板的距离要求、主机油底壳的最下端与船体内底板或肋板的最小距离要求及主机的本身工作要求等因素决定的。但考虑到应尽量使轴线平行于基线,所以这个高度(包括螺旋桨的高度)要根据实际情况加以调整。

安装主机减速箱、推力轴承、连接法兰等传动设备的地方,应留有适当的空间,以便进行定位、安装调试和检修工作,同时管路应尽量在此空间通过。

2) 发电机组及配电板的布置

发电机组的布置,会因船舶种类、机舱位置及船方的要求而有所不同。但一般来讲,将其布置在主机操纵位置的同一层平面内,使管理人员能够方便地进行监视和操作。按从减少振动和降低噪声的影响这个角度出发,发电机也不宜太靠近主机操纵部位。对于设有集控室的船舶,为了便于管理,往往将发电机组和配电板设置于主甲板层。同时发电机组应沿船舶纵向布置。

对于尾部机舱,目前的倾向是将发电机组布置在机舱平台上主机的后端(参见某远洋货船机舱布置实例),但要注意船体结构应采取加强措施。

对于中、小型船舶,常常将发电机组布置在机舱底层,对于多机推进装置的船舶,有时将其置于主机前端。如果是单机推进装置,则可根据其台数、船舶稳性和可布置的位置决定,将其布置在主机的首或尾侧、两舷或平台上。但布置在底层时,无论是布置在两舷还是主机首、尾端,发电机组的操纵位置要处于主机操纵位置的一侧。另外,还要考虑排气管的敷设。

为了拆卸检修柴油发电机组的柴油机活塞、缸套等部件,在柴油发电机组上方的甲板下应留有吊缸所需的高度和安装起重梁或起重滑车、手动葫芦等起吊装置的空间。

配电板的布置:如果船上设有集控室,则配电板可布置在室内值班轮机员的后面或左(右)方,以便监视;当不设集控室时,配电板尽可能布置在靠近主机操纵台附近,以便值班轮机员进行监视。为了操作和保养,配电板周围应留有必要的空间和距离。在配电板背后要设通道(通道宽度根据各船级社规范在 500～800 mm 之间),而且在配电板的上方、后面和侧面不应安装各种管路、油柜和其他液体容器,当不可避免时,则应有可靠的防护措施。为了缩短主电缆长度,配电板应尽量靠近主发电机布置。

3) 锅炉的布置

(1) 辅锅炉的布置　一般要求如下。

① 在锅炉周围要留有拆除隔热材料及其外壳的位置,并能方便地对锅炉进行检查、清灰及修理。

② 锅炉的各附件周围必须有足够的操作和修理的空间,其水位表应安置在燃烧装置前易见部位。

③ 锅炉必须安装在甲板或肋板上的坚固的锅炉平台上。

④ 锅炉及其烟道的布置,务必使发生火灾的危险性最小。

根据以上基本要求,目前一般在散装货船上,多数将其布置在机舱上部甲板,靠近废气锅炉(参见某远洋货船机舱布置图)。

在油船上,一般装有水管锅炉或二次蒸发式锅炉。此时锅炉一般布置在主机首端或尾端的机舱平台上,以便从机舱操纵室内进行监视。

(2) 废气锅炉的布置　废气锅炉一般与烟道一起设在烟囱内,或布置在安装主机起重机轨道或起重机梁的那一层甲板的上部机舱棚内,以便接近辅助锅炉。它的安装高度往往是根据主机的排气集合管(或废气涡轮)至废气锅炉的相互位置来决定的,应该尽量减少气流损失。废气锅炉应安置在加固的平台或甲板上。为了修理加热管,布置时还应留出足够的空间以保证能抽出管子。

4) 机舱控制室(集控室)的布置

一般情况下,机舱控制室内设有主机操纵台,主机、锅炉、发电机及分油机等的监视仪表板,主配电板,各辅机的集中控制台和各电气设备的电气开关等。在自动化程度较高的船上,还往往设有数据记录仪、资料处理仪、主机监视器等。

控制室一般应布置在监视主机、发电机组及锅炉等最方便的位置,同时应设在主机遥控操纵装置(指机械式操纵装置)的有效作用范围内。对于一些大型船舶,常常将其设在机舱中层平台的左舷(参见某远洋货船机舱布置图)。为了缩短居住区和控制室之间的距离,也有将控制室设在主机顶层平台左舷的。为了使控制室具有良好的活动空间,其面积应适当加大,高度适当增高,一般为 2 500~3 000 mm,为防止室内各种仪表的失灵,控制室应远离那些易于产生振动和高温热源的设备。控制室一般都要求配备空调器。

控制室出入口的布置,应尽量靠近通往居住区及底层的梯子,同时也应尽量靠近锅炉和发电机装置。

监视用的玻璃窗应设置在便于监视主机、发电机、锅炉等的位置,因此控制室周围的梯子、空调通风管路、船体结构支柱及其他管路均不应妨碍视野。

5) 辅助机械设备的布置

机舱中的辅助机械的数量、种类很多,按其服务对象,可分为动力系统、安全系统和生活服务系统三类。对于这些辅助机械,在布置时按以下原则要求进行。

(1) 相互关联或互为备用的辅助机械,应尽量靠近,并考虑合理分布,以便管理、交替使用和调节,同时应顾及管路的布置及安装方便,目前流行的方法是,按不同系统不同流体进行分区布置。

(2) 辅助机械尽可能沿机舱周围布置,辅机与主机、辅机与辅机之间均要考虑留出一定的间距,以便管理维修。

(3) 较大的辅助机械设备应先布置;有向上连接管子的机械如消防泵等,应尽可能布置在船的两舷,使管子沿舷侧边向上;对于可能引起火灾和妨碍清洁的辅机,应该设在单独的舱室内。

(4) 需要保证具有一定压头的容器和箱柜,应布置在适当的高度处,因此要设法高置。而输送液体的泵,为了保证可靠的吸入,则宜尽量低置,特别是离心式泵必须考虑这一问题。

(5) 对于电动机、启动器等电气设备,为了防止吸入水气、油气,应布置在不受高温而又易于通风的地方。如果这些设备上方设有油、水管路,则应在这些设备上装置罩壳或在水、油管上设水漏盘等。

(6) 布置那些卧式辅助机械如空压机、泵、通风机等机械设备时,原则上,将它们的驱动轴沿船舷纵向排列,并尽可能使其轴线水平布置,以防船舶横摇时,回转效应的影响,会使机械设备产生额外轴承负荷,而使机械运转产生困难或故障。但对于小功率的辅机,根据实际布置条件,亦可按左右舷方向布置排列,在尾机型船或小型船舶中,由于条件限制,在水平方向可以略有斜度。

至于各辅助机械的具体布置,要根据船舶的具体情况,综合考虑后才能做出决定。就一般情况而言,则应注意下列问题。

通海阀的海水室位置,应布置在舱底水、油渣柜、锅炉放泄等排出口的相反舷侧。如果有困难,只能布置在同一舷侧,则应设在前面并尽可能相隔得远一些,以避免排放出的污水重新进入通海阀。

对于吸取海水的离心泵,其叶轮位置应比船的最低吃水线为低,特别对于自动启停的泵,应布置得尽可能低,以避免船舶摇摆时吸入空气。

在各种热交换器布置时,至少在一端留有拆拉管子的空间,在此空间不能布置其他设备或管路。在特殊情况下,可以装设某些易于拆除的设备和管路。

大型空气瓶相当重,所以安装处的船体部分应予以加强。一般布置在隔舱壁附近,假如布置有困难,也可以靠近支柱布置。横向布置时在安装支架处的结构要加强。一般希望将空压机和空气瓶作为一个机组,安装在尽量靠近主机操作手轮的地方。布置时可以倾斜或竖直安装,以减少安装面积及便于泄放瓶中残水。

各种水舱、油舱一般应设在双层底内,若无双层底,也应设在机舱下部。各种油柜的布置,应有一定的高度,并宜与船体结构做在一起。主机、辅机的日用油柜、膨胀水箱等,均要设置在高于主机的一定位置上(参见各种机舱布置实例)。

6) 机舱棚、机舱出口及其他布置

机舱中的扶梯、栏杆、格栅、花铁板、起吊设备、机舱棚、机修间、物料备件间等的布置简述如下。

机舱要求至少有两个出入口,可以分设于左右舷或前后部,也可以从主甲板或上甲板通至底部花铁板。这些进出口应有单独的、具有坚固扶手的梯子,扶梯应尽量沿船的纵向布置,并有一定的斜度,通常为60°。

在整个机舱内必须铺设花铁板,以便轮机人员在机舱进行操作管理。花铁板的铺设应尽可能在同一高度上,必要时也可局部升高或降低。为了在花铁板下铺设复杂的管路以及一部分平时不需要检视的设备,花铁板应至少高于双层底(或船底肋板)500 mm。花铁板应为可以拆卸的结构模式。

凡轮机人员需要到达之处,除应有固定的通道外,并须设置必要的格栅,格栅四周安装坚固的栏杆,格栅和栏杆均做成可拆卸的活动结构形式。对于格栅、栏杆和扶梯等,我国均已制订了标准,可供设计时选用。

机舱上部的开口称为机舱棚。对于中、小型船舶来讲,由于主机往往通过机舱棚吊入机舱,故机舱棚尺寸应大于主机外形极限尺寸。大型船舶,或小船的甲板面积不允许有很大的机舱开口时,机舱棚仅供通风和透光用。此时其有效面积应为机舱底层花铁板总面积的1/6~1/8。若日用油柜或废气锅炉也设置在机舱棚中,则其尺寸应适当增加。

为了主、辅机的拆装和检修,机舱棚中应设有起吊横梁,一般可做成活动可拆的形式,横梁应位于可能用于起吊的最重要部件的上方,并沿船的纵向布置,其长度和高度应能满足起吊相应部件,其强度须满足最重起吊部件的重量,并应进行强度校核。大型船舶上一般用行车来代替简单起吊设备,它可沿机舱的前后左右移动,注意在吊车活动范围内,不允许布置任何设备、管子、格栅和扶梯等。

为了轮机人员的安全,大型船舶按规范要求,机舱除正式出入口外尚须设有直通救生甲板的脱险通道。如果在轴隧中已设脱险通道,而机舱至轴隧间又有通道,则可不设。

至于机修间、备件间等,则要求布置得便于保管备件、工具和其他机械,并在航行中万一发生故障,能便于调换设备及部件等,一般可设在主机操纵侧,靠近顶层平台。但要注意,机修间不应设在集控室的上方。机修间要设置起重横梁及起吊装置,以便主机备件能从主机起重机的工作范围内吊入机修间。

3. 机舱布置图绘制

在机舱各种设备的规划(包括计算和造型)考虑成熟后,即可根据初步确定的机舱大小绘制机舱设备布置图。机舱设备布置图包括机舱平面布置图、纵剖面图和横剖面图。机舱设备布置图的机舱尺寸,以及机舱内的各种机电设备等,均应按一定的比例进行绘制。

绘制机舱设备布置图的总原则是:所绘布置图必须能够说明各个设备的垂直坐标位置和垂直方向的相对位置;纵向坐标位置和纵向相对位置;横向坐标位置和横向相对位置。根据这个原则,机舱平面布置图应包括机舱各层平台平面图,主要反映各设备的纵向、横向的坐标位置。纵向剖面图和横向剖面图一般选取机舱内设备较稠密处绘制,常常需要数张这样的剖面图,在这些剖面图上,要说明其剖面位置。

8.5.3 机舱布置实例

1. 长江某三机三桨货船机舱布置

该船动力装置最显著的特点是采用三机三桨推进方式。其设计思想是：当船舶满载逆水航行时，三机三桨同时推进，能使船舶达到所要求的航行速度，同时具有较强的冲滩能力；当船舶满载顺水航行时，采用双机双桨推进或采用单机单桨推进，既能使船舶达到一定的航速，又具有节能的效果。虽然该船有三套推进装置，但辅助机械设备较简单，动力装置初投资规模不大，机舱布置情况如下。

图 8-5-2 和图 8-5-3 所示为该船的机舱布置图，表 8-5-3 所示为机舱设备序号与名称对应表。

表 8-5-3 三机三桨货船机舱设备序号与名称对应表

序号	名称	序号	名称	序号	名称
1	左主柴油机	19	手摇污油泵	37	润滑油冷却器
2	中主柴油机	20	法兰式铸钢闸阀	38	淡水冷却器
3	右主柴油机	21	吸入粗水过滤器	39	轴带空压机
4	左船用齿轮减速箱	22	手摇舱底水泵	40	粪便处理贮存柜
5	中船用齿轮减速箱	23	电动空压机组	41	粉碎泵组
6	右船用齿轮减速箱	24	电动空压机启动器	42	杂用空气瓶
7	船用柴油发电机组	25	总用泵启动器	43	燃油输送泵组
8	主配电屏	26	消防泵启动器	44	主机消声器
9	生活水泵组	27	泡沫灭火器	45	辅机消声器
10	淡水膨胀水箱	28	总用泵组	46	照明分电箱
11	主柴油机润滑油循环箱	29	消防泵组	47	手动单轨小车
12	水喷射泵(舱底泵)	30	手摇润滑油泵	48	环链手拉葫芦
13	主、辅机日用燃油柜	31	手摇燃油泵	49	轨道
14	主机启动空气瓶	32	船用变压器	50	传令钟
15	船用油水分离器	33	辅机启动蓄电池	51	钳台
16	进水箱	34	艉轴润滑油箱及泵	52	台式电钻
17	透气管	35	钢质斜梯	53	台虎钳
18	直通截止阀	36	钢质斜梯		

由底层布置图可知，机舱设在船的艉部 8 号肋骨到 22 号肋骨之间。因此，轴系较短，是典型的尾部机舱形式。

推进装置中的主机组由中速柴油机和齿轮减速箱组成，齿轮减速箱与柴油机通过弹性联轴器连接。左、右柴油机的额定功率为 184 kW，额定转速为 1 000 r/min；中柴油机的额定功率为 136 kW，额定转速为 750 r/min。出于机舱部位船舶线型和结构的原因，三台主机组并列对称布置于机舱中部。主机组之间距离较大，可以满足主机的维修、操纵和管理的要求。

两台柴油发电机组的功率均为 40 kW，对称布置于机舱后部平台上；主配电板布置在靠近机舱前壁的中间位置，距柴油发电机组稍远。

机舱前左、右舷各设一只江水进水箱，江水可经江水闸阀、吸入过滤器后进入江水总管，以

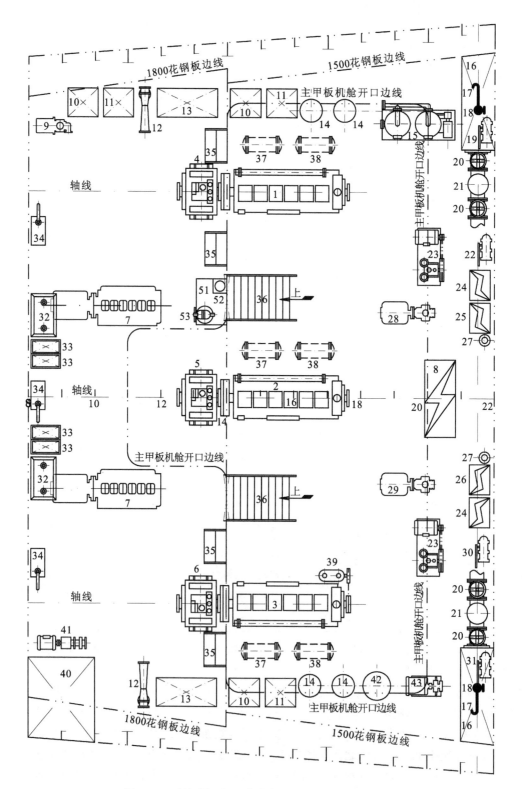

图 8-5-2　长江某三机三桨货船机布置图(底层布置图)

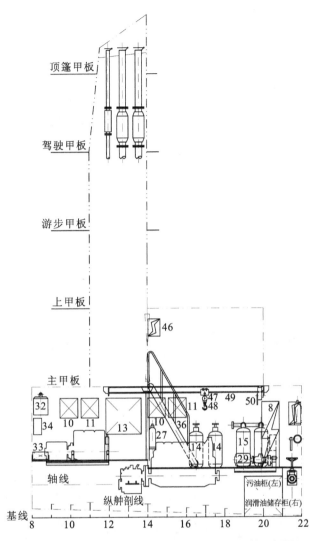

图 8-5-3 长江某三机三桨货船机舱布置图（纵舯剖视图）

向各种水泵供水。各种水泵组布置在底层较低位置以利于它们的正常工作。

机舱中部三台主机组之间设置两部斜梯，呈纵向布置向上直通主甲板。

其他辅助机械设备沿机舱四周布置，并按同一系统或工作有联系的设备集中布置在一起。

由机舱纵舯剖视图可知，在主机上方设有起吊设备，以便进行主机维修保养等工作。从主、辅机出来的废气，经膨胀接头后沿排气管向上经消声器排至大气。通过纵舯剖面图，可了解有关设备在垂向的位置，如淡水膨胀水箱、主机润滑油循环箱、日用燃油柜等都布置在较高的位置上。

2. 长江某客船机舱布置

客船的设计应注重安全性和快速性，树立为旅客服务的思想理念，为旅客创造一个便捷、舒适的旅途生活环境。因此，客船动力装置的功率比较大，机械设备也比较多，机舱布置应认真细致考虑。

图 8-5-4 和图 8-5-5 所示为该船机舱布置图，表 8-5-4 所示为该船机舱布置图设备序号与名称对应表。机舱布置情况如下。

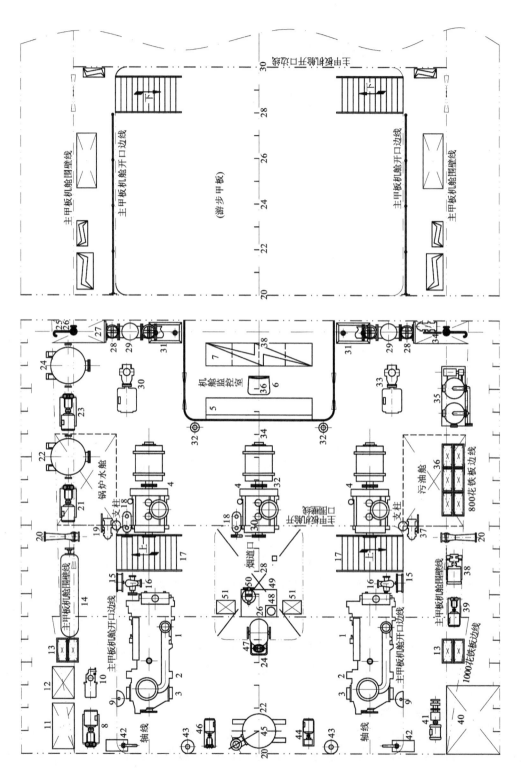

图 8-5-4 长江某客船机舱布置（底层及游步甲板）

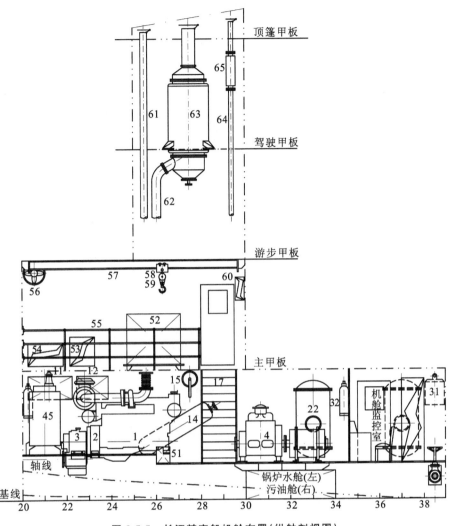

图 8-5-5　长江某客船机舱布置（纵舯剖视图）

由机舱底层布置图可知，该船机舱设在船的 20 号肋骨到 39 号肋骨之间，属中后部机舱形式，因此，轴系较长。

该船推进装置有两套，推进装置中的主机组由高速柴油机和齿轮减速箱组成，齿轮减速箱与柴油机通过弹性联轴器连接。柴油机的额定功率为 319 kW，额定转速为 1 744 r/min。两台主机组并列对称布置于机舱后部。主机组之间距离较大，可以满足主机的维修、操纵和管理的要求。

该船柴油发电机组为三台，柴油发电机组的功率均为 40 kW，并列对称布置于机舱中部。在靠近机舱前壁的中间位置设置机舱监控室，监控台和主配电板等设备布置在监控室内。

机舱前左、右舷各设一只江水进水箱，江水可经江水闸阀、吸入过滤器后进入江水总管，以向各种水泵供水。各种水泵组布置在底层较低位置以利于它们的正常工作。

机舱中部左、右舷侧各设置一部斜梯，呈横向布置向上直通主甲板船舶外通道。

其他辅助机械设备沿机舱四周布置，并按同一系统或工作有联系的设备集中布置在一起。

表 8-5-4 长江某客船机舱设备序号与名称对应表

序号	名称	序号	名称	序号	名称
1	主柴油机	23	卫生水压力水柜供水泵组	45	船用燃油辅锅炉
2	弹性联轴器	24	卫生水压力水柜	46	辅锅炉给水泵组
3	船用齿轮减速箱	25	透气管	47	大型泡沫灭火机
4	船用柴油发电机组	26	直通截止阀	48	台式电钻
5	监控台	27	进水箱	49	钳台
6	座椅	28	法兰式铸钢闸阀	50	台虎钳
7	主配电屏	29	吸入粗水过滤器	51	主机浮子油箱
8	热水压力水柜供水泵组	30	总用泵组	52	主、辅机日用油柜
9	漏水斗	31	船用变压器	53	24 V 充放电板
10	热水循环泵组	32	"1211"灭火器	54	充电器
11	辅机润滑油贮存柜	33	消防泵组	55	栏杆
12	主机润滑油贮存柜	34	手摇污油泵	56	抽风机
13	主机启动蓄电池	35	船用油水分离器	57	轨道
14	杂用空气瓶	36	辅机启动蓄电池	58	手动单轨小车
15	应急传令钟	37	手摇燃油泵	59	环链手拉葫芦
16	主机江水泵	38	燃油输送泵组	60	照明分电箱
17	钢质斜梯	39	江水净化器供水泵组	61	辅锅炉排气管
18	轴带空压机	40	粪便处理贮存柜	62	主柴油机排气管
19	手摇舱底泵	41	粉碎泵组	63	废气锅炉
20	水喷射泵(舱底泵)	42	艉轴润滑油箱及泵	64	辅机排气管
21	清水压力水柜供水泵组	43	泡沫灭火器	65	辅机消声器
22	清水压力水柜	44	辅锅炉燃油泵组		

该船机舱纵剖视图反映出排气系统、废气锅炉、船用燃油辅锅炉和起吊装置等设备的布置情况。在主机组的上方设有起吊设备,以便进行主机维修保养等工作。废气锅炉设置在烟囱内,船用燃油辅锅炉设置在靠近机舱后壁的中间位置,以便向全船提供热水。从主机的增压器出来的废气,经膨胀接头后沿排气管向上进入废气锅炉,然后经废气锅炉排气管排至大气,辅机排出的废气经膨胀接头后沿排气管向上经消声器排至大气。船用燃油辅锅炉排出的废气沿排气管向上排至大气。在靠近机舱后壁的主甲板下左、右舷侧各设置一台抽风机,用于抽出机舱内的热空气。

由纵舯剖面图可了解到有关设备在垂向的位置,如主机润滑油贮存柜,辅机润滑油贮存柜布置在较高的位置上。而主、辅机日用油柜则布置在机舱内左、右舷侧主甲板上。

3. 某远洋货船机舱布置

该船采用大功率低速柴油机作为主机,推进装置采用单机单桨直接传动形式,机舱位于船舶尾部。图 8-5-6 至图 8-5-9 所示为该船机舱布置图,表 8-5-5 所示为该船机舱设备序号与名称对应表。

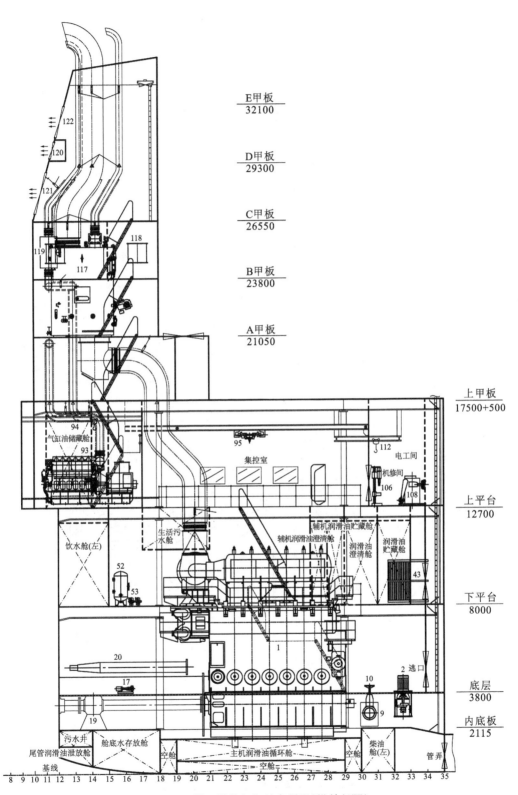

图 8-5-6 某远洋货船机舱布置图(纵舯剖面)

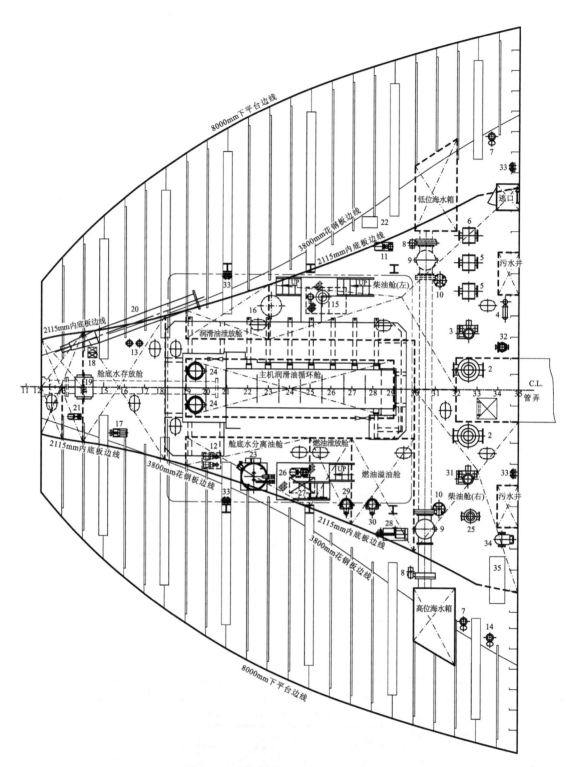

图 8-5-7 某远洋货船机舱布置图(底层)

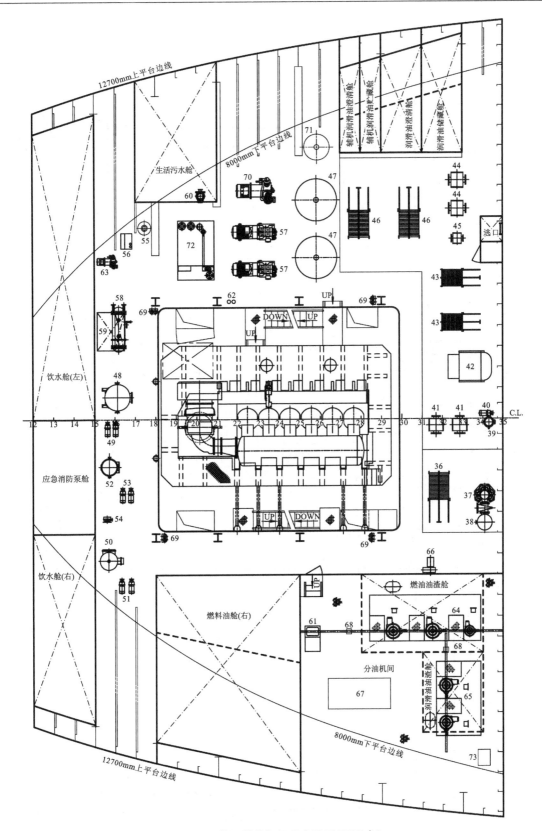

图 8-5-8 某远洋货船机舱布置图(下平台)

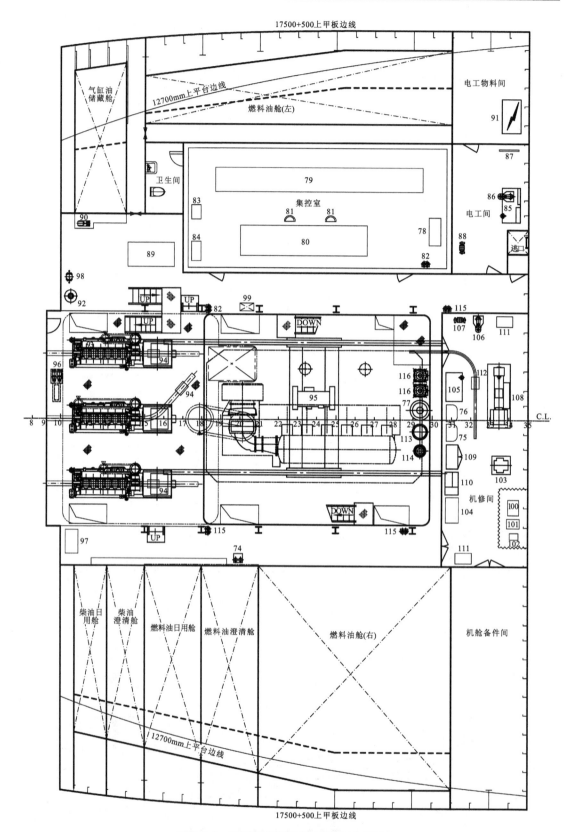

图 8-5-9 某远洋货船机舱布置图(上平台)

表 8-5-5 某远洋货船机舱设备序号与名称对应表

序号	名 称	序号	名 称	序号	名 称
1	主柴油机	42	海水淡化装置	83	电子调速器控制箱
2	压载泵	43	主机缸套淡水冷却器	84	自动化系统电源箱
3	消防总用泵	44	低温冷却淡水泵	85	电工间钳桌及台虎钳
4	空气泡沫喷枪	45	停泊低温冷却淡水泵	86	电工间台钻
5	冷却海水泵	46	中央淡水冷却器	87	电工间实验板
6	停泊冷却海水泵	47	主空气瓶	88	电工间砂轮机
7	扫舱喷射泵	48	淡水压力柜	89	伙食冷藏装置
8	遥控蝶阀	49	淡水泵	90	气缸油泵
9	海水过滤器	50	热水柜	91	变压器
10	蝶阀	51	热水循环泵	92	辅空气瓶
11	润滑油输送泵	52	饮水压力柜	93	柴油发电机组
12	主机润滑油分油机供给泵组	53	饮水泵	94	辅机单轨小车及手拉葫芦
13	组合锅炉给水泵	54	饮水消毒器	95	机舱行车
14	货舱舱底水喷射泵	55	控制空气瓶	96	辅机缸套水预热单元
15	主机 CJC 过滤器及泵单元	56	控制空气干燥器	97	雨水收集柜
16	主机扫气箱泄放柜	57	主空气压缩机	98	机舱水雾喷淋泵
17	日用舱底水泵	58	大气冷凝器	99	气缸油测量柜
18	首、尾密封油柜	59	热井及凝水观察柜	100	电焊工作台
19	中间轴承	60	生活污水泵	101	电焊机
20	备用尾轴	61	分油机工作台(带洗池)	102	气焊装置
21	尾管润滑油泵	62	主机扫气箱 CO_2 灭火钢瓶	103	排气阀研磨机
22	防海生物装置控制箱	63	应急空气压缩机	104	主机喷油器实验装置
23	舱底水油水分离器	64	燃料油分油机模块	105	机修间钳桌及台虎钳
24	主润滑油泵	65	主机润滑油分油机模块	106	钻床
25	货舱舱底泵	66	分油机区域抽风机	107	砂轮机
26	空冷器化学清洗泵	67	主辅机燃油供油单元	108	车床
27	空冷器化学清洗柜	68	分油机单轨小车及手拉葫芦	109	柜子
28	油渣泵	69	手提泡沫灭火器	110	架子
29	柴油输送泵	70	甲板日用空压机	111	机修间空调
30	燃油输送泵	71	甲板日用空气瓶	112	机修间单轨小车及手拉葫芦
31	舱底总用泵	72	生活污水处理装置	113	备用缸套
32	制淡装置海水泵	73	辅机润滑油溢油柜	114	备用活塞杆
33	手提泡沫灭火器	74	组合锅炉燃油供给泵单元	115	手提泡沫灭火器
34	大型泡沫灭火器	75	洗手盆	116	备用排气阀
35	遥控阀组和液位遥测控制箱	76	饮水机	117	组合锅炉
36	润滑油冷却器	77	主机备用缸盖	118	机舱通风机
37	主机润滑油自清过滤器	78	集控室空调器	119	辅机消声器
38	主机润滑油旁通过滤器	79	主配电板	120	油雾箱及百叶窗
39	主机缸套水预加热器	80	机舱集控台	121	烟囱可闭式百叶窗
40	主机缸套水预加热泵	81	椅子	122	烟囱可闭式百叶窗
41	主机缸套冷却淡水泵	82	手提干粉灭火器		

由机舱纵舯剖视图可知,机舱位于第 12 号到 35 号肋骨之间。由于机舱内设备较多,故上甲板下机舱内共分为三层,即机舱底层、下平台和上平台,用于布置机械设备。上甲板以上主要布置烟囱,其间也分成 A~E 多层平台,部分机械设备布置在这些平台上。各平台之间设置有斜梯,供工作人员上下。由机舱底层至上甲板设置有逃生口并安装了直梯。

从机舱底层布置图可看出,主机及宜于放置较低位置的机械设备如大部分系统的泵布置在底层。

主机为 MAN B&W 6S50MC-C 型柴油机,额定功率为 9 480 kW,额定转速为 127 r/min,并且自带推力轴承及盘车机。由于机舱是尾部机舱,故其轴系很短,主机通过一根中间轴和尾轴与螺旋桨相连。从图 8-5-7 可以看到,中间轴的左侧,设有一根备用尾轴,并留有相应的为从舱内抽出与更换修理尾轴的空间。在主机两侧及前后分区集中布置有燃油系统、润滑油系统、海水系统及舱底水系统的各种泵类和其他有关设备。连接这些泵和设备的管系大多敷设于花铁板下或沿两舷侧及舱壁布置。在第 30 号到 32 号肋骨之间设置海水进水总管,左舷侧设有一只低位海水箱,右舷侧设有一只高位海水箱。

另外,在机舱的内底板下设置有柴油舱、燃油溢油舱、燃油泄放舱、主机润滑油循环舱、润滑油泄放舱、舱底水分离油舱、舱底水存放舱以及尾管润滑油泄放舱等。

在机舱下平台,一些宜于放置较高位置的机械设备和舱柜布置在该层平台上。其左侧设置有润滑油贮藏舱、润滑油澄清舱、辅机润滑油贮藏舱、辅机润滑油澄清舱。主空压机、辅空压机、各类空气瓶等压缩空气系统的主要设备也设在平台的左舷。平台的左舷还布置有生活污水舱、生活污水泵、生活污水处理装置等。平台的右舷布置有燃料油舱、燃油油渣舱、润滑油渣舱和分油机室。各种分油、供油设备等布置在分油机室,并在其中设有单独的抽风机。

平台的前端布置有主机润滑油过滤器和冷却器以及主机缸套淡水系统设备等。平台后端的中部是应急消防泵舱,左、右舷是饮水舱,饮用水系统设备布置在饮水舱旁边。

在机舱上平台,一些宜于布置更高位置的舱室、机械设备和舱柜布置在该层平台上。

该船的 3 台柴油发电机组就布置于平台的后端部,每台功率为 600 kW。

集控室设在上平台的左舷中部,内设有主配电板和机舱集控台,便于对主机、发电机组进行监控。平台的左舷还设置有燃料油舱和气缸油贮藏舱。平台的右舷设置有燃料油舱、燃料油澄清舱、燃料油日用舱、柴油澄清舱、柴油日用舱等。

电工间和电工物料间处于上平台前端部左侧。机修间和机舱备件间处于平台前端部右侧,各种修理用机械设备布置于机修间中。靠近主机的前端放置各种主机备件,并处在起吊装置的工作范围内。

此外,机舱纵舯剖视图可反映出排气系统、混合锅炉和起吊装置等设备的布置情况。在主机、柴油发电机组、机修间的上面设置了起吊装置,分油机间也设置了起吊装置。混合锅炉设置在烟囱内,焚烧锅炉设置在烟囱内上甲板右侧。机舱共设置 4 台通风机(图 8-5-6 中仅可见到两台),设置在机舱烟囱内 B 甲板上,通风机分别通过总风管、干管等将风送至机舱各处。

参 考 文 献

[1] 朱树文.船舶动力装置原理与设计[M].上海:上海交通大学出版社,1985.
[2] 商圣义.民用船舶动力装置[M].北京:人民交通出版社,2001.
[3] 陈国钧,曾凡明.现代舰船轮机工程[M].长沙:国防科技大学出版社,2001.
[4] 李建光.船舶及海洋工程动力装置设计指南[M].武汉:华中科技大学出版社,2010.
[5] 中国船级社.钢质海船入级与建造规范[M].北京:人民交通出版社,2002.
[6] 高鄂,任文江.船舶动力装置设计[M].上海:上海交通大学出版社,1991.
[7] 中华人民共和国船舶检验局.内河钢船建造规范[M].北京:人民交通出版社,1991.
[8] 王国强,盛振邦.船舶推进[M].北京:国防工业出版社,1985.
[9] 任文江,施润华.船舶动力装置节能[M].上海:上海交通大学出版社,1991.
[10] 陈国钧.舰艇柴油机动力装置[M].大连:大连海事大学出版社,1996.
[11] 轮机工程手册编委会.轮机工程手册(中,下册)[M].北京:人民交通出版社,1994.
[12] 中国船舶工业总公司.船舶设计实用手册(轮机分册)[M].北京:国防工业出版社,1999.
[13] 中外船舶配套设备手册编写组.中外船舶配套设备手册[M].北京:海洋出版社,1989.
[14] 杜荣铭.船舶柴油机[M].大连:大连海运学院出版社,1992.
[15] 李春野.主推进动力装置[M].大连:大连海事大学出版社,2008.
[16] 满一新.轮机金属材料[M].大连:大连海运学院出版社,1990.
[17] 陈可越.船舶设计实用手册[M].北京:中国交通科技出版社,2007.